耕地撂荒研究

谢花林　陈倩茹　李致远　著

国家自然科学基金重点项目（41930757）、面上项目（41971243）、
地区项目（42261050）和江西省自然科学基金重点项目
（20202ACB203004）资助

科学出版社

北　京

内 容 简 介

本书在分析农户行为、利益相关者、劳动力迁移等理论基础上，构建多尺度耕地撂荒机理分析框架，从地块、农户、村庄、区域尺度上探究耕地撂荒驱动力，采用多尺度建模技术，揭示耕地撂荒多尺度过程机理，并运用博弈论和仿真分析法提出撂荒耕地治理策略，这对于丰富土地变化科学的"格局-过程-尺度-机理-效应-响应"理论和方法，优化耕地资源配置，推动乡村振兴和保障粮食安全具有重要的理论和实践价值。

本书适合土地资源管理、农林经济管理、地理学以及人口、资源和环境经济学等专业的本科生和研究生阅读，亦可作为政府部门工作人员的参考用书。

图书在版编目（CIP）数据

耕地撂荒研究 / 谢花林，陈倩茹，李致远著. —北京：科学出版社，2023.10

ISBN 978-7-03-070831-1

Ⅰ. ①耕… Ⅱ. ①谢… ②陈… ③李… Ⅲ. ①耕地-土地利用-研究-中国 Ⅳ. ①F323.211

中国版本图书馆 CIP 数据核字（2021）第 259954 号

责任编辑：邓 娟 / 责任校对：姜丽策
责任印制：张 伟 / 封面设计：有道文化

科 学 出 版 社 出版

北京东黄城根北街 16 号
邮政编码：100717
http://www.sciencep.com

北京中科印刷有限公司 印刷

科学出版社发行 各地新华书店经销

*

2023 年 10 月第 一 版 开本：720 × 1000 1/16
2023 年 10 月第一次印刷 印张：18 1/4
字数：368 000

定价：196.00 元
（如有印装质量问题，我社负责调换）

作者简介

谢花林（1979—），江西莲花县人，二级教授，博士生导师，国家"万人计划"领军人才（2021 年），国家自然资源部科技领军人才（2022 年），全国文化名家暨"四个一批"人才（2021 年），国家百千万人才工程人选（2017 年），国家有突出贡献中青年专家（2017 年），享受国务院政府特殊津贴（2016 年），国家"万人计划"青年拔尖人才（2015 年）。在 *Land Use Policy*、*Land Degradation & Development*、*Landscape Ecology*、《地理学报》、《中国土地科学》、《自然资源学报》和《生态学报》等国内外权威学术刊物上发表学术论文 200 余篇，其中 SCI/SSCI 收录 100 余篇；出版学术著作 20 余部。获省部级一等奖 1 次，二等奖 4 次。主持国家社会科学基金重大项目和重点项目各 1 项，国家自然科学基金项目 5 项。研究方向：国土空间优化、土地利用、生态产品价值实现、自然资源管理。

陈倩茹（1990—），江西兴国县人，博士，博士后，助理研究员，硕士生导师。在 *Land Use Policy*、*Journal of Cleaner Production*、*Technological Forecasting and Social Change*、*Land Degradation & Development*、《自然资源学报》、《中国土地科学》、《经济地理》等国内外权威学术刊物上发表论文 20 余篇。主持国家自然科学基金项目和中国博士后科学基金项目各 1 项，省部级项目 5 项。研究方向：土地资源经济、资源与环境政策、生态产品价值实现。

李致远（1995—），江西柴桑区人，博士研究生。在 *International Journal of Environmental Research and Public Health*、*PLoS One*、《中国土地科学》、《江西社会科学》和《企业经济》等核心学术刊物上发表论文多篇。主持省级课题 2 项。合作出版学术著作《耕地资源利用分析》。研究方向：生态经济发展。

前　言

仓廪实，天下安。粮食事关国运民生，粮食安全是国家安全的重要基础。新中国成立 70 多年来，国家粮食安全战略结构进行了多次调整，并于 2004~2022 年取得了历史性的粮食生产"十九连丰"。尽管中国粮食总产量持续上涨，但其稳产增产机制并不牢固，且随着中国"三化"（制度化、规范化、程序化）的快速推进，人口发展和资源环境之间的供需矛盾日益突出，加上农业比较效益偏低、耕种条件差、农民外出务工、食品结构升级等因素的影响，耕地等农业生产资源减少对粮食生产的制约性开始凸显。尤其是在新冠疫情冲击下，全球粮食生产与贸易均衡格局被打破，这对我国粮食海外风险管控、粮食安全保障目标提出了更高要求。2000 年，"确保国家粮食安全"被写入了《中国共产党第十五届中央委员会第五次全体会议公报》。2002 年，第九届全国人民代表大会常务委员会修订通过的《中华人民共和国农业法》对"粮食安全"进行了立法保障。2015 年，第十二届全国人民代表大会常务委员会第十五次会议通过的《中华人民共和国国家安全法》更是明确将粮食安全上升到了国家安全战略层面。

保障国家粮食安全，稳定粮食生产与有效供给是关键，这与耕地、劳动力、资本等农业生产要素的持续有效投入和分配密不可分。其中，耕地是粮食生产的基础，而粮食生产是粮食安全的基础，可见耕地资源在粮食有效供给和安全维护中的根本性约束作用。然而，在工业化和城镇化背景下，我国耕地资源数量减少、质量降低的现状令人担忧。"撂荒"作为耕地资源"量减质降"的重要表现形式之一，将直接导致各类农业生产要素分配失衡，并带来土壤退化、耕地质量下降、农村空心化等环境和社会经济问题，严重制约增产稳产和粮食安全目标的实现。中国科学院资源环境科学与数据中心的土地变更调查数据显示，2017 年中国粮食主产区撂荒面积达 6082.95 万亩[①]，约占当年粮食主产区耕地面积的 5.85%，所引起的粮食损失量高达 2265.6 万吨。

面对耕地撂荒对粮食安全的潜在威胁，新时期国家明确提出了"藏粮于地"粮食安全发展策略，2019 年中央一号文件明确要求严守 18 亿亩耕地红线，确保永久基本农田保持在 15.46 亿亩以上；2020 年中央一号文件进一步强调"确保粮食安全始终是治国理政的头等大事"；2021 年，为有效遏制耕地撂荒，充分挖掘

---

① 1 亩≈666.7 平方米。

保供潜力，农业农村部制定了《关于统筹利用撂荒地促进农业生产发展的指导意见》。学界也围绕耕地撂荒开展了广泛的研究，我国目前在农户尺度上的坡耕地撂荒机理研究较丰富，但时空差异可能导致不同的撂荒轨迹，这些不同的轨迹与不同地区环境条件的空间异质性相结合，使得不同尺度的耕地撂荒驱动力存在差异。因此，耕地撂荒时空演变特征、耕地撂荒多尺度过程机理以及撂荒耕地的统筹利用与治理研究有待进一步深化。

本书共 9 章，各章节的主要研究内容如下。

第 1 章绪论。该章系统介绍了本书的研究背景、研究意义、研究目的与研究内容、技术路线与研究方法。

第 2 章国内外相关研究综述。该章从耕地撂荒的过程与机理、耕地撂荒的生态环境效应、撂荒耕地治理三方面展开综述，在此基础上对现有文献进行述评，并归纳对本书的启示。

第 3 章相关概念界定和基础理论。重点介绍了农户行为理论、利益相关者理论、劳动力迁移理论、地租理论、博弈论、土地利用行为理论，及其对本书的启示。

第 4 章耕地撂荒机理研究。结合地租、农户行为、边际收益等理论分别构建地块、农户、区域尺度耕地撂荒机理理论分析框架，尝试运用系统分析法从耕地撂荒多尺度的差异化表现形态和发生特征中归纳出不同尺度下耕地撂荒发生机理的一般规律。

第 5 章地块尺度耕地撂荒实证研究。以湖南、江西和福建为研究区，运用 Heckman 模型、Logit 模型、Probit 模型、Tobit 模型以及工具变量法等，从地块尺度分析资源禀赋约束对耕地撂荒的影响，揭示地块尺度耕地撂荒机理。

第 6 章农户尺度耕地撂荒实证研究。主要包括非农就业对农户梯田撂荒行为的影响研究，非农就业、土地流转对农户耕地撂荒行为的影响研究，不同类型农户耕地撂荒行为机理研究，不同代际视角下农户耕地撂荒行为研究以及社会网络对农户耕地撂荒行为的影响研究五方面的内容。

第 7 章村庄尺度耕地撂荒实证研究。基于组态视角，运用定性比较分析方法，考虑县域、村域的条件差异的潜在影响，通过探究耕地撂荒影响因素的充分性、必要性及条件组态，对村庄尺度耕地撂荒现象进行解释。

第 8 章区域尺度耕地撂荒实证研究。检验耕地撂荒更有可能出现在农地生产成本较高和产量较低的地区的假设，并构建空间显性经济学模型，以探索区域尺度耕地撂荒驱动力，辨识耕地撂荒的主要驱动因素，从而为区域土地生态演化过程的管控提供启示。

第 9 章撂荒耕地治理实证研究。从利益相关者视角，根据异质性农户在撂荒耕地治理过程存在的利益冲突分别构建演化博弈模型，运用仿真分析法探索实现博弈均衡的最优策略，从而揭示撂荒耕地治理的内在机理，为撂荒耕地的统筹利用和治理提供依据。

耕地撂荒是不同的时间尺度、空间尺度和组织尺度综合作用下的结果，涉及自然、社会、经济等多个子系统，本书关于耕地撂荒的理论与方法的研究不可避免地存在一定局限性，加之笔者学识有限，书中不免有不足与疏漏，恳请同行专家、学者不吝斧正！

本书的内容是在课题组承担的国家自然科学基金重点项目"梯田撂荒过程及其造成的地力资本损失"（41930757）、国家自然科学基金面上项目"南方丘陵山区耕地撂荒多尺度过程机理与权衡管理研究"（41971243）、国家自然科学基金地区项目"撂荒耕地的复耕机制与策略提升研究：基于多主体系统耦合视角"（42261050）和江西省自然科学基金重点项目（20202ACB203004）资助下的研究成果的基础上整理而成。江西财经大学生态文明研究院何亚芬、吴箐、黄莹乾、李凤琴等参与了本书部分研究工作，朱振宏、欧阳振益、李哲、许信、盛美琪参与了部分编辑工作及书稿的校对工作，在此对他们表示衷心的感谢。本书充分吸收了国内外众多专家学者的研究成果，已在参考文献中注明，在此一并致谢！

谢花林

2022 年 10 月

目　　录

第1章 绪 论

1.1 研究背景

实现乡村振兴的根本路径之一是"土地"振兴，发挥乡村最大土地价值，但由于务农机会成本上升、农户生计多样化和劳动力迁移等社会经济因素驱动，自然环境条件的劣势，以及一些土地逐渐退耕或转为其他用途，耕地撂荒成为目前发展较快的一种土地利用变化现象。原国土资源部数据显示，我国每年直接撂荒耕地约 3000 万亩[①]。据测算，仅 2000 年至 2015 年短短 5 年，我国耕地面积减少了 144 万公顷（Yao et al.，2017；程维明等，2018）；全国有撂荒记录的县（市）数量达 165 个（张学珍等，2019），山区土地弃耕率高达 14.32%（李升发等，2017）。不仅丘陵山区耕地撂荒呈现面广、量大、持续时间长的特点（陈倩茹和谢花林，2020），城郊区域的优质肥沃耕地也在加速流失（练绮绮，2018）。1990~2015 年，我国流失耕地的 60.9%集中在平原地区，并非偏远丘陵山区（程维明等，2018），优质区位耕地撂荒现象的多发态势进一步凸显了耕地撂荒的严峻态势。发达国家的经验也表明，耕地撂荒是城镇化和工业化过程中的普遍现象（李升发等，2017），全球耕地撂荒的趋势也很强劲。受社会经济冲击、贸易、体制结构和土地利用政策（Gellrich et al.，2007；Meyfroidt et al.，2016；Müller et al.，2009；谭术魁，2003）的影响，尽管全球对农产品的需求不断增加，且适合农田扩张的土地日益稀缺（Cramer et al.，2008），耕地撂荒依然成为当前世界许多国家和地区的一种常见的土地利用变化过程，在欧洲、地中海地区、拉丁美洲、非洲和亚洲等地均不同程度存在。

大面积耕地撂荒不仅会直接减少耕地面积和区域粮食产量（赵彩杉，2019），引发水土流失（Lasanta et al.，1995），损害区域生物多样性（Obrist et al.，2011）和生态景观（van Eetvelde and Antrop，2004；Beilin et al.，2014），还会带来耕地退化、地力资本损失、传统农业遗产丧失、农户生计改变等潜在影响（Khanal and Watanabe，2006；Knoke et al.，2013）。为遏制耕地撂荒，早在 2004 年国务院办公厅就印发了《关于尽快恢复撂荒耕地生产的紧急通知》（国办发明电〔2004〕15 号），但耕地撂荒的趋势并未得到有效的遏制，部分地区甚至呈现愈演愈烈的

---

① 《保障农业生产：政策给力 种田有劲》，http://cpc.people.com.cn/n/2012/1221/c83083-19970410.html，2022-01-30。

趋势（段亚明等，2018）。近年来，随着国内经济下行压力加大和国际贸易形势复杂化，做好粮食安全保障再次成为当前国内应对各种风险挑战的一项基础性工作（李广泳等，2021）。2021 年为贯彻落实《国务院办公厅关于坚决制止耕地"非农化"行为的通知》《国务院办公厅关于防止耕地"非粮化"稳定粮食生产的意见》，有效遏制耕地撂荒，充分挖掘保供潜力，农业农村部制定了《关于统筹利用撂荒地促进农业生产发展的指导意见》，明确提出"遏制耕地撂荒""把耕地资源用足用好"。当前，我国正处于加快推进乡村振兴战略的关键时期，对耕地撂荒现象开展深入研究，对于统筹利用耕地资源、发挥土地最大价值、实现乡村振兴具有重要意义。

土地科学、地理学和复杂性科学的研究实践表明，耕地撂荒是由环境、人类社会子系统综合影响的复杂非线性土地利用过程，是在不同时间和空间尺度上，农户的微观决策行为（土地和劳动力配置）、村集体的农地制度配置行为、政府的宏观调控行为（土地流转、土地整治、耕地保护、农业补贴、生态保护和产业转型）、市场行为（价格、消费、贸易变化）和耕地自然环境条件的综合作用结果（Valbuena et al.，2010；邵景安等，2015；李升发和李秀彬，2016）。时空差异可能导致不同的撂荒轨迹，这些不同的轨迹与不同地区环境条件的空间异质性相结合，使得不同尺度的耕地撂荒驱动力存在差异性（Munroe et al.，2013）。因此，在文献综述与理论梳理的基础上，本书分别从地块、农户、区域尺度构建了耕地撂荒过程机理理论分析框架，运用多源数据，并综合运用经济学、土地科学、地球信息科学等理论与方法多尺度开展耕地撂荒影响因素与过程机理实证研究。最后，运用演化博弈与仿真分析方法探索撂荒耕地的盘活治理策略，以期为新时期乡村振兴背景下撂荒耕地统筹利用提供理论与实证依据。

1.2 研究意义

1.2.1 理论意义

（1）本书有利于丰富土地变化科学的"格局-过程-尺度-机理-效应-响应"理论和方法。耕地撂荒是土地利用变化的过程之一，探索耕地撂荒的信息获取与检测方法，分析耕地撂荒的时空格局变化，揭示耕地撂荒的多尺度过程机理，提出相应的统筹利用策略，可以进一步丰富土地变化科学的"格局-过程-尺度-机理-效应-响应"理论和方法。

（2）本书将有利于完善土地边际化的理论和方法。土地边际化是导致耕地撂荒的主要原因。本书借助复杂系统科学，在不同时间和空间尺度（地块、村庄、农户和区域）上，分析耕地撂荒的驱动力，采用多尺度建模技术，揭示耕地撂荒多尺度过程机理，特别是有助于进一步剖析耕地边际化的形成原因及发展趋势，可以丰富土地边际化的相关理论。

1.2.2　实践意义

（1）有助于促进我国耕地利用、开发和保护。一是在耕地利用方面，有助于进一步完善土地流转、土地租赁市场，引导绿色产品种植等政策，缓解优质耕地利用边际化，减缓耕地撂荒。二是在耕地开发方面，通过揭示耕地撂荒多尺度过程机理，可以为自然资源部门在耕地开发前选择后备耕地资源以及在耕地开发后制定后续管控政策提供决策依据，避免耕地开发后面临撂荒的风险。三是在耕地保护方面，由于耕地撂荒后恢复治理的成本较高，制定有效的应对政策，可以减少优质耕地的撂荒，实现对基本农田的有效保护。

（2）有助于保护我国传统农业遗产景观。传统耕地景观，尤其是南方丘陵山区的耕地景观，是宝贵、稀有的农业遗产景观，具有生态、文化、精神、美学等多重价值。通过对耕地撂荒的过程机理进行多尺度研究，探索撂荒耕地分类治理策略，有助于对耕地撂荒趋势进行预警并及时做出应对策略，保护传统农业遗产景观。

（3）有助于乡村振兴和农村可持续发展。实现乡村振兴的根本路径之一是"土地"振兴，发挥乡村最大土地价值。由于耕地撂荒会带来土地退化、地力资本损失、耕种面积减少和农业文化遗产丧失等潜在影响，已威胁到耕地安全、乡村振兴和农村可持续发展。因此，未来要推动乡村振兴，保护优质耕地资源，实现农村可持续发展，需要掌握耕地撂荒时空演变过程，厘清耕地撂荒多尺度过程机理，并提出高效的统筹利用策略。因此，本书对于推动乡村振兴和农村可持续发展，具有重要的实践价值。

1.3　研究目的与研究内容

1.3.1　研究目的

（1）系统归纳总结耕地撂荒研究的理论基础，包括农户行为理论、利益相关者理论、劳动力迁移理论、土地集约利用理论与土地利用行为理论。

（2）从地块、农户、村庄与区域等尺度构建耕地撂荒理论分析框架，并进行实证分析，揭示多尺度耕地撂荒过程机理。

（3）厘清耕地撂荒及其治理过程中的主要利益相关者和可能存在的利益冲突，构建演化博弈模型，探索促使各方博弈实现均衡的理论与方法，提出撂荒耕地的治理策略。

1.3.2 研究内容

（1）国内外耕地撂荒研究的经验借鉴。选取国内外典型的耕地撂荒地区的研究和案例进行比较与分析，总结在撂荒耕地信息提取、过程机理和统筹治理中可以借鉴的内容。

（2）耕地撂荒多尺度过程机理的理论分析。在地块尺度，运用生产函数理论构建资源禀赋约束对耕地撂荒影响的理论分析框架；在农户尺度，首先在农户分类的基础上构建异质型农户耕地撂荒行为模型，其次运用边际效应理论和要素替代理论构建非农就业对农户耕地撂荒行为影响的逻辑分析框架；在区域尺度，依次分析垂直尺度的自然本底要素和水平尺度的社会经济要素对耕地撂荒的作用机理。

（3）地块尺度耕地撂荒研究。以南方三省江西、湖南和福建为研究区，依据农业经济学和劳动力经济学的基本理论，采用定性和定量相结合的研究方法，探讨丘陵山区耕地撂荒的影响因素，把握耕地撂荒的发展趋势。

（4）农户尺度耕地撂荒研究。主要包括五项研究内容：基于劳动力迁移理论，分析非农就业对农户耕地撂荒的影响；基于非农就业和土地流转的视角，实证分析非农就业、土地流转对农户耕地撂荒行为的影响；立足农户分化趋势，实证分析不同类型农户耕地撂荒行为；基于代际差异理论，分析不同代际视角下农户耕地撂荒行为；基于交易成本理论，分析社会网络对农户耕地撂荒行为的影响。

（5）村庄尺度耕地撂荒研究。引入必要条件分析（necessary condition analysis，NCA）研究导致耕地撂荒现象发生的必要条件；引入定性比较分析（qualitative comparative analysis，QCA），把条件组合视为分析单位，从不同原因组合的角度探讨耕地撂荒影响因素间复杂的多元、非线性因果关系，旨在从充分性、必要性、条件组态等逻辑角度探讨耕地撂荒的影响因素。

（6）区域尺度耕地撂荒研究。以江西省为例，基于地租理论、Logistic 回归方法和 GIS（地理信息系统）技术，构建空间显性经济学模型，检验耕地撂荒更有可能出现在农地生产成本较高和产量较低的地区的假设，进而探究区域尺度耕地撂荒的驱动机制。

（7）撂荒耕地治理研究。从农户行为策略出发，基于利益相关者视角，结合经济学与管理学综合剖析撂荒耕地治理过程中不同主体之间的利益关系、行为策略以及博弈的演化过程，找到撂荒耕地治理存在的关键问题，进而提出相应的治理策略。

1.4　技术路线与研究方法

1.4.1　技术路线

技术路线图详见图 1-1。

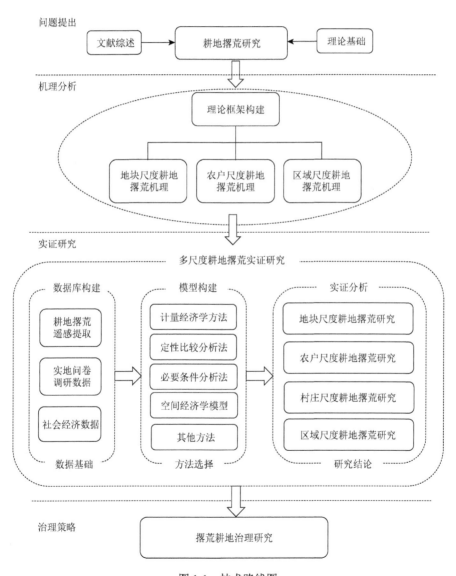

图 1-1　技术路线图

1.4.2 研究方法

本书结合土地科学、经济学、地理学和管理学理论的最新研究成果和发展动态，力求站在土地利用/土地覆被变化研究理论和实践的前沿，探讨耕地撂荒识别监测、过程机理、治理策略的相关问题。依据上述思路进行研究时采用了比较严谨的科学方法，这些方法如下。

（1）文献归纳与经验问题比较研究方法。本书梳理现有国内外耕地撂荒研究的经典文献，首先，总结国内外在耕地撂荒过程机理、生态环境效应、盘活治理等方面的研究实践经验，就同一问题进行国际比较和分析，提炼值得本书借鉴的内容；其次，结合我国国情、政情和农情，分析不同条件下的耕地撂荒过程机理，总结耕地撂荒统筹利用和治理模式。

（2）系统分析法。系统分析（system analysis）是把研究对象视为系统的一种研究和解决问题的方法。根据系统分析的一般原理，土地利用系统的目标应是多目标的综合，是经济效益、社会效益、生态效益三者之间矛盾的统一。同时，耕地撂荒研究面对的问题非常复杂，既要面对耕地利用及其规划的问题，也要面对水环境、生物多样性、自然灾害等环境问题；既要熟悉土地利用规划的理论方法，又要掌握管理学、经济学、地理学、可持续发展理论、景观生态学、地球信息科学等基础知识。在研究的过程中，本书针对耕地撂荒研究理论、技术、方法等问题，基本上做到了充分吸收相关学科的研究成果，并对其进行细致的分析和综合。

（3）计量经济学方法。本书充分运用了计量经济学中 Tobit 模型、Logistic 模型、Probit 模型、中介效应模型、逐步回归模型、Heckman 模型及工具变量（instrumental variable，IV）法等定量分析因变量与自变量之间的相关关系，通过科学严谨的实证研究结果揭示了耕地撂荒的多尺度过程机理，提升了本书对耕地撂荒相关问题的解释能力和预测能力。

（4）定性比较分析和必要条件分析法。耕地撂荒是一个复杂的社会现象，本书引入定性比较分析探讨单个前因条件是否为耕地撂荒发生的必要条件，并从条件组态的角度分析原因变量和结果变量之间的复杂因果关系，进一步用必要条件分析法定量检验回归模型所得出的显著因素是否是耕地撂荒现象发生的必要条件，以及其成为必要条件所需的程度水平。

（5）演化博弈分析法。构建撂荒耕地治理过程中利益相关者之间（农户、农业企业、规模农户、中央政府、地方政府等）的博弈模型，把有限理性和重复动态博弈等假设条件引入模型中，分析博弈系统的演化趋势，探索有效的治理策略，促进博弈系统实现理想的策略均衡。

（6）仿真分析法。在撂荒耕地治理过程演化博弈的基础上，运用 Python 3.7 软件建立仿真分析模型，通过给博弈中的各项参数赋值得到仿真分析的结果。这不仅能够直观感受耕地撂荒利益相关者之间行为策略的演化博弈过程，也能检验前述的演化博弈结果。

参 考 文 献

陈倩茹，谢花林. 2020. 农户耕地撂荒行为机理分析：基于计划行为理论[M]. 北京：经济管理出版社.

程维明，高晓雨，马廷，等. 2018. 基于地貌分区的1990—2015年中国耕地时空特征变化分析[J]. 地理学报，73（9）：1613-1629.

段亚明，周洪，刘秀华，等. 2018. 中国耕地撂荒的研究进展与展望[J]. 江苏农业科学，46（13）：13-17.

李广泳，姜广辉，张永红，等. 2021. 我国耕地撂荒机理及盘活对策研究[J]. 中国国土资源经济，34（2）：36-41.

李升发，李秀彬. 2016. 耕地撂荒研究进展与展望[J]. 地理学报，71（3）：370-389.

李升发，李秀彬，辛良杰，等. 2017. 中国山区耕地撂荒程度及空间分布：基于全国山区抽样调查结果[J]. 资源科学，39（10）：1801-1811.

练绮绮. 2018. 浅析城镇化进程中的耕地保护[J]. 南方农业，12（14）：109-110.

邵景安，张仕超，李秀彬. 2015. 山区土地流转对缓解耕地撂荒的作用[J]. 地理学报，70（4）：636-649.

谭术魁. 2003. 耕地撂荒程度描述、可持续性评判指标体系及其模式[J]. 中国土地科学，17（6）：3-8.

张学珍，赵彩杉，董金玮，等. 2019. 1992—2017年基于荟萃分析的中国耕地撂荒时空特征[J]. 地理学报，74（3）：411-420.

赵彩杉. 2019. 中国耕地撂荒的空间格局及气候效应[D]. 哈尔滨：哈尔滨师范大学.

Beilin R，Lindborg R，Stenseke M，et al. 2014. Analysing how drivers of agricultural land abandonment affect biodiversity and cultural landscapes using case studies from Scandinavia，Iberia and Oceania[J]. Land Use Policy，36：60-72.

Cramer V A，Hobbs R J，Standish R J. 2008. What's new about old fields? Land abandonment and ecosystem assembly[J]. Trends in Ecology & Evolution，23（2）：104-112.

Gellrich M，Baur P，Koch B，et al. 2007. Agricultural land abandonment and natural forest re-growth in the Swiss mountains：a spatially explicit economic analysis[J]. Agriculture，Ecosystem & Environment，118（1/2/3/4）：93-108.

Khanal N R，Watanabe T. 2006. Abandonment of agricultural land and its consequences：a case study in the Sikles area，Gandaki Basin，Nepal Himalaya[J]. Mountain Research and Development，26（1）：32-40.

Knoke T，Calvas B，Moreno S O，et al. 2013. Food production and climate protection：what abandoned lands can do to preserve natural forests[J]. Global Environmental Change，23（5）：1064-1072.

Lasanta T，Pérez-Rontomé C，García-Ruiz J M，et al. 1995. Hydrological problems resulting from farmland abandonment in semi-arid environments：the central Ebro depression[J]. Physics and Chemistry of the Earth，20（3/4）：309-314.

Meyfroidt P，Schierhorn F，Prishchepov A V，et al. 2016. Drivers，constraints and trade-offs associated with recultivating abandoned cropland in Russia，Ukraine and Kazakhstan[J]. Global Environmental Change，37：1-15.

Müller D，Kuemmerle T，Rusu M，et al. 2009. Lost in transition：determinants of post-socialist cropland abandonment in Romania[J]. Journal of Land Use Science，4（1/2）：109-129.

Munroe D K，van Berkel D B，Verburg P H，et al. 2013. Alternative trajectories of land abandonment：causes，consequences and research challenges[J]. Current Opinion in Environmental Sustainability，5（5）：471-476.

Obrist M K，Rathey E，Bontadina F，et al. 2011. Response of bat species to sylvo-pastoral abandonment[J]. Forest Ecology and Management，261（3）：789-798.

Valbuena D，Verburg P H，Bregt A K，et al. 2010. An agent-based approach to model land-use change at a regional scale[J]. Landscape Ecology，25：185-199.

van Eetvelde V，Antrop M. 2004. Analyzing structural and functional changes of traditional landscapes：two examples from Southern France[J]. Landscape and Urban Planning，67（1/2/3/4）：79-95.

Yao Z Y，Zhang L J，Tang S H，et al. 2017. The basic characteristics and spatial patterns of global cultivated land change since the 1980s[J]. Journal of Geographical Sciences，27（7）：771-785.

第 2 章　国内外相关研究综述

2.1　耕地撂荒的过程与机理研究综述

2.1.1　耕地撂荒的规模与过程研究

自 20 世纪后半叶开始，全世界的山区人口数量持续下降，大面积耕地出现撂荒现象。即使到现在，欧洲、北美洲、地中海地区、日本等地的耕地撂荒现象还在持续发生（Brouwer et al.，2008）。文献记载的第一次土地撂荒发生在 19 世纪初的法国，并在 20 世纪初蔓延到其他西欧国家，这一时期的土地撂荒（尤其是山区耕地）是由大量农村人口从农村转移到城市和工业区所致，这也是山地社区瓦解的结果（García-Ruiz and Lana-Renault，2011）。而在波罗的海国家等一些新的欧盟成员国中，后社会主义经济发展导致了撂荒的出现。值得注意的是，在一些山区，坡耕地的撂荒与山谷底部的农业集约化是同时发生的（van Eetvelde and Antrop，2004；Mottet et al.，2006），从而保证了充足的粮食供应。

伴随耕地弃耕的森林植被面积变化最初发生于欧洲。在乌克兰西部，撂荒现象大量存在，2008 年耕地撂荒率达到 56%。1991 年以后，社会主义计划经济期间利用耕地共有 6600 平方千米（30%）弃耕。地形地貌、人口数量变化和土壤类型是影响撂荒率最主要的因素。重要的是，平原地区撂荒率较高，边缘地区较低。非农收入和汇款或许可以解释此现象。耕地的撂荒率也因坡度和海拔而不同，海拔 200~400 米的撂荒率最高（大于 35%），1100~1200 米的撂荒率最低（小于 2%）。撂荒率在缓坡和平坦的地形区也较高（Baumann et al.，2011）。在意大利，1985~2002 年撂荒耕地从所利用农地的 2%增至 10%（史铁丑和李秀彬，2013）。欧洲以外的地区，耕地撂荒与森林植被的空间扩张等相对较晚（史铁丑，2020）。

在中国，改革开放初期耕地撂荒问题并不严重，包产到户的土地改革和双轨制带来的正向激励减少了耕地撂荒行为，真正的撂荒浪潮开始于 20 世纪 90 年代中后期（Zhang et al.，2014），呈现出 20 世纪 90 年代中期和 2010 年左右的两次浪潮。已有研究对于耕地大面积撂荒存在两种观点，一种观点认为是"经济增长路径"所致，即经济发展增加了非农就业机会，促使大量劳动力脱离农业生产，进而导致劣质耕地退耕（Lambin and Meyfroidt，2010），这种观点被用于解释发达国家的森林转型与农地收缩；另一种观点认为撂荒由"森林稀缺路径"所致，即社会对森林产品需求的增加，驱动人工林扩张而导致耕地收缩（Barbier et al.，2010），这种观点被用于解释作为原材料供应国——发展中国家耕地的边际化。中国作为经济增长较快的发展中国家，两种路径同时存在。许多研究表明中国在20 世纪 80 年代采用的是"森林稀缺路径"，随着城镇化、工业化的推进转向了"经济增长路径"（李秀彬和赵宇鸾，2011；李升发和李秀彬，2016）。在时空演变上，中国耕地撂荒现象已经由早期的集中在部分省份扩展到全国；由早期中部多、西部少演变为中西部同步扩展的趋势（刘成武和李秀彬，2006）。山区县是撂荒现象的高发区，其撂荒率在省级尺度上同样呈南高北低的总体分布格局，长江流域撂荒率最高，华北地区、东北的长白山地区撂荒率最低（李升发等，2017），且山区县的撂荒现象多集中分布在海拔高、坡度陡的地段，海拔越高，耕地坡度越陡，耕地撂荒越突出，变化越明显（徐倩等，2021）。

2.1.2　耕地撂荒的驱动力研究

耕地撂荒是区域与全球、环境与人为因素相互综合作用的复杂过程（Allison and Hobbs，2004；Verburg et al.，2010），已经成为一个全球共同面对的治理难题（MacDonald et al.，2000；Díaz et al.，2011；Zhang et al.，2016）。有学者预计，耕地撂荒在未来的几十年都将继续（Rounsevell et al.，2006）。为防止耕地撂荒给环境经济带来的负面影响（Strijker，2005），有必要深入了解撂荒的时空过程及其驱动因素，预测其未来的发展趋势，以便在耕地边际化地区制定有效规划与管理政策，实现撂荒耕地的可持续管理。

耕地撂荒驱动力的研究起步较晚，始于 20 世纪 80 年代（Lasanta et al.，2017）。近年来，随着耕地撂荒趋势在全球蔓延，机器建模、案例分析、计量经济学等方法均被广泛应用于耕地撂荒驱动力的研究中。例如，欧洲耕地撂荒主要是由农业气候条件不理想（即低/高生长度日）、农场管理相关的决定因素（规模较小，产量较低）和社会经济条件（高失业率，负迁移平衡）所致（Levers et al.，2018）。运用多视角两因素散点分析和单因素相关分析方法，探究山区土地流转缓解耕地撂荒的作用（邵景安等，2015）。根据地中海地区、东欧、拉丁美洲、非洲和亚洲的 10 个案例，寻找区域范围内的撂荒驱动因素（Kosmas et al.，2015）。对欧洲137 个土地利用变化案例（集约化和非集约化，包括土地撂荒）进行了研究（van Vliet et al.，2015）。根据作用程度、来源、属性、意愿的不同，本书将耕地撂荒驱动力归纳如下。

1. 按作用程度划分为直接驱动因素、主要驱动因素、根本驱动因素

通过对耕地撂荒的驱动力进行综述后认为，社会经济要素变化是耕地撂荒最

主要的驱动力，务农机会成本上升等原因引起的耕地边际化是撂荒发生的根本原因，而劳动力迁移是造成耕地撂荒的直接原因（李升发和李秀彬，2016）。

耕地撂荒的主要驱动力，即社会经济要素变化，主要包括以下几个方面：①城镇化和工业化发展引起农村人口的迁移和非农化，导致山区农业劳动力大量减少；②市场需求变化、国际贸易发展以及农资价格上涨等多种原因导致土地利用纯收益下降；③农业相关政策的调整；④土地制度改革；⑤农业技术升级和农业商品化等。欧洲、地中海沿岸国家及中国等地的撂荒过程均印证了以上论断，尤其是在中国，家庭联产承包责任制的制度因素，和土地承包权固化、不完善的土地流转市场等问题被认为是导致耕地撂荒的重要因素之一（Jin and Deininger，2009；张英等，2014；Zhang et al.，2014）。

耕地边际化是耕地撂荒发生的必要条件，也是根本原因。耕地边际化源于耕地处于无租边际以外所导致的耕地零收益或负收益，理性农户失去在没有利润的耕地上继续经营的动力，导致耕地被边际化，进而被撂荒。

农业劳动力迁移不仅是劳动力数量的减少，还包括青年劳动力迁移引起农业劳动力老龄化所带来的农业劳动能力下降（Romero-Calcerrada and Perry，2004），在平原地区机械投入可替代劳动力投入，然而在赣南等丘陵山区，受地形等因素限制，机械化程度较低，因此农业劳动力迁移对丘陵山区耕地撂荒的影响更为突出。有研究表明，劳动力的质量，而非数量，通常是决定耕地撂荒及复垦的因素之一（Meyfroidt et al.，2016）。值得注意的是，土地流转下农业劳动力对耕地撂荒在不同尺度上具有不同的影响，在土地流转市场较为完善的地区，选择在村庄尺度上进行农业劳动力对耕地撂荒的影响分析研究是比较合理的（张英等，2014）。

2. 按来源划分为内部驱动因素和外部驱动因素

外部（或全局）和内部（或局部）影响因素的相互作用导致耕地撂荒的驱动因素非常多样化。全局或外部因素，如劳动力迁移、社会经济模式、公共政策等，是撂荒过程的触发因素，在耕地撂荒过程中起到催化剂的作用；而局部或内部因素，即农业生态和社会经济因素以及农业所有权特征，则决定了撂荒的动态、程度、范围及区域（Lasanta et al.，2017）。

在外部因素中，政策措施是缓解或促进土地撂荒的主要因素。例如，欧盟的休耕政策促进了耕地撂荒的发生（Walford，2002），此外，早在欧洲共同体时期便已实施，通过发放年金补助引导老年农民提前退休的规定（第72/160/EEC号指令），这促进了耕地边际化与撂荒。相反，农业环境补贴，山区自然障碍支付等共同农业政策（common agriculture policy，CAP）措施为农业用地提供了额外收入，有效缓解了耕地撂荒（Lasanta and Marín-Yaseli，2007；Calvo-Iglesias et al.，2009）。近年来，有些政策要求大型农场必须保持它们的耕地在"良好的农业和环境条件"下才能获得补贴，这也有效缓解了耕地撂荒（Bernués Jal，2007）。值得注意的是，补贴等政策措施作用于撂荒的效果受到地域性的影响，结合挪威农业生产数据库数据以及实地调研数据，综合运用多元线性回归和地理加权回归对该问题进行系统研究，结果表明农业补贴缓解撂荒的效果具有地域差异，农业补贴作为缓解撂荒的重要农业政策工具，需更深入了解补贴的运作方式及人口、生物物理资源、土地租赁的可行性等补贴实施的区域环境（Sang et al.，2014）。

耕地撂荒的内部因素可以分为农业生态或生物物理因素、社会经济因素、农业财产特征三类（Lasanta et al.，2017）。其中，农业生态或生物物理因素决定了耕地的生产力和盈利能力；社会经济因素可能导致整个地区（作物缺乏竞争力，大规模城市化，土地市场狭小，其他经济替代品的竞争）和特定地块（缺乏资本化，土地经济成本高，耕地面积小，土地租赁困难）的撂荒；而在农业财产特征中，重点应关注"人口迁移"。以 20 世纪中叶的欧洲山区为例，农村人口迁移导致了耕地边际化、农业用地减少和大片耕地撂荒。一方面，人口迁移导致维持村庄"生存"的重要服务和基础设施丧失；另一方面，农村大量青壮年劳动力迁移导致农业劳动力老龄化问题突出，耕地经营粗放，发展后劲不足，最终导致耕地撂荒（André，1998；García-Ruiz and Lasanta-Martínez，1990；胡小平等，2011）。

3. 按属性划分为物理因素、社会经济因素、管理因素

耕地撂荒的驱动因素：第一类是物理因素（地球物理、自然地理、生态等），包括海拔、地质基底、坡度、方向、肥力、土壤深度，以及其他可能限制农业生产的环境因素。第二类是社会经济因素，包括市场变化、人口流动、技术、可及性、农民年龄等。第三类因素是管理因素，包括开发与土地管理系统不足，导致土壤退化、洪水频繁、土壤过度开发和生产力损失。在以上三类因素中，最具决定性的因素首先是社会经济因素，其次是管理因素，最后是物理因素。

4. 按意愿划分为主动撂荒和被动撂荒

主动撂荒是指农户因生产效益和生产取向等因素主动减少耕作土地甚至全部撂荒，例如：务农机会成本上升，耕地边际收益下降（文华成，2003；徐莉，2010）；农地产权不明，土地流转困难等因素（刘润秋和宋艳艳，2006；李中豪，2013）。被动撂荒是指由外界自然灾害及人为因素破坏导致土地无法耕作而使农户被迫撂荒，例如：工厂污水乱排放等原因造成耕地污染，农户被迫撂荒（谭术魁，2004）；地质灾害、野生动物损害频繁发生，农户疲于应付，耕地被迫撂荒（黄利民等，2008；赵一海，2010）。

2.1.3 耕地撂荒的行为机理研究

1. 耕地收益视角的耕地撂荒过程机理研究

1) 地租理论

耕地撂荒是地租不断减少到零以下引起的,杜能-李嘉图的地租理论对撂荒地块分布规律的解释也证实了这一点(Lambin and Meyfroidt,2010;Prishchepov et al.,2013)。2008 年以来我国政府不断提高粮食收购价格,这可以判断地租下降主要是由农业生产成本上涨引起的。假设耕地只有一种用途,生产要素价格变化使得耕地处于无租边际以外,即耕地的利润下降到零甚至负值,而且农户无论如何调整生产要素投入,这块耕地都处于无租边际以外,理性农户将会放弃经营这块没有利润的耕地,耕地随之被撂荒(李升发和李秀彬,2016)。然而,假如耕地有另外一种用途(如林地),而且这种用途的耕地地租上升,那么耕地就会被这种用途取代,不一定形成撂荒现象(刘成武和李秀彬,2005)。例如南方丘陵山区在无租耕地上调整种植结构,改种果树等。

马克思地租理论也为耕地撂荒机理提供了有效解释。根据马克思地租理论,耕地因土壤肥力和位置不同产生级差地租Ⅰ,耕地投入的生产率差异产生级差地租Ⅱ,即对耕地追加投入产生的较高劳动生产率所带来的超额利润。由于农地制度、地租分配不合理等原因,农户无法获得级差地租Ⅱ,农户的农业投资收益无法得到保证,这导致耕地被撂荒(肖斌等,2008)。

2) 比较收益

根据新古典经济学的思想,在市场经济条件下,土地资源趋向于可供选择的利润最大的用途(巴洛维,1989),因此,土地用途和比较收益的可能性变化是土地利用变化的来源(李秀彬,2002)。农业系统作为弱质产业,其生产经营具有鲜明的周期性,人为的工农产品"剪刀差"扩大了留守务农农户与外出务工农户的收入差距(马文起和武彩莲,2005)。西奥多·W. 舒尔茨(Theodore W. Schultz)在《改造传统农业》中论证,传统社会的农民与现代市场经济的微观经济主体一样,有着追求自身利益最大化的动机,在各种限制条件下做出最优选择。从耕地撂荒的机会成本看,既不减少农户总体利益又能有效替代耕田种地的职业是农户的最优选择。由于农业比较收益较低,权衡务工与务农收益后,农户会将耕地撂荒并从事收益较高的其他行业。从比较收益看,耕地撂荒是市场经济下的"经济人"行为(李孔俊,2002)。

3) 边际收益

从劳动力异质性视角展开的耕地撂荒研究强调农业劳动力边际成本与边际收

益的比较。农户家庭的各个劳动力投入耕地生产的机会成本是不同的，农户会基于务农机会成本与务农边际收益的比较配置家庭劳动力资源。当全部家庭劳动力的务农机会成本高于务农边际收益时，基于农户理性人假设，农户家庭劳动力将全部非农化，退出农业生产，如果耕地无法转让，将全部被撂荒；如果部分家庭农业劳动力从事农业生产的机会成本高于务农边际收益，那么这部分农业劳动力将退出农业生产，保留务农机会成本低于务农边际收益的劳动力进行耕地生产，当保留的农业劳动力无法满足家庭耕地对劳动力的需求时，将出现集约度下降或撂荒现象；如果全部家庭劳动力务农边际成本很低甚至为零，低于务农边际收益时，家庭全部劳动力都将投入耕地生产，此时耕地撂荒概率较低，还可能出现过度开发现象。由此可见，根据家庭劳动力务农机会成本与务农边际收益进行劳动力资源配置，是农户合理配置劳动力资源、发挥劳动力比较优势、追求利益最大化的理性选择。

从耕地异质性视角展开的耕地撂荒研究强调不同质量的耕地之间的边际收益比较。丘陵山区农户拥有的耕地并非同质的，在劳动力数量或质量降低的情况下，当农业劳动力无法满足耕地的劳动力投入需求时，农户将根据土地质量择优利用耕地（葛霖等，2012）。由于劣等地的耕地边际收益递减幅度大于中等地和好地的递减幅度，理性农户对耕地的投入将遵循边际收益递减规律，按照好、中、劣等的顺序有选择地投入耕地。首先，理性农户优先选择边际收益大于平均收益的好地进行集约利用；其次投入耕种边际收益低于平均收益，但仍然大于零的中等地，可见投入中等地依然是有利可图的，但由于边际收益降幅增大、利润较低，可能出现粗放经营或季节性撂荒的情况，这部分耕地属于准撂荒耕地；对于边际收益小于零的劣等地，由于缺乏经济价值，农户会将其全部撂荒（定光平等，2009）。整体来看，在我国土地承包制度框架下，家庭联产承包责任制和按人头分配土地的制度造成了农户耕地面积小、无法实现规模经营，导致了耕地边际成本大于边际收益，由此产生了较为普遍的小农户耕地撂荒现象（徐莉，2010）。

2. 个体理性视角的耕地撂荒过程机理研究

1）完全理性视角的耕地撂荒过程机理研究

韦伯认为工具理性行动者往往使用自己认为能够实现该目标最有效、最合理的手段。因此，个体理性行动者都会趋于以最小的代价获得自身最大的利益；而集体理性是以群体利益为出发点追求效用的行为。耕地生产的外部性导致了农户基于个体理性的耕地利用行为与基于集体理性的耕地资源的错配问题（陈扬，2019）。

农户耕地生产行为除了能够产生可用货币进行衡量的实物收益外，还能够有效保障粮食安全和社会稳定，前者是农户耕地生产的货币收益，后者则与货币收益一起构成了耕地生产的社会收益,显而易见,耕地生产的社会收益大于个人收益,耕地生产具有正外部性。在农村家庭联产承包责任制下,耕地生产成本大多由农户个人承担,可认为耕地生产的个人成本等于社会成本,值得注意的是耕地生产的个人成本应以农户的务农机会成本计算,而非会计成本。当耕地生产成本大于个人收益且大于社会收益时,耕地生产是不经济的,耕地撂荒是合理选择,如劣等地的撂荒;当耕地生产成本大于个人收益、小于社会收益时,从社会的角度看,撂荒是耕地资源的浪费、资源配置的失效,如优等地的撂荒(金星,2013)。

由于耕地生产正外部性的存在,农户无法享受到耕地生产的社会收益,因此务农机会成本较高的农户基于经济理性会选择脱离土地和从事非农工作,产生耕地撂荒行为;而集体理性是在个体理性的基础上从系统效用的角度进行资源的最优化配置,考虑到耕地正外部性的影响,不允许社会收益大于个人生产成本时的耕地撂荒行为。由此可见,在耕地生产经营活动中,农户基于私人成本收益的个体经济“理性”必然会引发集体的“非理性”,即过多的撂荒耕地的存在(陈扬,2019)。

2)有限理性视角的耕地撂荒过程机理研究

由农地区位、土壤特征、地形条件等带来的级差地租,以及由种植补贴、土地政策、非农就业机会与收入等带来的机会成本(Zhang et al.,2014,2016;Yan et al.,2016;Xu et al.,2019;曹志宏等,2008)驱动农户耕地撂荒行为这一观点的核心是把对效率的追求看作农户生产决策的基本原则(Gellrich et al.,2007),这种微观视角与探讨欧美发达国家撂荒行为的观点基本一致,但微观视角的效率机制难与中国当前农地经营的实际情形相吻合,即研究农户耕地撂荒行为机理时,不仅要分析农户追求收益最大化的行为动机,还要纳入农户文化、社会和心理的多种特征,只有这样,才能对农户耕地撂荒行为机理有完整的理解。在农户有限理性假设下,基于计划行为理论视角,构建“外生变量-认知判断-意向选择-行为响应”的农户耕地撂荒理论逻辑分析框架,并运用结构方程模型、分位数回归等计量经济学方法对其进行验证和实证分析,研究结果表明农户撂荒行为不仅是出于对收益最大化的经济理性追求,同时还受到行为态度、主观规范等非经济理性因素的影响,农户对外部干涉的响应、保护耕地的社会氛围、非正式制度约束等均会对农户耕地撂荒决策产生显著影响(陈倩茹和谢花林,2020)。农地产权制度和经营方式的差异使得农户无法完全按照效率原则进行决策,且忽视了村庄组织在农户生产决策中的作用,这使得当前宏观维度与微观视角的研究无法完全契合中国耕地撂荒的变化趋势和特征。村庄的高度组织化依赖于村庄正式组织强有力的约束及其对农地流转效率提升的积极作用,对撂荒有显著的抑制作用,并因地形、地区的差异而呈现出异质性(冯国强等,2021)。同时,耕地撂荒是文化价值观念在农户耕地利用中嬗变的结果(李爱刚和郑林子,2021)。在工业化和城镇化高速推进的过程中，"城市中心论"甚嚣尘上，越来越多的人盲目崇拜城市生产生活方式和文化，不再认同乡村生产生活方式和文化，甚至全盘否定和摒弃乡村文化和乡村生产生活方式，由道德观念、礼俗礼节、家庭观念、乡贤尊孝、建筑特色、农耕技艺等元素构成的乡村文化在城市文化的冲击下碎片化瓦解（郭俊华和卢京宇，2020），导致并加速了乡村文化的消失，从思想、心理层面深刻影响和改变着农户的耕地利用方式。农户生计和收入来源的根本性转变和农业生产主体的代际更替，使得新一代农业生产者拥有较强的非农就业能力和择业观念，在职业观念上对农业就业的认同度低，出于对更高社会阶层和更高社会需求层次的追求，农业就业意愿低，从事农业生产时间短，兼业式耕种生产成为常态。农业就业和耕种生产往往是很多农村劳动力非农就业不畅后的选择，因而他们摆脱农村、土地束缚的意愿强，耕地粗放利用和主动撂荒现象明显。

3. 要素替代视角的耕地撂荒过程机理研究

农业劳动力迁移与农村人口减少被认为是耕地撂荒的直接原因（李升发和李秀彬，2016；田玉军等，2009）。它不仅指劳动力数量的减少，还包括青壮年劳动力外迁引起农业劳动力老龄化所带来的农业劳动能力下降（Romero-Calcerrada and Perry，2004）。劳动力的质量而非数量，通常是决定耕地撂荒及复垦的因素（Meyfroidt et al.，2016）。

当劳动力对耕地的替代率大于 1 时，种植的是劳动密集型作物，非农就业的高工资率会增加务农机会成本。当耕地机会成本增加到大于耕地收益时，农业劳动力会从耕地生产转移到非农经济活动中（郭琳，2009），如果转移的劳动力得不到有效替代，耕地将由于农业劳动力缺乏而被撂荒。在平原地区，机械投入可以代替劳动力投入从而有效避免撂荒发生；但在丘陵山区，受地形限制，机械化作业难以展开，无法实现对劳动力的有效替代，因此地形起伏、交通不便、面积过小的耕地被撂荒（曹磊和陈超，2014）。可见，农业劳动力缺乏对丘陵山区耕地撂荒的影响更加突出。

2.2 耕地撂荒的生态环境效应研究综述

根据撂荒的地区差异、范围大小和时间跨度，撂荒的生态环境效应呈现出积极或消极的表现（Novara et al.，2017；van der Zanden et al.，2017；Basualdo et al.，2019）。耕地撂荒将首先导致撂荒地区的植物演替与植被恢复，继而引发系列环境、景观和社会经济效应（Gellrich et al.，2007；García-Ruiz and Lana-Renault，2011；Lasanta et al.，2015），其影响范围不局限于撂荒地区及当地居民，撂荒导致农业耕地面积减少，继而影响农用地所提供的商品和服务，它将对整个社会产生深远的影响（Mottet et al.，2006）。

从地区差异来看，经济富饶的意大利西西里岛上 14 337 公顷的弃耕土地使当地二氧化碳排放总量减少了 887 745 毫克，弃耕的农田是减轻西西里岛农业部门二氧化碳排放量的有效机会（Novara et al.，2017）。伊比利亚半岛的西班牙东部地区从 1950 年起耕地撂荒频发，之后的 50 年内，该地区林地面积占地区总面积的比例从 10.1%增加到 37%，灌木林面积从 42%增加到 60%（Arnáez et al.，2011）。以人工方式干预植被覆盖率，可以弥补撂荒地植被自然演替较慢的缺陷。在环境条件较差的喀斯特地区，耕地撂荒更利于喀斯特生态环境治理与保护（段亚锋等，2018；田静等，2019；白义鑫等，2020），但位于优质区位的耕地一旦撂荒，会引起粮食减产、水土流失、景观生态受损等问题（李辉尚等，2020）。在不同气候带类型中耕地撂荒引起的自然植被恢复时间差异较大，而植被演替速度对土壤有较大影响（李升发和李秀彬，2016）。植被恢复将增加土壤入渗率，减少地表径流，有效减轻土壤侵蚀和水土流失，提高土壤肥力（Molinillo et al.，1997；Bakker et al.，2008）。但在半干旱地区，由于植被恢复速度较慢，耕地撂荒后地表径流和地下水流增加（García-Ruiz and Lana-Renault，2011），地下水位下降造成土壤盐化和荒漠化，水土流失、土壤侵蚀和土地退化则在坡耕地上显著增加（Koulouri and Giourga，2007）。从范围大小来看，大范围的耕地撂荒导致的区域粮食播种面积减少，是粮食产量减少的首要因素（李雨凌等，2021），同样也是制约中国农村经济发展的重要因素（卢新海等，2021）。贵州花溪区的粮食播种面积大量减少，撂荒后的耕地转换为林灌地，土地利用格局发生转变，过去以耕地为主要土地利用类型的地块形成以林地与耕地并存的基本态势，但这种态势下的被撂荒耕地却因为林地、灌木地和草地面积的增加，生态质量得到提升，原有植被的恢复促进了自然生态的还原（王志杰和代磊，2021）。同样在黄土高原，随着耕地撂荒面积的逐年增加，黄土高原区域的植被覆盖率显著提升，提高了水稳性团聚体有机碳含量，从而提高了团聚体的稳定性，对生态脆弱区的自然风貌和植被恢复潜力有着积极的影响（赵广举等，2021；陈曦等，2021），即使在聚落周边的小范围撂荒也能促使一定程度的生态恢复效应（梁鑫源等，2019）。从时间跨度来看，耕地撂荒之后的自然植被恢复是碳封存过程（Gellrich et al.，2007），撂荒地上的森林再生可使土壤碳储量增加，对改善温室效应和当地生态环境的作用明显（Batlle-Bayer et al.，2010）。例如，有实证研究发现耕地撂荒后的碳储量明显高于积极管理的碳库（Munroe et al.，2013）。需要指出的是，碳储量的恢复程度取决于撂荒后的时间，并且其恢复过程通常遵循非线性轨迹（Dara et al.，2018）。如地下碳封存量在撂荒后前 20 年比撂荒 25 年后要大，而地上碳封存量在温带地区撂荒 5~10 年后才显著增加（Schierhorn et al.，2013）。撂荒初期的耕地土壤密度提高，土层表面结壳，降雨等地表水流加剧土壤侵蚀（Robledano-Aymerich et al.，2014）；经过长期的植被累积恢复效果，撂荒后期的植被覆盖可减缓地表水流对土壤的冲刷程度并提高地表水流入渗速率，提高土壤的抗侵蚀水平（Rodrigo-Comino et al., 2018）。因此，撂荒初期表现为土壤侵蚀，撂荒后期表现为土壤质量恢复，撂荒时长与土壤受侵蚀程度呈非线性关系（吴祥云等，2007）。土壤有机碳的含量随撂荒时间的增加而明显降低（Meyer et al., 2017）。耕地的土壤有机碳在撂荒 8 年之后逐年增长，而撂荒时长小于 2 年的耕地土壤有机碳含量低于一般耕种农田的土壤有机碳含量（郭二辉等，2020）。

撂荒的影响可以分为以下六类：①耕地形成的景观异质性的丧失；②植物演替增加了植物生物量，增加了火灾等自然灾害发生、传播的风险；③从中长期来看，生物多样性减少，随着灌丛和森林的增加，开放空间消失，适应人工环境的物种消失；④撂荒使得植被增加（更高的截留和消耗），降低径流系数；⑤耕地保护所需的文化景观和管理技术的丧失；⑥土壤流失、侵蚀导致山区可耕地的丧失（Lasanta et al., 2015）。

耕地撂荒的积极影响主要包括高集约化耕地撂荒可以有效降低农业非点源污染，撂荒后适应自然条件的植被恢复，提供了许多景观生态系统服务，耕地撂荒也是生态恢复的机遇（Haddaway et al., 2013；Plieninger et al., 2014），植被的生物固碳能力恢复，撂荒耕地上的森林再生增强了碳封存能力（Kuemmerle et al., 2011）、土壤肥力，土壤养分含量提升（王月玲等，2019；宗巧鱼等，2021），有利于生态环境的可持续性，如森林恢复带来生物多样性增加（杨旭等，2020）、森林碳汇提高等。然而，由于植被恢复的过程可能相当缓慢，其积极作用的发挥需较长的时间（Bielsa et al., 2005）。相比集约化、机械化农耕行为治理下的耕地，撂荒后的生物多样性往往会增多（Batáry et al., 2012），并且会出现哺乳动物，有利于林地鸟类和大型哺乳动物种群（Sieber et al., 2015）。在欧洲东部，较高的耕地撂荒率给肉食类动物带来了繁衍生息的机遇。类似土壤碳封存量的变化趋势，耕地撂荒在前期的景观功能较之一般耕地会轻微降低，主要是基于美学视域的农耕景观降低，但随撂荒时长的渐进，原先的农耕景观会被更多样化的景观生态功能替代，多种类植被、多类型动物的出现相比单一的农作物景观有更强的景观生态观赏性，并且复杂景观生态能够演化出独特的景观功能。

耕地撂荒的消极影响主要体现在土壤肥力、水土保持功能、景观生态、生物多样性和火灾风险等方面。表 2-1 展示了耕地撂荒的生态环境效应争议点。长期撂荒（非休耕）会引起土壤肥力的大幅减退（俞振宁等，2018；李雨凌等，2021），进而导致植被减退和土壤蓄水功能减弱，造成土壤流失（Arnáez et al., 2011）。传统农业和林业扩张改变了农村山区的自然异质景观，因社会经济发展，农业由扩张到集约，耕地撂荒普遍发生，致使山地景观在自然演替过程中逐渐被灌木和林地侵占（MacDonald et al., 2000；Chemini and Rizzoli，2003；Dullinger et al.,

2003)，世界各地景观再次大规模发生变化(Navarro and Pereira，2012；Mukul and Herbohn，2016)。耕地景观格局是人类农耕文明和生态文明结合的产物，反映人类和土地利用相互依存的关系。虽然人类活动对粗放式经营的耕地干预较少，但这些耕地也极易被弃耕撂荒，尤其是具有极高自然价值、物种丰富的生物多样性栖息地(Doxa et al.，2010)。耕地撂荒可能威胁农田生物多样性(Obrist et al.，2011)，以及文化景观的持续存在(van Eetvelde and Antrop，2004)。由于作物种类、植被种类的衰减，动物类群的食物来源减少，生物多样性也随之降低(黄玉梅等，2020)。耕地撂荒初期的植物群落类型多为一年、两年生植物，伴随撂荒年限的增加，多年生植物逐渐显现，此时的植物群落类型转变为多年生植物，短时间内的主要植物群落快速发育，植物腐败促进土壤有机质积累，改善了撂荒耕地的土壤环境。随着荒地物种多样性增加，耕地生态系统服务能力得以恢复，从而形成了耕地质量和物种多样性均上升的正向线性关系。当物种多样性达到峰值，耕地质量的边际增长率趋于负值，该情况下倘若物种多样性继续增加，种间竞争势必影响原本正向增长的线性关系(孙嘉伟等，2021)。实践中，被撂荒耕地的生态演化趋势并非简单的线性关系，影响因素的类型跨度广、作用方向不一，导致撂荒地的生态系统发展速度和倾向复杂化。自然禀赋优异的撂荒地具备显著的生态恢复能力，在一定时间周期内排除农耕行为的干预，生态系统转危为安；自然禀赋较差的撂荒地拥有生态恢复能力，但恢复速度低于土地退化速度，生态系统终将临近崩溃(杨通等，2020)。撂荒地缺乏人为的干预，无人清理的可燃枯草、定期发生的灌溉行为，客观上给火灾发生提供了机会，火灾被发现的概率降低，蔓延速度也因为枯草的堆积而势头迅猛，美国在21世纪初的7年内共有164起荒地火灾致人死亡事件(Romero-Calcerrada et al.，2004；Rollns，2009)。葡萄牙北部米尼奥(Minho)地区的撂荒地演变为林地和灌木地，其景观水平上的单位燃料负荷增加了20%~40%(Moreira et al.，2001)。Romero-Calcerrada和Perry(2004)发现均质化的景观更容易诱发火灾，且经历火灾的撂荒地会加速均质化，进而成为高危野火景观(de Luís，2001)。撂荒地植物的均质化加剧了火灾的发生概率，耐火植物得以生长，再度减少了生物多样性(李升发和李秀彬，2016)。可见，关于耕地撂荒的生态环境效应存在一些争议点，究其原因，是地类、区域位置、时间周期和物种关注度不同，例如，耕地撂荒减少了农作物类型和动物类群，却增加了植被类型。

表 2-1　耕地撂荒的生态环境效应争议点

争议点	观点	文献
土壤肥力	撂荒耕地促进的植被恢复将增加土壤入渗率，减少地表径流，有效减轻土壤侵蚀和水土流失，提高土壤肥力	Molinillo 等 (1997)，Bakker 等 (2008)
	农地弃耕撂荒演替对土壤肥力有一定程度的改善	王月玲等 (2019)

续表

争议点	观点	文献
土壤肥力	林地撂荒后表层土壤有机碳含量有所增加，保护性闲置林地可以通过植被的自然演替恢复表层土壤肥力	宗巧鱼等（2021）
	耕地撂荒后地表径流和地下水流增加，地下水位下降造成土壤盐化和荒漠化，水土流失、土壤侵蚀和土地退化则在坡耕地上显著增加	García-Ruiz 和 Lana-Renault（2011），Koulouri 和 Giourga（2007）
	长期撂荒可能会导致耕地土壤肥力大幅减退	俞振宁等（2018）
	长时间的耕地撂荒因植被恢复速度较慢会引起土壤肥力下降	李雨凌等（2021）
景观生态	通过改善区域植被功能结构，优化植被格局，提升区域生态系统服务功能	赵广举等（2021）
	耕地撂荒普遍发生，致使山地景观在自然演替过程中逐渐被灌木和林地侵占	MacDonald 等（2000），Chemini 和 Rizzoli（2003），Dullinger 等（2003）
	优质区位耕地撂荒现象的多发态势损害了生态景观	李辉尚等（2020）
	耕地形成的景观异质性的丧失	Lasanta 等（2015）
生物多样性	森林恢复带来生物多样性增加	杨旭等（2020）
	耕地撂荒后动物类群的食物来源减少，生物多样性也随之降低	黄玉梅等（2020）
	撂荒地植物的均质化加剧了火灾的发生概率，因此耐火植物得以生长，减少生物多样性	李升发和李秀彬（2016）

2.3 撂荒耕地治理研究综述

面对大范围耕地撂荒现象，各国采取了多种应对政策和措施，目前以农业补贴为主，也有国家通过完善土地流转市场遏制撂荒现象（Ito et al.，2016）。例如，欧盟共同农业政策提供的农业环境补贴、山区自然障碍支付等措施为农地提供了额外收入，有效缓解了耕地撂荒（Calvo-Iglesias et al.，2009）。欧盟不利地区计划（Less-Favoured Areas）农业发展政策通过财政支援，增强落后地区的农业发展能力和竞争能力，鼓励农户继续耕作。阿尔巴尼亚的撂荒地租赁和销售市场的运作方式存在明显差异，前者通过将撂荒地流转给年轻且生产力较高的农民来促进结构变革，而后者则流动性较低，无法将撂荒地流转给最有效利用土地的人（Deininger et al.，2012）。日本政府则在 2000 年出台了山区半山区直接补贴政策，用于阻止这些地区的农林业衰退（胡霞，2007）。除直接性经济补偿政策倾斜，日本从 1961 年《农业基本法》起，接连推出多项旨在改革耕地面积下滑趋势的法律法规，以减少撂荒地，盘活阻力，鼓励农民转让撂荒地，尤其是 2003 年制定《构造改革特别区域法》和修订《农业机械化促进法》，准许社会资本在维持农业生产的基础上，租用撂荒地或潜在撂荒地；2009 年修订《农地法》，符合资质的企业在日本境内可以不受区域限制地租赁撂荒地或潜在撂荒地，从事农业生产活动（叶兴庆和翁凝，2018；廖媛红和宋默西，2020）。美国经济学家刘易斯提出的"刘易斯拐点"从理论层面讨论了农业劳动力迁移对农地弃耕撂荒的影响，基于理论分析，美国政府推行高度机械化、集约化的农业生产方式，鼓励农业部门引进科学技术，提高农业劳动生产率。农业生产机械化程度的提高，节约了农业劳动力投入，在农村劳动力迁移浪潮持续推进的背景之下减少了劳动时间和农民撂荒耕地的概率。中国在 2004 年开始取消农业税，并增加农业补贴以提高农民种粮的积极性，但农业补贴对象和标准并没有地域上的差别，无法有效减缓中国山区耕地撂荒的趋势（Zhang et al.，2014）。值得注意的是，补贴等政策措施作用于撂荒的效果受到地域性的影响。农业补贴作为缓解撂荒的重要农业政策工具，需更深入了解补贴的运作方式及人口、生物物理资源、土地租赁的可行性等补贴实施的区域环境（Sang et al.，2014）。

李升发和李秀彬（2016）认为减缓耕地撂荒，除了出台边际地区的农业补贴或扶持政策外，还可以采取以下措施。

（1）提高农村土地租赁市场化程度。我国耕地资源配置的目标主要有三个：一是维持耕地总量的动态平衡，二是保护永久基本农田，三是促进耕地轮作轮休。其中除保护永久基本农田外，其他两大目标都有市场参与，市场参与力度逐年上升，但保持在相对低的水平，耕地资源配置的话语权始终把握在地方政府手中。但从目前的农村土地租赁市场功能来看，偏低的市场化水平无法实现租赁和市场效应的有机衔接，降低了耕地资源配置效率。土地租赁的制度规范缺乏法律的强力支持。农村土地租赁信息交互平台建设滞后于耕地配置需求。农村土地租赁市场的运作涉及土地供给方和租赁方的参与，因此双方都需要及时的、完整的信息内容。只有全面了解对方的信息后，才能在克服信息不对称的基础上完成信息交换（仇焕广等，2017；史常亮等，2020；徐羽等，2021）。此外，农村产权制度改革存在法律困境，2015 年 8 月 27 日《国务院关于稳定和完善农村土地承包关系情况的报告》印发，农村土地确权登记正常实施，有效地保障了农民土地权益。虽然确认权登记证对农民的土地权属稳定形成积极影响，但稳定的权属导致农民不会轻易出让耕地使用权，反而增加了耕地撂荒概率（程令国等，2016；丰雷等，2020；陈飞和刘宣宣，2021）。尽管中央和地方政府高度关注土地确权登记，相关行政管理部门也给予了指导意见和通知，但对地籍确认和权利效力的调研工作仍缺乏相关法律法规的监督。在农村土地流转市场化的过程中，土地市场服务中介机构缺位，服务中介组织的不健全性和信息不对称性弱化了耕地配置预期收益，阻碍了土地租赁交易的发生。由于土地市场中介的职能相对复杂，兼具专业知识解读、技能使用，如地价评估、土地租赁合同签订等，现有的农村土地流转市场中介组织的数量很少，具体实践过程中，这些中介组织也不能起到实际作用。由于缺乏服务配套机构和流转平台，土地租赁带来的耕地资源配置成效会降低，农村土地挂牌出租信息不能及时传送，会导致承租方和租赁方额外支付大量信息搜索成本（张梦琳，2013），高成本必然导致交易低效率，抑制农村土地租赁的整体效益。农村土地租赁市场化发展与地租理论解读愈加吻合，就能增加耕地资源配置效率，实现耕地所有权的"商品化"。城镇化背景下的农民生活条件日趋优良，从事非农劳动的时间占比逐渐提高，农务劳作的时间大体上呈递减趋势，对耕地的依赖度随之下降，进而造成耕地无人看管和经营，势必造成耕地撂荒情况，这是耕地资源低效利用、浪费土地资源的典型范例。农村土地租赁市场机制有助于集中农村闲置耕地进入市场流转，激发撂荒地活力，实现市场化补偿。为了保证盘活土地的持续性效益，政府部门需要制定长期的土地利用发展规划，减少耕地资源的浪费，在不影响非农工作收入的同时确保农业收入的稳定。土地租赁市场不成熟易造成耕地市场价格混乱、交易双方无法成交的状况，农民一旦以错误的市场价格出租撂荒地，就无法保障承包地相应的合理补偿，将直接损害农民的合法权益，这是市场不公平交易的后果。

（2）改善农业生产条件。山区由于交通不便，接触外界农业社会化服务的机会较少，因而亟须联合周边村共同组建能辐射本地多个村庄的农业社会化服务平台。虽然，农业机械化对减轻耕地撂荒所起的作用多因区域而异，并且有许多研究认为，在农田零星分散的丘陵山区，机械化很难发挥替代劳动力的作用，尤其是小农户自身对农业机械的使用。然而，中国农业社会化服务已初具规模，能为小农户提供产前、产中和产后诸多环节的农业生产服务。此外，对留村务农的劳动力开展有针对性的农业生产技术指导服务，同时拓展农业全程托管服务，将地块细碎化和规模过小所耗散的成本内部化，增强耕地经营的净收益，以减少影响农户耕地撂荒的关键因素。发挥村集体组织作用，加强和完善山区农村生产性基础设施建设。由于许多撂荒地布局分散，加之复杂的地形条件，农村生产性基础设施建设困难。研究区许多地方的田间生产道路狭窄，不利于机械化的推行，研究区内存在大量因水利设施不完善而被迫水田改旱地和撂荒的情况。因此，通过发挥村集体组织作用，对撂荒地周边的基础设施进行土地整理，完善机耕路和水利设施（王嫚嫚等，2017；王磊等，2020；王杏锋等，2021）。此外，对农村撂荒地的利用现状及未来发展方向（自耕、撂荒、流转）进行统计，在征得原承包农户的同意下，将长期撂荒的耕地收回，作为村集体机动地，并对导致村内耕地长期撂荒的因素进行归类，如因撂荒地地块通达性差或土壤肥力贫瘠，在经证实无法复垦或复垦后经济效益低的撂荒地应"顺边际化"或退耕还林。因经济边际化形成优质耕地资源撂荒的，可鼓励村民以耕地入股，村集体统一复垦，并通过返租倒包、托管、流转等方式盘活闲置耕地资源；若复垦后村民仍有意自耕自种的，村集体在提供农业生产技术的同时，应从投入-产出上进行"逆边际化"调节（黄祖辉等，2014；黄炎忠等，2018；宋浩楠等，2021）。

（3）发挥农业机械化作用。农业机械化水平低对耕地撂荒来说既是充分因素，也是核心因素、关键因素，所以提高农业机械化水平不容轻视，要重点处理好机械化水平这个关键问题。目前，务农机会成本仍在快速上涨，提高劳动生产效率最有效的途径是发展机械替代。通过农业机械化作业，可以节省务农时间，减少耕作成本，从而达到减轻撂荒的目的（包建财等，2014；唐林等，2021）。调研发现，大部分农村农业机械化普及度不高。使用农用机械的多是有经济实力的种植大户、大规模的农场，广大农民受经济条件、农机闲置时间长、机械插秧成活率低、所需农机种类多的影响，购买及使用农机的意愿并不强烈。

所以，应将推广和发展小型机械与技术服务相结合（纪月清等，2013；王文青等，2021）。生产研发单位要准确掌握农民的实际需求信息，保证农机适应当地产业需求。打破村庄之间的界限，村村联合，培育农机大户、专业服务组织，促进农机服务产业化。减少农户、村庄购买和经营机械的成本，推进规模化、机械化经营。对于无法集中连片的土地，加大落实对小而分散、经济实力较弱的农户购买农机或技术服务的补贴力度，扩大补贴范围。同时加强农机技能培训，大力推广和普及农业机械化。

（4）多措并举的共同作用缓解耕地撂荒。在耕地撂荒过程中，单一因素并不是单独对耕地利用产生影响，必须与其他因素进行配置、构成条件组态才会产生耕地撂荒现象。在缓解耕地撂荒现象时，不能只重视某个因素对治理耕地撂荒所产生的作用，还需重视一个结构内部各个因素协调发挥的作用，实现各个因素之间的制衡，进而缓解耕地撂荒。同时，在耕地撂荒发生时，应因地制宜，制定差异化的缓解耕地撂荒的措施（罗丹等，2013；谭林丽和刘锐，2014；杨智慧等，2021）。针对距离城市较近的村庄，根据农户的不同类型，制定专门的治理策略。对于不愿意从事农业生产的村民，引导农民将土地流转给种粮大户、农业企业、农民合作社等组织（韩鹏云，2020）。健全土地流转制度，实现规模化、机械化经营。在土地确权的基础上，不断完善农村集体土地市场，健全土地产权交易公共平台，促进土地流转监督服务体系建设和流转合同规范化。加强政策宣传力度，以灵活的方式鼓励农民采取转包、出租、转让、入股、代耕代种、土地托管等方式进行土地流转，开展"管家式"专业服务（赵晓峰和邢成举，2016）。农户是理性的，当非农工作的收入大于农业收入，特别是大于纯粮食作物生产的收入时，不可避免地要进行耕地撂荒（俞振宁等，2017）。所以，对于想保留耕地的传统农民来说，该类村庄因距县城较近，与城市的经济联系较紧密，可通过规模经营、加大补贴、农产品深加工、乡村旅游等手段种植经济作物或发展休闲农业，提高农民农业收益，尽量缩小务农与务工的收益差距。针对政策滞后型村庄，要加大落实经费投入、加强村庄管理。根据各村社会经济和资源禀赋的差异，制定相应的农业利好政策。建立有效、可靠的国家、集体、个人三级联动农业生产投入机制，完善各级监督机制，落实资金到位。进一步提高农业保险的覆盖比例，改善农村人居、生产环境，加强村庄治理，增强村庄凝聚力。加强政策导向作用，驱使高素质劳动力回流转移，充实、加强专业农民队伍，提高生产者的劳动技能和素质，人才和资金等政策福利也将不断地流向农村。针对偏远深山型村庄，要进一步推进土地整治工作，完善村内村外交通，加强与外界联系。近年来，农田改善和发展项目在一些试点地区取得了显著成果。因此，对于偏远深山型村庄，应首先切实解决土地破碎化问题，增强地块连片性以适应机械化作业。加大政府投资力度，完善村内村外交通，充分调动各部门修建对外公路的积极性，修建能与各级农地相连的农用道路，提高农用物资和农产品搬运、销售的便捷度，为农业机械化和规模化生产创造条件。发展特色产业，完善快递等物流通道，依托电商平台等直播带货，促进农业收入的增加，增加弃耕的成本，从而限制耕地撂荒。对于那些山高水冷、种植困难、经济效益低的耕地可考虑退耕还林。我国减缓耕地撂荒的措施见表2-2。

表 2-2　我国减缓耕地撂荒的措施

观点	方式	效果	文献
提高农村土地租赁市场化程度	建设农村土地租赁信息交互平台	土地供给方和租赁方在尽可能小的信息不对称的基础上完成信息交换，节约信息搜索成本	张梦琳（2013），仇焕广等（2017），史常亮等（2020），徐羽等（2021）
	土地确权	土地确权提高了土地租赁市场的参与率	程令国等（2016），丰雷等（2020），陈飞和刘宣宣（2021）
改善农业生产条件	完善山区农村生产性基础设施建设	通过发挥村集体组织作用，对撂荒地周边的基础设施进行土地整理，完善机耕路和水利设施	王嫚嫚等（2017），王磊等（2020），王杏锋等（2021）
	农业生产技术供给	农业生产技术效率的提升可以同步提高农户耕种能力和意愿	黄祖辉等（2014），黄炎忠等（2018），宋浩楠等（2021）
发挥农业机械化作用	提高农村农业机械化普及度	节约务农机会成本，节省务农时间	包建财等（2014），唐林等（2021）
	推广和发展小型机械与技术服务相结合	小规模种植的情况下能实现农业机械化生产，提升农业生产水平	纪月清等（2013），王文青等（2021）
多措并举的共同作用缓解耕地撂荒	制定差异化耕地撂荒减缓措施	因地制宜缓解不同情境下的耕地撂荒现象	罗丹等（2013），谭林丽和刘锐（2014），杨智慧等（2021）

参 考 文 献

巴洛维. 1989. 土地资源经济学：不动产经济学[M]. 谷树忠，等译. 北京：北京农业大学出版社.

白义鑫，盛茂银，肖海龙，等. 2020. 典型石漠化治理措施对土壤有机碳、氮及组分的影响[J]. 水土保持学报，
　　34（1）：170-177, 185.

包建财，郁继华，冯致，等. 2014. 西部七省区作物秸秆资源分布及利用现状[J]. 应用生态学报，25（1）：181-187.

曹磊，陈超. 2014. 道县耕地后备资源开发利用对策研究：以结合农业机械应用为导向[J]. 中国农业资源与区划，
　　35（5）：80-87.

曹志宏，郝晋珉，梁流涛. 2008. 农户耕地撂荒行为经济分析与策略研究[J]. 农业技术经济，（3）：43-46.

陈飞，刘宣宣. 2021. 土地确权、要素偏向性技术变革与产业结构转型[J]. 统计研究，38（10）：76-89.

陈航，谭永忠，邓欣雨，等. 2020. 撂荒耕地信息获取方法研究进展与展望[J]. 农业工程学报，36（23）：
　　258-268.

陈倩茹，谢花林. 2020. 农户耕地撂荒行为机理分析：基于计划行为理论[M]. 北京：经济管理出版社.

陈曦，王改玲，刘焕焕，等. 2021. 黄土高原吕梁山不同撂荒年限土壤团聚体稳定性及有机碳分布特征[J]. 土壤，
　　53（2）：375-382.

陈扬. 2019. "理性"视角下农村土地抛荒及治理策略：以 N 市 G 村为例[J]. 求索，（5）：146-152.

程令国，张晔，刘志彪. 2016. 农地确权促进了中国农村土地的流转吗？[J]. 管理世界，（1）：88-98.

定光平，刘成武，黄利民. 2009. 惠农政策下丘陵山区农地边际化的理论分析与实证：以湖北省通城县为例[J]. 地
　　理研究，28（1）：109-117.

段亚锋，王克林，冯达，等. 2018. 典型喀斯特小流域土壤有机碳和全氮空间格局变化及其对退耕还林还草的响应[J].
　　生态学报，38（5）：1560-1568.

丰雷，郑文博，胡依洁. 2020. 大规模土地确权：非洲的失败与亚洲的成功[J]. 农业经济问题，（1）：114-127.

冯国强，李菁，孙瑞，等. 2021. 村庄组织化程度能抑制农地抛荒行为吗？[J]. 中国人口·资源与环境，31（1）：
　　165-172.

付潇. 2021. 城郊村落撂荒耕地的空间特征：以南充市顺庆区坦山铺村为例[J]. 技术与市场，28（9）：42-45, 48.

甘犁，等. 2015. 中国家庭金融调查报告（2014）[M]. 成都：西南财经大学出版社.

葛霖，高明，胡正峰，等. 2012. 基于农户视角的山区耕地撂荒原因分析[J]. 中国农业资源与区划，33（4）：
　　42-46.

郭二辉，方晓，马丽，等. 2020. 河岸带农田不同恢复年限对土壤碳氮磷生态化学计量特征的影响：以温榆河为例
　　[J]. 生态学报，40（11）：3785-3794.

郭俊华，卢京宇. 2020. 乡村振兴：一个文献述评[J]. 西北大学学报（哲学社会科学版），50（2）：130-138.

郭琳. 2009. 农村土地撂荒的成因及对策研究[J]. 四川经济管理学院学报，（4）：11-13.

韩鹏云. 2020. 农业规模经营的实践逻辑及其反思[J]. 农村经济，（4）：17-25.

胡霞. 2007. 关于日本山区半山区农业直接补贴政策的考察与分析[J]. 中国农村经济，（6）：71-80.

胡小平，朱颖，葛党桥. 2011-12-23. 我国农业劳动力老龄化问题探析[N]. 光明日报，11.

黄利民，张安录，刘成武. 2008. 耕地撂荒及其定量分析[J]. 咸宁学院学报，（3）：113-116, 121.

黄炎忠，罗小锋，李容容，等. 2018. 农户认知、外部环境与绿色农业生产意愿：基于湖北省 632 个农户调研数
　　据[J]. 长江流域资源与环境，27（3）：680-687.

黄玉梅，李向，张丹桔，等. 2020. 成都市温江区不同栽植年限园林植物土壤动物群落特征[J]. 应用生态学报，
　　31（11）：3859-3868.

黄祖辉，王建英，陈志钢. 2014. 非农就业、土地流转与土地细碎化对稻农技术效率的影响[J]. 中国农村经济，（11）：4-16.

纪月清，王亚楠，钟甫宁. 2013. 我国农户农机需求及其结构研究：基于省级层面数据的探讨[J]. 农业技术经济，（7）：19-26.

金星. 2013. 新土地抛荒的经济学视角[J]. 农村经济，（3）：25-26.

李爱刚，郑林子. 2021. 我国耕地撂荒发生机理及治理对策研究[J]. 小城镇建设，39（9）：107-114.

李广泳，姜广辉，张永红，等. 2021. 我国耕地撂荒机理及盘活对策研究[J]. 中国国土资源经济，34（2）：36-41.

李辉尚，郭昕竺，曲春红. 2020. 区位效应对农户耕地撂荒行为的影响及异质性研究：基于4省529户农户调查的实证分析[J]. 经济纵横，（10）：86-95.

李孔俊. 2002. 土地抛荒的经济学视角[J]. 广西教育学院学报，（5）：82-84.

李升发，李秀彬. 2016. 耕地撂荒研究进展与展望[J]. 地理学报，71（3）：370-389.

李升发，李秀彬. 2018. 中国山区耕地利用边际化表现及其机理[J]. 地理学报，73（5）：803-817.

李升发，李秀彬，辛良杰，等. 2017. 中国山区耕地撂荒程度及空间分布：基于全国山区抽样调查结果[J]. 资源科学，39（10）：1801-1811.

李秀彬. 2002. 土地利用变化的解释[J]. 地理科学进展，（3）：195-203.

李秀彬，赵宇鸾. 2011. 森林转型、农地边际化与生态恢复[J]. 中国人口·资源与环境，21（10）：91-95.

李洋，王辉. 2004. 利益相关者理论的动态发展与启示[J]. 现代财经-天津财经学院学报，（7）：32-35.

李雨凌，马雯秋，姜广辉，等. 2021. 中国粮食主产区耕地撂荒程度及其对粮食产量的影响[J]. 自然资源学报，36（6）：1439-1454.

李中豪. 2013. 农地抛荒的生成机理与我国农地制度的创新路径[J]. 农村经济，（6）：33-36.

梁鑫源，李阳兵，邵景安，等. 2019. 三峡库区山区传统农业生态系统转型[J]. 地理学报，74（8）：1605-1621.

廖媛红，宋默西. 2020. 小农户生产与农业现代化发展：日本现代农业政策的演变与启示[J]. 经济社会体制比较，（1）：84-92.

刘成武，李秀彬. 2005. 农地边际化的表现特征及其诊断标准[J]. 地理科学进展，（2）：106-113.

刘成武，李秀彬. 2006. 1980年以来中国农地利用变化的区域差异[J]. 地理学报，（2）：139-145.

刘润秋，宋艳艳. 2006. 农地抛荒的深层次原因探析[J]. 农村经济，（1）：31-34.

卢新海，王洪政，唐一峰，等. 2021. 农地流转对农村减贫的空间溢出效应与门槛特征：省级层面的实证[J]. 中国土地科学，35（6）：56-64.

罗丹，李文明，陈洁. 2013. 种粮效益：差异化特征与政策意蕴：基于3400个种粮户的调查[J]. 管理世界，（7）：59-70.

罗拥华. 2012. 耕地抛荒必然危及国家粮食安全吗[J]. 现代经济探讨，（10）：64-69.

马文起，武彩莲. 2005. 农村弃田抛荒的原因及解决途径[J]. 辽宁工程技术大学学报（社会科学版），（1）：25-26.

牛继强，林昊，牛樱楠，等. 2017. 经济欠发达地区撂荒耕地空间格局与驱动因素分析[J]. 农业机械学报，48（2）：141-149.

仇焕广，刘乐，李登旺，等. 2017. 经营规模、地权稳定性与土地生产率：基于全国4省地块层面调查数据的实证分析[J]. 中国农村经济，（6）：30-43.

邵景安，张仕超，李秀彬. 2015. 山区土地流转对缓解耕地撂荒的作用[J]. 地理学报，70（4）：636-649.

史常亮，占鹏，朱俊峰. 2020. 土地流转、要素配置与农业生产效率改进[J]. 中国土地科学，34（3）：49-57.

史铁丑. 2020. 国内外耕地撂荒的过程与影响因素研究进展[J]. 湖北农业科学，59（16）：11-16.

史铁丑，李秀彬. 2013. 欧洲耕地撂荒研究及对我国的启示[J]. 地理与地理信息科学，29（3）：101-103.

宋浩楠，栾敬东，张士云，等. 2021. 土地细碎化、多样化种植与农业生产技术效率：基于随机前沿生产函数和中介效应模型的实证研究[J]. 农业技术经济，（2）：18-29.

孙嘉伟，陈大岭，张彬，等. 2021. 弃耕年限对草甸草原植物群落地上生产力和多样性的影响[J]. 中国草地学报，43（10）：29-36.

谭林丽，刘锐. 2014. 城乡建设用地增减挂钩：政策性质及实践逻辑[J]. 南京农业大学学报（社会科学版），14（5）：76-83.

谭术魁. 2004. 中国耕地撂荒问题研究[M]. 北京：科学出版社.

唐林，罗小锋，张俊飚. 2021. 购买农业机械服务增加了农户收入吗：基于老龄化视角的检验[J]. 农业技术经济，（1）：46-60.

田静，盛茂银，汪攀，等. 2019. 西南喀斯特土地利用变化对植物凋落物-土壤 C、N、P 化学计量特征和土壤酶活性的影响[J]. 环境科学，40（9）：4278-4286.

田玉军，李秀彬，辛良杰，等. 2009. 农业劳动力机会成本上升对农地利用的影响：以宁夏回族自治区为例[J]. 自然资源学报，24（3）：369-377.

王坤，朱俊峰. 2017. 村庄经营：会成为中国农业又一个新型经营主体吗？——日本的发展与中国案例[J]. 世界农业，（4）：10-15，226.

王磊，刘圆圆，任宗悦，等. 2020. 村镇建设与资源环境协调的国外经验及其对中国村镇发展的启示[J]. 资源科学，42（7）：1223-1235.

王嫚嫚，刘颖，蒯昊，等. 2017. 土地细碎化、耕地地力对粮食生产效率的影响：基于江汉平原 354 个水稻种植户的研究[J]. 资源科学，39（8）：1488-1496.

王文青，王建忠，王斌. 2021. 新冠疫情下药农种植决策影响因素分析[J]. 中国农业资源与区划，42（7）：137-147.

王杏锋，李代超，吴升，等. 2021. 水稻种植环境综合适宜性评价方法研究[J]. 地球信息科学学报，23（8）：1484-1496.

王月玲，马璠，许浩，等. 2019. 宁南山区不同年限撂荒梯田土壤碳氮磷化学计量特征[J]. 水土保持研究，26（6）：25-31.

王志杰，代磊. 2021. 黔中喀斯特山地城市土地利用/覆被变化及其生态效应评价：以贵阳市花溪区为例[J]. 生态学报，41（9）：3429-3440.

文华成. 2003. 四川丘区农村耕地撂荒问题研究[J]. 农村经济，（10）：18-20.

吴祥云，卢慧，王晓娇. 2007. 固沙林采伐迹地撂荒后自然恢复的植物多样性、生物量与土壤养分含量的变化[J]. 生态学杂志，（7）：978-982.

肖斌，付小红，颜毓洁. 2008. 马克思地租理论对解决我国农地撂荒问题的重要启示[J]. 陕西科技大学学报（自然科学版），（3）：157-160.

肖国峰，朱秀芳，侯陈瑶，等. 2018. 撂荒耕地的提取与分析：以山东省庆云县和无棣县为例[J]. 地理学报，73（9）：1658-1673.

徐莉. 2010. 我国农地抛荒的经济学分析[J]. 经济问题探索，（8）：60-64.

徐倩，李珊珊，李阳兵，等. 2021. 岩溶山地撂荒地演变研究：以郎溪槽谷区为例[J]. 地球与环境，49（1）：59-72.

徐羽，李秀彬，辛良杰. 2021. 中国耕地规模化流转租金的分异特征及其影响因素[J]. 地理学报，76（3）：753-763.

杨通，郭旭东，于潇，等. 2020. 撂荒地监测方法与生态影响述评[J]. 生态环境学报，29（8）：1683-1692.

杨旭，卢琦，黄苛. 2020. 杉木人工林采伐撂荒后土壤动物的恢复特征[J]. 应用与环境生物学报，26（1）：55-62.

杨智慧，路欣怡，孔祥斌，等. 2021. 中国耕地刚性管制与弹性调控框架构建[J]. 中国土地科学，35（6）：11-19.

叶兴庆，翁凝. 2018. 拖延了半个世纪的农地集中：日本小农生产向规模经营转变的艰难历程及启示[J]. 中国农村经济，（1）：124-137.

俞振宁，谭永忠，吴次芳，等. 2018. 耕地休耕研究进展与评述[J]. 中国土地科学, 32（6）：82-89.

俞振宁，吴次芳，沈孝强. 2017. 基于 IAD 延伸决策模型的农户耕地休养意愿研究[J]. 自然资源学报, 32（2）：198-209.

张碧蓉，侯志华，段平，等. 2018. 不同分辨率影像的撂荒地提取方法[J]. 测绘与空间地理信息, 41（7）：176-179.

张梦琳. 2013. 农村集体建设用地流转的模式绩效与路径选择[J]. 农村经济,（1）：39-41.

张学珍，赵彩杉，董金玮，等. 2019. 1992—2017 年基于荟萃分析的中国耕地撂荒时空特征[J]. 地理学报, 74（3）：411-420.

张英. 2014. 山区坡耕地撂荒机理与模型模拟：以重庆武隆县为例[D]. 北京：中国科学院大学.

张英，李秀彬，宋伟，等. 2014. 重庆市武隆县农地流转下农业劳动力对耕地撂荒的不同尺度影响[J]. 地理科学进展, 33（4）：552-560.

赵广举，穆兴民，田鹏，等. 2021. 黄土高原植被变化与恢复潜力预测[J]. 水土保持学报, 35（1）：205-212.

赵晓峰，邢成举. 2016. 农民合作社与精准扶贫协同发展机制构建：理论逻辑与实践路径[J]. 农业经济问题, 37（4）：23-29, 110.

赵一海. 2010-9-23. 人猪大战[N]. 南方周末, D19.

周丁扬，吴建桥，文雯，等. 2021. 粮食主产区河南省耕地撂荒特征与影响因素分析[J]. 农业机械学报, 52（8）：127-137.

宗巧鱼，艾宁，刘广全，等. 2021. 撂荒年限对陕北黄土区山地枣林深层土壤有机碳的影响[J]. 植物科学学报, 39（1）：42-49.

Aide T M，Grau H R. 2004. Globalization，migration，and Latin American ecosystems[J]. Science，305（5692）：1915-1916.

Alcantara C，Kuemmerle T，Baumann M，et al. 2013. Mapping the extent of abandoned farmland in Central and Eastern Europe using MODIS time series satellite data[J]. Environmental Research Letters，8（3）：035035.

Alcantara C，Kuemmerle T，Prishchepov A V，et al. 2012. Mapping abandoned agriculture with multi-temporal MODIS satellite data[J]. Remote Sensing of Environment，124：334-347.

Allison H E，Hobbs R J. 2004. Resilience，adaptive capacity，and the "lock-in trap" of the Western Australian agricultural region[J]. Ecology and Society，9（1）：38-46.

André M F. 1998. Depopulation，land-use change and landscape transformation in the French Massif Central[J]. Ambio，27（4）：351-353.

Antrop M. 1993. The transformation of the Mediterranean landscapes：an experience of 25 years of observations[J]. Landscape and Urban Planning，24（1/2/3/4）：3-13.

Arnáez J，Lasanta T，Errea M P，et al. 2011. Land abandonment，landscape evolution，and soil erosion in a Spanish Mediterranean mountain region：the case of Camero Viejo[J]. Land Degradation & Development，22（6）：537-550.

Bakker M M，Govers G，van Doorn A，et al. 2008. The response of soil erosion and sediment export to land-use change in four areas of Europe：the importance of landscape pattern[J]. Geomorphology，98（3/4）：213-226.

Barbier E B，Burgess J C，Grainger A. 2010. The forest transition：towards a more comprehensive theoretical framework[J]. Land Use Policy，27（2）：98-107.

Basualdo M，Huykman N，Volante J N，et al. 2019. Lost forever？Ecosystem functional changes occurring after agricultural abandonment and forest recovery in the semiarid Chaco forests[J]. Science of the Total Environment，650：1537-1546.

Batáry P，Holzschuh A，Orci K M，et al. 2012. Responses of plant，insect and spider biodiversity to local and landscape scale management intensity in cereal crops and grasslands[J]. Agriculture, Ecosystems &Environment, 146（1）: 130-136.

Batlle-Bayer L, Batjes N H, Bindraban P S. 2010. Changes in organic carbon stocks upon land use conversion in the Brazilian Cerrado: a review[J]. Agriculture, Ecosystems & Environment, 137（1/2）: 47-58.

Baumann M, Kuemmerle T, Elbakidze M, et al. 2011. Patterns and drivers of post-socialist farmland abandonment in Western Ukraine[J]. Land Use Policy, 28（3）: 552-562.

Bernués Jal A. 2007. Ganadería de montaña en un contexto global: evolución, condicionantes y oportunidades[J]. Pastos, 37（2）: 133-175.

Bielsa I, Pons X, Bunce B. 2005. Agricultural abandonment in the North Eastern Iberian Peninsula: the use of basic landscape metrics to support planning[J]. Journal of Environmental Planning and Management, 48（1）: 85-102.

Brock W A, Durlauf S N. 2001. Interaction-based models[M]//Heckman J J, Leamer E E. Handbook of Econometrics. Amsterdam: Elsevier, 3297-3380.

Brouwer F, van Rheenen T, Dhillion S S, et al. 2008. Sustainable Landmanagement: Strategies to Cope with the Marginalisation of Agriculture[M]. Cheltenham: Edward Elgar.

Calvo-Iglesias M S, Fra-Paleo U, Díaz-Varela R A. 2009. Changes in farming system and population as drivers of land cover and landscape dynamics: the case of enclosed and semi-openfield systems in Northern Galicia（Spain）[J]. Landscape and Urban Planning, 90（3/4）: 168-177.

Carmona A, Nahuelhual L. 2012. Combining land transitions and trajectories in assessing forest cover change[J]. Applied Geography, 32（2）: 904-915.

Chemini C, Rizzoli A. 2003. Land use change and biodiversity conservation in the Alps[J]. Journal of Mountain Ecology, 7: 1-7.

Chen Y F, Wang Y K, Fu B, et al. 2018. Spatial patterns of farmland abandonment and its impact factors in the central Three Gorges Reservoir Area[J]. Journal of Mountain Science, 15（3）: 631-644.

Dara A, Baumann M, Kuemmerle T, et al. 2018. Mapping the timing of cropland abandonment and recultivation in northern Kazakhstan using annual Landsat time series[J]. Remote Sensing of Environment, 213: 49-60.

de Beurs K M, Ioffe G. 2014. Use of Landsat and MODIS data to remotely estimate Russia's sown area[J]. Journal of Land Use Science, 9（4）: 377-401.

de Luís M, García-Cano M F, Cortina J, et al. 2001. Climatic trends, disturbances and short-term vegetation dynamics in a Mediterranean shrubland[J]. Forest Ecology and Management, 147（1）: 25-37.

Deininger K, Savastano S, Carletto C. 2012. Land fragmentation, cropland abandonment, and land market operation in Albania[J]. World Development. 40（10）: 2108-2122.

Desclée B, Bogaert P, Defourny P. 2006. Forest change detection by statistical object-based method[J]. Remote Sensing of Environment, 102（1/2）: 1-11.

Díaz G I, Nahuelhual L, Echeverría C, et al. 2011. Drivers of land abandonment in Southern Chile and implications for landscape planning[J]. Landscape and Urban Planning, 99（3/4）: 207-217.

Doxa A, Bas Y, Paracchini M L, et al. 2010. Low-intensity agriculture increases farmland bird abundances in France[J]. Journal of Applied Ecology, 47（6）: 1348-1356.

Dullinger S, Dirnböck T, Greimler J, et al. 2003. A resampling approach for evaluating effects of pasture abandonment on subalpine plant species diversity[J]. Journal of Vegetation Science, 14（2）: 243-252.

Dutrieux L P, Jakovac C C, Latifah S H, et al. 2016. Reconstructing land use history from Landsat time-series: case study of a swidden agriculture system in Brazil[J]. International Jounal of Applied Earth Observation and

Geoinformation，47：112-124.

Duveiller G，Defourny P，Desclée B，et al. 2008. Deforestation in Central Africa：estimates at regional，national and landscape levels by advanced processing of systematically-distributed Landsat extracts[J]. Remote Sensing of Environment，112（5）：1969-1981.

Estel S，Kuemmerle T，Alcántara C，et al. 2015. Mapping farmland abandonment and recultivation across Europe using MODIS NDVI time series[J]. Remote Sensing of Environment，163：312-325.

Friedl M A，Sulla-Menashe D，Tan B，et al. 2010. MODIS collection 5 global land cover：algorithm refinements and characterization of new datasets[J]. Remote Sensing of Environment，114（1）：168-182.

Ganguly S，Friedl M A，Tan B，et al. 2010. Land surface phenology from MODIS：characterization of the collection 5 global land cover dynamics product[J]. Remote Sensing of Environment，114（8）：1805-1816.

García-Ruiz J M，Lana-Renault N. 2011. Hydrological and erosive consequences of farmland abandonment in Europe，with special reference to the Mediterranean region：a review[J]. Agriculture，Ecosystems & Environment，140（3/4）：317-338.

García-Ruiz J M，Lasanta-Martínez T. 1990. Land use changes in the Spanish Pyrenees[J]. Mountain Research and Development，10（3），267-279.

Gellrich M，Baur P，Koch B，et al. 2007. Agricultural land abandonment and natural forest re-growth in the Swiss mountains：a spatially explicit economic analysis[J]. Agriculture，Ecosystems & Environment，118（1/2/3/4）：93-108.

Gellrich M，Zimmermann N E. 2007. Investigating the regional-scale pattern of agricultural land abandonment in the Swiss mountains：a spatial statistical modelling approach[J]. Landscape and Urban Planning，79（1）：65-76.

Gobron N，Pinty B，Mélin F，et al. 2005. The state of vegetation in Europe following the 2003 drought[J]. International Journal of Remote Sensing，26（9）：2013-2020.

Gómez C，White J C，Wulder M A. 2011. Characterizing the state and processes of change in a dynamic forest environment using hierarchical spatio-temporal segmentation[J]. Remote Sensing of Environment，115（7）：1665-1679.

Günthert S，Siegmund A，Thunig H，et al. 2011. Object-based detection of LUCC with special regard to agricultural abandonment on Tenerife（Canary Islands）[C]//Michel U，Civco D L. Earth Resources and Environmental Remote Sensing/GIS Applications Ⅱ. Prague：International Society for Optics and Photonics，336-342.

Haddaway N R，Styles D，Pullin A S. 2013. Environmental impacts of farm land abandonment in high altitude/mountain regions：a systematic map of the evidence[J]. Environmental Evidence，2（1）：18.

Hussain M，Chen D，Cheng A，et al. 2013. Change detection from remotely sensed images：from pixel-based to object-based approaches[J]. ISPRS Journal of Photogrammetry and Remote Sensing，80：91-106.

Ito J，Nishikori M，Toyoshi M，et al. 2016. The contribution of land exchange institutions and markets in countering farmland abandonment in Japan[J]. Land Use Policy，57：582-593.

Jin S Q，Deininger K. 2009. Land rental markets in the process of rural structural transformation：productivity and equity impacts from China[J]. Journal of Comparative Economics，37（4）：629-646.

Jorgenson D W. 1967. Surplus agricultural labour and the development of a dual economy[J]. Oxford Economic Papers，19（3）：288-312.

Keenleyside C，Tucker G. 2010. Farmland abandonment in the EU：an assessment of trends and prospects[R]. Institute for European Environmental Policy.

Kolecka N，Kozak J，Kaim D，et al. 2017. Understanding farmland abandonment in the Polish Carpathians[J]. Applied Geography，88：62-72.

Kosmas C，Kairis O，Karavitis C，et al. 2015. An exploratory analysis of land abandonment drivers in areas prone to desertification[J]. CATENA，128：252-261.

Koulouri M，Giourga C. 2007. Land abandonment and slope gradient as key factors of soil erosion in Mediterranean terraced lands[J]. CATENA，69（3）：274-281.

Kuemmerle T，Olofsson P，Chaskovskyy O，et al. 2011. Post-Soviet farmland abandonment，forest recovery，and carbon sequestration in western Ukraine[J]. Global Change Biology，17（3）：1335-1349.

Lambin E F，Meyfroidt P. 2010. Land use transitions：socio-ecological feedback versus socio-economic change[J]. Land Use Policy，27（2）：108-118.

Larsson S，Nilsson C. 2005. A remote sensing methodology to assess the costs of preparing abandoned farmland for energy crop cultivation in northern Sweden[J]. Biomass and Bioenergy，28（1）：1-6.

Lasanta T，Arnáez J，Pascual N，et al. 2017. Space-time process and drivers of land abandonment in Europe[J]. CATENA，149：810-823.

Lasanta T，Marín-Yaseli M L. 2007. Effects of European common agricultural policy and regional policy on the socioeconomic development of the Central Pyrenees，Spain[J]. Mountain Research and Development，27（2）：130-137.

Lasanta T，Nadal-Romero E，Arnáez J. 2015. Managing abandoned farmland to control the impact of re-vegetation on the environment. The state of the art in Europe[J]. Environmental Science & Policy，52：99-109.

Latvian Ministry of Agriculture，Latvian State Institute of Agrarian Economics，Dutch Ministry of Agriculture，Nature and Food Quality. 2004. Land abandonment，biodiversity and the CAP[R]. Sigulda：Latvian Ministry of Agriculture，Latvian State Institute of Agrarian Economics，Dutch Ministry of Agriculture，Nature and Food Quality.

Levers C，Schneider M，Prishchepov A V，et al. 2018. Spatial variation in determinants of agricultural land abandonment in Europe[J]. Science of the Total Environment，644：95-111.

Löw F，Fliemann E，Abdullaev I，et al. 2015. Mapping abandoned agricultural land in Kyzyl-Orda，Kazakhstan using satellite remote sensing[J]. Applied Geography，62：377-390.

Löw F，Prishchepov A V，Waldner F，et al. 2018. Mapping cropland abandonment in the Aral Sea Basin with MODIS time series[J]. Remote Sensing，10（2）：159.

Ma Z D. 2002. Social-capital mobilization and income returns to entrepreneurship：the case of return migration in rural China[J]. Environment and Planning A：Economy and Space，34（10）：1763-1784.

MacDonald D，Crabtree J R，Wiesinger G，et al. 2000. Agricultural abandonment in mountain areas of Europe：environmental consequences and policy response[J]. Journal of Environmental Management，59（1）：47-69.

Meyer N，Bornemann L，Welp G，et al. 2017. Carbon saturation drives spatial patterns of soil organic matter losses under long-term bare fallow[J]. Geoderma，306：89-98.

Meyfroidt P，Schierhorn F，Prishchepov A V，et al. 2016. Drivers，constraints and trade-offs associated with recultivating abandoned cropland in Russia，Ukraine and Kazakhstan[J]. Global Environmental Change，37：1-15.

Michael S，Matthew P，Pakhesh D，et al. 2016. A framework for large-area mapping of past and present cropping activity using seasonal landsat images and time series metrics[J]. Remote Sensing，8（4）：312.

Molinillo M，Lasanta T，García-Ruiz J M. 1997. Research：managing mountainous degraded landscapes after farmland abandonment in the central Spanish pyrenees[J]. Environmental Management，21（4）：587-598.

Moreira F，Ferreira P G，Rego F C，et al. 2001. Landscape changes and breeding bird assemblages in northwestern Portugal：the role of fire[J]. Landscape Ecology，16（2）：175-187.

Morell-Monzó S，Estornell J，Sebastiá-Frasquet M. 2020. Comparison of Sentinel-2 and high-resolution imagery for mapping land abandonment in fragmented areas[J]. Remote Sensing，12（12）：2062.

Mottet A，Ladet S，Coqué N，et al. 2006. Agricultural land-use change and its drivers in mountain landscapes：a case study in the Pyrenees[J]. Agriculture，Ecosystems & Environment，114（2/3/4）：296-310.

Mukul S A，Herbohn J. 2016. The impacts of shifting cultivation on secondary forests dynamics in tropics：a synthesis of the key findings and spatio temporal distribution of research[J]. Environmental Science & Policy，55：167-177.

Müller D，Kuemmerle T. 2009. Causes of Cropland Abandonment During the Post-socialist Transition in Southern Romania[M]. Berlin：Springer Netherlands.

Müller D，Sikor T. 2006. Effects of postsocialist reforms on land cover and land use in South-Eastern Albania[J]. Applied Geography，26（3/4）：175-191.

Munroe D K，van Berkel D B，Verburg P H，et al. 2013. Alternative trajectories of land abandonment：causes，consequences and research challenges[J]. Current Opinion in Environmental Sustainability，5（5）：471-476.

Navarro L M，Pereira H M. 2012. Rewilding abandoned landscapes in Europe[J]. Ecosystems，15（6）：900-912.

Novara A，Gristina L，Sala G，et al. 2017. Agricultural land abandonment in Mediterranean environment provides ecosystem services via soil carbon sequestration[J]. Science of the Total Environment，576：420-429.

Obrist M K，Rathey E，Bontadina F，et al. 2011. Response of bat species to sylvo-pastoral abandonment[J]. Forest Ecology and Management，261（3）：789-798.

Plieninger T，Hui C，Gaertner M，et al. 2014. The impact of land abandonment on species richness and abundance in the Mediterranean basin：a meta-analysis[J]. PLoS One，9（5）：e98355.

Prishchepov A V，Müller D，Dubinin M，et al. 2013. Determinants of agricultural land abandonment in post-Soviet European Russia[J]. Land Use Policy，30（1）：873-884.

Queiroz C，Beilin R，Folke C，et al. 2014. Farmland abandonment：threat or opportunity for biodiversity conservation? A global review[J]. Frontiers in Ecology and the Environment，12（5）：288-296.

Ramankutty N，Heller E，Rhemtulla J. 2010. Prevailing myths about agricultural abandonment and forest regrowth in the United States[J]. Annals of the Association of American Geographers，100（3）：502-512.

Robledano-Aymerich F，Romero-Díaz A，Belmonte-Serrato F，et al. 2014. Ecogeomorphological consequences of land abandonment in semiarid Mediterranean areas：integrated assessment of physical evolution and biodiversity[J]. Agriculture，Ecosystems & Environment，197：222-242.

Rodrigo-Comino J，Martínez-Hernández C，Iserloh T，et al. 2018. Contrasted impact of land abandonment on soil erosion in Mediterranean agriculture fields[J]. Pedosphere，28（4）：617-631.

Rogan J，Chen D M. 2004. Remote sensing technology for mapping and monitoring land-cover and land-use change[J]. Progress in Planning，61：301-325.

Rollns M G. 2009. Landfire：a nationally consistent vegetation，wildland fire，and fuel assessment[J]. International Journal of Wildland Fire，18（3）：235-249.

Romero-Calcerrada R，Perry G L W. 2004. The role of land abandonment in landscape dynamics in the SPA 'Encinares del río Alberche y Cofio'，Central Spain，1984-1999[J]. Landscape and Urban Planning，66（4）：217-232.

Rounsevell M D A，Regmster I，Araújo M B，et al. 2006. A coherent set of future land use change scenarios for Europe[J]. Agriculture，Ecosystems & Environment，114（1）：57-68.

Sang N，Dramstad W E，Bryn A，et al. 2014. Regionality in Norwegian farmland abandonment：inferences from production data[J]. Applied Geography，55：238-247.

Schierhorn F，Müller D，Beringer T，et al. 2013. Post-Soviet cropland abandonment and carbon sequestration in European Russia，Ukraine，and Belarus[J]. Global Biogeochemical Cycles，27（4）：1175-1185.

Sieber A，Uvarov N V，Baskin L M，et al. 2015. Post-Soviet land-use change effects on large mammals' habitat in European Russia[J]. Biological Conservation，191：567-576.

Siebert S，Portmann F T，Döll P. 2010. Global patterns of cropland use intensity[J]. Remote Sensing，2（7）：1625-1643.

Sikor T，Müller D，Stahl J. 2009. Land fragmentation and cropland abandonment in Albania：implications for the roles of state and community in post-socialist land consolidation[J]. World Development，37（8）：1411-1423.

Stark O. 1984. Rural-to-urban migration in LDCs：a relative deprivation approach[J]. Economic Development and Cultural Change，32（3）：475-486.

Stefanski J，Chaskovskyy O，Waske B. 2014. Mapping and monitoring of land use changes in post-Soviet western Ukraine using remote sensing data[J]. Applied Geography，55：155-164.

Strijker D. 2005. Marginal lands in Europe：causes of decline[J]. Basic and Applied Ecology，6（2）：99-106.

Sulieman H M. 2008. Mapping and modelling of vegetation changes in the southern Gadarif region，Sudan，using remote sensing[D]. Dresden：Technische Universität Dresden.

Todaro M P. 1969. A model of labor migration and urban unemployment in less developed countries[J]. The American Economic Review，59（1）：138-148.

Tomaz C，Alegria C，Monteiro J M，et al. 2013. Land cover change and afforestation of marginal and abandoned agricultural land：a 10 year analysis in a Mediterranean region[J]. Forest Ecology and Management，308：40-49.

van der Zanden E H，Verburg P H，Schulp C J E，et al. 2017. Trade-offs of European agricultural abandonment[J]. Land Use Policy，62：290-301.

van Eetvelde V，Antrop M. 2004. Analyzing structural and functional changes of traditional landscapes：two examples from Southern France[J]. Landscape and Urban Planning，67（1/2/3/4）：79-95.

van Vliet J，de Groot H L F，Rietveld P，et al. 2015. Manifestations and underlying drivers of agricultural land use change[J]. Landscape and Urban Planning，133：24-36.

Verburg P H，van Berkel D B，van Doorn A M，et al. 2010. Trajectories of land use change in Europe：a model-based exploration of rural futures[J]. Landscape Ecology，25：217-232.

Walford N. 2002. Agricultural adjustment：adoption of an adaptation to policy reform by large-scale commercial farmers[J]. Land Use Policy，19（3）：243-257.

Wallace W L. 1990. Rationality，human nature，and society in Weber's theory[J]. Theory and Society，19（2）：199-223.

Wardlow B D，Egbert S L. 2008. Large-area crop mapping using time-series MODIS 250 m NDVI data：an assessment for the U. S. Central Great Plains[J]. Remote Sensing of Environment，112（3）：1096-1116.

Williams R S，Heckman J，Schneeberger J. 1991. Environmental Consequences of the Persian Gulf War，1990-1991：Remote-Sensing Datasets of Kuwait and Environs[M]. Washington，DC：National Geographic Society.

Witmer F D W. 2008. Detecting war-induced abandoned agricultural land in northeast Bosnia using multispectral，multitemporal Landsat TM imagery[J]. International Journal of Remote Sensing，29（13/14）：3805-3831.

Xu D D，Deng X，Guo S L，et al. 2019. Labor migration and farmland abandonment in rural China：empirical results and policy implications[J]. Journal of Environmental Management，232：738-750.

Yan J Z，Yang Z Y，Li Z H，et al. 2016. Drivers of cropland abandonment in mountainous areas：a household decision model on farming scale in Southwest China[J]. Land Use Policy，57：459-469.

Yin H，Prishchepov A V，Kuemmerle T，et al. 2018. Mapping agricultural land abandonment from spatial and temporal segmentation of Landsat time series[J]. Remote Sensing of Environment，210：12-24.

Yoon H，Kim S. 2020. Detecting abandoned farmland using harmonic analysis and machine learning[J]. ISPRS Journal of Photogrammetry and Remote Sensing，166：201-212.

Yu W J, Zhou W Q, Qian Y G, et al. 2016. A new approach for land cover classification and change analysis: integrating backdating and an object-based method[J]. Remote Sensing of Environment, 177: 37-47.

Yusoff N M, Muharam F M. 2015. The use of multi-temporal landsat imageries in detecting seasonal crop abandonment[J]. Remote Sensing, 7 (9): 11974-11991.

Zhang Y, Li X B, Song W. 2014. Determinants of cropland abandonment at the parcel, household and village levels in mountain areas of China: a multi-level analysis[J]. Land Use Policy, 41: 186-192.

Zhang Y, Li X B, Song W, et al. 2016. Land abandonment under rural restructuring in China: explained from a cost-benefit perspective[J]. Journal of Rural Studies, 47: 524-532.

第3章　相关概念界定和基础理论

3.1　相关概念界定

3.1.1　农户

　　由于研究对象与研究内容的差异，学者从不同维度对农户的概念内涵进行分析。一是从行政意义上进行区分。农户不仅是农民的基本生产单位，同时也是基本的生活、交往单位，还是国家治理的基本政治单元（徐勇，2006）；国家统计局在2006年的第二次全国农业普查方案中，将住户的概念定义为拥有固定住所、由经济及生活联为一体的人员组成的单位。二是强调从事农业劳动的农村常住人口。农户是建立在婚姻和血缘的基础上从事农业经营和农业生产的具有一定社会功能的组织单元，且农户成员由常住（每年在家6个月以上）人口组成，不包含常年在外务工人员（何亚芬，2018）。三是突出农户家庭中的姻缘和血缘关系。例如将农户定义为以姻缘和血缘关系为纽带的社会生活组织（刘思亚，2016）。四是认为农户就是家庭农场。新中国成立前的小农户为家庭农场（黄宗智，1986），俄国的相关学者在关于小农经济的论述中也将农户表述为小农家庭农场（恰亚诺夫，1996）。五是强调农户在经济上共同核算收支，家庭关系和经济生活不可分割的特征。农户指的是生活在农村的，主要依靠家庭劳动力从事农业生产的，并且家庭拥有剩余控制权的，经济生活和家庭关系紧密结合的多功能的社会组织单位（卜范达和韩喜平，2003）。

　　丘陵山区农户的耕地撂荒行为涉及农户收入、消费、生产要素配置与生计决策，将农户概念限定于农村常住人口将忽略农村劳动力迁移对撂荒的影响；在不同的社会里，组成家庭的亲属之间的关系有很大区别，以"家庭"概念为界限将难以找到农户行为的一般规则（Ellis，1988）。基于此，参考现有文献，本书将"农户"定义为：在农村有固定住所、以婚姻或血缘为纽带联系在一起的农户家庭中，共同享有家庭剩余并共同对家庭土地生产、投入、劳动力资源配置等进行决策，家庭与经济关系紧密结合并具有独立生产经营能力的多功能社会组织单元，包括部分或完全脱离农业生产，但依然对农村地区农业资源享有申索权的家庭成员。

3.1.2　耕地撂荒

耕地撂荒，又称为"耕地抛荒"、"耕地丢荒"和"耕地弃耕"，是一个复杂和多层面的过程（Munroe et al.，2013），可理解为"人类放弃了对土地（如农业、林业）的控制，土地留给了自然"。国内外对于耕地撂荒概念并无统一的界定。1995 年联合国粮食及农业组织（Food and Agriculture Organization of the United Nations，FAO）将土地撂荒定义为"至少 5 年没有进行农业生产或其他以农业为目的利用的可耕种土地"。2011 年，相关研究认为撂荒是指：①2 年及以上未使用的可以耕种的耕地；②可耕种但因经营管理不当受到破坏的耕地（史铁丑和李秀彬，2017）。

学者也从不同角度对耕地撂荒进行了界定。国外学者认为耕地撂荒应该更强调农业用地被利用和管理状态的终止（Weissteiner et al.，2011），也被描述为停止在耕地和草地上的农业活动以及随后的自然植被恢复（Prishchepov et al.，2012；MacDonald et al.，2000）；认为当农业系统受到外部驱动因素的影响，农民部分或完全放弃农业活动，农村系统生产力降低即耕地撂荒（Koulouri and Giourga，2007）。土地抛荒的定义是完全终止对土壤的使用和管理，也包括土地由集约利用向不集约的模式转变。Rudel（2009）也将土地撂荒定义为将农地利用的方式由集约利用变为低密度的土地利用状态。Yan 等（2016）认为 2 年以上没有耕作的土地即撂荒耕地。国内也有很多专家、学者对撂荒进行了界定，李孔俊（2002）提出，撂荒是指曾经耕作而现在不继续耕作以导致荒芜的土地。戴攸峥（2017）认为耕地撂荒是指原有耕地由于机会成本过大而处于闲置状态的现象。需要注意的是，当农户放弃种植某块田地之后，通过流转的形式委托他人代为耕作不属于耕地撂荒（文华成，2003）。

学者也从耕地闲置时间的长短和利用程度上界定耕地撂荒。从耕地闲置时间的长短来看，耕地撂荒可以分为季节性撂荒和全年性撂荒（黄利民，2009）。季节性撂荒是指耕地撂荒的持续时间较短，只发生在一年中的某个季节的撂荒。全年性撂荒是指撂荒持续时间在一年以上的撂荒现象（史铁丑，2015）。也有学者认为耕地撂荒是指至少 2 年未使用的农业用地（Keenleyside and Tucker，2010；Renwick et al.，2013）。

从耕地利用程度来看，耕地撂荒可分为显性撂荒和隐性撂荒两种（张斌等，2003）。显性撂荒指在一段时间内，农户在可耕种土地上不种植任何农作物、让耕地荒芜的现象（黄利民，2009）。隐性撂荒又可以称为"暗荒"（张柏齐，1994），指与常年投入水平相比较，农户照旧在田块上播种农作物，但有意识地减少各项投入，从而使得产出降低，耕地利用程度下降（谭术魁，2003）。但李升发等（2017）

提出，耕地集约度下降只是农户在调整种植结构和种植制度，农户依然追求获取最大利润，实际并未放弃耕种，故不能称为撂荒。

3.1.3　资源禀赋

资源禀赋是指农户家庭成员以及整个家庭天然拥有和后天获得的资源和能力（Bourdieu，1986；孔祥智等，2004）。不同学者从不同角度对农户资源禀赋进行衡量（刘丽，2020）。方松海和孔祥智（2005）指出农户资源禀赋包含农户家庭成员个人禀赋和家庭禀赋。资源禀赋可以分为自然禀赋和人文禀赋两部分，是指具有的天然特性以及所处的自然环境和经济社会环境的总和。农户资源禀赋是指农户先天具有的资源，包括劳动力禀赋、土地禀赋和收入等（刘克春和池泽新，2008；胡逸文和霍学喜，2016）。

总体而言，学者通常将资源禀赋分成三个维度来衡量，包括社会资源禀赋、经济资源禀赋和耕地资源禀赋。其中，耕地资源禀赋主要考察农户耕地规模和耕地质量（钟文晶，2013），农户会依据耕地资源禀赋条件进行农业生产决策（孔祥智等 2004；吴郁玲等，2018）。本书第 5 章地块尺度耕地撂荒实证研究中所指的资源禀赋是梯田资源禀赋，包括地块层面的梯田资源禀赋。地块层面主要考察田块方面的因素，包括梯田地块的田块面积、耕作距离、耕作高差/落差、田块坡度。

3.1.4　劳动力迁移

劳动力是指具有劳动能力的人，世界银行将劳动力定义为 15~64 岁、具有劳动能力的人，农业劳动力则指主要从事农业生产的劳动力。在二元经济理论中，农村劳动力迁移是指劳动力从农业生产部门转移到工业生产部门（Lewis，1954）。从字面意义来看，非农劳动力迁移是指原先从事农业的劳动力通过劳动力迁移的方式进入非农产业领域就业，是一种农民的非农就业行为（陈浩，2007）。非农就业是指个体职业从农民转变为工人或个体经营者，就业领域从农业转换为非农产业（钱龙，2017）。劳动力迁移的概念是指农户家庭劳动力有外出务工行为（王恒，2020）。可以看出，农村劳动力迁移的关键在于劳动力就业的非农化。

值得注意的是，部分学者认为应该区分农村劳动力非农转移、非农就业和外出务工，不能把农村劳动力迁移与非农就业简单地等同。如一年中农村劳动力从事非农工作超过 6 个月，且工作地点在城镇地区则视为农村劳动力迁移（程名望，2007）；或者无论是否在城镇务工，只要从事非农劳动 6 个月以上，都可以定义为农村劳动力迁移（张俊霞，2013）。为了方便讨论，本书将劳动力迁移和非农就业等类似概念等同起来，并不进行严格区分。基于此，本书所指的劳动力迁移是农户家庭劳动力从农业生产部门转移到非农产业部门，从事非农工作的务工行为。

3.1.5　非农就业

非农就业是本书研究所需界定的核心概念之一，已有研究也使用外出务工、劳动力迁移、非农兼业等词来表示，但这些术语都无法精确表示农户的职业转换。非农就业根据划分的类型不同存在多种含义，如根据就业地点可分为本地非农就业和外出非农就业，根据劳动时间可分为全职型非农就业和兼业型非农就业。需要指出的是，按照中国现有统计口径，农村劳动力迁移是指从事非农就业超过6个月的农村劳动力，而劳动力外出务工是指在村外或乡镇外从事非农就业，不包括在本村或本乡镇内从事非农就业。为了讨论方便，本书不对非农就业、劳动力外出务工和农村劳动力迁移进行区分，即书中为了行文方便，可能同时出现这些术语。

本书的非农就业特指具有劳动能力的家庭成员在除农业以外的其他所有行业从事生产经营活动，具体限定条件包括：①劳动者年龄在15~64岁；②有工作能力；③不包含学生；④就业领域为非农产业。本书还进一步将非农就业分为非农兼业和外出非农就业，非农兼业是指农村劳动力生活在户籍所在乡镇，且既从事农业生产又从事非农活动的劳动力，而外出非农就业则指农村劳动力在户籍所在地的乡镇范围外从事非农生产活动。此外，本书基于新劳动力迁移经济学理论，分析家庭层面劳动力资源再配置对耕地利用的影响，因而采用家庭层面的非农就业率，即在上述限定条件下获得的家庭成员非农就业总人数与家庭总劳动力之间的比率。

3.2　农户行为理论

3.2.1　形式主义学派

形式主义学派持"理性小农"观点，认为在激烈的市场竞争下，农户与资本主义企业家一样，是趋利避害、追求利润、具有"经济理性"的理性人，以追求利益最大化为目标做出生产决策。该学派的代表人物是美国经济学家舒尔茨，该学派是从分析传统农业的特征入手研究小农行为的。舒尔茨沿用西方形式主义经济学关于人的假设，认为小农像任何资本主义企业家一样，都是"经济人"，其生产要素的配置行为也符合帕累托最优原则，小农经济是"贫穷而有效率"的。他在《改造传统农业》中提出，尽管传统农业可能贫乏，但在以农民世代使用的各种生产要素为基础的传统农业中，生产要素配置依然是有效率的，"没有一种生产要素仍未得到利用"（Schultz，1964）。该学派的特点是强调小农的理性动机。按照这一命题，可以想象到的是，只要外部条件具备了，农户就会自觉出现"进取精神"，并合理使用和有效配置他们所掌握的资源，追求利润最大化。该学派的主要论点是：在传统农业时期，农户使用的各种生产要素的投资收益率很少有明显的不平衡。在这样一种经济组织中，农户的行为完全是有理性的。传统农业增长的停止，不是来自农户进取心的缺乏、努力不够以及自由和竞争不足的市场经济，而是来自传统边际投入下的收益递减。改造传统农业所需要的是合理成本下的现代投入，一旦现代技术要素投入能保证利润在现有价格水平上的获得，农户会毫不犹豫地成为最大利润的追求者。因此，改造传统农业的方式不应选择削弱农户生产组织功能和自由市场体系，而应在现存组织和市场中确保合理成本下的现代生产要素的供应（翁贞林，2008）。

塞缪尔·波普金（Samuel Popkin）进一步发展了舒尔茨的理性小农理论，他在论著《理性小农：越南农业社会的政治经济》中提出，农民的投资目的不仅是"保护"，也是提高生活水平。以小农为基础的家庭农场最适宜用资本主义企业来描述，从这个角度看，村庄应该被视为"公司"而非"公社"，因此，亚当·斯密认为市场经济中"看不见的手"可以通过农民逐利的创新性行为，在传统农业的发展过程中起到积极作用。波普金将理性小农理论推向了极端，从而在同时期形成了与斯科特"道义小农"理论的对立（Popkin，1979；饶旭鹏，2011）。该学派一定程度上解释了土地家庭联产承包责任制改革前后中国农业和农业经济绩效的变化（刘克春，2006）。

3.2.2　实体主义学派

实体主义学派持道义小农观点，产生于 20 世纪 20 年代末，其研究视角侧重于农业经济结构和家庭农场生产组织等问题的分析。该理论发源于俄国农业经济学家恰亚诺夫（A. V. Chayanov）的著名论著《农民经济组织》。与西方经济学将经济理性普遍化的观点不同，道义小农理论反对将小农比作追求利润的资本主义企业家，其理论基础是边际主义的劳动-消费均衡论和"生物学规律"的家庭周期说。恰亚诺夫依据长达 30 年的农户跟踪调查资料（调查对象主要是 1930 年集体化前的俄国村社农民）得出：小农的生产目的以满足家庭消费为主，等同于自给自足的自然经济，它追求生产的最低风险而非利益最大化，当家庭需要得以满足后就缺乏增加生产投入的动力，因而小农经济是保守的、落后的、非理性的、低效率的。在这种情况下，小农的最优化选择就取决于自身的消费满足与劳动辛苦程度之间的均衡，而不是成本、收益间的比较。相比之下，一个资本主义农场在边际收益低于市场工资时就会停止劳动力的投入；而对于小农农场来说，只要家庭消费（或生存）需要没有得到满足，就依然会投入劳动力，不论此时的边际收益是否已经低于市场工资。并且认为小农经济的发展方式具有特殊性，它既非集体化，也非市场化，而是小型合作化（翁贞林，2008）。恰亚诺夫的农户家庭决策经济模型强调农户既是生产单位，又是消费单位，将追求"家庭效用最大化"的家庭农场作为农民经济活动的基本单位。与资本主义企业家追求"成本-利润"平衡的目标不同，农民家庭在辛苦乏味的劳动负效用与满足家庭消费需要的收入效用之间进行权衡决策，恰亚诺夫在《农民经济组织》一书中将其概括为"劳动-消费均衡理论"。由此可发现农民家庭的两个相互对立的目标：一是收入目标，需要通过田间辛苦劳作才能获得；二是与获得收入相对立的避免乏味劳作的目标。因此，恰亚诺夫的道义小农理论也被称为"劳苦规避型"农民理论。由于恰亚诺夫模型没有有效地指明生产函数变化对家庭决策的影响，它并不能有效地应用于政策研究中（恰亚诺夫，1996）。

30 年后，卡尔·波兰尼（Karl Polanyi）秉承恰亚诺夫从小农问题的哲学层面和制度维度来分析小农行为的思想，但比恰亚诺夫更加尖锐和深刻。他认为在资本主义市场出现之前的社会中，经济行为植根于当时特定的社会关系之中，因而研究这种经济就需要能把经济过程作为社会的"制度过程"来看待的特殊方法和框架。他在 1944 年出版的《大转型：我们时代的政治与经济起源》中对资本主义经济学基于"经济人"和完全竞争市场假设的形式主义分析方法进行批判，认为市场只有在市场社会里才能运行，必须把经济过程作为社会的制度过程来研究，提出在前资本主义小农经济的研究中用"实体经济学"替代"形式经济学"（波兰尼，2007）。

又过了 20 年，美国经济学家詹姆斯·C. 斯科特（James C. Scott）通过细致的案例考察进一步阐释和扩展了上述逻辑，并明确提出了著名的"道义经济"命题。斯科特提出，农民的目的是生存，其行为的主导动机是"避免风险"和"安全第一"，农民追求的不是收入最大化，而是较低的风险分配与较高的生存保障。该观点强调小农的"生存逻辑"，亦称为"生存小农"。这在规避经济灾难而不愿冒险追逐平均收入最大化方面很有代表性（斯科特，2001）。

3.2.3　历史学派

历史学派以黄宗智为代表。黄宗智的小农命题形成于《华北的小农经济与社会变迁》（1986 年），成熟于《长江三角洲小农家庭与乡村发展》（2000 年）。他在对中国 20 世纪 30~70 年代的小农经济进行大量调查研究的基础上，提出要分析小农的动机与行为，必须将企业行为理论和消费者行为理论结合起来，前者追求利润最大化，后者追求效用最大化，他认为中国的农民既不完全是恰亚诺夫式的生计生产者，也不是舒尔茨意义上的利润最大追逐者。黄宗智（1986）在综合理性小农和道义小农学说的基础上，在《华北的小农经济与社会变迁》中指出，小农问题研究需承认农民兼备三种属性：一是小农为了家庭生计而生产，因而不同于资本主义企业家；二是农民的农业生产也部分地适应市场需求，因此必须考虑供给需求和利润价格等方面；三是传统农民也是一个备受剥削的群体，雇主通过地租、税收等方式，把农民的生产资料剩余部分用来支持统治阶级和国家机器。黄宗智（2000）借用了格尔茨提出的"农业内卷化"（agricultural involution，也被译为过密化）概念分析小农家庭在边际报酬十分低的情况下继续投入劳动力的原因：一是耕地稀缺给农户带来巨大的生存压力，导致农户劳动力投入持续增加到边际产品接近零的水平；二是农业过剩劳动力无法在市场上找到合适的非农就业机会，农业劳动的机会成本为零，因此农户家庭将剩余劳动力投入到极低报酬工作中是"合理"的；三是出于农户为自家劳作的动力，这不同于被他人雇用，因此农户愿意在报酬低于市场工资的情况下进行家庭劳作。黄宗智的小农行为观点综合了不同学派的观点，对于中国早期以农业为主的小农生计具有较强的解释力。

史清华在 1999 年的论著综述中，基于黄崇智的总结，对农户研究的学派又做了进一步总结，提出了历史学派这一学说，得到学术界的普遍认可。

3.2.4　社会心理学派

20 世纪 70 年代，Gasson（1973）梳理了农户行为决策中价值、非经济等不同类型的行为目标，推动了农户非经济目标行为决策理论的发展，有效补充了理性模型。1975 年，一个新的行为理论方法开始出现在乡村研究领域，并在随后几十年中对农村社会学产生了最重要的影响——被称为"新的农村社会学"的社会心理学"理性行为理论"极大地推动了该理论在农业领域的发展。1978 年诺贝尔经济学奖获得者赫伯特·亚历山大·西蒙（Herbert Alexander Simon）提出的"满意决策论"创造性地用"令人满意"的准则代替古典决策理论的"最优化"准则，认为受认识能力、信息、时间、经费等限制，决策者不可能是完全理性的，无法做出最优决策，这为质疑农户是单一追求收入最大化的理性小农观点提供了理论基础（Burton，2004）。由于理性行为理论从主观态度、行为规范两个维度对行为意愿和行为响应进行解释和预测，主观性较强，忽略了主观意志之外的客观因素对行为决策的制约，艾森（Ajzen）与菲什拜因（Fishbein）在理性行为理论基础上增加知觉行为控制，极大提高模型对行为的解释力，并在农户行为研究中得到广泛应用。

国内学者结合当前中国农村社会的社会化趋势，以农户为出发点重构农户行为分析框架，提出"社会化小农"概念，从社会学视角进一步丰富、拓展对小农经济的理解。社会化小农是中国式小农经济运行和发展的深层基础，不理解社会性小农及其运行机制，就无法理解"半工半耕"机制（贺雪峰，2013）的社会基础（杜鹏，2017）。社会化小农经济是适应农业生产关系转型的结果，是生产力发展到一定阶段的结果和表现（周涛，2019）。传统经典小农理论是以小农生存问题没有解决、农村较低的社会和市场化水平为假定条件的，与当前中国农村经济发展实际并不吻合，以传统"小农经济"的概念来定义当今农民已远远不够，对农户行为研究应从中国农村社会化程度高、土地均等化、税费全免等制度安排下的现实国情出发。

3.3　利益相关者理论

3.3.1　利益相关者的内涵

"利益相关者"（stakeholder）一词最早出现在 1708 年版的《牛津词典》中，它表示人们在某一项活动或某企业中"下注"（have a stake），在活动进行或活动运营的过程中抽头或赔本，是"赌注"或"押金"的意思。自从 1963 年斯坦福研究所（Stanford Research Institute，SRI）在一份内部研讨备忘录中提出利益相关者概念以来，利益相关者已有近百种定义。米切尔总结出了其中 27 种有代表性的定义（Mitchell，1997），见表 3-1。

表 3-1　国外学者对利益相关者的 27 种代表性定义

提出者	年份	定义
斯坦福研究所	1963	利益相关者是这样一些团体，没有其支持，组织就不可能生存
雷曼恩	1964	利益相关者依靠企业来实现其个人目标，而企业也依靠他们来维持生存
奥斯蒂德、杰努卡能	1971	利益相关者是一个企业的参与者，他们被自己的利益和目标驱动，因此必须依靠企业；而企业也不需要依赖他们的"赌注"
弗里曼、瑞德	1983	广义的：利益相关者能够影响一个组织目标的实现，或者他们自身受到一个组织实现其目标过程的影响；狭义的：利益相关者是那些组织为了实现其目标必须依赖的人
弗里曼	1984	利益相关者是能够影响一个组织目标的实现，或者受到一个组织实现其目标过程的影响的人
弗里曼、吉尔伯特	1987	利益相关者是能够影响一个企业，或者受到一个企业影响的人
科奈尔、夏皮罗	1987	利益相关者是那些与企业有契约关系的要求权人（claimants）

续表

提出者	年份	定义
伊万、弗里曼	1988	利益相关者是在企业中下了一笔"赌注"，或者对企业有要求权（have claim）
伊万、弗里曼	1988	利益相关者是这样一些人：他们因企业活动而受益或受损；他们的权利因企业活动而受到侵犯或受到尊重
鲍威尔	1988	没有他们的支持，组织将无法生存
阿尔卡法奇	1988	利益相关者是那些企业对其负有责任的人
卡罗	1989	利益相关者是在企业中下了一种或多种"赌注"的人，他们能够以所有权或法律的名义对企业资产或财产行使收益和（法律和道德上的）权利
弗里曼、伊万	1990	利益相关者是与企业有契约关系的人
汤普逊、瓦提克、斯密	1991	利益相关者是与某个组织有关系的人
萨威齐、尼克斯、怀特赫德、布莱尔	1991	利益相关者的利益受组织活动的影响，并且他们也有能力影响组织的活动
米尔、琼斯	1992	利益相关者是那些对企业有合法要求权的团体，他们通过一个交换关系的存在而建立起联系：他们向企业提供关键性资源，以换取个人利益目标的满足
布热勒	1993	利益相关者与某个组织有着一些合法的、不平凡的关系，如交易关系、行为影响及道德责任
卡罗	1993	利益相关者在企业中投入一种或多种形式的"赌注"，他们也许影响企业的活动，或受到企业活动的影响
弗里曼	1994	利益相关者是联合价值创造的人为过程的参与者
威克斯、吉尔伯特、弗里曼	1994	利益相关者与企业相关联，并赋予企业一定的含义
朗特雷	1994	利益相关者对企业拥有道德或法律的要求权，企业对利益相关者的福利承担明显的责任
斯塔里克	1994	利益相关者可能或正在向企业投入真实的"赌注"，他们会受到企业活动明显或潜在的影响，也可以明显或潜在地影响企业活动
克拉克森	1994	利益相关者在企业中投入了一些实物资本、人力资本、财务资本或有价值的东西，并由此承担了某些形式的风险；或者说，他们因企业活动而承担风险
克拉克森	1995	利益相关者是对一个企业及其活动拥有索取权、所有权和利益要求的人
纳斯	1995	利益相关者是与企业有联系的人，他们使企业运营成为可能
布热勒	1995	利益相关者能够影响企业，又受企业活动影响
多纳德逊、普雷斯顿	1995	利益相关者是那些在企业活动的过程及活动本身中有合法利益的人和团体

资料来源：根据参考文献（Mitchell et al.，1997）整理

　　国内学者从 20 世纪 90 年代引进了利益相关者概念，并提出了自己的定义，其中具有代表性的定义见表 3-2。

表 3-2　国内学者对利益相关者的 16 种代表性定义

提出者	年份	定义
万建华、戴志望、陈建	1998	在某一企业里享有一种或多种利益关系的个体或群体
杨瑞龙、周业安	2000	利益相关者依靠企业来实现其个人目标，而企业也依靠他们来维持生存
曾小龙	2001	与公司有利益关系的行为主体
李心合	2001	与某一企业存在一种或多种经济利益关系的个体和群体，而不管这种利益关系是直接的还是间接的
钟耕深、张爱琴	2001	那些在公司拥有一份利益，因为公司的活动而有所得或有所失的个人或群体
赵德志	2001	凡是与企业产生利益关系，从而与企业发生双向影响的个人和团体，都是企业的利益相关者
华锦阳、许庆瑞	2001	与企业生产经营行为和后果具有利害关系的个人或群体
贾生华、陈宏辉	2002	利益相关者是指那些在企业中进行了一定的专用性投资，并承担了一定风险的个体和群体，其活动能够影响该企业目标的实现，或者受到该企业实现其目标过程的影响
瞿商、李彩华	2003	利益相关者是指公司或企业经济活动中的所有参与者，包括股东、债权人、经理、职工和客户等
孙爱萍	2003	与企业生产经营行为和后果具有利害关系的个人或群体
楚金桥	2003	广义：凡是能够影响企业决策或受决策影响的个人和群体。狭义：在企业中投入专用性资产且处于风险状态的个人和群体
杨晓玲、封新彦、王歆	2003	能够直接影响企业生产经营活动或被企业生产经营活动直接影响的人或团体
刘彦平	2003	与一个组织相关联的个人或群体
沈泽宏	2002	最宽泛的定义：凡是能影响企业活动或者被企业活动影响的人；狭义定义：只是在企业中下了"赌注"的人或团体，即在企业中投入了专用性资产的人或团体
杨林、易可君	2003	与公司有合约合同的人，他们因企业活动而承担不同程度的风险
刘利	2008	那些在企业中进行了一定的专用性投资，或与企业有一定直接的或间接的、长期的或短期的互动关系，并承担了一定风险，其活动能够影响该企业目标的实现，或者受到该企业实现目标过程影响的个体和群体

资料来源：根据参考文献整理

　　尽管理论界对利益相关者概念的内涵与外延还没有完全统一，但利益相关者理论将企业视为一个"社会存在"，强调在多元化的利益主体之间求得利益的均衡，对于确保企业的持续、健康发展至关重要，是这一理论生命力的根本保证（刘向东，2011）。将利益相关者引入耕地利用领域，则产生了"耕地利用利益相关者"概念，涉及政府、村集体、农业企业、农户、社会成员等利益相关者，是一个多元主体组成的公共行动体系。在我国现行耕地保护制度框架下，基于利益最大化的追求，耕地撂荒及其治理过程存在不同层级政府之间、政府各部门之间、政府与农民、农户与社会成员、代际之间等多重利益博弈，各参与主体之间存在复杂的利益冲突（陈倩茹和谢花林，2020）。要使耕地撂荒得到有效的分类治理，涉及复垦、复耕、轮作休耕、退耕还林等多种土地利用方式，需要平衡各利益相关者的利益诉求，保证各利益相关者的参与、协商、合作，从而构建一个基于利益相关者行为协同的制度框架。

3.3.2　利益相关者理论的发展与分类

自从 1963 年斯坦福研究所给出利益相关者的定义以来，利益相关者理论（stakeholder theory）研究开始真正起步。利益相关者理论极大地挑战了当时盛行的"股东利益至上论"，让人们开始反思，企业并非仅是为股东利益服务的组织，还有许多对企业生存有着至关重要影响的利益群体。20 世纪 90 年代，各国政府和国际组织的重视，使该理论在企业和社会治理中占据了绝对的权威地位。完善的理论基础，使其研究领域由企业领域逐步拓展到政府、城市、社区以及其他社会组织中，并得到管理学、伦理学、法学和社会学等众多学科的关注。

利益相关者理论在彭罗斯（Penrose）、安索夫（Ansoff）的开创性研究以及继起的弗里曼（Freeman）、唐纳森（Donaldson）、克拉克森（Clarkson）等多位学者的共同努力下，在多个领域取得了显著进展，从理论基础、分析框架到研究方法体系逐步成熟起来，在管理学科中成为一个颇具特色的分支。依据其研究侧重点的发展历程，一般可将利益相关者的研究划分为表 3-3 中的三个阶段（李洋和王辉，2004）。

表 3-3　利益相关者理论研究的三个阶段

阶段	研究侧重点	基本理论观点	代表人物
20 世纪 60~80 年代	影响企业生存	利益相关者是企业生存的必要条件，二者是相互依存的关系	瑞安曼（Rhenman）、普费弗（Pfeffer）
20 世纪 80~90 年代	实施战略管理	强调利益相关者在企业战略分析、规划和实施中的作用	弗里曼、鲍威尔、阿尔卡法奇
20 世纪 90 年代至今	参与所有权分配	利益相关者应当参与对公司所有权的分配	多纳德逊、琼斯、克拉克森

利益相关者分析和管理必须建立在对利益相关者进行科学合理的分类的基础上。按照不同的研究目的可以选择不同的分类标准，常见的分类方法如下。

（1）按照企业对利益相关者的责任边界的不同，可以分为支持型（包括企业高管、雇员和上下游客户等）、边缘型（包括中小股东、员工的行业组织、消费者权益保护组织等）、不支持型（包括工会、媒体组织、竞争对手等）、混合型（包括消费者、经销商、短缺的技术工人等）等四种不同的利益相关者。

（2）按照利益相关者的社会性不同可划分为社会利益相关者和非社会利益相关者两种。

（3）按照利益相关者是否与企业存在契约的有效性分为两类，即有契约关系的利益相关者和没有契约关系的利益相关者。前者与企业之间的关系和影响由契约限定，如公司高管、代理商、供货商、股东、债权债务人和员工；后者虽与企业没有契约关系，但其利益可能会受到企业生产经营的影响，如现实的和潜在的竞争对手、新闻媒体、社区公众等。

除了以上分类方法外，克拉克森还提出了两种比较常用的分类方法：第一种是按照相关群体在企业活动中经受的风险类型，分为自愿型和非自愿型利益相关者；第二种是按照相关者群体与企业联系的紧密性，分为主要型和次要型利益相关者。虽然这些分类体系的分类标准不同，但相同之处是都意在厘清不同利益相关者的主次地位，并力求完备。需要注意的是，组织转化、时间的推进等时空条件的变化都可能会影响利益相关者次序上的变换。

3.3.3 利益相关者的核心思想及启示

依据新制度经济学的解释，组织是其利益相关者基于特定规则和相关关系情境的结合，他们通过各种显性契约和隐形契约来界定其权利和义务的边界，其中物质资本供给者和人力资本供给者对企业剩余索取权与剩余控制权做出不对称分布，从而实现为不同利益相关者和社会创造更多利益的目的。具体体现在以下几个方面。

（1）利益相关者的积极参与会激励企业在面临决策时充分考虑其诉求，同时也促进了利益相关者对企业利益的关切，有利于对企业内部机会主义的控制，从而降低企业激励监督的成本。

（2）以利益相关者合作逻辑作为行事准则的企业能够更好地注重其长期目标的推进。

（3）在利益相关者合作框架下，不同利益群体的利益得到切实的尊重，既推动了企业员工和当地经济的发展，又有效地促进了经济公平（马立强，2016；谢花林等，2016）。

利益相关者理论源于企业管理，但随着该理论的日益成熟，逐渐开始应用于其他社会实践研究中。如：乡村旅游（薄茜，2012）、生态补偿（马国勇和陈红，2014；龙开胜等，2015）、农业保险（郑军和张航，2018）等农业生态领域，农业水权（潘海英和汪欣，2019）、农业节水（屈晓娟，2018）、水价综合改革（冯欣，2021）等农业用水管理领域，以及耕地保护（吴泽斌，2011）、农业基础设施建设

（管立杰，2020）等耕地利用研究领域。开展利益相关者研究，能够科学地指导管理工作的开展；从各方的利益诉求出发，能够调动利益相关者参与组织活动；正确处理各方间的博弈关系，能够提升管理效率（周晓熙和郑旭荣，2007）。

　　本书将利益相关者理论引入耕地撂荒及其治理研究中，是对利益相关者理论应用范畴的进一步拓展。耕地撂荒及其治理是一个复杂的行为博弈过程，牵涉农户、农业企业、政府、社会成员等众多的利益相关者。其中农户的行为动机是维护自身利益最大化和风险最小化，企业的行为动机是追求利润最大化，政府的行为动机是提供公共产品和服务，社会成员的动机是得到粮食安全与生态安全保障。各利益相关者的利益诉求、利益表达、利益冲突也存在差别，从而对撂荒耕地治理形成了巨大挑战。因此，我们可以借鉴利益相关者理论来研究耕地撂荒及其治理过程中的经济效益和环境影响等诸多问题。结合科学的理论指导，将利益相关者理论应用于耕地撂荒及其治理过程中，并以此作为理论基础，构建起一套整合分散资源和力量的机制，这将是一种非常有益的尝试。

3.4　劳动力迁移理论

　　西方学者从社会学、经济学、人口学等多个方面研究了劳动力迁移的行为。如雷文斯坦最早提出的"人口迁移法则"、刘易斯提出的"二元经济结构理论"，以及拉尼斯和费景汉通过完善刘易斯的二元经济结构理论所形成的"刘易斯-费-拉模型"，这些都是从宏观角度，以劳动力群体作为对象来研究人口迁移。到20 世纪 60 年代，哈里斯和托达罗从微观的农户个体角度提出"哈里斯-托达罗模型"，用来解释农村人口大量向城市迁移的经济现象，指出农村劳动力向城市流动主要是受到预期收入差距的影响（Harris and Todaro，1970）。Stark（1984）提出了新劳动力迁移经济学（new economics of labor migration，NELM）。新劳动力迁移经济学理论认为，农户劳动力迁移的决策不是由劳动力个人决定的，而是农户家庭的集体决策，根据家庭成员不同的禀赋和偏好，对家庭劳动力资源重新配置。

3.4.1　二元经济结构理论

1. 刘易斯模型

　　1954 年，著名经济学家刘易斯提出二元经济结构理论，指出城乡的收入差距是农村剩余劳动力向城市和现代化工业部门迁移的原因。刘易斯认为众多发展中国家均属于双经济体结构，通常由两个发展程度不同的部门构成，即以农业为代表的传统部门和以工业为代表的现代部门，并分析了这两个部门之间交互作用的发展过程，并由此构建了二元经济模型（即刘易斯模型）。刘易斯认为，城市现代化工业部门会以现代化的生产方式进行生产并拥有大量的资本积累，使得城市现代化工业部门的劳动生产率较高，而传统部门则仍然是资本欠缺和生产率低下的，同时由于传统部门的资源有限，且存在大量劳动剩余，这些大量的剩余劳动力的存在使得现代部门可以在长时间里保持工资率不变。也就是说，当现代部门能够支付一个高于传统部门的实际工资，并维持可保障农业劳动力最低生活的工资水平时，农业剩余劳动力会不断向现代部门转移。现代部门以最低的生存工资雇用到农业部门的劳动力，并将高于工资部分的产出盈余用于再投资，以扩大生产，最终，农业劳动力由过剩变为不足，则出现了"刘易斯拐点"。

2. 刘易斯-费-拉模型

刘易斯的二元经济结构理论很好地解释了发展中国家劳动力迁移的现象，但是忽略了农业劳动生产力提高和农业剩余产品的增加是农村劳动力流动的重要前提条件。为此，费景汉和拉尼斯对刘易斯模型进行了完善，将劳动转移与农工两个部门共同发展联合起来进行分析，并提出了发展中国家二元经济结构转变和人口城乡转移的三阶段理论，即刘易斯-费-拉模型。刘易斯-费-拉模型将劳动力迁移分为三个阶段。第一阶段，传统农业部门仍然存在着大量剩余劳动力，劳动力由农村向城市现代化工业部门转移，但对农产品总产出没有造成影响，这个阶段与刘易斯模型相似。第二阶段，随着传统部门剩余劳动力的减少，其边际生产率有所提高，工资水平也相应提高，但仍然低于现代化工业部门的工资水平。第三阶段，如果迁移继续，最终将使得农村和城市劳动力的边际生产率相等，从而实现商业化。随着农业生产水平的提升，农业转移劳动力的边际生产率的上升会使他们的产出更迅速地赶上工资，同时这也会让每个转移劳动力生产更多的农业剩余，减少贸易恶化条件。如果生产力提高得足够多，可跳过第二阶段，使经济顺利运行至自我持续增长阶段。

3. 乔根森模型

乔根森（Jorgenson）延续了刘易斯模型与刘易斯-费-拉模型的二元经济结构假定，但与前述模型认为工资差异与效率差异是驱动农村劳动力迁移的根源不同，乔根森认为消费结构的升级才是导致劳动力从农业向非农产业部门转移的根本原因，在消费升级的过程中，农业产品的相对供给饱和与工业品的相对稀缺，导致稀缺性溢价的出现，这种溢价存在于工业部门生产率并不发生变化的前提下，导致工业品利润的上升与工资的增加，这会放大农业与非农产业部门的工资差异，从而驱使劳动力向非农产业部门集中与迁移。应该说，乔根森模型为解释农村劳动力迁移提供了一个新的理论视角，也一定程度上放松了工资刚性、农业生产率不变的假定约束，从而在一定程度上增加了刘易斯模型的解释能力（孙鹏程，2018）。但是，乔根森模型仅仅是静态考察了消费结构变迁导致的工业部门工资率的上升，难以解释为何农村劳动力迁移能够持续较长时间；同时城市部门存在失业时，为何依然出现农村劳动力迁移，这也是乔根森模型难以解释的（高一兰和陆德明，2010）。

3.4.2 新古典框架下的劳动力迁移理论

刘易斯模型和刘易斯-费-拉模型中，均没有讨论关于城市失业的问题。然而在大多数发展中国家，为何在现代化工业部门存在大量失业人口时，仍然有农村劳动力向城市部门转移？美国经济学家托达罗在刘易斯模型、刘易斯-费-拉模型的基础上，对这一问题做出了解释。他认为农村劳动力向城市迁移是人们对于城乡预期收入差距做出的反应。只有当农户认为非农工作的预期收益高于农业收入时，劳动力非农迁移才会发生，否则，农户会选择继续留在农村。因此，农村劳动力向城市迁移，取决于其在城市获得较高收入的概率和在相对长时间内成为失业者的权衡（Todaro，1969），这种城乡预期收入的差异越大，流入城市的人口就越多（周天勇，2001），表达式如下：

$$M = f(d), \ f' > 0 \tag{3-1}$$

式中，M 表示人口迁移的数量；d 表示城乡预期收入差异。按照托达罗的观点，城乡预期收入差异可以表示为

$$d = \omega\pi - r \tag{3-2}$$

式中，ω 表示城市工资水平；π 表示城市的就业概率；r 表示农村的工资水平。

由于托达罗假定农村劳动力的迁移目的是城市正式部门，以及城市非正式部门的工资低于农村实际工资，所以农村劳动力的迁移决策是基于城市正式部门的期望工资与农村实际收入的对比做出的，即使农村劳动力暂时进入城市正式或者非正式部门导致当前的城市实际收入低于农村实际收入，但从更长远的观点来看，这种迁移仍是理性的（Todaro，1969）。

1970 年，哈里斯和托达罗在托达罗模型的基础上，对其进行了修正，进一步提出了哈里斯-托达罗模型（Harris-Todaro model，H-T 模型），哈里斯-托达罗模型假定城市就业机会创造比率的提高会提高失业水平，如果农业工资水平不能提高，那么城市额外的就业机会将导致农民流动到城市部门的数量增加。

其模型结论的基本公式是

$$W_S = \frac{L_C}{L_{all}}\overline{W_I} \tag{3-3}$$

式中，W_S 表示农业工资收入；L_C 表示城市工业部门的就业量；L_{all} 表示城市的劳

动力总数；$\overline{W_I}$ 表示城市工业部门的工资收入；$\dfrac{L_C}{L_{all}}$ 表示城市的就业率。当 $\dfrac{L_C}{L_{all}}\overline{W_I}$ 大于 W_S 时，城乡迁移就会发生。哈里斯-托达罗模型试图把农村与城市部门分开，进而分析迁移对农村和城市的产量、收入与福利的影响。该模型还表明强行阻碍和限制劳动力的迁移可能会减少农业部门的净福利。总体来说，托达罗模型以及后来的哈里斯-托罗达模型不仅概括了发展中国家劳动力迁移的普遍现象,对中国农村劳动力向城市迁移也具有一定的解释力。

3.4.3　基于家庭视角的新迁移理论

在一些以家庭养老为基本赡养单位的发展中国家，劳动力从农村向城市的流动更多的是一种分配式而非随机的理性规划（蔡昉，2008）。此时基于家庭视角的劳动力迁移理论就能够提供更为准确与合理的解释。基于这种逻辑，以 Stark（1984）、Brock 和 Durlauf（2000）、Tabuchi 和 Thisse（2002）为代表的研究，将迁移决策主体从个体转移到家庭上，从而基于家庭风险决策约束性考察与福利分析范式形成了基于家庭的新劳动力迁移经济学理论。

与劳动力迁移是基于成本-收益的个人决策过程的观点不同,新劳动力迁移经济学理论认为，农户劳动力迁移的决策不是由劳动力个人决定的，而是农户家庭的集体决策，根据家庭成员不同的禀赋和偏好，对家庭劳动力资源重新配置（Stark，1984）。新劳动力迁移经济学理论下，劳动力迁移往往是农户家庭生计多样化的体现。由于农户家庭成员的个体差异，农户家庭成员在内部产生分化和分工，部分家庭成员外出务工，部分成员留守务农，且无论是迁移劳动力，还是留守劳动力都需要共同承担家庭的成本和收益。

虽然劳动力迁移的决策主体为劳动者个人，但迁移决策更多是迁移者家庭的组合决策过程，决策变量不再是个人，而是家庭。尽管劳动力迁移行为的执行者通常是以单个迁移者的形式出现的，但是劳动力迁移本身比单个人的利益最大化蕴含着更多的含义。由个别人进行的迁移行为实际上是一组人决策的结果，或是对一组人决策的执行，家庭就是这一组人的存在形式之一（Ma，2002）。

在此基础上，当家庭收入完全集中于农业部门时，农业生产内在的高系统风险[①]特征将显著地增强农村家庭收入的不确定性与收入风险的积累，在风险厌恶的偏好假定下，这种收入不确定性将促使家庭寻找替代性的收入补偿渠道并据此进行劳动力资源的再配置。而非农就业部门的工资收入无论从收入水平还是短期

---

① 这种高系统风险体现为对不可控的自然条件的高度依赖,同时农户的小规模经济模式也使得其缺乏对抗市场价格风险的能力，从而表现为收入的大幅波动。

稳定性（不失业）看，都明显具有优势。据此，迁移与外出务工就成为家庭为实现收入稳定目标而做出的理性决策。此外，农业生产中机器的普遍使用，将或多或少产生剩余劳动力，这种剩余劳动力的迁移，不仅能够提升家庭劳动力的配置效应，也能够实现增加收入的目标，即使外出务工的收入不高或者获取难度较大，依然无法改变迁移是正收益行为的特征（Davis et al.，2012）。

在前人的研究基础上，后续的一些研究进一步细化了风险配置需要驱动下的迁移行为发生机制，并尝试从相对收入水平、劳动力冗余特征、迁移机会成本等视角分析家庭迁移决策的发生。从现实解释来看，基于家庭主体的新迁移理论，从家庭风险配置的视角对迁移行为进行解释，直觉上更符合发展中国家特别是我国农村家庭迁移决策过程的特征。我国农村家庭现在的这种"青壮年劳动力外出""老人与子女留守"现象很大程度上恰恰是家庭在增收、风险平滑的目标下家庭成员选择的结果。

可以看出，与以往理论不同，新劳动力迁移经济学理论强调了农户依据预期收入最大化与风险最小化的原则，对家庭成员是否外出进行决策，强调了家庭决策的重要性。新劳动力迁移经济学理论很好地解释了农户家庭成员没有举家迁移，且当农业和非农利益差消失时，农户的迁移动机是否存在的问题（陈恩和于绯，2013）。与以往的理论主要从劳动力个体出发的研究不同，新劳动力迁移经济学理论不仅丰富了劳动迁移决策的研究，还从农户家庭出发，为研究农村劳动力兼业动因提供了新的视角（吴箐，2021）。

3.5　地　租　理　论

西方经济学地租理论最早出现在 17 世纪后期，英国古典经济学家威廉·配第首次提出地租是土地上农作物生产所得的剩余收入。亚当·斯密在其基础上提出了地租不是投在土地上的资本所产生的利息，而是为了使用该土地而支付的价格。现代西方经济学地租理论的产生源于 19 世纪后期，城市建设用地紧张，大量农业用地变为城市用地，城镇用地和农业用地之间矛盾日益激化的背景下。这种理论与西方经济学强调供求关系一脉相承，由于土地供给的数量是固定的，地租也就是土地的使用价格，取决于土地需求者之间的竞争。同时该理论还认为地租与土地附着的房屋等任何财产所带来的收益都是相关的，从而扩大了马克思主义经典作家对于地租定义的范围（陈美球，2002）。按照这种定义，地租包含契约地租和经济地租，其中契约地租指的是土地出租的正常收益，而经济地租则是使用土地所带来的超额利润。

地租是土地所有权归属者把土地使用权进行出租并获取租金，租金就是土地使用权的经济价值表现。威廉·配第、亚当·斯密、大卫·李嘉图是地租理论研究的古典经济学主要代表，随着社会的发展，对马克思地租理论进行全面研究分析并对古典经济学的地租理论进行批判继承发展，成为现在土地流转研究的重要理论。威廉·配第的地租理论是对剩余价值的进一步阐述。亚当·斯密在其作品《国富论》中对地租进行全面研究，从多个角度解释地租理论。大卫·李嘉图在《政治经济学及赋税原理》中否定了绝对地租，并建立了新的地租学说——差额地租，土地劳动生产率不同即产生差额地租。马克思结合古典经济学的地租理论指出，土地所有权是地租产生的关键，地租是土地资本剩余价值的重要组成部分，不同原因和条件影响下地租的种类不同，主要有绝对地租、级差地租和垄断地租，地租是土地权能经济价值的体现，地租是由多种因素共同影响而决定的。

英国古典经济学家威廉·配第认为，地租本质是剩余劳动力的产物，体现为劳动者在土地生产进程中减去相关生产成本后的其他收获产品。他提出土地价值可以通过土地租金的资本化来计算的观点，成为级差租金理论的基础。随后，"现代经济学之父"亚当·斯密丰富发展了地租理论，他指出地租是在土地私有制出现后，土地使用者为了使用土地而向土地所有者支付的费用，来自农业生产人员的无偿工作而形成的垄断价格。亚当·斯密还研究了地租从农业用地向非农业用地的扩张，他的租金理论对级差地租理论做出了清晰界定。最终，马克思在其著作《资本论》中对地租理论做了更加系统全面的介绍，并被当今学术界广泛认可。马克思针对地租理论主要提出两个观点，第一个是产权与土地分离是地租基础的观点。马克思认为所有类型的地租都有一个共同特征，就是地租是土地的经济形式，如果土地所有权和土地使用权分离，土地租金得到刺激，土地使用者将不得不支付生产过程中产生的部分收益，这种收益就来自土地所有者的地租，所以地租决定土地的交易价格，形成农业生产中超额利润的转移形式，最终直接影响农村市场的土地交易。马克思提出的第二个观点是地租分为绝对地租和级差地租两种形式，其中绝对地租是指在土地所有权和使用权分离的情况下，使用者在租用土地时向所有者支付的农产品价格与社会生产价格的差额。级差地租分为级差地租Ⅰ和级差地租Ⅱ，级差地租Ⅰ是根据土地肥沃程度和地理位置而形成超额利润的地租；级差地租Ⅱ是由于土地集约化经营或出租，在同一块土地上额外投资以提高劳动生产率，并最终形成超额利润转移的地租。农业资本家对相同土地的投资存在滞后性，因此超额利润需要经历转化过程才会成为级差地租Ⅱ。地租在本质上是土地所有者凭借土地产权流转所获得的土地租金。

马克思地租理论的形成是基于对亚当·斯密、威廉·配第等古典经济学家的地租理论的批评和借鉴，其对马克思地租理论的形成起着重要作用。马克思在总结前人研究的基础上提出地租也是一种土地所有权形式，不管地租以什么方式收取，都是实现和增值土地所有权经济价值的一种形式。地租是土地所有者依据对土地使用权的让渡，进而从土地中获取利益的过程，其存在的基础是土地产权的分离，我国是社会主义国家，劳动群众共同占有生产资料，因而国家和集体拥有土地所有权，但我国土地产权中也存在土地所有权和使用权（经营权）分离的情况，相应的我国现阶段也必然会存在地租。首先，根据绝对地租理论，在我国农村农地流转过程中，土地经营权发生转变，因此有必要对种粮大户和公司收取绝对地租，这有利于农村集体经济的不断壮大和发展，同时能更好地实现村民的共同富裕。其次，级差地租理论是指在相同面积、不同质量的土地上投入相同的资本而产出效益的不同，不同效益产生的原因是区域位置的差别、土地肥力的优劣及土地资源的有限性等，而这些因素同样是当前影响我国土地流转的重要方面（冯玉，2017）。土地价格的本质是一次性收取若干年的地租，在农村土地流转过程中，当发生征地等情况时，可以用马克思土地价格理论计算土地的补偿价格。在资本主义社会经济背景下的马克思地租理论具有特殊性，但是在市场经济下，地租理论又有其普遍性，因此，地租理论也是我国土地流转的理论基础。

　　地租从表现形式来说就是在土地的租赁者将土地资源转让给土地使用者的过程中，土地使用者支付给土地租赁者的报酬，这部分报酬既可以是货币，也可以是实物等其他等价物。马克思主义认为土地是有形的，土地有形最主要的表现形式就是地租。根据马克思的《资本论》，地租作为劳动者剩余价值的重要转化，是在扣除生产成本以及社会平均收益之后，劳动者所创造的价值。

　　行使土地的使用权而向土地所有者所支付的费用被称为土地租金。它可能是在国家社会和国民经济高速发展的某个历史阶段的国家土地商品化和土地产权分化的产物。资本主义国家地租收入是泛指资本主义国家地主通过拥有土地的所有权利而获得的一种社会剥削性经济收入。土地的剩余价值（也被称为剩余利润）实质上就是资本主义土地租金的一种转化形式，其现实意义是远远超过资本家所获的社会平均利润。

　　随着宅基地"三权分置"探索的开始，农户开始明确享有了宅基地所赋予的用益物权，宅基地的流转、自愿有偿流转等实践，就关系到补偿的政策，也就有了绝对地租，当然对于长期未在宅基地上建房而闲置的宅基地，集体是可以收回的，这种则不在范围内。垄断地租是由土地持有的资源禀赋所带来的超额利润形成的地租收入。诸如有着良好生态环境可以带来旅游生态效益的土地等，对于宅基地而言，地理位置的差异明显会改变其给所有者带来的地租的多少。西方古典经济学的地租理论对于地租的定义较为广泛，既包括一般意义上的土地，也包括房屋等可出租的资产。现在地租理论在原有的研究上继续延伸，强调地租的多少受土地的边际生产力、土地供求及土地需求者之间的竞争的影响，并且土地需要明晰产权制度以促进土地自由的转让，进而使土地要素发挥最大效率。

　　土地问题一直以来是亟待解决的滞留难题，地租理论可以为宅基地有偿使用提供理论支持。由于土地的生产条件和土地位置之间存在优劣之分，对于农村宅基地而言，也会有城市近郊区和远郊区的位置差异，这对于宅基地和城乡建设用地之间置换盘活有着重要意义。根据马克思地租理论中级差地租的定义，政府应当扶持和保障农户利益，在农业生产丰收或者歉收时，政府可以指定相应的措施和政策，最大限度地维护农民的收入，从而吸引农户对宅基地盘活工作的积极投入。目前中国农业发展不平衡，土壤肥沃地区与土壤贫瘠地区的报酬不尽相同，在我国级差地租是属于土地所有者和土地使用者所得的报酬，以地租形式将土地所有权和使用权分离，从而确保农户享有完整的土地承包权，提高农民参与土地流转的积极性，进而能够更好地推进宅基地盘活。利用地租理论制定适合当下的宅基地制度，能够有助于提升宅基地财产属性，从而实现整个农村改革按照帕累托改进的原则推进，对于维护整个社会的和谐，实现乡村振兴有着积极的参考价值。

3.6　博　弈　论

博弈论（game theory）又称为对策论或者赛局理论，罗伯特·约翰·奥曼（Robert John Aumann）则称其为"交互的决策论"。一般认为，对博弈论的研究始于策梅洛（Zermelo）、波雷尔（Borel）和约翰·冯·诺依曼（John von Neumann）。冯·诺依曼在1928年通过严密的数学论证证明了博弈论的基本原理，为经典博弈论的诞生奠定了坚实的理论基础，同时也向世界宣告了经典博弈论的诞生。冯·诺依曼与奥斯卡·摩根·斯特恩在1944年联合出版了《博弈论与经济行为》，概述了经济主体的典型行为特征，提出了合作型、扩展型和标准型等基本的博弈模型、分析方法和解的概念，将两人博弈推广到 N 人博弈结构，并将博弈论应用于经济领域，从而奠定了经济博弈论大厦的基石，标志着现代博弈论的创立。20 世纪 50 年代，约翰·福布斯·纳什（John Forbes Nash）在普林斯顿大学攻读博士期间，在其博士论文中首次利用不动点定理向世人证明了博弈论均衡点的存在，由此获得了 1994 年的诺贝尔经济学奖，纳什还在上述研究的理论基础上提出了非合作博弈论，丰富了博弈理论，并由此奠定了现代博弈论的基本理论基础。

博弈论研究相互交往的人们的策略互动行为，理论的出发点是：参与个体是理性的"经济人"，每个参与人都会在相应的制度约束下选择能够带来自身利益最大化的行为。利益往往倾向于与理性诉求保持一致，在其他人的选择确定后，只要政府能够提供足够的信息并且不阻挠人们的选择，理性的人们依赖个人决策，权衡各种选择的利益得失，就能够做出正确的决策，这是利益最大化的最佳方案。亚当·斯密对"理性选择"的诠释淋漓尽致：一个社会分配有限的土地、劳动力和金融资源,其实是在尽量满足每一个公民的喜好和偏好。该理论可以解释一个人的行为如何下意识地影响另一个人的行为,即我们用某些创造出的兴奋点诱发人们以某些方式从诸多行为活动中做出反应、做出选择。合适的诱发机制是市场经济运行的关键,市场经济的有效运行取决于诸多市场参与人的行为和决定,而市场参与人在交往的过程中持有独立的动机。

博弈论中,可以根据不同的准则对博弈进行划分。首先,依照其是否存在具有强制约束力的协议,可以将博弈分为合作型博弈与非合作型博弈。若囚徒双方仅仅只有口头的承诺,且最终双方都没有遵照这个口头承诺,这样的承诺一般属于不具有约束力的协议,"囚徒困境"自然是非合作型博弈。值得一提的是,由于合作型博弈的情况复杂多变且相应理论体系发展尚未成熟,我们所说的博弈问题绝大部分属于非合作型博弈。其次,根据发生博弈行为是否在时间上具有一致性,博弈可以分为静态博弈与动态博弈。决策或行动无先后次序的博弈,属于静态博弈;决策或行动有先后次序的博弈,则属于动态博弈。就"囚徒困境"中的具体情况而言,若囚徒双方同时做出选择,但因囚徒双方事先并不知晓对方的选择结果,所以没有先后顺序之分,因此,"囚徒困境"属于静态博弈。再次,根据博弈者双方的熟悉程度,博弈可以分为完全信息博弈与不完全信息博弈。若博弈双方对彼此性格特征、为人处世、战略选择非常了解,那么博弈的结果是可以完全掌握的。因此,从囚徒双方的选择结果推测,"囚徒困境"应该是不完全信息博弈。最后除此之外,博弈还可以进行很多种类的划分,例如,可以根据博弈活动进行的次数和博弈活动所持续时间的长短来划分,将之分为有限博弈与无限博弈。

博弈论借助数学模型研究游戏规则的形成,认为游戏规则的形成是博弈双方长期多次博弈的结果。如果游戏规则对某一方是不公平的,那么这一方就会试图改变游戏规则,达到纳什均衡才结束。纳什均衡是这样一种状态:游戏双方的任何一方违反了游戏规则,都不会得到好处。这样,就会促进大家遵守游戏规则,游戏规则就成为公认的准则。在博弈论中,通常可以从下面的两个角度进行划分,一个角度可以简单地划分为静态博弈或者是动态博弈;而另一个角度是相对复杂的,是各个参与主体的特征、战略、决策的博弈。由于上面存在两种不同的划分方式,可以得到四种不同的博弈类型和与之对应的四种不同的博弈均衡,它们分别是:完全信息动态博弈和对应的纳什均衡、完全信息静态博弈和对应的贝叶斯纳什均衡、不完全信息动态博弈和对应的精炼纳什均衡以及不完全信息静态博弈和对应的精炼贝叶斯纳什均衡。

演化博弈论(evolutionary game theory)最初源自拉马克的遗传论和达尔文的生物进化论,它与经典博弈论的基本假设条件有所不同。演化博弈论的重点是基于双方共同知识和完全理性假设的静态均衡,着重强调的是更为实际的有限理性的动态均衡。在演化博弈论中,参与演化博弈活动的群体可以不断改变博弈主体的基本行为博弈策略，从而使其自身的博弈收益达到最大化。突变和选择是构建演化博弈模型的重要基础。突变泛指群体中的某些特定个体随机性地选择与其他群体不同的策略，选择是指群体中的某些个体可以选择较高的支付策略以便该群体中某些个体采用。根据演化博弈论中的突变和选择理论，复制动态方程和演化稳定性策略共同构成了演化博弈模型的核心部分。

耕地是包含人类资本投入和劳动投入的土地，是集约化利用程度较高的土地利用类型之一，具有保障国家的粮食安全、生态安全和社会稳定的重要作用。然而，在耕地保护过程中，存在中央政府、地方政府、农民等多个利益主体，由于利益目标的差异，在个体理性的驱动下，各参与人会根据不同的目标采取不同的用地策略，通过博弈达到均衡状态。运用博弈论来分析耕地保护中各参与人的行为决策，有助于更好地把握各参与人的行为偏好和理性选择，进而采取有效措施引导各参与人的用地策略，促进耕地保护制度的有效实施。

博弈论的研究主要是在利益的影响下，分析各个利益主体在利益诉求下的决策及选择问题，其核心在于均衡，是各个决策方的利益最大化的一种决策状态。在该理论中，首先需要进行定量假设，并且所有参与人在每一个决策活动中，均是独立且理性的，每一个参与人都有着自己的活动范围，但是，不同的参与人的行动却是相互影响或者相互制约的。所以，参与人在每次的经济活动中，都必须慎重、严谨地考虑他们做出的决策和其他参与人之间的互相影响关系，同时，需要参考现实情况，仔仔细细做出合理的选择。在博弈论中，基本要素包括参与人、信息、策略、结果、得益和均衡等。在这些要素中，博弈论的三个最基本要素是参与人、均衡和策略，其中，参与人指的是参与博弈的主体；信息是指参与人在做出决策前，所了解的关于得失函数或支付函数的所有知识；策略是参与人在进行抉择时的行动规则；结果是参与人的一些要素的集合；得益则是每个参与人最终追求的利益；均衡则是所有参与人的最优行动或策略的整合。在博弈论中，个人的理性、动态分析有两个明显的特点，第一个是指在有限的条件下追求自我利益的最大化；第二个是指在研究个人的行为时，在做出某一个决策时，当下的决策经常会被前人所影响，并且当下的决策会影响之后的行为。耕地撂荒的决策过程就是各参与主体之间因为利益而参与博弈的过程，各个利益主体为了实现利益最大化，需要互相之间不断地讨价还价，寻求利益最大化策略，其中耕地撂荒的选择问题等皆为博弈问题。在耕地撂荒中，博弈主体是地方政府与农户。政府为主导，积极引导农户退出，实现资源优化配置，并在宅基地退出后得到增值收益，获得节约用地指标的同时，保障城镇有着足够的发展空间是地方政府的目标；而对于大多农户来说，他们主要是作为宅基地退出的主体，能否获得满意的补偿以及安置是他们关注的重点，同时在他们退出宅基地之后的生存、就业、保障也是他们关注的重点。在最近几年，由中央出台的各项有关农村宅基地制度改革的文件中，始终强调对农民的宅基地的物权要充分而具体地进行保障，实施宅基地退出必须要农户自愿，这些政策实际上赋予了农户退出宅基地的谈判及话语权，同样，这也使得农户具备和地方政府进行讨价还价的底气和资本。所以，对相关主体在宅基地退出中的博弈行为进行理性分析需要合理地运用博弈论，这将有助于深刻剖析农户参与宅基地退出的决策，并且能够提供足够而有力的理论依据去构建农村宅基地退出的激励方式。

3.7　土地利用行为理论

自古以来，中国就是一个农业大国。无论是在宏观和微观上，中国对土地利用的研究均有较长的历史。宏观上，主要关注土地资源调查、分区、分类、规划、评价及开发和管理；微观上，主要研究影响农户土地利用行为的因素、分析农户耕地保护和生产决策行为、研究农户土地经营效益等。

因耕地产权不明晰，现行耕地保护的经济约束机制存在缺陷，使耕地所有者和使用者难以自觉保护耕地（陆国庆，1997）。要从根本上解决耕地利用效益比较低下的问题，建立起保护耕地的经济机制，而这个过程需通过政府的强制性干预才能实现。农户在耕地保护方面，尤其是耕地质量保护方面起到重要作用，农户对耕地保护的积极性不是很高，资源禀赋对农户耕地保护意愿的影响不大（陈美球等，2005）。不同的土地利用行为导致不同类型的农户土地利用效率的差异，一兼农户略大于纯农户，二者都远远大于二兼农户（梁流涛等，2008）。从相关决策理论出发，退耕还林的农户决策模式可以划分为从众模仿决策模式、自主理性决策模式和被动接受决策模式（柯水发，2007）。此外，政策、市场、农户自身及农户间的相互影响、土壤肥沃程度等因素对土地利用决策会产生不同程度的影响（陈海等，2009）。

国外学者对农业生产者土地利用行为的研究较为抽象，研究成果主要体现在农户行为的预期目标和土地利用行为的影响因素两个方面。在农户行为的预期目标方面，研究学者形成了两个不同的派别，一方是以恰亚诺夫为代表的“实体主义学派”，他们认为当土地资源供应不受限制并且不存在劳动力市场时，家庭劳动力决定了劳动力的投入程度，而劳动力的辛苦程度和效用程度又决定了劳动力的投入程度，当决定劳动力投入程度的辛苦程度和效用程度达到均衡时家庭就不会再投入劳动力，这就是劳动消费均衡理论学说。另一方是以舒尔茨和波普金等为代表的“形式主义学派”，舒尔茨认为和资本家一样，小农户追求的也是经济利润最大化，并且对于市场变化的反应是很敏感的，只有农业生产技术变革才能带来传统农业的发展。波普金进一步把小农户的行为与资本主义公司行为联系起来，认为与资本主义公司投资行为相类似，小农户也会根据市场和环境变化来调整自己的生产行为从而实现利益最大化。在土地利用行为的影响因素方面，研究发现影响土地利用行为的因素包括利益最大化、成本和风险最小化。通过对布鲁塞尔半干旱区的研究发现，政府政策和农户行为相互作用，政府政策会影响公共物品的供给，农户的反应也会影响政策的实施。实行家庭联产承包责任制以来，我国土地利用结构发生了很大的变化，不同功能区的农户的土地利用行为差异明显，重点开发区的农户耕作意愿较弱，兼种行为居多，耕地资金投入最高、复种指数较低；限制开发区的农户耕作意愿最强，粮食作物种植比例远高于经济作物，耕地资金投入最低、复种指数最高；禁止开发区的农户耕作意愿最弱，经济作物种植比例远高于粮食作物，耕地资金投入较高、复种指数最低。衡量土地利用程度可以从种植制度、农作物产出、经济产出三个方面进行。区位对土地利用行为有明显影响，距离城市越近，农业生产者的土地投入强度和土地集约利用程度越高。土地流转及其目标对农户农地利用行为也会产生影响，农户的类型和经营规模不同，其土地投入结构、投入数量和投入偏好也会有明显的不同，因此会对土壤质量和环境变化产生差异化影响。农户土地利用目标有三个，一是满足家庭日常需求，二是经济收入最大化，三是两者都追求。非农收入占家庭收入的比重决定农户是否改变土地利用结构，且农户的收入预期也会改变农户对农业的生产要素投入和土地流转。

理性小农学派主张传统农业部门的农户是理性的，以舒尔茨为代表的学者认为农户是理性的原因在于，每个农户都有短期利益和长期利益的目标，而农户对自身所持有的资源进行安排时必然是首先权衡其对当今利益和未来利益获取的利弊。在此基础上，再根据自身约束条件做出最有利于自身利益的安排，这种安排决策是合理的，故农户是理性的。市场竞争机制中，资本主义经济运行与农户经济运行机制的本质相似，要保证农户个体经济发展良好，生产要素的运行显得尤为重要。生产要素投入与分配必须保证有较高的回报率，这对于传统农业下的农户而言较容易实现。无论在传统农业或是向现代农业发展的过程中，投资回报率应相对平衡。所以在市场经济体制中，追求利润最大化的农户便根据市场信息的变化及时做出反应，调整行为以保证实现利润最大化，这样的农户是完全理性的。理性小农学派还认为导致传统农业增长停滞的原因是传统边际投入下收益率的降低，并非微观农户本身努力不够和宏观市场经济竞争不充分。无论是在传统农业系统中，还是在现代农业系统下，农户都会以利润最大化作为主要经营目标，但是在不同的农业系统下，生产要素投入的数量和质量却发生了变化，若能使所投入的现代生产要素成本合理且为农户所能承受和保证其在现有价格水平上能实现利润最大化，农户必然选择现代生产技术要素以代替原有落后的生产要素。所以，改变原有的传统农业、实现现代化农业的关键点在于现代生产要素的投入成本是否合理，而不能依赖选择削弱自由市场体系和农户生产组织功能来实现。

黄宗智认为当农户家庭劳动力的机会成本由于就业机会匮乏和劳动力剩余降至为零时，继续投入劳动力依然是农户的必然行为，即便此时农户边际报酬很低甚至为零。在决策方面，由于经营目的的不同，自给自足的农户行为与以农产品销售为主的农户决策行为差异较大。不同农村所具备的资源要素结构不同，因而决定了不同地区的农民行为呈现地区差异。效用最大化理论的实质是充分利用现有资源发挥其最大效用，故不同区域的农户都会根据其拥有的资源禀赋来实现自身最大效用。这种效用最大化与农户所处环境和利用水平有着直接关系。农户以效用最大化指导资源要素的投入和安排农业生产，因而它是生产者行为的奠基石，也是农户土地利用行为变化的主导原因之一。经济理性原则无疑是农户进行行为决策的基础，农户自身的行为决策往往会受到各种要素投入产生的边际效用的影响。各种农业生产要素的投入量和替代比率取决于边际替代率的高低，土地市场环境与劳动力市场是否完善必然对生产要素的流通性产生一定影响。假如土地市场环境与劳动力市场不完善造成部分生产要素流动受阻，农户也会根据边际替代率在现有条件的环境下最大限度地安排自身所拥有的全部生产要素资源，改为投入到农户认为可以实现边际效用最大的方向上。相反，若农户所处的土地市场环境与劳动力市场发展较为完善，土地、资本、劳动力等各种要素可以自由流动，农户对生产资料的配置转变就会相对容易，但是无论配置结构如何变化，其唯一不变的是农户总会使这些生产要素效用处于农户可能获得利润最高的地方。所以农户行为选择必然符合经济理性规律，农户行为决策必然是经济理性的。

要研究农户的土地利用行为，首先就应该明确农户在做土地利用行为决策时的影响因素。农户的土地利用行为决策受多种因素的影响。西方经济学家多认为人的行为受动机的支配，决定人的行为动机的则是目标，但是人的行为又受到自身能力与社会环境的制约。根据这一理论，可以认为农户的土地利用行为是受农户的目标以及农业生产的约束条件共同影响的。农户的目标是指农户从事农业生产预期的收获。农业生产的约束条件包括农户自身的生产力限制和社会环境，农户自身的生产力限制是指农户在从事农业生产时可以投入的劳动力、资金、技术等方面的限制，社会环境是指政策制度和经济发展。

古典经济学假定农民是"经济人"，农户是由农民组成的家庭结构，自然会追求土地的利润最大化，这一观点的代表者就是舒尔茨。但是这种理性的定义是有缺陷的，人不可能想到所有的备选方案，外部环境是变化的、复杂的，加之信息的不完全性，人的认知能力和计算能力也是有限的，因而人的理性也是有限的。由于人的理性是有限的，在清楚所有方案和实施结果的真实概率之后再做决策几乎是不可能的。因此，在决策过程中人们遵循的并不是最优原则，而是最满意原则。也就是说，农户追求的不是利润最大化而是效用最大化。澳尔伯特的研究也支持西蒙的观点，他认为瑞典的大部分农民在利用土地时并没有获得最大利润，他们追求的也不是利润最大化的目标，而是最满意。马斯洛的"需要层次理论"也批判了理性"经济人"的"追求最大利润"的假设。他认为人是有需求的动物，需求也是有高低层次的，只有较低层次的需求得到满足后，更高层次的需求才会变得迫切。所以，马斯洛的理论用到农户的身上就是农户的土地利用行为的目标并不是追求最大的利润，而是先要满足自身的温饱需求，再去满足对经济利润的追求。大部分学者在分析农户行为决策时将农户看作追求最大经济效益的理性人，但由于人类的认知有限和信息不完全透明，完全的理性人是不存在的，因此，研究农户行为理论时应以农户有限理性为基础（朱晓雨等，2014）。但是不同类型的农户在土地投入量和投入结构上都存在差异，不同类型的农户土地投入偏好不同（柴春娇等，2014）。在对农户进行研究时，可以根据农户对粮食和利润的不同偏好程度，将农户的目标大致分为三类：第一类，追求粮食产量最大化型，这类农户进行农业生产就是为了追求最大化产量；第二类，粮食和利润协调型，这类农户的行为决策过程是在粮食产量和利润之间进行动态博弈；第三类，利润需求最大化型，这类农户进行农业生产是为了获得更高的经济利润（李翠珍等，2011）。综上所述，尽管对农户的土地利用行为是否是为了追求利润最大化并没有完全统一的意见，但是对农户在土地利用时追求利润是一致认同的，只是不同类型的农户在追求利润方面的程度不一样。结合我国的实际情况，可以根据农户对粮食产量和利润的偏好程度，把我国农户的目标分为以下三类：第一类，农户的目标是为了满足家庭生活需求；第二类，农户的目标是在满足家庭生活需求之后追求一定的经济利润；第三类，农户的目标完全是为了追求经济利润。

参 考 文 献

波兰尼. 2007. 大转型：我们时代的政治与经济起源[M]. 冯刚，刘阳，译. 杭州：浙江人民出版社.

薄茜. 2012. 博弈视角下的乡村旅游利益相关者研究[D]. 沈阳：沈阳师范大学.

卜范达，韩喜平. 2003. "农户经营"内涵的探析[J]. 当代经济研究，(9)：37-41.

蔡昉. 2008. 劳动力无限供给时代结束[J]. 金融经济，(3)：16-17.

柴春娇，吕杰，韩晓燕. 2014. 不同类型农户土地投入特征差异分析：以辽宁省阜新地区为例[J]. 农业经济，(11)：15-17.

陈恩，于绯. 2013. 马克思主义经济学与西方经济学劳动力迁移理论的比较[J]. 贵州社会科学，(8)：108-113.

陈海，王涛，梁小英，等. 2009. 基于MAS的农户土地利用模型构建与模拟：以陕西省米脂县孟岔村为例[J]. 地理学报，64（12）：1448-1456.

陈浩. 2007. 人力资本与农村劳动力非农就业问题研究[D]. 南京：南京农业大学.

陈美球. 2002. 中国农村城镇化进程中的土地配置研究[D]. 杭州：浙江大学.

陈美球，邓爱珍，周丙娟，等. 2005. 不同群体农民耕地保护心态的实证研究[J]. 中国软科学，(9)：16-22.

陈倩茹，谢花林. 2020. 农户耕地撂荒行为机理分析：基于计划行为理论[M]. 北京：经济管理出版社.

程名望. 2007. 中国农村劳动力转移：机理、动因与障碍：一个理论框架与实证分析[D]. 上海：上海交通大学.

楚金桥. 2003. 国外企业共同治理的分析与借鉴[J]. 中州学刊，(5)：42-44.

戴攸峥. 2017. 农村耕地抛荒的多层治理[J]. 南昌大学学报（人文社会科学版），48（4）：63-68.
杜鹏. 2017. 社会性小农：小农经济发展的社会基础：基于江汉平原农业发展的启示[J]. 农业经济问题，38（1）：57-65，111.
方松海，孔祥智. 2005. 农户禀赋对保护地生产技术采纳的影响分析：以陕西、四川和宁夏为例[J]. 农业技术经济，（3）：35-42.
冯欣. 2021. 农业水价综合改革利益相关者研究[D]. 北京：中国农业科学院.
冯玉. 2017. 马克思级差地租理论在当前我国土地流转中的运用[J]. 法制与社会，（17）：281-282.
高一兰，陆德明. 2010. 人力资本积累对海南农村劳动力转移的影响[J]. 当代经济，（22）：102-104.
管立杰. 2020. 农村基础设施PPP模式中利益相关者的冲突与协调研究[D]. 泰安：山东农业大学.
何亚芬. 2018. 农户异质性视角下丘陵山区耕地利用生态转型行为机理研究[D]. 南昌：江西财经大学.
贺雪峰. 2013. 关于“中国式小农经济”的几点认识[J]. 南京农业大学学报（社会科学版），13（6）：1-6.
胡逸文，霍学喜. 2016. 农户禀赋对粮食生产技术效率的影响分析：基于河南农户粮食生产数据的实证[J]. 经济经纬，33（2）：42-47.
华锦阳，许庆瑞. 2001. 公司治理模型的发展与评价[J]. 中国软科学，（12）：55-57.
黄利民. 2009. 农地边际化及其效应研究：以湖北省通城县为例[D]. 武汉：华中农业大学.
黄宗智. 1986. 华北的小农经济与社会变迁[M]. 北京：中华书局.
黄宗智. 2000. 长江三角洲小农家庭与乡村发展[M]. 北京：中华书局.
贾生华，陈宏辉. 2002. 利益相关者的界定方法述评[J]. 外国经济与管理，24（5）：13-18.
柯水发. 2007. 基于进化博弈理论视角的农户群体退耕行为分析[J]. 林业经济，（2）：59-62.
孔祥智，方松海，庞晓鹏，等. 2004. 西部地区农户禀赋对农业技术采纳的影响分析[J]. 经济研究，39（12）：85-95，122.
李翠珍，孔祥斌，梁颖，等. 2011. 京冀平原区不同类型农户耕地利用决策影响因素分析[J]. 农业工程学报，27（9）：316-322.
李孔俊. 2002. 土地抛荒的经济学视角[J]. 广西教育学院学报，（5）：82-84.
李锐. 2011. 马克思的地租理论在无形资产领域的运用与发展[J]. 郑州轻工业学院学报（社会科学版），12（1）：87-90.
李升发，李秀彬，辛良杰，等. 2017. 中国山区耕地撂荒程度及空间分布：基于全国山区抽样调查结果[J]. 资源科学，39（10）：1801-1811.
李心合. 2001. 面向可持续发展的利益相关者管理[J]. 当代财经，（1）：66-70.
李洋，王辉. 2004. 利益相关者理论的动态发展与启示[J]. 现代财经-天津财经学院学报，24（7）：32-35.
梁流涛，曲福田，诸培新，等. 2008. 不同兼业类型农户的土地利用行为和效率分析：基于经济发达地区的实证研究[J]. 资源科学，（10）：1525-1532.
刘克春. 2006. 农户农地流转决策行为研究：以江西为例[D]. 杭州：浙江大学.
刘克春，池泽新. 2008. 农业税费减免及粮食补贴、地租与农户农地转入行为：以江西省为例[J]. 农业技术经济，（1）：79-83.
刘丽. 2020. 资源禀赋对农户水土保持耕作技术采用的影响研究[D]. 咸阳：西北农林科技大学.
刘利. 2008. 利益相关者利益要求的实证研究[J]. 山西财经大学学报，（7）：61-68.
刘思亚. 2016. 关系嵌入性、养老保险与农户消费：基于欠发达地区的经验数据[D]. 重庆：西南大学.
刘向东. 2011. 基于利益相关者的土地整理项目共同治理模式研究[D]. 北京：中国地质大学（北京）.
刘彦平. 2003. 试论“以员工为中心”的管理理念：兼论利益相关者管理[J]. 外国经济与管理，（1）：37-42.
龙开胜，王雨蓉，赵亚莉，等. 2015. 长三角地区生态补偿利益相关者及其行为响应[J]. 中国人口·资源与环境，

25（8）：43-49.

陆国庆. 1997. 耕地保护的经济约束机制研究[J]. 农业经济问题，（11）：46-49.

马国勇，陈红. 2014. 基于利益相关者理论的生态补偿机制研究[J]. 生态经济，30（4）：33-36，49.

马立强. 2016. 工矿废弃地再开发的利益冲突治理研究基于利益相关者视角[M]. 成都：西南交通大学出版社.

苗建青. 2011. 西南岩溶石漠化地区土地禀赋对农户采用生态农业技术行为的影响研究：基于农户土地利用结构的
视角[D]. 重庆：西南大学.

潘海英，汪欣. 2019. 典型流域水权市场建设中利益相关者利益冲突与平衡[J]. 水利经济，37（5）：66-72，80.

恰亚诺夫. 1996. 农民经济组织[M]. 萧正洪，译. 北京：中央编译出版社.

钱龙. 2017. 非农就业、农地流转与农户农业生产变化[D]. 杭州：浙江大学.

屈晓娟. 2018. 基于利益相关者的引黄灌区农业水资源节水激励研究[D]. 西安：陕西师范大学.

瞿商，李彩华. 2003. 内部人控制和国有企业的所有权改革[J]. 武汉理工大学学报（社会科学版），16（3）：266-270.

饶旭鹏. 2011. 国外农户经济理论研究述评[J]. 江汉论坛，（4）：43-48.

沈泽宏. 2002. 浅议利益相关者在公司治理中的作用[J]. 现代企业，（6）：24-25.

史铁丑. 2015. 重庆山区耕地撂荒的规模及影响因素研究[D]. 北京：中国科学院大学.

史铁丑，李秀彬. 2017. 基于地块尺度的重庆山区耕地撂荒风险研究[J]. 山地学报，35（4）：543-555.

斯科特. 2001. 农民的道义经济学：东南亚的反叛与生存[M]. 程立显，等译. 南京：译林出版社.

孙爱萍. 2003. 公司治理结构与公司利益相关者理论问题研究[J]. 北京联合大学学报，17（2）：54-57.

孙鹏程. 2018. 农村劳动力迁移模式选择：理论、现实与经验证据[D]. 长春：吉林大学.

谭术魁. 2003. 耕地撂荒程度描述、可持续性评判指标体系及其模式[J]. 中国土地科学，17（6）：3-8.

万建华，戴志望，陈建. 1998. 利益相关者管理[M]. 深圳：海天出版社.

王恒. 2020. 社会资本、劳动力流动与农户多维贫困研究：基于秦巴山区的微观调查数据[D]. 咸阳：西北农林科技
大学.

文华成. 2003. 四川丘区农村耕地撂荒问题研究[J]. 农村经济，（10）：18-20.

翁贞林. 2008. 农户理论与应用研究进展与述评[J]. 农业经济问题，（8）：93-100.

吴箐. 2021. 资源禀赋约束和劳动力转移差异对梯田撂荒的影响研究：来自湘闽赣山区的农户微观调查[D]. 南昌：
江西财经大学.

吴郁玲，石汇，王梅，等. 2018. 农村异质性资源禀赋、宅基地使用权确权与农户宅基地流转：理论与来自湖北省
的经验[J]. 中国农村经济，（5）：52-67.

吴泽斌. 2011. 耕地保护利益冲突及其管理研究[D]. 杭州：浙江大学.

谢花林，王伟，刘志飞. 2016. 中国耕地利用研究[M]. 北京：中国农业出版社.

徐勇. 2006. "再识农户"与社会化小农的建构[J]. 华中师范大学学报（人文社会科学版），（3）：2-8.

杨林，易可君. 2003. 从股东赢到利益相关者共赢：重塑上市公司价值观[J]. 财经理论与实践，（1）：67-69.

杨瑞龙，周业安. 2000. 企业的利益相关者理论及其应用[M]. 北京：经济科学出版社.

杨晓玲，封新彦，王歆. 2003. 从兼顾利益相关者差别利益角度确立企业财务目标[J]. 价值工程，（1）：73-74.

曾小龙. 2001. 论利益相关者与公司监控权基础[J]. 教学与研究，（2）：19-23.

张柏齐. 1994. 弃耕抛荒的现状与对策[J]. 中国农业资源与区划，15（6）：60-61.

张斌，翟有龙，徐邓耀，等. 2003. 耕地抛荒的评价指标及应用研究初探[J]. 中国农业资源与区划，24（5）：49-52.

张俊霞. 2013. 黑龙江省农村劳动力非农就业问题研究[D]. 哈尔滨：东北农业大学.

赵德志. 2001. 时代呼唤企业的合伦理经营[J]. 管理现代化，（1）：21-23.

郑军，张航. 2018. 美国农业保险的利益相关者分析与成功经验[J]. 华中农业大学学报（社会科学版），（2）：88-96，
159.

钟耕深, 张爱琴. 2001. 企业并购后业务流程再造的六项原则[J]. 山东大学学报（哲学社会科学版），（2）：78-84.

钟文晶. 2013. 禀赋效应、认知幻觉与交易费用：来自广东省农地经营权流转的农户问卷[J]. 南方经济，（3）：13-22.

周涛. 2019. 社会性小农：小农经济发展的社会基础[J]. 农业经济，（4）：64-65.

周天勇. 2001. 托达罗模型的缺陷及其相反的政策含义：中国剩余劳动力转移和就业容量扩张的思路[J]. 经济研究，（3）：75-82.

周晓熙, 郑旭荣. 2007. 节水农业补偿实践：以新疆奎屯河流域灌区为例[J]. 中国农村水利水电，（4）：50-51.

朱晓雨, 石淑芹, 石英. 2014. 农户行为对耕地质量与粮食生产影响的研究进展[J]. 中国人口•资源与环境，24（S3）：304-309.

Baudry J. 1991. Ecological consequences of grazing extensification and land abandonment: role of interactions between environment, society and techniques[J]. Options Mediterraneennes Serie a Seminaires Mediterraneens, 15: 13-19.

Bourdieu P. 1986. The Forms of Capital[M]//Richardson J. Handbook of Theory and Research for the Sociology of Education. New York: Greenwood Press: 241-258.

Brock W A, Durlauf S N. 2000. Interaction-based models[M]//James J H, Edward J L. Handbook of Econometrics. Amsterdam: North Holland, 3297-3380.

Burton R J F. 2004. Reconceptualising the 'behavioural approach' in agricultural studies: a socio-psychological perspective[J]. Journal of Rural Studies, 20 (3): 359-371.

Davis K, Nkonya E, Kato E, et al. 2012. Impact of farmer field schools on agricultural productivity and poverty in East Africa[J]. World Development, 40 (2): 402-413.

Ellis F. 1988. Peasant Economics: Farm Households and Agrarian Development[M]. Cambridge: Cambridge University Press.

Freeman R E. 1984. Strategic Management: A Stakeholder Approach[M]. Boston: Pitman.

Gasson R. 1973. Goals and values of farmers[J]. Journal of Agricultural Economics, 24 (3): 521-542.

Harris J R, Todaro M P. 1970. Migration, unemployment and development: a two-sector analysis[J]. The American Economic Review, 60 (1): 126-142.

Keenleyside C, Tucker G. 2010. Farmland abandonment in the EU: an assessment of trends and prospects[R]. Institute for European Environmental Policy.

Koulouri M, Giourga C. 2007. Land abandonment and slope gradient as key factors of soil erosion in Mediterranean terraced lands[J]. CATENA, 69 (3): 274-281.

Lewis W A. 1954. Economic development with unlimited supplies of labour[J]. The Manchester School, 22 (2): 139-191.

Ma Z D. 2002. Social-capital mobilization and income returns to entrepreneurship: the case of return migration in rural China[J]. Environment and Planning A: Economy and Space, 34 (10): 1763-1784.

MacDonald D, Crabtree J R, Wiesinger G, et al. 2000. Agricultural abandonment in mountain areas of Europe: environmental consequences and policy response[J]. Journal of Environmental Management, 59 (1): 47-69.

Mitchell R K, Agle B R, Wood D J. 1997. Toward a theory of stakeholder identification and salience: defining the principle of who and what really counts[J]. Academy of Management Review, 22 (4): 853-886.

Munroe D K, van Berkel D B, Verburg P H, et al. 2013. Alternative trajectories of land abandonment: causes, consequences and research challenges[J]. Current Opinion in Environmental Sustainability, 5 (5): 471-476.

Popkin S L. 1979. The Rational Peasant: The Political Economy of Rural Society in Vietnam[M]. Los Angeles: University of California Press.

Prishchepov A V, Radeloff V C, Baumann M, et al. 2012. Effects of institutional changes on land use: agricultural land abandonment during the transition from state-command to market-driven economies in post-Soviet Eastern Europe[J]. Environmental Research Letters, 7 (2): 024021.

Renwick A, Jansson T, Verburg P H, et al. 2013. Policy reform and agricultural land abandonment in the EU[J]. Land Use Policy, 30 (1): 446-457.

Rudel T K. 2009. Tree farms: driving forces and regional patterns in the global expansion of forest plantations[J]. Land Use Policy, 26 (3): 545-550.

Schultz T W. 1964. Agricultural economics. (Economics and the social sciences: transforming traditional agriculture) [J]. Science, 144 (3619): 688-689.

Stark O. 1984. Rural to urban migration in LDCs: a relative deprivation approach[J]. Economic Development and Cultural Change, 32 (3): 475-486.

Stark O. 1991. Migration in LDCs: risk, remittances, and the family[J]. Finance and Development, 28 (4): 39-41.

Tabuchi T, Thisse J F. 2002. Taste heterogeneity, labor mobility and economic geography[J]. Journal of Development Economics, 69 (1): 155-177.

Todaro M P. 1969. A model of labor migration and urban unemployment in less developed countries[J]. The American Economic Review, 59 (1): 138-148.

Weissteiner C J, Boschetti M, Böttcher K, et al. 2011. Spatial explicit assessment of rural land abandonment in the Mediterranean area[J]. Global and Planetary Change, 79 (1/2): 20-36.

Willock J, Deary I J, McGregor M M, et al. 1999. Farmers' attitudes, objectives, behaviors, and personality traits: the Edinburgh study of decision making on farms[J]. Journal of Vocational Behavior, 54 (1): 5-36.

Yan J Z, Zhang Y L, Hua X B, et al. 2016. An explanation of labor migration and grain output growth: findings of a case study in eastern Tibetan Plateau[J]. Journal of Geographical Sciences, 26: 484-500.

第4章　耕地撂荒机理研究

4.1　地块尺度耕地撂荒机理

在级差地租理论中，耕地质量和区位条件是影响地租的关键因素。在务农机会成本快速增加的背景下，面对不同资源禀赋条件的耕地，农户撂荒行为机理是不同的。

当务农机会成本较低时，农业劳动力流出的情况普遍较少，农户大多倾向于保留离家近、耕地质量较好的宜耕地，而耕地质量差、农业基础设施差的耕地容易被撂荒。但随着务农机会成本的持续上升，农业生产经营边际收益日益减少甚至为零，此时资源条件较好的耕地，也会因为边际效益低而面临撂荒。因此，有必要从梯田资源禀赋约束的角度对农户撂荒决策进行分析。

假设农户家庭种植的农业产品为粮食作物，在不考虑农药化肥、粮食价格、土地流转（此处主要讨论农户撂荒行为，故暂不考虑土地流转）的情况下，主要生产要素投入为土地和劳动力。用 L_{land} 表示农户总梯田面积；$Land_i$ 表示种植规模；L_I 表示劳动投入；D_{land} 表示梯田的禀赋特征，包括地块面积、土壤质量、灌溉条件、坡度、海拔等，生产函数可以写为

$$f(Land_i, L_I, D_{land}) \tag{4-1}$$

此时，农户农业生产成本为 $C_Y(Land_i, L_I, D_{land})$，假设地块特征会影响农业产出，即当地块禀赋条件好的时候，地块带来的额外成本 $C_I < 0$，当地块条件差时，$C_I > 0$。同时，假设存在非农劳动力市场，且劳动力市场完善，农户非农转移不受自身人力资本限制，非农工资率为 W_{LII}。如前文提到的，农户作为理性"经济人"，以追求家庭收入最大化为目的（Yan，2016a），其目标函数可以写为

$$\max_{Land_i, L_I} P \sum_{i=1}^{N} f(Land_i, L_I, D_{land}) - \sum_{i=1}^{N} C_Y(Land_i, L_I, D_{land}) + W_{LII}\left(L - \sum_{i=1}^{N} L_I\right)$$

$$\tag{4-2}$$

且满足 $L_I \geqslant 0$，$Land_i \leqslant L_{land}$ 的条件。式中，P 表示农产品价格；L 表示农户家庭总劳动力。则拉格朗日函数为

$$P\sum_{i=1}^{N}f(\mathrm{Land}_i, L_I, D_{\mathrm{land}}) - \sum_{i=1}^{N}C_Y(\mathrm{Land}_i, L_I, D_{\mathrm{land}})$$
$$+W_{\mathrm{LII}}\left(L - \sum_{I=1}^{N}L_I\right) + k\left(\sum_{i=1}^{N}f(\mathrm{Land}_i, L_I, D_{\mathrm{land}}) - F\right) \qquad (4\text{-}3)$$
$$-\sum_{i=1}^{N}\mu_i(\mathrm{Land}_i - L_{\mathrm{land}}) + \sum_{i=1}^{N}\lambda_i L_I$$

式中，F 表示农户家庭生产约束条件，即 $f(\mathrm{Land}_i, L_I, D_{\mathrm{land}}) \geqslant F$。其一阶条件可以写为

$$Pf\mathrm{Land}_i - C_Y\mathrm{Land}_i + kf\mathrm{Land}_i - \mu_i = 0 \qquad (4\text{-}4)$$
$$PfL_I - C_YL_I - W_{\mathrm{LII}} + kfL_I + \lambda_i = 0 \qquad (4\text{-}5)$$

由此，假设农户 $\mathrm{Land}_i = L_{\mathrm{land}}$，且农户劳动力投入的边际效益等于边际成本，此时的一阶条件可以写为

$$Pf\mathrm{Land}_i - C_Y\mathrm{Land}_i + kf\mathrm{Land}_i = 0 \qquad (4\text{-}6)$$
$$PfL_I - C_YL_I - W_{\mathrm{LII}} + kfL_I = 0 \qquad (4\text{-}7)$$

可以看出，在这种情况下，农户农业生产的边际效益等于边际成本，农户不会选择撂荒该地块，且此时劳动力的配置处于最优状态，农户劳动力也不会转移。

而当 $\mathrm{Land}_i < L_{\mathrm{land}}$，劳动力投入的边际效益小于边际成本时，一阶条件可以写为

$$Pf\mathrm{Land}_i - C_Y\mathrm{Land}_i + kf\mathrm{Land}_i = 0 \qquad (4\text{-}8)$$
$$PfL_I - C_YL_I - W_{\mathrm{LII}} + kfL_I + \lambda_i = 0 \qquad (4\text{-}9)$$

当农户在地块上的边际效益小于边际成本时，农户就会放弃种植该地块，且在这块土地上继续投入劳动是不经济的。因此，可以得出当 $\dfrac{\mathrm{dLand}_i}{\mathrm{d}D_{\mathrm{land}}} > 0$、$\dfrac{\mathrm{d}L_I}{\mathrm{d}D_{\mathrm{land}}} > 0$，农户家庭地块 i 的耕地资源禀赋条件较好时，农户不会选择撂荒该地块。相反，当 $\dfrac{\mathrm{dLand}_i}{\mathrm{d}D_{\mathrm{land}}} < 0$、$\dfrac{\mathrm{d}L_I}{\mathrm{d}D_{\mathrm{land}}} < 0$，农户到地块的耕作距离较远、地块的灌溉条件较差时，地块特征对农业生产则会产生负面影响，从而使得农户撂荒这些资源禀赋受约束的地块。

如图 4-1 所示，由于我国土地制度的均分特性，山区农户家庭耕地分布不集中，梯田地块分散，地块与地块之间也存在较大差异，即使是相邻的两块耕地也有各种不同，如石块的多少、坡度的大小、土壤的侵蚀程度、土质的好坏等。这些地块资源禀赋方面的约束，使得利用这些地块的难易程度也不同，耕作成本也不同，面对不同资源禀赋条件的梯田，农户撂荒行为机理是不同的。

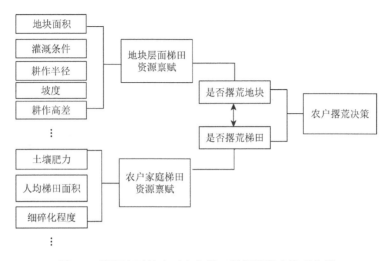

图 4-1 资源禀赋约束对农户梯田撂荒的影响机理分析

农户家庭资源禀赋的约束不仅表现在某一地块上，还体现在家庭整体梯田资源丰寡上。与平原地区不同，梯田不仅有海拔较高、坡度较陡的高山梯田，也有坡度较缓的缓坡梯田，在部分地势较为平缓的地区农户家庭存在既有梯田也有平坦好田的情况。不同农户家庭梯田资源差异较大，这些资源禀赋差异的客观存在将直接影响农户的农业生产和劳动力迁移决策（吴郁玲等，2018），影响农户的梯田撂荒行为。

4.2 农户尺度耕地撂荒机理

4.2.1 不同类型农户行为决策理论分析

1. 农户类型划分

实行家庭联产承包责任制，使得中国传统小农户实际上重新成为农村经济的基本单位和相对独立的生产经营体，并逐渐发展成为中国社会主义市场经济的主体，进而带动农村经济乃至整个中国经济的发展（温锐和范博，2013）。然而近年来，传统"小农经济"的概念问题遭到众多学者的质疑。在过去的一百多年，小农经济长期被"静止"并被贬斥为没有分工与不需要科学技术、"自给自足"，被认定为排斥市场与商品经济，只有生产理性，偏好或立足于平均主义追求。经过激烈讨论，众多学者、专家对传统的小农经济达成新的共识，即小农经济总体上与同时代的社会系统有着物质、能量、信息等多方面的互动，在追求发家致富的天性与求生求荣的本能的驱使下，可以也能够与周围环境进行博弈，可理性地调适各种社会关系，形成自我激励机制与较灵活地适应和转化发展的功能（温锐和范博，2013）。也就是说，小农经济并非长期"静止"，它会顺应时代的变化调节自身行为以实现自身的某种诉求。

不同时代、不同地区的农户特征不同，要想建立一个统一的农户类型划分体系是不现实的，但研究特定环境背景下特定区域的各农户类型的特征可以进一步推动现有农户理论的发展。农户行为理论认为农户是土地利用最基本的主体，要研究我国丘陵山区耕地利用生态转型，离不开对农户及其行为的研究，只有抓住农户类型各自的特征，才能挖掘其背后的决策行为，理解其行为发生机理，才能依据宏观目标进行有针对性的调控。

农户作为农民生产生活以及与外界交往的最基本的组织单元，把经济功能和社会功能集于一身，小农家庭所有的行为和目标都要收敛于家庭的需求。判断小农动机与行为要因"户"、因"地"、因"时"、因"需求层次"和"发展阶段"确定。要合理解释小农动机与行为，必须根据小农的需求、所处阶段、面临的约束条件具体分析。

1）划分原则

认识小农要从农户出发，研究小农要从原点出发（徐勇和邓大才，2006）。前者强调要从当今小农的实际着手，不能脱离实际来研究小农；后者强调要从经典理论的局限性着手，不能生搬硬套经典理论解释当今小农（邓大才，2012）。

根据研究区农户的实际情况，按照科学性与合理性、客观性与可操作性相结合的原则以及农户自身的特点，本章在构建农户划分指标体系时遵循以下具体原则。

A. 科学性原则

选择合适的指标必须要在全面、系统、准确地把握农户内涵和实质的基础上，综合考虑研究区农户劳动力配置、生产、消费和需求（效用）等几个层面上的差异的特点。并且确定的指标要避免重复和烦琐，也要减少重要性指标的遗漏。

B. 代表性和对应性原则

指标的选取要结合研究区的实际情况，既要反映出研究区农户劳动力配置、生产、消费和需求（效用）等几个层面上的差异，又要具有很强的代表性和对应性。

C. 可操作性原则

划分农户类型的指标选取既要较为科学、准确、全面，又要从定量的角度观察、记录和量化数据，并且减少难以量化的指标数量，提高划分的可操作性。

2）划分依据

在我国农户类型划分的研究中，以农户的非农收入占总收入的比例作为划分依据是一种常用的划分方法，这是基于我国现阶段市场化程度日渐加深以及城镇化、工业化进程加快的现实背景考虑的，是符合农户分类要求的，并且不少研究

（黄贻芳和钟涨宝，2013；杨志海等，2015；苏艺等，2016）都基于该分类方法进行。根据这种划分依据，没有非农收入的农户常常被划分为纯农户，事实上，没有非农收入应该包含两种情况，一是由于年龄因素无法进入劳动力市场，只有农业收入的情况；二是存在劳动力市场，但仍然以经营农业为收入来源的情况。这两种情况对应的农户在农户劳动力配置、生产、消费和需求（效用）等层面都存在差异，因此应将他们分开考虑。在兼业户划分中，尽管农户非农收入占总收入的比例不同可以反映他们在兼业程度上的差异，但反映不出他们在农户劳动力配置和需求（效用）层面上的本质差异。

结合丘陵山区农户的实际情况，本章依据有无非农就业机会、是否非农就业以及非农就业是否稳定三个层面划分丘陵山区农户（表 4-1）。其中有无非农就业机会主要根据农户成员年龄是否大于或等于 60 周岁来判断，原因是根据我国法律规定的正常退休年龄，公民最迟的退休年龄为年满 60 周岁，也就是说，一般年满 60 周岁的公民，其在劳动能力、身体素质、活动能力和创造力等方面都处于退化阶段，因此他们很难在劳动力市场找到合适的工作，对于经济发展较为落后、务工机会较少的丘陵山区农户更是如此。所以我们首先将农户家庭的全部劳动力年龄大于或等于 60 周岁作为划分老龄化农户和非老龄化农户的依据。

表 4-1　农户类型的划分方法

划分对象	有无非农就业机会	是否非农就业	非农就业是否稳定
丘陵山区农户	无：老龄化农户		
	有：非老龄化农户	否：纯农户	
		是：兼业户	否：非稳定型兼业户
			是：稳定型兼业户

注：该农户类型的划分方法只适用于丘陵山区，平原地区由于经济较发达，非农就业机会多，农户参与市场化程度高，若按照上述依据划分会造成平原地区农户分类出现很大偏差

在非老龄化农户中，根据农户是否非农就业进一步将农户划分为纯农户和兼业户。纯农户主要是指主观上放弃获取非农收入的机会，而将主要精力放在农业经营上的农户。兼业户是指既从事农业生产，又从事务工劳动的农户。

在兼业户中，根据兼业农户的非农就业是否稳定进一步划分，如果农户非农就业是稳定的，则为稳定型兼业户；如果农户非农就业是不稳定的，则为非稳定型兼业户。具体的划分根据务工工种、每年务工时间以及农户对务工稳定性的感知来确定，其中务工工种和每年务工时间是判断的客观指标，两者有一个为稳定型时就可判断为稳定型兼业户；将农户对务工稳定性的感知作为判断的参考指标（详见表 4-2）。

表 4-2　农户类型划分的具体指标

划分依据	划分指标	定义
有无非农就业机会	年龄	调查年农户劳动力年龄（岁）
是否非农就业	非农就业收入	调查年农户非农就业收入（元）
非农就业是否稳定	①务工工种	雇用期较长且相对固定的工种为稳定型；否则为非稳定型
	②每年务工时间	近3年每年务工时间在10个月以上的为稳定型；否则为非稳定型
	③农户对务工稳定性的感知（参考指标）	农户认为自己从事的务工类型是否稳定

注：指标①和指标②为客观判断指标，且指标①、②中有一个能确定农户务工稳定性的，就判断为稳定型兼业户。指标③为参考指标，用于对指标①、②判断结果的加强

需要注意的是，上述农户类型的划分并不是绝对的，例如，我们在实际调研中碰到一个残疾农户，夫妻双方均在50岁左右，无儿无女，由于手脚残疾，行动不便，在外不能得到务工机会，只能在家简单地种一点作物以满足生计需求，在实际的农户划分中，我们将该农户划分到老龄化农户中。诸如此类的情况，我们都是根据实际的农户特征进行划分。但大体上，丘陵山区农户可以按照上述依据进行划分。

本章划分农户的原因主要是希望从异质性视角下基于农户模型分析他们的行为机理，因此，表 4-3 主要从农户模型中影响农户生产行为的基本要素——消费、劳动力配置和需求（效用）几个方面来体现农户之间的差异。

表 4-3　各类型农户差异

农户类型	消费	劳动力配置	需求（效用）
老龄化农户	农产品留作家庭消费为主	无劳动力市场	农业产量/收入，闲暇
纯农户	农产品以市场出售为主	可能存在劳动力雇入	农业收入
稳定型兼业户	农产品留作家庭消费为主	劳动力雇出	农业产量/收入，非农收入，家务时间
非稳定型兼业户	农产品留作家庭消费为主	劳动力雇出	生存

注：非稳定型兼业户由于没有稳定的非农收入，生存是他们最基本的需求

2. 不同类型农户的行为决策模型

1）老龄化农户的行为决策模型

通过对农户的划分，老龄化农户是家庭劳动力均大于或等于60周岁的农户，

他们缺乏劳动力市场，可以选择的生活方式主要有赋闲在家、在家务农等。同时，这一辈农户对土地有浓厚的感情，即使有非农退休收入或来自子女的赡养费，他们在力所能及的情况下也愿意耕种土地。但随着年龄的增大，体力不济，他们期望有一定的闲暇时光，或者因为疾病，需要有休养的时间。一般来说，对于这一类型农户，他们的孩子甚至孙子都已成年，有自己的事业和经济来源，所以这部分农户仅需要考虑自己的生活需求，满足自己的效用即可。该类型农户基本满足查雅诺夫模型的假设，存在一些差异，但也不影响用该模型来解释他们的行为。

现将查雅诺夫模型的基本假设罗列如下：①不存在劳动力市场，即家庭既不雇用外部劳动力，家庭成员也不从家庭之外获取工资收入。②农业产出既可留作家庭消费，也可在市场上出售，农业产出的价值以市场价格衡量。③每个农民家庭都可以根据需要获得耕种的土地。④农户有可接受的最低消费水平。

对于老龄化农户，由于年龄、体力、身体素质的原因，他们很难在市场找到工作，同时由于丘陵山区耕地大多细碎，雇用外部劳动力的成本高，他们也不会花费额外的资本来雇用外部劳动力。因此可以认为他们满足查雅诺夫模型的第一条假设。从调研数据看，这部分农户种植的粮食作物基本上是留作家庭消费，少量农户会将多余的蔬菜放在市场上销售，这里满足查雅诺夫模型的第二条假设。根据我国现行的农村土地承包制度，每户土地在承包期内是不变的，但可以转入、转出。在丘陵山区，土地流转市场不成熟，农户之间的土地流转多为人情流转，但这并不能保证每个农户家庭都可以根据需要获得耕种的土地，土地自由扩大的主要作用在于可以推迟劳动边际收益开始递减的时间，所以这并不影响借助该模型来解释老龄化农户的行为决策。老龄化农户为了满足最基本的生存需求，有可接受的最低消费水平。

基于上述分析，本章在查雅诺夫模型的基础上构建老龄化农户的行为决策模型，该模型包含农民家庭决策中的消费和生产两个方面，生产方面有生产函数，它表示不同劳动力投入水平下的产量，即图 4-2 中的 TPP 曲线。生产函数呈现出劳动边际收益递减的特性。由于产出等同于收入，TPP 曲线又可以看作农户收入曲线。消费方面用无差异曲线 U 表示，表示农户基于家庭特征的考虑，会在消费和闲暇之间进行权衡以使效用达到最大。该模型可表示为

$$\max U = u(h, c, \xi) \tag{4-10}$$

式中，h 表示农户的闲暇时间；c 表示农户所有的消费品；农户基于家庭特征 ξ 的考虑，会在消费和闲暇之间进行权衡以使效用达到最大。农户会根据其他生产要素情况 A，配置农业劳动时间 l 来经营农业，即式（4-11），假定该函数服从凹函数一阶导 $Y_1 > 0$ 和二阶导 $Y_{11} < 0$ 的性质。

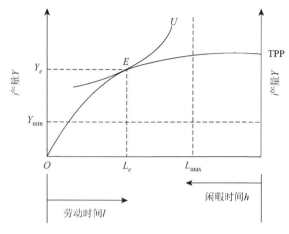

图 4-2　老龄化农户的行为决策模型

对应的约束条件如下，

$$c = Y(l, A) \tag{4-11}$$

$$T = l + h \tag{4-12}$$

$$l \leqslant L_{\max} \tag{4-13}$$

其中，式（4-12）表示老龄化农户的时间分配，l 表示农业劳动时间，h 表示闲暇时间，T 表示总的劳动力禀赋情况；式（4-13）表示老龄化农户的农业劳动时间 l 应小于农户能够提供的最大劳动量 $L_{\max}$。

老龄化农户的行为决策模型如图 4-2 所示。在图 4-2 中包含两条曲线，一条是生产函数曲线，即图中的 TPP 曲线，另一条是农户的效用函数曲线，即图中的无差异曲线 U。图中 $Y_{\min}$ 为老龄化农户可接受的最低消费水平。横轴表示农户的时间，从左向右表示农户的劳动时间（l），从右向左表示农户的闲暇时间（h）。在短期生产技术条件不变的前提下，农户的均衡点是生产函数曲线（TPP）与最高可能的无差异曲线（U）的切点，即图中的 E 点，对应的劳动时间在 L_e，收入或产量水平为 Y_e。此时的劳动边际产量等于农户家庭主观效用，家庭主观效用即家庭对减少一天闲暇要求补偿的收入量。

2）纯农户的行为决策模型

本章中纯农户是指农户劳动力年龄在 60 周岁以下，农业收入是主要收入来源，农业生产方式以种植或种植加养殖的模式为主的农户。这里注意区分纯农户与有时没有打到零工的非稳定型兼业户，前者主要将他们的劳动重心放在农业生产上，而后者靠仅有的耕地谋得生存，期望能在其他方面获取货币收入，但客观条件让他们没有实现打零工的愿望。因此，本章纯农户的行为决策接近于舒尔茨的理性小农，新古典农业生产经济学认为农业生产者能够改变农业投入和产出的水平和类别。农业投入和产出之间有三类关系值得关注：①不同产出水平对应着不同投入水平；②生产特定产出所需要的两种或多种投入之间的不同组合；③一定的农业资源投入可以获得不同的产出。农业生产的这三重关系要具有分析的意义，就得把它们放到农户家庭目标和其面临的资源约束框架内。对于丘陵山区的农户，最主要的目标可能是有稳定的长期收入、家庭食物保障、特定消费偏好的实现等，存在的最主要的限制是农户的耕地面积、耕地的连片程度以及机械化是否可行等。这里我们将它们简化，忽略农业家庭的消费，仅探讨短期利润最大化这一单一目标，农户家庭只有一个农业决策者，排除农户的非农业生产活动。这一情形下的生产函数为

$$Y = f(X_1, X_2, \cdots, X_n) \tag{4-14}$$

式中，$X_1, X_2, \cdots, X_n$ 表示可变投入。生产函数 Y 要具有经济学意义，它的各种方程形式必须满足两个条件：边际物质产品应当是正数，并且应当是递减的。为了满足这两个条件，生产函数方程就应该具有一阶导 $Y_1 > 0$ 和二阶导 $Y_{11} < 0$ 的性质。

图 4-3 中包含两条曲线，一条为农业产品的生产函数曲线 TVP，另一条为位移了的总要素成本曲线 TFC，它们的切点为 E，表示边际价值产品等于投入要素价格。在 E 点的均衡条件满足 $\mathrm{MVP}_X = \mathrm{MPP}_X \times P_Y$，即投入的边际收益等于边际产品乘以产出价格。

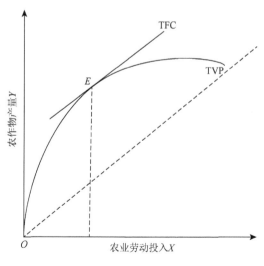

图 4-3　纯农户的行为决策模型

3）稳定型兼业户的行为决策模型

对于劳动力年龄小于 60 周岁且有非农收入的农户，这部分农户常常要承担起

上有老下有小的家庭责任，在经济社会转型的过程中，农户生产、生活及交往的各个环节、各个领域的社会化程度都迅速提高（徐勇和邓大才，2006）。不同的是，有的农户由于区域发展因素或自身的人力资本（一技之长等）能够谋得一份稳定的非农收入，但有些农户则可能只靠打零工来获得非农收入。正是这种差别的存在，导致这两种农户的行为目标存在差异。

稳定型兼业户是指农户家庭劳动力年龄小于 60 周岁，且家中有稳定的非农收入的农户。因为年龄小于 60 周岁，所以这里与查雅诺夫农户模型最大的区别在于存在竞争性劳动力市场。假如一个农户能够根据市场工资，从外部雇人到自己的田地干活，或者农户自己的劳动力能够根据市场工资外出从事非农工作，就意味着农户的时间有了机会成本，理性的农户在决策时必须考虑工资成本线。将劳动力市场引入，农户的时间分配就不再是农业劳动时间与闲暇时间的权衡，贝克将农户时间分为闲暇时间、农业劳动时间和非农劳动时间，并假定农户时间配置服从家庭效用最大化原则，以此建立现代农户经济分析的初步框架。Barnum 和 Squire（1979）认为农户会对家庭变量（如家庭规模和结构）与市场变量（如农产品价格、投入价格、工资、技术等）的变化做出反应，在新家庭经济学的基础上建立了巴鲁姆-斯奎尔农户模型，该模型的假设条件如下：①存在劳动力市场，农户可以根据给定的市场工资权衡时间分配，也可以根据给定的市场工资选择雇入或雇出劳动；②农户可用的耕地面积既定，短期内不会改变；③闲暇时间包含农户用于户内活动的家庭事务时间；④农户可以出售部分农产品以便购买非农消费品；⑤不考虑不确定性，也不考虑农户的风险行为。需要注意的是农户家庭一般包含家庭事务（即家庭内部的非农劳动）、农业劳动以及非农务工劳动等多种形式的劳动，其中家庭事务包括维持家庭日常生活的大量劳动，如食物的加工和预备、家庭自用的禽畜饲养、挑水、劈柴、看护孩子、照看老人等，这些都是为了满足自身消费需要而必须付出的劳动，新古典经济学将这类在家庭内生产并直接用于家庭消费（而不是用于市场交换）的商品和服务称为 Z 商品，其具有使用价值，而不具有价值的含义。

稳定型兼业户基本满足上述模型的假设的条件，存在劳动力市场，短期内耕地面积既定，农户可以出售农产品用于购买其他非农消费品。在第 8 章中，丘陵山区农户的人均耕地少，机械化程度极低，几乎所有农户自家耕田由自家劳动力进行耕作，所以这里仅考虑农户将部分或全部劳动力用于外出务工的情况。

稳定型兼业户的基本模型如下，

$$\max U = u(c, l, \xi) \tag{4-15}$$

式中，c 表示所有的消费品；l 表示包含了生产 Z 商品的农户闲暇时间；农户基于家庭特征 ξ 的考虑，会在消费和闲暇之间进行权衡以使效用达到最大。农户会根据其他生产要素情况 A，分配家庭劳动力 L 来经营农业，假定该函数服从凹函数一阶导和二阶导的性质。根据务工工资率 w 来分配劳动 L^0 来从事非农工作，T 为总的劳动力禀赋情况，在实际调研中绝大部分农户都没有雇用农业劳动力的情况，这里不考虑农业劳动力雇用的情况。因此，农户的预算约束条件如下：

$$c = Y(L, A) + wL^0 c \tag{4-16}$$

$$T = l + L + L^0 \tag{4-17}$$

图 4-4 中有三条曲线，第一条是农业产量的生产曲线 TPP，第二条是无差异曲线 U，第三条就是位移了的工资成本线 W。在图中，农户准备投入农业劳动的时间是 L，农户为了享有更多一小时的闲暇时间而愿意牺牲的收入（即 $\mathrm{d}Y / \mathrm{d}l$）等于市场工资，也就是图中无差异曲线和工资成本线的切点 B，工资成本线与生产曲线的切点 E 表示农业生产的劳动边际产品等于市场工资，E 点对应的农业产量为 C，B、Q、C、E、L_1、L_2 组成的多边形表示农户的非农务工收入。

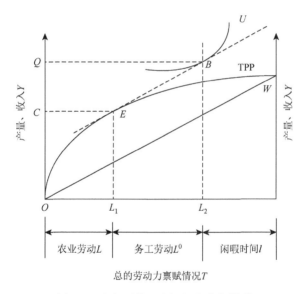

图 4-4　稳定型兼业户的行为决策模型

由效用函数、生产函数、时间约束条件和收入约束条件构建拉格朗日函数，可以求得该模型的均衡条件是：①劳动的边际产品（MVP_L）等于务工工资率（w），其他可变投入的边际产品（MVP_V）等于其平均价格（v）；②效用函数中任两个变量之间的边际替代率等于它们之间的价格比。

4）非稳定型兼业户的行为决策模型

非稳定型兼业户是指农业劳动力年龄小于 60 周岁，且家中无稳定的非农收入的农户。无稳定的非农收入是指农户成员因区域经济因素或自身人力资源不足找不到稳定的非农工作，仅靠在劳动力市场找些零工来满足其对货币的需求。短期务工存在非常大的不确定性和不稳定性，受天气、市场需求的影响很大。农户经济理论中有一种新型的理论称为风险厌恶理论，指的是在降低风险的成本与收益的权衡过程中，厌恶风险的农户往往会在相同的成本下更倾向于做出低风险的选择（郑兴明和吴锦程，2013）。也就是说，在非农收入存在不确定性的情况下，农业生产往往成了农户的生存底线，在外短期务工的收入则用来满足农户日常对货币的需求。这种类型的农户在以往的农户理论研究中都没有提到，在目前流行的按非农收入比重划分的农户类型中，他们常常与有稳定非农收入的农户一并被划分到兼业户中，但实质上，这两类农户在家庭目标和行为决策方面有本质的差别。由于没有稳定的非农收入，其工资成本线就是不确定的，当工资成本线不确定时，农户家庭的效用最大化的均衡点就无法保证。但由于可用的劳动时间（农业劳动、非农业劳动以及家务时间）是既定的，非稳定型兼业户会优先将劳动时间分配在自家农业生产上，在解决温饱的情况下再考虑满足家庭其他效用的问题。因此非稳定型兼业户首要考虑的是生存问题，在农业生产方面，其生产函数如下，

$$Y = A + BL - CL^2 \tag{4-18}$$

式（4-18）满足边际劳动产品是正数且是递减的，即生产函数方程具有一阶导 $Y_1 > 0$ 和二阶导 $Y_{11} < 0$ 的性质。

该农户模型的生产函数如图 4-5 所示。

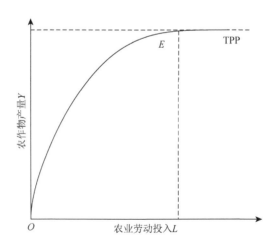

图 4-5　非稳定型兼业户的行为决策模型

图 4-5 描述了其他农业投入要素不变的情况下，农业劳动投入与农作物产量的关系的生产函数，实际上农作物产量还与化肥、农药、灌溉水等其他要素投入量密切相关。因此，本章仅考虑该类农户农业劳动投入与农作物产量的关系，它的均衡点在产量的最高处 E，即农业劳动边际产量等于 0，如图 4-5 中 E 点所示，但超过

E 点的 TPP 曲线为水平直线,是因为一般来说,劳动投入与其他要素投入诸如化肥、农药不同,当劳动投入量达到一定程度时,农作物产量达到最大值,但继续增加劳动投入量,农作物产量并不会继续增加,也不会减少。此处需要注意的是,也许会有人提出:化肥、农药的价格变化不会对农户的生产决策产生影响吗?实际上,对非稳定型兼业户来说,自产自用的农作物更类似于消费品,而且是必需消费品,对于维持生活具有重大意义,因此,只要化肥、农药等投入要素不出现极端昂贵的价格,农户都会按以往经验的用量投入化肥、农药等来保证产量。

4.2.2　不同类型农户耕地撂荒机理分析

1. 老龄化农户自发型耕地撂荒行为机理分析

在老龄化农户模型中,农户家庭的效用取决于闲暇时间和农业产量/收入,其中农业产量/收入离不开农业劳动的投入,要分析老龄化农户的撂荒行为机理,可以从他们的农业劳动投入时间着手。在丘陵山区,人均耕地面积少,耕地细碎化程度高,农地流转市场不完善,机械化程度低,当必要农业劳动投入时间逐渐减少时,我们认为耕地会经历集约化利用到粗放化利用再到撂荒的过程。根据老龄化农户的行为决策模型可知,农户的总时间是既定的,农业劳动投入时间的减少必然是由闲暇时间的增多导致的,对老龄化农户来说,随着年龄的增大,体力下降,疾病增多,需要的闲暇时间增多,那么耕地撂荒的概率就会增加。

具体的模型验证过程如下,

$$\max U = u(h, c, \xi) \tag{4-19}$$

式中,h 表示农户的闲暇时间;c 表示农户所有的消费品;农户基于家庭特征 ξ 的考虑,会在消费和闲暇之间进行权衡以使效用达到最大。农户会根据其他生产要素情况 A',配置农业劳动时间 l 在面积为 a 的耕地上经营农业,假定该函数服从凹函数一阶导和二阶导的性质。对应的约束条件如下,

$$c = Y(l, a; A') \tag{4-20}$$

$$T = l + h \tag{4-21}$$

$$l \leqslant L_{\max} \tag{4-22}$$

式中,T 表示总的劳动力禀赋情况。由 $Y_l > 0$ 可知,$\partial Y / \partial a > 0$,$\partial Y / \partial l > 0$,而 $l = T - h$,所以 $\partial Y / \partial h < 0$。由此可以得出 $\partial a / \partial h < 0$,即闲暇时间 h 增加会导致耕种面积 a 减少。

模型演化过程如图 4-6 所示。

从图 4-6 可知,模型中原均衡点在 E 处,对应的农业劳动投入时间为 L_e,产量、收入为 Y_e,对应的效用为 U_1。当农户需要更多的闲暇时间时,对应的农业劳

动投入时间就会减少，即农业劳动投入时间 L_e 向左移至 L_e' 点，此时对应的产量、收入为 Y_e'，最大效用为 U_2。随着必要农业劳动投入时间的减少，耕地利用就会经历从集约到粗放再到撂荒的过程。在这个过程中，农户应该是优先粗放利用或者撂荒离家远、灌溉条件不利、耕地质量差的耕地。此外，当老龄化农户年龄增长到无劳动能力或因为重大疾病无法保证最低的农业劳动投入时间（ $L_{\min}$ ）时，老龄化农户可能会完全撂荒耕地，同时该农户的基本生存也很难保证，对这类群体，应及时关注。

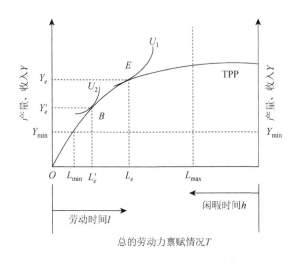

图 4-6　老龄化农户的耕地撂荒行为机理

　　根据上述老龄化农户撂荒行为机理的分析，提出丘陵山区老龄化农户耕地撂荒行为假说：随着年龄的增大，撂荒发生的概率就会增加，其撂荒的过程是优先撂荒耕地质量差、灌溉条件劣、离家远的耕地。

　　2. 纯农户自发型耕地撂荒行为机理分析

　　根据前文对纯农户的描述，我们知道本书中的纯农户近似于理性小农，显然，理性小农的行为动机是追求利润最大化，在农业生产中，追求利润最大化的条件是边际价值产品等于投入要素价格。然而，这一模型能合理解释农户行为决策的前提假设之一是土地质量是均一的，实际上，从我国农村实行家庭联产承包责任制以来，为了体现公平，都是将土地按质量的好、中、差平均分给农户，一方面导致农户承包的土地是分散细碎的，另一方面使得每户都有好田（地）、差田（地）。所以，对于纯农户来说，他们耕种的田地也有好差之别。因此，我们需要对原有的生产函数模型进行修改，具体见图 4-7。

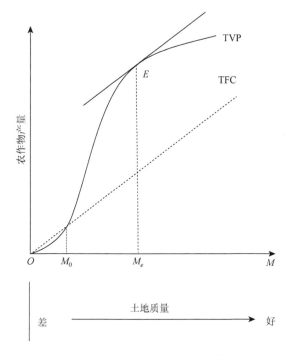

图 4-7 纯农户的农业生产函数模型

根据图 4-7，模型中的 X 轴包含两层含义，一是从 O 到 M 依次是耕地面积；二是从左往右代表土地质量从差到好，所以此模型中的 M（包括 M_0、M_e，以及后文中的 M_0'、M_e'）都包含了数量和质量两层含义。在其他生产条件既定的情况下，在 M_0 以前，随着质量好的耕地面积的增加，其边际收入是递增的（此时，耕地面积较小，耕种的监管成本忽略不计），但在 M_0 以前的总收入一直小于总成本，也就是说农户在这些耕地上进行生产时，是会亏损的。因此，纯农户（理性小农）会选择从 M_0 开始生产，最优生产面积在 M_e，当然可能会存在农户自有耕地面积小于 M_e 的情况，此时，在流转条件许可时，农户会租入他人的土地，当流转条件不成熟时，农户则会在自有土地上进行耕种，尽管此时的经济并不是最优的，但是农户在既有条件下获得最大收入。也就是说，在既定的生产条件下，纯农户会优先撂荒对他们来说没有收益的劣质耕地。

事实上，这个模型也可以分析动态情况下的纯农户耕地撂荒机理。由于我们的调研数据只有一个年份，我们不能根据面板数据来实证动态情况下纯农户的耕地撂荒机理。但是我们仍然可以分析这一过程，模型过程见图 4-8。

在图 4-8 中，原生产函数曲线为 TVP，原总成本曲线为 TFC，因此原均衡点在 E 点处，农户撂荒耕地面积为 M_0，用于农业生产的耕地面积为 $M_e - M_0$。当单位产量的成本降低，也就是总成本曲线变得相对平缓一些时，即图中的 TFC′，TFC′

与 TVP 曲线产生新的均衡点 E'，此时农户亏本的阶段在种面积小于 M_0' 的耕地，因此理性小农会将 M_0' 面积的耕地撂荒；经济最优生产面积为 M_e' 处，所以用于农业生产的耕地面积为 $M_e' - M_0'$。当然这里依然会存在农户自有耕地面积小于 M_e' 的情况，此时，在流转条件许可时，农户会租入他人的土地，当流转条件不成熟时，农户则会在自有土地上进行耕种，尽管此时的经济并不是最优的，但是农户在既有条件下获得最大收入。也就是说，从中长期来看，农户受生产要素价格（包括种子、化肥、农药、农膜、灌溉、机械、雇工等）和农产品价格等因素的影响来调整用于农业生产的耕地，及时撂荒边际耕地。

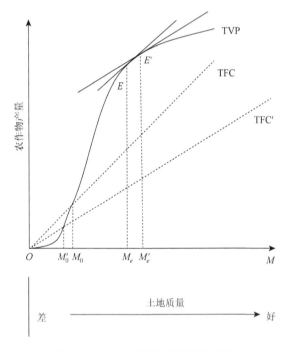

图 4-8　纯农户的耕地撂荒行为机理

通过上述分析，这里提出丘陵山区纯农户耕地撂荒行为假说：丘陵山区纯农户耕地撂荒行为主要受影响农业收入方面的因素影响，也就是说耕地质量差、灌溉条件劣、离家远的边际耕地会被优先撂荒。

3. 稳定型兼业户自发型耕地撂荒行为机理分析

稳定型兼业户的行为决策模型中很重要的一个因素就是市场工资率，市场工资线与可能的最大效用曲线的切点决定了农户获取的最大效用，市场工资线与生产函数曲线的切点决定了农业产量/收入。其中农业产量/收入离不开农业劳动的投入，要分析稳定型兼业户的撂荒行为机理，我们依然从他们的农业劳动投入时间着手。当必要农业劳动投入时间逐渐减少时，我们认为耕地会经历集约化利用到粗放化利用再到撂荒的过程。

具体的模型验证过程如下，

$$\max U = u(c, l, \xi) \tag{4-23}$$

式中，U 表示农户的效用函数；c 表示所有的消费品；l 表示包含了生产 Z 商品的农户的闲暇时间；农户基于家庭特征 ξ 的考虑，会在消费和闲暇之间进行权衡以使效用达到最大。农户会根据其他生产要素情况 A，分配家庭劳动力 L 在面积为 a 的耕地上经营农业，即 $c = Y(L, a; A)$，假定该函数服从凹函数一阶导 $Y_1 > 0$ 和二阶导 $Y_{11} < 0$ 的性质。根据务工工资率 w 分配劳动 L^0 来从事非农工作，T 为总的劳动力禀赋情况，在实际调研中绝大部分农户都没有雇用农业劳动力的情况，这里不考虑农业劳动力雇用的情况。因此，农户的预算约束条件如下，

$$c = Y(L, a; A) + wL^0 \tag{4-24}$$

$$T = l + L + L^0 \tag{4-25}$$

根据农户效用最大化时的选择为最优时间分配，设立以下拉格朗日函数，

$$y = u(c, l, \xi) + \lambda_1 \left[Y(L, a; A) + wL^0 - c \right] + \lambda_2 (T - l - L - L^0) \tag{4-26}$$

对 a、w、L^0 分别求一阶偏导并简化，由 $\partial w / \partial L < 0$ 可得 $\partial a / \partial w < 0$，即务工工资率 w 增加会导致耕种面积 a 减少。

从图 4-9 可知，模型中原生产函数曲线的均衡点在 E，效用最大化均衡点在 E 处，实际工资线为 W，对应的农业劳动时间为 L_T，外出务工的劳动时间为 L^0。当农户的外出务工实际工资增大时，实际工资线变陡，即当实际工资线变为 W' 时，它与生产函数曲线和可能的最大效用曲线的切点就会发生变化，生产函数曲线的均衡点由 E 点变为 E' 点，效用最大化均衡点由 B 点变为 B' 点，对应的农业劳动投入时间变为 L_T'，$L_T' < L_T$，相应的外出务工劳动时间变为 $L^{0'}$。随着必要农业劳动投入时间的减少，耕地利用就会经历从集约化到粗放化再到撂荒的过程，在这一过程中，农户应该是优先粗放利用或者撂荒离家远、灌溉条件不利、土地质量差的劣质耕地，劣质耕地所需劳动力成本高。对应到稳定型兼业户群体来说，实际工资越高，它与农产品价格的比值就越大，其实际工资率越大，实际工资线就越陡，意味着农户花费在农业劳动上的时间就越少，也意味着农户发生撂荒的概率越大。按照目前我国城乡收入比，一般来说，稳定型兼业户的工资与农产品价格的比值会很大，但在实际调研中，稳定型兼业户中存在不少这样的情况：夫妻两人中有一人（通常是男性）常年在外务工（有稳定的非农收入），另一人则在家照顾小孩的起居饮食，额外时间用来务农。但这并不影响用该模型来解释稳定型兼业户的耕地撂荒行为机理。

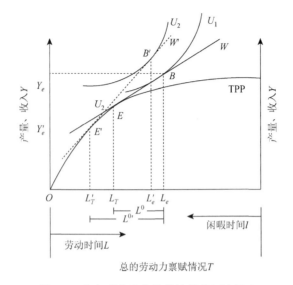

图 4-9　稳定型兼业户的耕地撂荒行为机理

　　通过上述对稳定型兼业户撂荒行为机理的分析，提出如下假说：随着务工工资率的增加，撂荒发生的概率就会增加，其撂荒的过程是优先撂荒耕地质量差、灌溉条件劣、离家远的耕地。

4. 非稳定型兼业户自发型耕地撂荒行为机理分析

　　从经济层面划分农户需求，可以分为三个层次：第一个层次是生存需求，第二个层次是货币需求，第三个层次是利润需求（徐勇和邓大才，2006）。这里第二个层次的货币需求应该是指在社会化大环境下农户通过对货币的追求来满足其家庭的效用，如子女读书、父母治病、购买消费品来提高生活质量等。但非稳定型兼业户由于没有稳定的非农收入，在规避风险的心理作用下，他们首要考虑的是生存问题，即第一层次的生存需求，基本上能保障他们生存安全的就是承包的耕地，为此，他们会投入必要的劳动时间在农业生产上。在保证了农业生产的前提下，剩余的劳动时间则为务工时间、家务时间和闲暇时间的总和。所以，本书认为丘陵山区的非稳定型兼业户不会轻易做出撂荒的决定。也许这里会有人质疑，如果非稳定型兼业户的耕地面积较多，多到在满足家庭自用的情况下还有很多剩余，这样的农户会撂荒吗？事实上也不会，原因是研究区（丘陵山区）人多地少，常常会有干旱、雨涝等灾害，农户在收成好的年份常常会把剩余粮食留作库存以作为年景差的年份的粮食补充，也是保障其生存安全的一个重要部分，如图 4-10 所示。

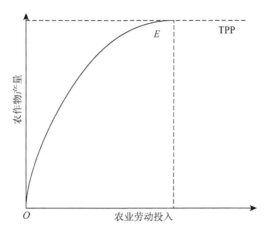

图 4-10 非稳定性兼业户的耕地撂荒行为机理

根据上述分析，提出如下假说：丘陵山区非稳定型兼业户为保障生存需求，在自发的情况下不会对耕地进行撂荒。

4.2.3 非农就业对耕地撂荒的机理分析

耕地粗放化表现为生产要素投入强度的下降和土地利用类型的转变，其根源是土地边际化。随着投入成本的增加，零租金会出现在收益不足以支付费用的时候。土地边际化是一种受社会经济、政治和环境等因素综合驱动作用的过程，一种在现有的土地利用和社会经济结构的条件下，土地变得不再具有经济生产能力的过程（黄利民等，2008）。一般来说，土地边际化可以分为自然边际化和经济边际化两种类型（Zhang et al.，2020）（图 4-11）。具体来说，前者是指地理位置不佳和土壤条件差的农田失去经济生产能力，导致边际净收益小于或等于零。这一现象与当地自然和社会环境密切相关，并且在偏远山区中广泛存在。另外，经济边际化虽然也指土地不具备经济生产能力，但引起经济产出能力下降的原因主要是市场供求、制度政策和人口流动等。虽然这些土地拥有较好的耕作条件，却仍被农户闲置撂荒，陷入生产力下降或暂时消失的状态，但通过增加额外投入可以提高其边际产量，从而使其重新进入农业生产。例如，劳动力成本和非农收入增加，破坏了传统的农业活动，导致土地撂荒。这些变化是由社会经济因素造成的，而不是由土地的固有属性引起的。

非农就业对耕地撂荒的影响机制是复杂的（Xu et al.，2019；Lu，2020），通过对非农就业与农地流转、非农就业与农地投入的相关文献进行梳理，在目前中国小农经济背景下，本章认为非农就业主要通过劳动力流失和收入增加效应来综合影响农户耕地撂荒决策行为。

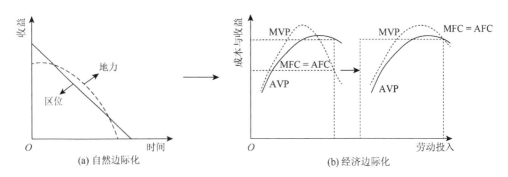

图 4-11　土地边际化模式

（1）非农就业会通过劳动力流失效应来影响耕地撂荒。从生产规模来看，中国农业毫无疑问属于小农经营（钱龙和洪名勇，2016）。2019 年，中国农户户均耕地经营规模约为 0.52 公顷（7.8 亩），远低于世界银行公布的小农户标准（小于 2 公顷）。然而，全国共有梯田总面积为 1861 万公顷（合 2.8 亿亩），占全国耕地的 14.6%。与其他平缓地带的农业生产相比，梯田农业生产种植的成本更高，所需劳动力投入也较高。例如，江西省崇义客家梯田的形成展现了农民为缓解人口压力，改造山地以扩大耕地面积。起初，由于山区梯田面积的有限性，以及非农就业机会的稀缺性，为了维持生计，梯田区农户通常会进行自我剥削（钱龙和洪名勇，2016），投入较高的劳动力来改良梯田，使得梯田在农业内卷化过程中得到精耕细作，成为山区优质的耕地资源。然而，农业劳动力的适度流失，有助于缓解由农业内卷化引起的土地过度集约利用（钱龙和洪名勇，2016）。但是，当农业劳动力过度流失时，梯田可能因劳动力短缺而得不到充分利用，从而出现闲置撂荒情况（Lu，2020）。

（2）非农就业能够通过收入增加效应来影响耕地撂荒（Gartaula et al.，2012）。当家庭部分成员进入非农产业后，为了适应耕地农业生产中劳动力投入的下降，农户有可能会减少劳动密集型投入，转而增加资本密集型投入，以稳定农业产出（Zhang et al.，2020）。另外，家庭成员非农就业通常能提升家庭的整体收入水平，从而购买更多的生产要素，如良种、化肥、农药、农膜和农业机械等（DeFries and Rosenzweig，2010）。但农户增加资本密集型投入的前提是家庭汇款收入被优先用于农业生产投资（钱龙和洪名勇，2016）。已有部分研究支持农户家庭成员非农就业虽减少了农业劳动力，但汇款收入的增加促进农户采用劳动力节约型农业技术，以弥补因劳动力流失引起的农业产出下降。但是，也有研究表明，农户并没有增加可以替代劳动力的其他生产要素的购买，反而非农收入多被用于与农业生产无关的其他活动当中，如住房、教育、食品、耐用品和娱乐性消费。其中，可能的原因是家庭拥有的土地规模过小，农户在无法获得规模经济的预期下，更愿意将汇款收入用于改善家庭留守成员的生活水平。因此，收入增加所产生的效应能否减缓耕地撂荒进程仍不确定。

由此可见，农村劳动力迁移是非农就业的一个重要组成部分，与农户耕地利用有着动态联系。总体而言，农村生产方式由自给自足型农业转向农业集约化发展，其对土地规模的需求也会相应发生变化（图 4-12）。在第一阶段，由于严格的城乡户籍制度，切断了农村劳动力向城市迁移，农村劳动力依附于土地，而家庭联产承包责任制进一步加强了农户以小规模自给农业为特征的农业生产经营方式。在第二阶段，农村劳动力向城市迁移，农业劳动力短缺开始出现，农民选择增加除劳动力外的其他生产要素（化肥、农药、农业机械等）的投资来提高农业生产率。在第三阶段，农业劳动力短缺逐步加深，家庭非农收入增加，耕地随着农业技术的使用逐步向新型农业经营主体集中，以解决土地细碎化问题，由此形成集约化与社会化农业。因此，劳动力流失效应促进了边际土地的规模经营和耕地撂荒，而在此过程中收入增加效应可能会缓解耕地撂荒的进程。但是，有研究认为在上述过程中非农就业与耕地撂荒之间可能存在倒"U"形关系。当家庭劳动力非农就业比例低于某一临界值时，农户既没有足够的家庭劳动力来维持现有土地规模的农业生产，也无法依靠非农收入来支付农业生产外包所需的成本。在这种情况下，农户可能会选择撂荒耕地，且对江西和江苏的研究恰好证实了这种情况发生的可能性（Xie et al.，2014）。反之，当家庭劳动力非农就业比例高于某一临界值时，农户有足够的资金来确保现有土地规模下农业生产所需的劳动力资源，或有能力承担农业生产外包的成本。在这种情况下，农户不会轻易撂荒耕地，况且大部分农民工在落户难与生活成本高的压力下很难融入城市社会，最终会向农村回流，而耕地资源恰是确保其生活稳定的最后屏障。

（3）非农就业可能会降低家庭农业收入比重进而促进耕地撂荒。非农就业虽缓解了农户家庭用于农业投资的资金约束，但随着家庭劳动力迁移比例的提升，以及农户农业收入比重的下降，农业会逐步走向兼业化，甚至副业化（钱龙和洪名勇，2016）。随着农业重要性的下降，农户可能会缩小经营面积，只耕种满足家庭所需的口粮田。然而，农村耕地不仅是农户重要的财产，而且具有社会保障功能，农户宁愿让承包地撂荒，也不会轻易放弃承包的耕地（曹志宏等，2008）。即便村集体有权收回长期不种植的土地，并将收回的土地使用权进行重新分配，仍无法防止农户为保留土地使用权而粗放化利用耕地，进而致使耕地陷入隐性撂荒的状态。

（4）非农就业还能够通过改变留守农业劳动力的结构来影响耕地撂荒。农业劳动力的年龄通常被认为是耕地撂荒的重要因素（He et al.，2020）。由于青壮年劳动力在非农领域具有相对优势，为实现家庭收益最大化，其最先从家庭内部中迁移出去（钱龙和洪名勇，2016）。多项调查显示，劳动力流动导致的农业劳动力老年化程度正在加深（韩家彬等，2019）。例如，第七次全国人口普查数据显示，中国 65 岁及以上人口总数为 1.906 亿人，占全国总人口的 13.5%。已有研究表明，老年农户家庭更有可能撂荒耕地，且农业劳动力年龄每增加一岁，耕地撂荒的概率增加 8.5%（He et al.，2020）。

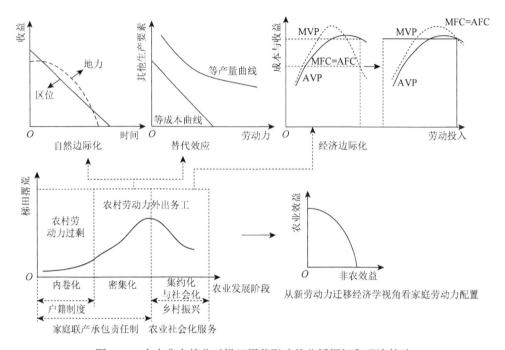

图 4-12　农户非农就业对梯田撂荒影响的分析框架和理论基础

由上述分析可知，非农就业对耕地撂荒的影响既存在正向促进效应，也存在负向影响（图 4-13），但综合效应如何，仍需要进一步的实证验证。

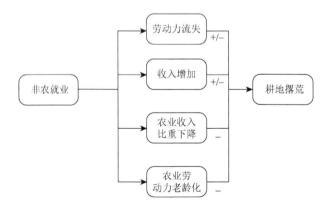

图 4-13　非农就业影响耕地撂荒的机理

"+"表示正向促进，"−"表示负向影响

4.2.4　土地流转对耕地撂荒的机理分析

1. 土地流转与耕地撂荒

早期研究认为，土地流转有助于将土地资源从低生产率农户转移至高生产率农户，从而实现土地资源配置的帕累托改进（Jin and Deininger，2009）。然而，农户家庭参与土地流转属于非随机行为，多受租金和土地财产价值的影响。中国农村实行土地在集体内部的平均分配，随着土地地租下降，部分分散的地块变得不再具有经济生产能力，沦为边际土地。当出租耕地收到的租金高于自我耕种获得的收益时，农户乐于将土地经营权转出，而转入的农户在打破田埂与地块边界制约后，容易形成连片种植规模（张晓恒和周应恒，2019）。此外，无租和私下流转在山区农村也极为普遍。这是因为村委会肩负本村的耕地管理和粮食生产重担，撂荒耕地会给村委会主任留下暗示，表明该农户不需要耕地资源，村集体有权收回并进行重新分配。然而，耕地作为农户家庭重要的财产之一，农户不愿意无偿将承包地交还村集体，更愿意为保留土地财产而将土地流转给熟人耕种。

实际上，土地流转通过降低土地细碎化程度和扩大经营规模来恢复耕地的经济生产能力，这在于规模扩大会对生产成本下降产生积极效应（王亚辉等，2019；王亚辉等，2017）。虽然，土地平均分配保障了集体组织成员的生存权，但也造成了土地分散化和细碎化。土地细碎化不仅增加了生产要素的投入成本和耕种的时间成本，而且较小的地块会阻碍农户投资农业机械、采用新技术，以及进行农田基础设施建设（钱龙和洪名勇，2016），这些均被认为是造成耕地撂荒的重要因素。土地规模扩大则有助于改善上述不利条件，但需要指出的是，土地流转在经营规模和地块规模尺度上对耕地撂荒的作用强度可能有所不同。农户耕地经营规模的扩大不一定伴随地块规模的扩大，只有当农户转入的耕地与自家原有的耕地相连时，才能打破原有地块边界的限制，从而大幅度降低农业的生产成本。

2. 非农就业和土地流转对耕地撂荒的交互影响

基于上述分析，考虑非农就业与土地流转对农户耕地撂荒行为可能存在的交互作用。根据农户家庭模型，农民的生产和经营决策都旨在最大化家庭效用，并考虑风险最小化。因而作为理性的农户家庭，他们将衡量农业与非农产业部门（收入、失业率、机会成本等）之间的差距（Xu et al.，2019），并合理地将劳动力资源分配给农业和非农产业（田传浩和李明坤，2014）。然而，家庭劳动力资源的再配置会改变农户耕地资源的配置行为（图 4-14），特别是在中国政府大力推动土地流转的背景下，非农就业与土地流转之间的相互影响逐渐增强（Wang et al.，2020；田传浩和李明坤，2014）。起初，由于农村土地产权不明晰，家庭劳动力迁移后无力耕种便只能弃耕抛荒或将耕地在熟人之间流转。随着家庭非农就业比例的提升，农业劳动力及劳动时间的投入减少，迫使农民不断减少生产性耕地的面积，但土地确权及土地流转的推进，使得农户有机会将小规模、分散且灌溉条件差的土地转出并获得租金，从而减少家庭抛荒耕地的规模。另外，家庭总收入的增加，使得农户具备追加农业生产性投入的能力，并通过扩大经营规模或地块规模来使经营农业有利可图，以降低非农就业不稳定的风险。但需要指出的是，土地流转也会反过来影响家庭劳动力资源的非农配置。当农户土地流转权利受到限制或土地租赁市场发育缓慢时，农户要么扩大耕地撂荒面积，以满足非农就业的劳动力需求；要么减少家庭劳动力向城市和非农产业转移的比例，以稳定农业生产。相反，活跃的土地租赁市场既能解放家庭的农业劳动力，提升家庭成员非农就业的比例（钱龙和洪名勇，2016），又能在某种程度上减轻耕地撂荒，因为农业劳动力的转移能使原先拥有大量耕地的家庭获得足够多的边际土地（Li et al.，2018）。

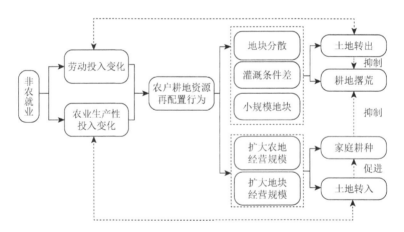

图 4-14　非农就业和土地流转对耕地撂荒交互影响的理论机制

综上所述，在全面回顾现有研究和理论的基础上，本书试图将梯田区资源禀赋约束、农户家庭劳动力配置和梯田撂荒三大主题联系起来，构建一个逻辑自洽的分析框架，关注梯田区农户家庭耕地资源差异和劳动力转移特征对农户撂荒决策的影响，分析农户个体差异中哪些是影响农户撂荒决策的主要因素，又在多大程度上影响农户撂荒决策。本书关于农户尺度梯田撂荒的理论分析框架如图 4-15 所示。

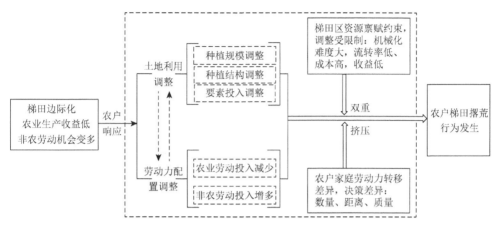

图 4-15　农户尺度梯田撂荒理论分析框架图

4.3　区域尺度耕地撂荒机理

　　耕地系统是一个与外界不断进行物质、能量和信息交换的开放系统，可以将其视为具有一定范围的长、宽、高的有机立体空间，这个有机立体空间由反映耕地自身健康属性的自然本底要素（包括土壤质地、土层厚度、土壤条件、地形地貌等自然因子）和作用在这个立体空间的人文要素（包括技术、耕作制度、施肥量）构成，各要素均有其不可取代的地位和作用，它们之间相互关联、相互依存和相互制约，形成了具有特定功能的有机整体。

　　耕地系统的长、宽由耕地规模决定，高度由种植作物的种类和耕层厚度决定。耕地系统这一具有长、宽、高的有机立体空间，同时又受系统外部周围环境的影响，与垂直方向、水平方向因子共同形成一个微生态环境。其中，垂直方向上，耕地系统受上方光照、温度、降水条件等影响，同时受下方地下水位、障碍层厚度、地质构造等影响。这里垂直方向上层至对流层，下层至土壤母质层，垂直方向上、下层高度均为与耕地系统有直接联系的范围，与耕地系统无直接联系的垂直方向即对流层以上的地上层（如高空气候）、耕地土壤母质层以下的地下层（如深层岩石）不包括在垂直方向的范围内。水平方向上，耕地系统与周围物理空间（如不同土地利用类型）共生，同时又与其所在地域的自然生态及社会经济发展等因素共存，它们进行物质能量和信息交换并形成微生态空间。耕地系统的特性和功能取决于全部组成要素的综合作用（苏浩和吴次芳，2021）。作为耕地系统利用方式的变化之一，耕地撂荒是人类正反面活动累积的结果，即在这一具有一定范围的长、宽、高的立体空间内的所有要素（物理空间、自然生态和社会经济等）综合作用的结果（图 4-16）。

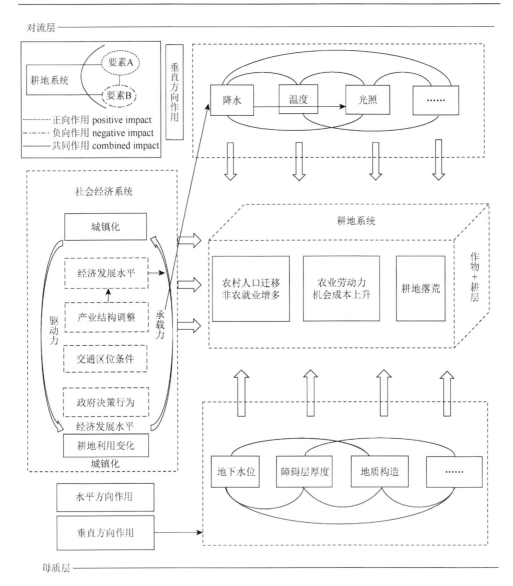

图 4-16 　区域尺度耕地撂荒机理

4.3.1 　垂直方向作用对耕地撂荒的影响机理

　　垂直方向作用于耕地系统的因素主要由反映耕地自身健康属性的自然本底要素（如降水、温度、土壤质地、土层厚度等）构成。优良的自然本底要素有利于耕地生产，可以降低耕地撂荒发生的概率；相反，恶劣的自然本底要素构成耕地生产的客观障碍，导致较高的耕地生产成本和较低的农业产量，促进耕地撂荒的发生。

由于耕地的投入产出遵循边际收益递减规律，即在劳动力数量限制下，当耕地面积达到一定数量后，每追加一单位耕地投入所带来的边际产出将下降。垂直方向作用于耕地系统的自然本底要素的优劣程度使得农户对每块耕地具有不同的收益预期。因此，理性农户将根据地块种植的便利程度和预期收益，按耕地自然本底要素由优到劣的顺序有选择地投入耕地。自然本底要素较劣的耕地，如降水或温度条件不足，其边际收益将以更大的幅度递减。

垂直方向自然本底要素对耕地撂荒的影响如图 4-17 所示，坐标横轴代表耕地面积，靠近原点的耕地代表自然本底要素优良的耕地，耕地自然本底要素由左到右逐渐趋向劣质。纵轴代表耕地收益，曲线 TR、AR、MR 依次代表耕地总收益、平均收益、边际收益。面对具有异质性自然本底要素的耕地，首先，农户将种植 OQ_1 这部分自然本底要素最优的耕地，因为这部分耕地具有较好的温度、土壤或降水条件，其边际收益 MR 递增且高于平均收益 AR，农户将集约利用这部分耕地。其次，农户可能会种植 Q_1Q 这部分自然本底要素次优的耕地，虽然与耕地 OQ_1 相比，这部分耕地的边际收益 MR 小于平均收益 AR 且以更大的幅度下降，但种植这部分耕地的边际收益大于零，依然有利可图，可以增加耕地种植的总收益，因此 Q_1Q 是农户的次优选择，但可能出现粗放经营、减少复种指数等隐性撂荒甚至完全撂荒的现象。最后，面积在 Q 以上的耕地自然本底要素较劣质，边际收益小于零，不具备经济价值，理性农户会将其撂荒（陈倩茹和谢花林，2020；定光平等，2009）。

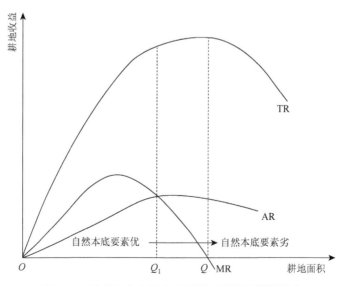

图 4-17　垂直方向自然本底要素对耕地撂荒的影响

4.3.2　水平方向作用对耕地撂荒的影响机理

水平方向作用于耕地系统尤其是耕地撂荒的因素主要是以城镇化为代表的社会经济因素。在 1975 年经济社会发展初期，区域的人口和经济规模呈指数增长，但受制于自然系统不能无限满足社会经济发展的需求，发展到一定程度后，自然系统会对社会经济发展产生一个负反馈，从而发展成为城镇"S"形曲线（Seidl and Tisdell，1999）。基于改进的城镇化水平"S"形曲线，将人口城镇化发展阶段分为初期、发展、稳定三个阶段，人口城镇化水平与耕地利用面积之间的耦合关系如图 4-18 所示（陈彦光和周一星，2005；李智礼等，2020）。

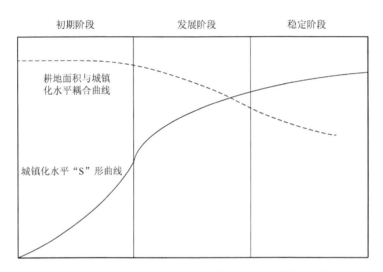

图 4-18　人口城镇化水平与耕地利用面积之间的耦合关系

随着城镇化水平的提高，城市群不断扩张，耕地撂荒加剧，耕地面积持续减少，可用多项式曲线模型对人口城镇化水平与耕地利用面积的变化进行拟合，

$$Y = a_1 X^n + a_2 X^{n-1} + \cdots + a_n X + c \qquad (4\text{-}27)$$

式中，X 表示人口城镇化率；Y 表示耕地面积；a_i 表示系数；c 表示修正参数；n 表示多项式拟合的次方数。

在城镇化进程中，大量农村劳动力向城市转移，农村劳动力的锐减、城市群人口的快速增长使得农业劳动力的机会成本上升，耕地生产成本上升、收益下降，劣质耕地最早发生边际化进而被撂荒，当劳动力的机会成本高于优质耕地的耕作收益时，农村劳动力进一步流出，当优质耕地的劳动力需求无法得到满足时，优质耕地也将被撂荒。

参 考 文 献

艾利思. 2006. 农民经济学：农民家庭农业和农业发展[M]. 胡景北, 译. 上海：上海人民出版社.

卜范达, 韩喜平. 2003. "农户经营"内涵的探析[J]. 当代经济研究, （9）：37-41.

蔡昉. 2001. 劳动力迁移的两个过程及其制度障碍[J]. 社会学研究, （4）：44-51.

蔡昉. 2018. 农业劳动力转移潜力耗尽了吗？[J]. 中国农村经济, （9）：2-13.

曹志宏, 郝晋珉, 梁流涛. 2008. 农户耕地撂荒行为经济分析与策略研究[J]. 农业技术经济, （3）：43-46.

陈蝶, 卫伟, 陈利顶, 等. 2016. 梯田生态系统服务与管理研究进展[J]. 山地学报, 34（3）：374-384.

陈恩, 于绯. 2013. 马克思主义经济学与西方经济学劳动力迁移理论的比较[J]. 贵州社会科学, （8）：108-113.

陈浩. 2007. 人力资本与农村劳动力非农就业问题研究[D]. 南京：南京农业大学.

陈磊, 李占斌, 李鹏, 等. 2014. 黄土高原沟壑区水土保持治理措施的土壤质量综合评价[J]. 陕西农业科学, 60（6）：
    29-32.

陈美球, 邓爱珍, 周丙娟, 等. 2007. 资源禀赋对农户耕地保护意愿的实证分析[J]. 农村经济, （6）：28-31.

陈倩茹, 谢花林. 2020. 农户耕地撂荒行为机理分析：基于计划行为理论[M]. 北京：经济管理出版社.

陈强. 2014. 高级计量经济学及 Stata 应用[M]. 2 版. 北京：高等教育出版社.

陈帷胜, 冯秀丽, 马仁锋, 等. 2016. 耕地破碎度评价方法与实证研究：以浙江省宁波市为例[J]. 中国土地科学,
    30（5）：80-87.

陈晓红, 汪朝霞. 2007. 苏州农户兼业行为的因素分析[J]. 中国农村经济, （4）：25-31.

陈彦光, 周一星. 2005. 城市化 Logistic 过程的阶段划分及其空间解释：对 Northam 曲线的修正与发展[J]. 经济地
    理, （6）：817-822.

邓大才. 2012. 社会化小农：一个尝试的分析框架：兼论中国农村研究的分析框架[J]. 社会科学研究, （4）：89-96.

定光平, 刘成武, 黄利民. 2009. 惠农政策下丘陵山区农地边际化的理论分析与实证：以湖北省通城县为例[J]. 地
    理研究, 28（1）：109-117.

葛霖, 高明, 胡正峰, 等. 2012. 基于农户视角的山区耕地撂荒原因分析[J]. 中国农业资源与区划, 33（4）：42-46.

韩家彬, 刘淑云, 张书凤, 等. 2019. 农业劳动力老龄化对土地规模经营的影响[J]. 资源科学, 41（12）：2284-2295.

黄利民, 张安录, 刘成武. 2008. 农地边际化进程理论和实证研究[J]. 生态经济, （8）：28-32.

黄贻芳, 钟涨宝. 2013. 不同类型农户对宅基地退出的响应：以重庆梁平县为例[J]. 长江流域资源与环境, 22（7）：
    852-857.

李升发, 李秀彬. 2016. 耕地撂荒研究进展与展望[J]. 地理学报, 71（3）：370-389.

李升发, 李秀彬. 2018. 中国山区耕地利用边际化表现及其机理[J]. 地理学报, 73（5）：803-817.

李秀彬, 赵宇鸾. 2011. 森林转型、农地边际化与生态恢复[J]. 中国人口·资源与环境, 21（10）：91-95.

李智礼, 匡文慧, 赵丹丹. 2020. 京津冀城市群人口城镇化与土地利用耦合机理[J]. 经济地理, 40（8）：67-75.

钱龙, 洪名勇. 2016. 非农就业、土地流转与农业生产效率变化：基于 CFPS 的实证分析[J]. 中国农村经济,
    （12）：2-16.

邵景安, 张仕超, 李秀彬. 2014. 山区耕地边际化特征及其动因与政策含义[J]. 地理学报, 69（2）：227-242.

苏浩, 吴次芳. 2021. 东北黑土区耕地系统变化机理[J]. 农业工程学报, 37（6）：243-251.

苏艺, 邓伟, 张继飞, 等. 2016. 尼泊尔中部山区 Melamchi 流域农户类型及其土地利用方式[J]. 农业工程学报,
    32（9）：204-211.

田传浩, 李明坤. 2014. 土地市场发育对劳动力非农就业的影响：基于浙、鄂、陕的经验[J]. 农业技术经济, （8）：
    11-24.

王倩，邱俊杰，余劲. 2019. 移民搬迁是否加剧了山区耕地撂荒？——基于陕南三市 1578 户农户面板数据[J]. 自然资源学报，34（7）：1376-1390.

王亚辉，李秀彬，辛良杰. 2017. 农业劳动力年龄对土地流转的影响研究：来自 CHIP2013 的数据[J]. 资源科学，39（8）：1457-1468.

王亚辉，李秀彬，辛良杰. 2019. 耕地地块细碎程度及其对山区农业生产成本的影响[J]. 自然资源学报，34（12）：2658-2672.

温锐，范博. 2013. 近百年来小农经济理论与实践探索的共识与前沿："小农·农户与中国现代化"学术研讨简论[J]. 中国农村经济，（10）：91-95.

吴郁玲，石汇，王梅，等. 2018. 农村异质性资源禀赋、宅基地使用权确权与农户宅基地流转：理论与来自湖北省的经验[J]. 中国农村经济，（5）：52-67.

徐勇，邓大才. 2006. 社会化小农：解释当今农户的一种视角[J]. 学术月刊，（7）：5-13.

杨志海，王雅鹏，麦尔旦·吐尔孙. 2015. 农户耕地质量保护性投入行为及其影响因素分析：基于兼业分化视角[J]. 中国人口·资源与环境，25（12）：105-112.

张佰林，杨庆媛，严燕，等. 2011. 快速城镇化进程中不同类型农户弃耕特点及原因：基于重庆市十区县 540 户农户调查[J]. 资源科学，33（11）：2047-2054.

张露，罗必良. 2020. 农业减量化：农户经营的规模逻辑及其证据[J]. 中国农村经济，（2）：81-99.

张晓恒，周应恒. 2019. 农户经营规模与效率水平不匹配对水稻生产成本的影响[J]. 中国农村经济，（2）：81-97.

张英，李秀彬，宋伟，等. 2014. 重庆市武隆县农地流转下农业劳动力对耕地撂荒的不同尺度影响[J]. 地理科学进展，33（4）：552-560.

郑兴明，吴锦程. 2013. 基于风险厌恶的农户弃耕撂荒行为及其影响因素分析：以福建省农户调查为例[J]. 东南学术，（1）：89-96.

Aide T M, Grau H R. 2004. Ecology: globalization, migration, and Latin American ecosystems[J]. Science, 305（5692）：1915-1916.

Alix-Garcia J, Kuemmerle T, Radeloff V C. 2012. Prices, land tenure institutions, and geography: a matching analysis of farmland abandonment in post-socialist Eastern Europe[J]. Land Economic, 88（3）：425-443.

Arnaez J, Lasanta T, Errea M P, et al. 2011. Land abandonment, landscape evolution, and soil erosion in a Spanish Mediterranean mountain region: the case of Camero Viejo[J]. Land Degradation & Development, 22（6）：537-550.

Barnum H N, Squire L. 1979. A model of an agricultural household : theory and evidence[R]. World Bank Staff Occasional Papers.

Baumann M, Kuemmerle T, Elbakidze M, et al. 2011. Patterns and drivers of post-socialist farmland abandonment in Western Ukraine[J]. Land Use Policy, 28（3）：552-562.

Bell S, Montarzino A, Aspinall P, et al. 2009. Rural society, social inclusion and landscape change in Central and Eastern Europe: a case study of Latvia[J]. Sociologia Rural, 49（3）：295-326.

Bezu S, Holden S. 2014. Are rural youth in Ethiopia abandoning agriculture?[J]. World Development, 64：259-272.

Bourdieu P. 1986. The Forms of Capital[M]//Richardson J. Handbook of Theory and Research for the Sociology of Education. New York: Greenwood Press: 241-258.

Burkhard B, Kandziora M, Hou Y, et al. 2014. Ecosystem service potentials, flows and demands-concepts for spatial localization, indication and quantification[J]. Landscape Online, 34: 1-32.

Calsamiglia A, García-Comendador J, Fortesa J, et al. 2018. Effects of agricultural drainage systems on sediment connectivity in a small Mediterranean lowland catchment[J]. Geomorphology, 318（1）：162-171.

Caulfeld M, Bouniol J, Fonte S J, et al. 2019. How rural out-migrations drive changes to farm and land management:

a case study from the rural Andes[J]. Land Use Policy，81：594-603.

Chan J C W，Paelinckx D. 2008. Evaluation of random forest and Adaboost tree-based ensemble classification and spectral band selection for ecotope mapping using airborne hyperspectral imagery[J]. Remote Sensing of Environment，112（6）：2999-3011.

Chen B，Qiu Z M，Usio N，et al. 2018. Conservation and contingent valuation of farming landscape amenities by visitors：a case study of terraced paddy fields in central Japan[J]. Paddy and Water Environment，16（4）：561-570.

Coppola A. 2004. An economic perspective on land abandonment processes[R]. AVEC Workshop.

Cutler D R，Edwards Jr T C，Beard K H，et al. 2007. Random forests for classification in ecology[J]. Ecology，88（11）：2783-2792.

DeFries R，Rosenzweig C. 2010. Toward a whole-landscape approach for sustainable land use in the tropics[J]. Proceedings of the National Academy of Sciences of the United States of America，107（46）：19627-19632.

Deininger K，Savastano S，Carletto C. 2012. Land fragmentation，cropland abandonment，and land market operation in Albania[J]. World Development，40（10）：2108-2122.

Deng C X，Zhang G Y，Liu Y J，et al. 2021. Advantages and disadvantages of terracing：a comprehensive review[J]. International Soil and Water Conservation Research，9（3）：344-359.

Deng X，Xu D D，Qi Y B，et al. 2018. Labor off-farm employment and cropland abandonment in rural China：spatial distribution and empirical analysis[J]. International Journal of Environmental Research and Public Health，15（9）：1808.

Deng X Z，Huang J K，Rozelle S，et al. 2006. Cultivated land conversion and potential agricultural productivity in China[J]. Land Use Policy，23（4）：372-384.

Dorren L，Rey F. 2004. A review of the effect of terracing on erosion[R]. Soil Conservation and Protection for Europe.

Eiter S，Potthoff K. 2016. Landscape changes in Norwegian mountains：increased and decreased accessibility，and their driving forces[J]. Land Use Policy，54：235-245.

FAO. 2006. The role of agriculture and rural development in revitalizing abandoned/depopulated areas[C]//Barjolle D，Bravo H. The 34th Session of the European Commission on Agriculture. Riga：Food and Agriculture Organization of the United Nations，1-24.

Fox J，Fujita Y，Ngidang D，et al. 2009. Policies，political-economy，and swidden in southeast Asia[J]. Human Ecology：An Interdisciplinary Journal，37（3）：305-322.

Gartaula H，Niehof A，Visser L. 2012. Shifting perceptions of food security and land in the context of labour out-migration in rural Nepal[J]. Food Security，4（2）：181-194.

Gellrich M，Baur P，Koch B，et al. 2007. Agricultural land abandonment and natural forest re-growth in the Swiss mountains：a spatially explicit economic analysis[J]. Agricultural，Ecosystem & Environment. 118（1/2/3/4）：93-108.

Grinfelde I，Mathijs E. 2004. Agricultural land abandonment in Latvia：an econometric analysis of farmers' choice[R]. Agricultural Economics Society Annual Conference，Imperial College.

Hao H G，Li X B，Xin L J. 2017. Impacts of non-farm employment of rural laborers on agricultural land use：theoretical analysis and its policy implications[J]. Journal of Resources and Ecology，8（6）：595-604.

Harris J R，Todaro M P. 1970. Migration，unemployment and development：a two-sector analysis[J]. The American Economic Review，60（1）：126-142.

He Y F，Xie H L，Peng C Z. 2020. Analyzing the behavioural mechanism of farmland abandonment in the hilly mountainous areas in China from the perspective of farming household diversity[J]. Land Use Policy，99：104826.

Heckman J J. 1979. Sample selection bias as a specification error[J]. Econometric: Journal of the Econometric Society, 47 (1): 153-161.

Ito J, Nishikori M, Toyoshi M, et al. 2016. The contribution of land exchange institutions and markets in countering farmland abandonment in Japan[J]. Land Use Policy, 57: 582-593.

Jepsen M R, Kuemmerle T, Müller D, et al. 2015. Transitions in European land-management regimes between 1800 and 2010[J]. Land Use Policy, 49: 53-64.

Jiang L, Deng X Z, Seto K C. 2012. Multi-level modeling of urban expansion and cultivated land conversion for urban hotspot counties in China[J]. Landscape and urban planning, 108 (2/3/4): 131-139.

Jin S Q, Deininger K. 2009. Land rental markets in the process of rural structural transformation: productivity and equity impacts in China[J]. Journal of Comparative Economics, 37 (4): 629-646.

Katayama N, Baba Y G, Kusumoto Y, et al. 2015. A review of post-war changes in rice farming and biodiversity in Japan[J]. Agricultural Systems, 132: 73-84.

Keenleyside C, Tucker G. 2010. Farmland abandonment in the EU: an assessment of trends and prospects[R]. Institute for European Environmental Policy.

Kizos T, Koulouri M, Vakoufaris H, et al. 2010. Preserving characteristics of the agricultural landscape through agri-environmental policies: the case of cultivation terraces in Greece[J]. Landscape Research, 35 (6): 577-593.

Knight J, Quheng D, Shi L. 2011. The puzzle of migrant labour shortage and rural labour surplus in China[J]. China Economic Review, 22 (4): 585-600.

Kolecka N, Kozak J, Kaim D, et al. 2017. Understanding farmland abandonment in the Polish Carpathians[J]. Applied Geography, 88: 62-72.

Koulouri M, Giourga C. 2007. Land abandonment and slope gradient as key factors of soil erosion in Mediterranean terraced lands[J]. CATENA, 69 (3): 274-281.

Kristensen L S, Thenail C, Kristensen S P. 2004. Landscape changes in agrarian landscapes in the 1990s: the interaction between farmers and the farmed landscape. A case study from Jutland, Denmark[J]. Journal of Environmental Management, 71 (3): 231-244.

Kung J K. 2002. Off-farm labor markets and the emergence of land rental markets in rural China[J]. Journal of Comparative Economics, 30 (2): 395-414.

Lambin E F, Meyfroidt P. 2010. Land-use transitions: socio-ecological feedback versus socio-economic change[J]. Land Use Policy, 27 (2): 108-118.

Lasanta Martínez T, Arnáez-Vadillo J, Ruiz Flaño P, et al. 2013. Agricultural terraces in the Spanish mountains: an abandoned landscape and a potential resource[J]. Boletín de la Asociación de Geógrafos Españoles, 63: 487-491.

Levers C, Schneider M, Prishchepov A V, et al. 2018. Spatial variation in determinants of agricultural land abandonment in Europe[J]. Science of the Total Environment, 644: 95-111.

Lewis W A. 1954. Economic development with unlimited supplies of labour[J]. The Manchester School, 22 (2): 139-191.

Li S F, Li X B. 2019. The mechanism of farmland marginalization in Chinese mountainous areas: evidence from cost and return changes[J]. Journal of Geographical Sciences, 29 (4): 531-548.

Li S F, Li X B, Sun L X, et al. 2018. An estimation of the extent of cropland abandonment in mountainous regions of China[J]. Land Degradation & Development, 29 (5): 1327-1342.

Lichtenberg E, Ding C. 2008. Assessing farmland protection policy in China[J]. Land Use Policy, 25 (1): 59-68.

Lieskovský J, Bezák P, Špulerová J, et al. 2015. The abandonment of traditional agricultural landscape in Slovakia: analysis of extent and driving forces[J]. Journal of Rural Studies, 37: 75-84.

Liu X H, He B L, Li Z X, et al. 2011. Influence of land terracing on agricultural and ecological environment in the loess plateau regions of China[J]. Environmental Earth Sciences, 62: 797-807.

Lorenzen M, Orozco-Ramírez Q, Ramírez-Santiago R, et al. 2020. Migration, socioeconomic transformation, and land-use change in Mexico's Mixteca Alta: lessons for forest transition theory[J]. Land Use Policy, 95: 104580.

Lu C. 2020. Does household laborer migration promote farmland abandonment in China?[J]. Growth and Change, 51 (4): 1804-1836.

Ma W L, Zhu Z K. 2020. A note: reducing cropland abandonment in China-Do agricultural cooperatives play a role?[J]. Journal of Agricultural Economics, 71 (3): 929-935.

MacDonald D, Crabtree J R, Wiesinger G, et al. 2000. Agricultural abandonment in mountain areas of Europe: environmental consequences and policy response[J]. Journal of Environmental Management, 59 (1): 47-69.

Mishra A K, Raggi M, Viaggi D. 2010. Determinants of farm exit: a comparison between Europe and United States[R]. The European Association of Agricultural Economists 114th Seminar.

Modica G, Praticò S, Di Fazio S. 2017. Abandonment of traditional terraced landscape: a change detection approach (a case study in Costa Viola-Calabria, Italy) [J]. Land Degradation & Development, 28 (8): 2608-2622.

Müller D, Kuemmerle T, Rusu M, et al. 2009. Lost in transition: determinants of post-socialist cropland abandonment in Romania[J]. Journal of Land Use Science, 4 (1/2): 109-129.

Müller D, Leitão P J, Sikor T. 2013. Comparing the determinants of cropland abandonment in Albania and Romania using boosted regression trees[J]. Agricultural Systems, 117: 66-77.

Munroe D K, van Berkel D B, Verburg P H, et al. 2013. Alternative trajectories of land abandonment: causes, consequences and research challenges[J]. Current Opinion in Environmental Sustainability, 5 (5): 471-476.

Osawa T, Kohyama K, Mitsuhashi H. 2016. Multiple factors drive regional agricultural abandonment[J]. Science of the Total Environment, 542: 478-483.

Potter C, Lobley M. 1992. Ageing and succession on family farms: the impact on decision-making and land use[J]. Sociologia Ruralis, 32 (2/3): 317-334.

Prishchepov A V, Müller D, Dubinin M, et al. 2013. Determinants of agricultural land abandonment in post-Soviet European Russia[J]. Land Use Policy, 30 (1): 873-884.

Prishchepov A V, Radeloff V C, Baumann M, et al. 2012a. Effects of institutional changes on land use: agricultural land abandonment during the transition from state-command to market-driven economies in post-Soviet Eastern Europe[J]. Environmental Research Letters, 7 (2): 024021.

Prishchepov A V, Radeloff V C, Dubinin M, et al. 2012b. The effect of Landsat ETM/ETM + image acquisition dates on the detection of agricultural land abandonment in Eastern Europe[J]. Remote Sensing of Environment, 126: 195-209.

Qiu Z M, Chen B X, Takemoto K. 2014. Conservation of terraced paddy fields engaged with multiple stakeholders: the case of the Noto GIAHS site in Japan[J]. Paddy and Water Environment, 12 (2): 275-283.

R Core Team. 2009. R: a language and environment for statistical computing. R Foundation for Statistical Computing, Vienna, Austria[J]. Computing, 14: 12-21.

Ramankutty N, Foley J A, Olejniczak N J. 2002. People on the land: changes in global population and croplands during the 20th century[J]. AMBIO: A Journal of the Human Environment, 31 (3): 251-257.

Ranis G, Fei J C H. 1961. A theory of economic development[J]. The American Economic Review, 51: 533-565.

Renwick A, Jansson T, Verburg P H, et al. 2013. Policy reform and agricultural land abandonment in the EU[J]. Land Use Policy, 30 (1): 446-457.

Rhemtulla J M, Mladenoff D J, Clayton M K. 2009. Legacies of historical land use on regional forest composition and structure in Wisconsin, USA (mid-1800s-1930s-2000s) [J]. Ecological. Applications, 19 (4): 1061-1078.

Rudel T K. 2009. Tree farms: driving forces and regional patterns in the global expansion of forest plantations[J]. Land Use Policy, 26 (3): 545-550.

Seidl I, Tisdell C A. 1999. Carrying capacity reconsidered: from Malthus' population theory to cultural carrying capacity[J]. Ecological Economics, 31 (3): 395-408.

Shao J A, Zhang S C, Li X B. 2015. The role of rural farmland transfer in preventing farmland abandonment in the mountainous areas[J]. Acta Geographica Sinica, 70 (4): 636-649.

Shao J A, Zhang S C, Li X B. 2016. Effectiveness of farmland transfer in alleviating farmland abandonment in mountain regions[J]. Journal of Geographical Sciences, 26: 203-218.

Shi T C, Li X B, Xin L J, et al. 2018. The spatial distribution of farmland abandonment and its influential factors at the township level: a case study in the mountainous area of China[J]. Land Use Policy, 70: 510-520.

Sklenicka P, Janovska V, Salek M, et al. 2014. The farmland rental paradox: extreme land ownership fragmentation as a new form of land degradation[J]. Land Use Policy, 38: 587-593.

Sluiter R, de Jong S M. 2007. Spatial patterns of Mediterranean land abandonment and related land cover transitions[J]. Landscape Ecology, 22 (4): 559-576.

Stark O. 1991. Migration in LDCs: risk, remittances, and the family[J]. Finance and Development, 28 (4): 39-41.

Stark O, Bloom D E. 1985. The new economics of labor migration[J]. The American Economic Review, 75 (2): 173-178.

Strijker D. 2005. Marginal lands in Europe: causes of decline[J]. Basic and Applied Ecology, 6 (2): 99-106.

Terres J M, Scacchiafichi L N, Wania A, et al. 2015. Farmland abandonment in Eurpoe: identification of divers and indicators, and development of a composite indicators of risk[J]. Land Use Policy, 49: 20-34.

Todaro M P. 1969. A model of labor migration and urban unemployment in less developed countries[J]. The American Economic Review, 59 (1): 138-148.

Vanwambeke S O, Meyfroidt P, Nikodemus O. 2012. From USSR to EU: 20 years of rural landscape changes in Vidzeme, Latvia[J]. Landscape and Urban Planning, 105 (3): 241-249.

Vidal-Macua J J, Ninyerola M, Zabala A, et al. 2018. Environmental and socioeconomic factors of abandonment of rainfed and irrigated crops in northeast Spain[J]. Applied Geography, 90: 155-174.

Vinogradovs I, Nikodemus O, Elferts D, et al. 2018. Assessment of site-specific drivers of farmland abandonment in mosaic-type landscapes: a case study in Vidzeme, Latvia[J]. Agricultural, Ecosystems & Environment, 253: 113-121.

Vu Q M, Le Q B, Frossard E, et al. 2014. Socio-economic and biophysical determinants of land degradation in Vietnam: an integrated causal analysis at the national level[J]. Land Use Policy, 36: 605-617.

Wang J Y, Xin L J, Wang Y H. 2020. How farmers' non-agricultural employment affects rural land circulation in China?[J]. Journal of Geographical Sciences, 30: 378-400.

Wei W, Chen D, Wang L X, et al. 2016. Global synthesis of the classifications, distributions, benefits and issues of terracing[J]. Earth-Science Reviews, 159: 388-403.

Weissteiner C J, Boschetti M, Böttcher K, et al. 2011. Spatial explicit assessment of rural land abandonment in the Mediterranean area[J]. Global and Planetary Change, 79 (1/2): 20-36.

Xie H L, Wang P, Yao G R. 2014. Exploring the dynamic mechanisms of farmland abandonment based on a spatially explicit economic model for environmental sustainability: a case study in Jiangxi Province, China[J]. Sustainability, 6 (3): 1260-1282.

Xie H L, Wu Q. 2020. Farmers' willingness to leave land fallow from the perspective of heterogeneity: a case : study in ecologically vulnerable areas of Guizhou, China[J]. Land Degradation & Development, 31 (14): 1749-1760.

Xu D D, Deng X, Guo S L, et al. 2019. Labor migration and farmland abandonment in rural China: empirical results and policy implications[J]. Journal of Environmental Management, 232: 738-750.

Xu D D, Guo S L, Xie F T, et al. 2017. The impact of rural laborer migration and household structure on household land use arrangements in mountainous areas of Sichuan Province, China[J]. Habitat International, 70: 72-80.

Yan H M, Liu J Y, Huang H Q, et al. 2009. Assessing the consequence of land use change on agricultural productivity in China[J]. Global and Planetary Change, 67 (1/2): 13-19.

Yan J Z, Yang Z Y, Li Z H, et al. 2016a. Drivers of cropland abandonment in mountainous areas: a household decision model on farming scale in Southwest China[J]. Land Use Policy, 57: 459-469.

Yan J Z, Zhang Y L, Hua X B, et al. 2016b. An explanation of labor migration and grain output growth: findings of a case study in eastern Tibetan Plateau[J]. Journal of Geographical Sciences, 26: 484-500.

Zhang J, Mishra A K, Hirsch S, et al. 2020. Factors affecting farmland rental in rural China: evidence of capitalization of grain subsidy payments[J]. Land Use Policy, 90: 104275.

Zhang J Y, Zhang N, Liu Y X, et al. 2018. Root microbiota shift in rice correlates with resident time in the field and developmental stage[J]. Science China Life Sciences, 61: 613-621.

Zhang Y, Li X B, Song W. 2014. Determinants of cropland abandonment at the parcel, household and village levels in mountain areas of China: a multi-level analysis[J]. Land Use Policy, 41: 186-192.

Zhang Y, Li X B, Song W, et al. 2016. Land abandonment under rural restructuring in China explained from a cost-benefit perspective[J]. Journal of Rural Studies, 47: 524-532.

第5章 地块尺度耕地撂荒实证研究

5.1 引 言

我国梯田不仅历史悠久，而且数量众多，分布范围广。2019 年，全国梯田总面积为 1861 万公顷（合 2.8 亿亩），占全国耕地的 14.6%。除黑龙江、吉林、北京、上海、江苏和澳门外，梯田在其他 28 个省级行政区均有分布，在北方主要以旱作梯田为主，如黄土高原等地的旱作梯田；南方丘陵山地的梯田则以水田为主，如广西龙胜龙脊梯田、湖南新化紫鹊界梯田、江西崇义客家梯田、福建尤溪联合梯田。

然而，梯田这种宝贵的传统农耕系统，如今却面临着迅速瓦解的局面。据统计，2014~2015 年我国山区县的耕地撂荒率为 14.32%（李升发等，2017）。其中坡耕地和旱地首先被撂荒，如 2002~2011 年重庆市石柱县山区撂荒的旱地占撂荒耕地的 83.99%（邵景安等，2014）；2011 年广西龙胜龙脊梯田撂荒面积达 11.13 公顷（邵晖等，2011）；2014 年江西崇义客家梯田的撂荒率甚至高达 39%（缪建群等，2018）。梯田耕作系统作为一个水土联系紧密的整体，集中连片的梯田区若部分出现撂荒垮塌，将会影响整个山坡的梯田系统。

山区梯田撂荒现象愈演愈烈，若任由梯田撂荒继续发展，会对我国山区农村乃至全国的社会经济和生态环境产生深远影响。当前耕地撂荒现象引起了国家的重视。我国农业农村部 2021 年印发的《关于统筹利用撂荒地促进农业生产发展的指导意见》提出，各级农业农村部门要充分认识遏制耕地撂荒的重要性和紧迫性，加强耕地撂荒情况跟踪监测和督促检查，引导农民复耕撂荒地。尽管山区梯田农业相较于平原地区来说存在机械替代困难、农业生产成本高且产量偏低等劣势，但山区梯田农业在粮食生产中的作用和地位不可忽视。因此，有必要对影响山区农户梯田撂荒的因素进行深入研究。

受地形因素的制约，梯田农业机械化和规模化的发展受限，农业生产成本远高于平原地区。农民耕作梯田时需要往返于不同高度、坡度、距离的地块之间，耕作难度大，劳动力成本高，山区梯田利用陷入更深的边际化困境（邵景安等，2014；张佰林等，2011）。山区地形破碎，以丘陵沟壑为主，资源禀赋受到地形条件的制约，这也使山区农业结构调整呈现出与平原地区不同的结果。农户虽然可以通过改变农业生产要素的配置方式和农业种植结构对该部分劳动力迁移进行有效劳动替代,但是这种替代效果在地形复杂和各类地理要素相互叠加的丘陵山区可能大打折扣。因此,单纯地将平原地区的撂荒机理套用在丘陵山区,难以解释为什么在农业不断发展的情况下,丘陵山区的农业结构调整仍然受限制,宝贵的梯田资源仍不断撂荒的内在原因。

受地形影响,丘陵山区农户耕地的资源配置和劳动力的资源配置与平原地区都有较大区别,因此,探究丘陵山区农户梯田撂荒的现状和规律,揭示山区梯田撂荒的成因及过程机理,有助于进一步剖析丘陵山区耕地撂荒形成的原因与发展趋势。

本章基于地块尺度研究梯田撂荒的现象和突出问题,以南方三省江西、湖南和福建的梯田耕作区为研究区,在借鉴国内外大量有关研究成果和实践的基础上,依据农业经济学和劳动力经济学的基本理论,采用定性和定量相结合的研究方法,探讨丘陵山区梯田撂荒的影响因素,把握未来梯田撂荒的发展趋势。

5.2　研究区域概况与研究方法

5.2.1　研究区域概况

本章的研究区域为我国南方的湖南、江西和福建三个省份的丘陵山区,样本分布于湖南省 14 个县、江西省 12 个县、福建省 8 个县,且主要分布于雪峰山脉、罗霄山脉以及武夷山脉。

在自然地理条件方面,研究区所在的湖南、江西、福建三个省份均位于我国南方的丘陵地带,地形以起伏、连绵的丘陵为主,地貌类型多样,山地面积较多;气候以亚热带季风气候为主。其中湖南省三面环山,呈从东、南、西三面向东北倾斜开口的不对称马蹄状,基本地貌形态有平原、岗地(台地)、丘陵和山地 4 个类型,其山地面积占全省总面积的 51.2%,丘陵及岗地占 29.3%,平原占 13.1%,水面占 6.4%,大体上是“七山二水一分田”。江西省地势总体南高北低,呈东、南、西三面环山向北开口的盆地地形,中部丘陵起伏,地形地貌大致是“六山一水二分田,一分道路和庄园”。山地面积约占全省总面积的 36%,丘陵面积约占总面积的 42%,平原和水面面积约占总面积的 22%。坡耕地主要集中在江西省中南部,其中 2019 年赣州市、吉安市、抚州市和宜春市的坡耕地面积分别占全省坡耕地面积的 20.90%、20.45%、13.57% 和 11.60%。福建省位于我国东南沿海,西北部与江西省接壤,素有“八山一水一分田”之称,省内丘陵连绵,河谷、盆地穿插其间,地势总体上西北高东南低,呈“依山傍海”态势,山地、丘陵面积约占全省总面积的 90%。

在梯田资源禀赋方面，研究区虽地形地貌条件复杂，但有限的自然条件并没有限制人们拓展生产发展空间，山区人民利用自己的辛勤劳动和才智，开发和利用了大量的山区耕地，构建了不同类型的景观梯田。

研究区所在的湖南、江西和福建三个省份的梯田面积占全国梯田总面积的20.13%，其中湖南省梯田面积有 163.8 万公顷，江西省梯田面积有 128.7 万公顷，福建省梯田面积有 82.1 万公顷。

如表 5-1 所示，湖南省梯田主要分布在雪峰山脉和湘中丘陵的邵阳市、怀化市，以及与江西省接壤的株洲市等地区。江西省梯田主要分布在与湖南省相接的罗霄山脉、与福建省相连的武夷山脉附近，赣州市、抚州市和宜春市的梯田较多。福建省梯田主要分布于与江西省相接的西部、西北和西南地区，如南平市、三明市、龙岩市和宁德市。研究区所在地级市的梯田面积占三省梯田总面积的 65%。

表 5-1　研究区所在地级市梯田面积占比

省	市	梯田面积占本省比例	梯田面积占三省比例
湖南省	长沙市	2%	1%
	株洲市	5%	2%
	湘潭市	2%	1%
	娄底市	5%	2%
	怀化市	15%	7%
	邵阳市	16%	7%
	郴州市	9%	4%
江西省	九江市	8%	3%
	宜春市	12%	4%
	萍乡市	3%	1%
	赣州市	24%	8%
	吉安市	17%	6%
	抚州市	13%	4%
福建省	南平市	21%	5%
	宁德市	14%	3%
	三明市	17%	4%
	龙岩市	15%	3%

注：表中列出所有地级市为本章的研究区

5.2.2　研究方法

1. 田野调查法

本章采用了访谈调查法和问卷调查法相结合的调查方式。访谈调查法通过调查者与受访者面对面的双向交流，有利于控制访谈环境，减少信息单向传递时的失真或流通不畅。问卷是指为统计和调查服务、以设问方式表述问题的表格，问卷调查法就是研究者用这种控制式的测量对所研究的问题进行度量，从而搜集到可靠资料。本章在实地调查过程中，分别设计村问卷和农户问卷对村级尺度和农户尺度进行抽样调查。

2. 描述性统计分析法

描述性统计分析法能直观展示数据的分布情况，有助于了解数据和研究对象的特征，是正确的统计推断和实证分析的前提。包括对数据进行收集、整理、分析和解释，运用制表、分类、图形、概括性数据计算等方法对调查总体有关变量进行统计性描述，以数据离散程度分析、频数分析、集中趋势分析以及基本的统计图形等直观反映数据的特征及基本情况。通过对农户家庭基本情况、梯田资源禀赋情况、劳动力迁移情况和撂荒现状进行描述性统计分析，为后续农户梯田撂荒研究奠定基础。

3. 计量分析法

本章主要的数据分析方法是计量分析法。将理论与调研数据相互结合，通过合适的计量经济模型或工具将随机因素对变量关系的影响纳入分析，赋予理论以经验的内容。综合运用 Heckman 模型、Logit 模型、Probit 模型、Tobit 模型以及工具变量法实现对经济变量之间相关或因果关系的定量分析，使研究结果科学严谨，提升了经济学研究对现实问题的解释能力和预测能力。

5.3　研究结果与分析

耕地撂荒的主要原因在于农地经营的"不经济""种地不赚钱"。从理论上来说，这种"不经济"是由于农业种植收益不能抵偿成本，出现了边际化现象，农业生产经营边际收益日益减少甚至为负（张英等，2014；史铁丑和李秀彬，2017）。学者在研究耕地边际化现象时，多从农业生产的成本-收益角度进行经济分析（Zhang et al.，2016），而实际上，除了单纯的收益下降和成本上升以外，山区梯田资源禀赋与平原地区耕地资源禀赋也有着显著差异，这种差异不仅体现在产出上，也体现在梯田农户的耕作成本上。

从单个梯田地块角度看，地块与地块之间存在较大差异，即使是相邻的两块耕地也有各种不同，如地块的多少、坡度的大小、土壤的侵蚀程度、土壤质地的好坏等（史铁丑和徐晓红，2016），由于这些地块资源禀赋方面的约束，利用这些梯田的难易程度也不同，耕作成本也不同。

从农户家庭资源禀赋条件来看，由于我国土地制度的均分特性，山区农户家庭耕地分布不集中，梯田地块分散，农户不得不往返于不同坡度、海拔的田块间，这额外增加了农业劳动成本。不仅如此，由于农户家庭的梯田并不同质，不同地块差异较大，田块分散、面积大小不一，田块间高差大，机械化作业受阻，难以形成规模经营。相较于平原地区，劳动力成本的上升在一定程度上加剧了农户梯田撂荒的可能性。

如图 5-1 所示，TPP_1 表示耕地资源受限制较多的耕地，TPP_2 表示耕地资源受限制较少的耕地，单位面积的梯田想要获得与平原相同的基本产量往往要投入更多的劳动，$L_1 > L_2$，同时受到海拔高度、积温、灌溉条件等因素的影响，梯田产量往往没有平原地区耕地的产量高，$Y_1 < Y_2$，这样也使得农户更容易撂荒这些难以种植的地块。

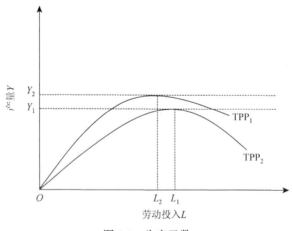

图 5-1　生产函数

鉴于此，本章从地块角度和农户角度切入，先从梯田地块的角度分析资源禀赋对梯田撂荒的影响，在此基础上，从农户家庭梯田资源的角度出发，系统地考察梯田资源禀赋约束对农户梯田撂荒决策和撂荒程度的影响机制。

5.3.1　指标选取和描述性统计分析

梯田地块数据主要源自农户调查，梯田耕作区地块细碎程度高，因此，选择农户家庭中种植面积最大的梯田地块和撂荒面积最大的梯田地块为典型地块进行分析。本部分包含湘、闽、赣三省调研的 2002 块梯田地块数据，其中涵盖湖南省的 731 块梯田地块数据、福建省的 662 块梯田地块数据以及江西省的 609 块梯田地块数据。

表 5-2 展示了地块层面变量选取与描述性统计，本章选取梯田是否撂荒为因变量，地块出现撂荒定义为 1，未出现撂荒则定义为 0。

表 5-2　地块层面变量选取与描述性统计

变量	变量描述	湖南		福建		江西		总体样本	
		均值	标准差	均值	标准差	均值	标准差	均值	标准差
因变量									
是否撂荒	1＝是；0＝否	0.19	0.39	0.29	0.46	0.27	0.44	0.25	0.43
自变量									
田块面积	该田块面积（亩）	0.58	0.55	0.59	0.54	0.63	0.50	0.60	0.53
田坎类型	1＝土坎；2＝石坎；3＝土石混合	1.12	0.42	1.39	0.72	1.16	0.50	1.22	0.57
土壤肥力	1＝差；2＝一般；3＝好	2.02	0.73	1.90	0.76	2.00	0.75	1.97	0.75
灌溉条件	1＝差；2＝一般；3＝好	2.72	0.45	2.72	0.45	2.76	0.43	2.73	0.44
田块机械化程度	从是否能使用机械翻耕、播种和收割三方面赋值	1.16	1.27	0.92	0.92	1.20	1.14	1.09	1.13
耕作高差/落差	地块与农户家的垂直高差/落差的绝对值（米）	35.55	68.96	35.54	74.45	30.81	46.90	34.11	65.13
耕作距离	地块与农户家的距离（米）	938.85	807.35	1302.96	1049.84	903.27	809.65	1048.43	912.85
单程通勤时间	从农户家到梯田所用的时间（小时）	0.36	0.33	0.44	0.35	0.28	0.27	0.36	0.32
是否位于梯田景区	1＝是；0＝否	0.14	0.35	0.09	0.29	0.06	0.23	0.10	0.30
村庄坡度	村庄平均坡度值	7.22	4.87	9.18	7.48	9.16	5.75	8.46	6.17
区域虚拟变量	各省虚拟变量	已控制		已控制		已控制		已控制	
样本量		731		662		609		2002	

结合实地调研，本部分从梯田田块的禀赋条件和田块的耕作成本两个维度选

择自变量，田块禀赋条件包括田块面积、田坎类型、土壤肥力（表示田块土壤质量）、灌溉条件，田块耕作成本包括田块机械化程度、耕作高差/落差、耕作距离和单程通勤时间等因素，以田块是否位于梯田景区、村庄坡度作为控制变量。各要素选取的具体原因及定义，下面分别阐述。

1. 田块面积

田块面积能够反映地块的破碎程度以及机械化的难易程度。山区梯田地块破碎程度较平原地区更为明显，耕地细碎，梯田形状、大小不一，田块面积限制了机械化的发展，田块细碎也增加了农业劳动成本。

根据样本数据，将梯田田块大小按照 0~0.2 亩、0.2~0.5 亩、0.5~0.8 亩、0.8~1 亩和 1 亩以上划分为不同的面积区间。如图 5-2 所示，梯田田块面积在 0.2 亩以下的撂荒田块数占总样本的 42%，而田块面积大于 0.8 亩的地块，撂荒田块数占总样本的 17%。随着梯田田块面积的不断增加，撂荒的田块数占比不断降低，这表明，田块面积越大，发生撂荒的概率就越小。因此，同等条件下农户往往会优先耕种田块面积较大的梯田，而面积较小的梯田田块则容易被撂荒。

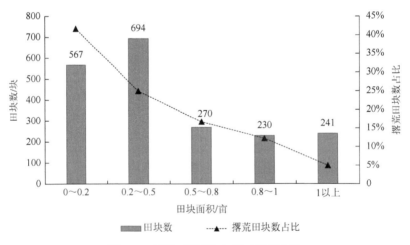

图 5-2　不同田块面积与梯田撂荒占比

2. 田坎类型

实地调研发现，研究区梯田的主要田坎类型可分为土坎、石坎和土石混合三种类型。土坎是使用泥土修筑的田坎；石坎是使用石块修筑的田坎；土石混合是使用泥土和石块混合修筑的田坎。从田坎质量来看，土坎＜石坎＜土石混合，因此本节为便于量化指标，将田坎类型定义为有序变量，土坎＝1，石坎＝2，土石混合＝3。

3. 土壤肥力

梯田的土地质量是决定农户是否撂荒的重要因素（张英等，2014）。梯田地块的土地质量越差，撂荒的可能性越高。如图 5-3 所示，土地质量越好的梯田，农户耕种的比例越高，而田块土地质量差的地块农户撂荒占比达到了 43%，这表明土地质量差的耕地更容易被撂荒。

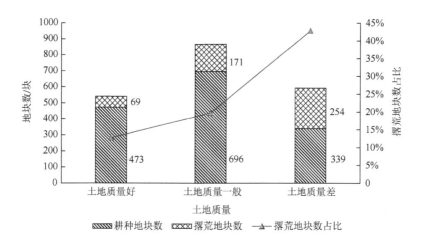

图 5-3　不同质量梯田的地块数和撂荒占比情况

4. 灌溉条件

实地调研发现，研究区梯田的主要种植作物以水稻为主，灌溉水源是保证梯田水稻生产的根本，田块的灌溉条件是影响田块产出效益的重要前提。因此，灌溉条件越好的耕地撂荒的可能性越低，本章将地块灌溉条件分为好、一般、差三个级别，来反映梯田地块的耕作质量。

5. 田块机械化程度

在当前劳动力成本过高的情况下，地块是否可以进行机械化作业是影响山区农业生产的重要因素。高机械化程度除了能起到促进生产的作用，还在一定程度上替代和释放出部分劳动力。因此，本章从农业生产的翻耕、播种和收割环节分别衡量地块的机械化程度，运用因子分析法，将不同生产环节的机械化程度综合为一个指标。

6. 耕作高差/落差、耕作距离和单程通勤时间

本节用耕作高差/落差、耕作距离和单程通勤时间这三个指标来体现农户农业生产的难易程度和劳动耗费。

　　耕作高差/落差指的是农户家庭到该地块的垂直距离的绝对值。如图 5-4 所示，将农户耕作高差/落差分为 6 个范围，并引入撂荒反向累计率[1]来分析各范围以远的撂荒梯田面积占比。

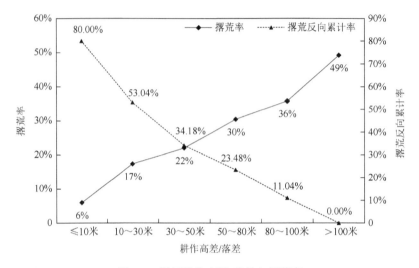

图 5-4　梯田耕作高差/落差与撂荒率

　　从梯田耕作高差/落差图可以看出，随着梯田耕作高差/落差的增加，梯田撂荒率也呈现出逐渐上升的趋势，当耕作高差/落差小于或等于 10 米时，撂荒率为 6%，当梯田耕作高差/落差超过 50 米，撂荒率约为 30%，而当梯田高差/落差超过 100 米时，撂荒率更是高达 49%。从梯田撂荒反向累计率来看，高差/落差在 30 米以远的撂荒梯田面积占总撂荒面积的 53.04%，50 米以远的撂荒梯田面积占比为 34.18%。

　　耕作距离代表地块到农户家庭的远近，指的是农户步行到该地块所花费的时间。如图 5-5 所示，当耕作距离小于或等于 0.5 千米时，撂荒地块数占比为 10.21%，而当耕作距离大于 2 千米时，撂荒地块数占比上升至 69.62%。可以看出，随着农户耕作距离的增加，撂荒地块数呈现出逐渐增加的趋势。

7. 其他变量

　　通过选取是否位于梯田景区、村庄坡度来控制村庄地形差异对梯田撂荒的影响。村庄坡度数据为运用 ArcGIS 提取的村庄所在地的平均坡度，结合实际调研收集的坡度和高程点数据对所得出的结果进行验证。

---

　　① 撂荒反向累计率是指在一定范围内以远的撂荒耕地面积占总撂荒面积的比重，反向累计率能反映各区域以远的撂荒耕地面积占比。

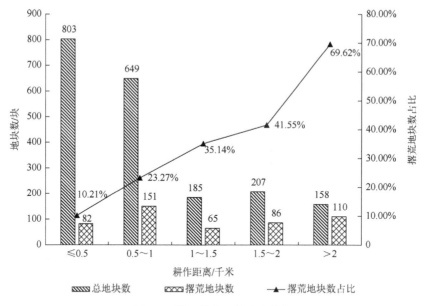

图 5-5　梯田耕作距离分布特征

5.3.2　模型构建

结合前文的理论分析，本节为验证梯田资源禀赋对撂荒的影响，以该地块是否撂荒作为因变量，采用 Probit 模型估计地块层面的梯田资源禀赋差异对梯田撂荒的影响。具体模型如下，

$$Y_i = \alpha + \delta X_i + \varepsilon \tag{5-1}$$

同时，采用 Logit 二元选择模型来检验模型的稳健性，模型表达式如下，

$$P(Y_i = 1 \mid X_i) = \frac{\exp(\alpha + X_i \beta)}{1 + \exp(\alpha + X_i \beta)} \tag{5-2}$$

式中，Y_i 为因变量，表示撂荒决策，即是否撂荒，$Y_i = 1$ 表示该地块被撂荒，$Y_i = 0$ 表示未撂荒；X_i 为自变量，表示梯田地块的自然特征，包括田块面积、土壤肥力、灌溉条件等指标。选择是否位于梯田景区、村庄坡度作为控制变量。

在进行回归分析之前，需要对变量进行多重共线性和变量相关性检验。表 5-3 给出了自变量间的相关系数，一般情况下相关系数大于 0.7 说明线性相关度比较高，方差膨胀因子（variance inflation factor，VIF）大于 10，表明存在严重的共线性；5≤VIF≤10，表明存在多重共线性；如果 VIF 小于 5 的话，表明这种回归模型的多重共线性可以接受（陈强，2014）。可以看出，地块层面变量相关性矩阵中系数的绝对值均小于 0.5，平均 VIF 为 1.55，因此所选取变量间不存在严重的多重共线性问题。

表 5-3　地块层面变量相关性矩阵和 VIF 检验表

变量	田块面积	田坎类型	土壤肥力	灌溉条件	田块机械化程度	耕作高差/落差	耕作距离	单程通勤时间	是否位于梯田景区	村庄坡度	VIF均值
田坎类型	-0.003										
土壤肥力	-0.149	0.072									
灌溉条件	-0.194	0.005	0.486								
田块机械化程度	0.407	-0.077	-0.232	-0.283							
耕作高差/落差	-0.110	0.101	0.110	0.128	-0.184						
耕作距离	-0.122	0.064	0.201	0.246	-0.276	0.273					
单程通勤时间	-0.167	0.082	0.241	0.253	-0.330	0.259	0.785				
是否位于梯田景区	-0.068	-0.028	-0.069	-0.073	-0.045	-0.084	-0.035	-0.007			
村庄坡度	-0.059	0.069	-0.046	-0.045	-0.085	0.026	0.041	0.031	0.189		
VIF 均值	1.23	1.07	1.36	1.42	1.41	1.13	2.74	2.80	1.13	1.20	1.55

5.3.3　实证分析

　　由于因变量是否撂荒为二元变量，表 5-4 中使用 Probit 模型进行估计，将 Logit 模型的估计结果作为参照系，检验 Probit 模型的稳健性，同时使用稳健标准误来修正可能存在的异方差问题（陈强，2014）。

表 5-4　Probit 模型的回归结果

变量		Probit 模型			Logit 模型		
		系数	稳健标准误	dy/dx	系数	稳健标准误	dy/dx
田块禀赋条件	田块面积	-0.689***	0.112	-0.158	-1.295***	0.210	-0.169
	田坎类型	0.014	0.060	0.003	0.029	0.104	0.004
	土壤肥力	-0.299***	0.048	-0.068	-0.503***	0.085	-0.066
	灌溉条件	-0.310***	0.084	-0.071	-0.546***	0.147	-0.071
田块耕作成本	田块机械化程度	-0.291***	0.045	-0.066	-0.562***	0.085	-0.073
	耕作高差/落差	0.001	0.001	0.0002	0.001	0.001	0.0001
	耕作距离	0.000***	0.000	0.0001	0.001***	0.000	0.0001
	单程通勤时间	0.396**	0.174	0.091	0.662**	0.315	0.086

续表

变量		Probit 模型			Logit 模型		
		系数	稳健标准误	dy/dx	系数	稳健标准误	dy/dx
控制变量	是否位于梯田景区	−0.275**	0.120	−0.063	−0.448***	0.206	−0.058
	村庄坡度	0.011*	0.006	0.003	0.019*	0.010	0.002
	区域虚拟变量	已控制			已控制		
样本量		2002			2002		
Prob＞chi2		0.000			0.000		
Pseudo R^2		0.272			0.274		
AUC 值		0.842			0.842		

注：dy/dx 是变量的平均边际效应，AUC（area under the curve）值指 ROC（receiver operator characteristic，受试者操作特征）曲线下方的面积

***、**和*分别表示变量在 1%、5%和 10%的水平上显著

如表 5-4 所示，从模型回归结果可以看出，在变量的显著性方面 Probit 模型的估计结果与 Logit 模型没有明显差异。从不同变量的显著性来看，田块类型和耕作高差/落差并不具有统计显著性，田块面积、土壤肥力、灌溉条件、田块机械化程度等变量都具有统计显著性，回归结果验证了研究假说。

从回归结果可以看出，在地块层面，田块面积、土壤肥力、耕作距离、灌溉条件和田块机械化程度都在 1%的水平上显著，即田块面积越小，农户使用机械耕作受到的限制越大，耕作距离越远，土壤肥力和灌溉条件越差的田块更易被撂荒。

梯田田块面积在 1%的水平上显著。田块大小不仅限制了农户机械化的使用，田块越小农户家庭耕地越易受到细碎化影响，在农业生产时往往需要投入更多劳动力，也增加了农业生产的管理成本。在务农机会成本不断提高的背景下，农户家庭内部更大的地块往往更易机械化，能在一定程度上提高农业生产的效率，降低农业生产成本。

梯田的土壤肥力和灌溉条件在 1%的水平上显著，即土地质量越高、灌溉条件越好的耕地更不易被撂荒。灌溉条件是保证农业生产的根本，虽然梯田具有保水、保肥的功能，但由于梯田是在丘陵山坡地上沿着等高线方向修筑的条状阶台式或波浪式断面的田地，蓄水方式由上至下，这种灌溉方式一般由同一梯田片区内的农户协商共同管理，上一阶梯的田块若出现垮塌或缺乏水渠管理，则会导致下一阶梯田块的灌溉条件受限，这也额外增加了农户耕作的劳动投入，若其中一块梯田因撂荒而无人管理，则会影响下方梯田正常的农业生产。因此，灌溉条件越差的梯田田块，撂荒的可能性越高。

而从耕作距离来看,耕作距离在 1%的水平上显著,这说明耕作距离越远,农户通勤成本和运输成本越高,耕地边际化的概率就越高,撂荒的可能性就越大。从边际效应分析的结果看,耕作距离每增加 1 个单位地块被撂荒的可能性则提高 0.0001。

为进一步验证模型的拟合效果与稳健性,采用 ROC 曲线来评估模型。ROC 曲线是评判一个模型好坏的标准(Yan et al.,2016),AUC 值指 ROC 曲线下方的面积。图 5-6 给出了模型的 ROC 曲线,Probit 模型 AUC 值为 0.8418,意味着该模型可以在 84.18%的概率上正确区分撂荒地块与未撂荒地块的特征,由此,可以看出,采用 Probit 模型和 Logit 模型进行回归分析的结果是可信的。

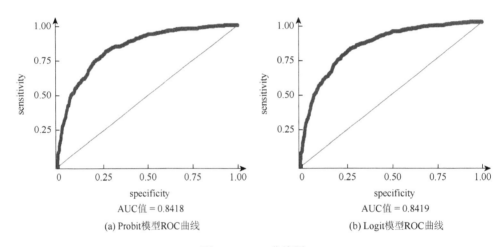

(a) Probit模型ROC曲线　　　　　(b) Logit模型ROC曲线

图 5-6　ROC 曲线图

sensitivity 表示灵敏度,specificity 表示特异度

5.4　结论与讨论

5.4.1　结论

本章从地块尺度和农户尺度切入,将理论分析与实证研究相结合,先从梯田地块层面分析资源禀赋约束对梯田撂荒的影响,在此基础上,从农户层面出发,系统地考察资源禀赋对农户梯田撂荒决策和撂荒程度的影响机制。具体研究结论如下。

研究结果表明,梯田地块的资源禀赋条件与结构,显著影响着农户撂荒决策,研究区梯田撂荒主要受到田块面积、土壤肥力、灌溉条件、耕作距离和田块机械化程度的影响。即田块面积越小梯田撂荒的可能性越高,灌溉条件较好的梯田地块撂荒的可能性越低。

5.4.2　讨论

针对本章可能存在的研究局限，关于地块尺度梯田撂荒的研究还可从以下几方面进一步深入。

（1）扩大研究范围，增加不同地区、不同类型梯田的样本数据，如黄土高原地区梯田、云贵高原地区梯田的样本数据，研究不同地区、不同类型梯田的撂荒规模和影响因素，与南方丘陵山区梯田进行对比。

（2）从时间和空间角度，进行梯田撂荒的时空演变过程研究，从时间上分析探讨撂荒的变化趋势，从空间上厘清梯田撂荒的规模和特征，揭示不同时期撂荒的驱动因素和机理。

参 考 文 献

艾利思. 2006. 农民经济学：农民家庭农业和农业发展[M]. 胡景北, 译. 上海：上海人民出版社.

卜范达, 韩喜平. 2003. "农户经营"内涵的探析[J]. 当代经济研究, （9）：37-41.

蔡昉. 2001. 劳动力迁移的两个过程及其制度障碍[J]. 社会学研究, （4）：44-51.

蔡昉. 2018. 农业劳动力转移潜力耗尽了吗? [J]. 中国农村经济, （9）：2-13.

陈蝶, 卫伟, 陈利顶, 等. 2016. 梯田生态系统服务与管理研究进展[J]. 山地学报, 34（3）：374-384.

陈恩, 于绯. 2013. 马克思主义经济学与西方经济学劳动力迁移理论的比较[J]. 贵州社会科学, （8）：108-113.

陈浩. 2007. 人力资本与农村劳动力非农就业问题研究[D]. 南京：南京农业大学.

陈磊, 李占斌, 李鹏, 等. 2014. 黄土高原沟壑区水土保持治理措施的土壤质量综合评价[J]. 陕西农业科学, 60（6）：29-32.

陈美球, 邓爱珍, 周丙娟, 等. 2007. 资源禀赋对农户耕地保护意愿的实证分析[J]. 农村经济, （6）：28-31.

陈强. 2014. 高级计量经济学及 Stata 应用[M]. 2 版. 北京：高等教育出版社.

陈帷胜, 冯秀丽, 马仁锋, 等. 2016. 耕地破碎度评价方法与实证研究：以浙江省宁波市为例[J]. 中国土地科学, 30（5）：80-87.

陈晓红. 2006. 经济发达地区农户兼业及其因素分析：来自苏州农村的实证调查[J]. 经济与管理研究, （10）：90-94.

陈晓红, 汪朝霞. 2007. 苏州农户兼业行为的因素分析[J]. 中国农村经济, （4）：25-31.

陈心佩, 信桂新, 魏朝富. 2016. 贫困山区弃耕撂荒及其影响因素分析：以重庆市酉阳县两乡四村为例[J]. 西南大学学报（自然科学版）, 38（9）：166-174.

陈星宇, 王枫, 李灿. 2017. 珠三角地区耕地多功能空间差异与影响因素分析[J]. 地域研究与开发, 36（1）：130-136.

陈扬. 2019. "理性"视角下农村土地抛荒及治理策略：以 N 市 G 村为例[J]. 求索, （5）：146-152.

陈奕山, 钟甫宁, 纪月清. 2019. 有偿 VS 无偿：耕地转入户的异质性及其资源配置涵义[J]. 南京农业大学学报（社会科学版）, 19（6）：94-106, 159.

程谅. 2020. 南方红壤丘陵区新修梯田的土壤水分时空分布特征[D]. 武汉：华中农业大学.

程名望, 史清华. 2007. 经济增长、产业结构与农村劳动力转移：基于中国 1978—2004 年数据的实证分析[J]. 经济学家, （5）：49-54.

程名望，史清华，刘晓峰. 2005. 中国农村劳动力转移：从推到拉的嬗变[J]. 浙江大学学报（人文社会科学
　　版），35（6）：105-112.

戴仿峥. 2017. 农村耕地抛荒的多层治理[J]. 南昌大学学报（人文社会科学版），48（4）：63-68.

董顺舟，赵宇鸾，李秀彬. 2017. 基于地形梯度的高原山地区土地利用格局时空特征：以贵州省盘县为例[J]. 水土
　　保持研究，24（2）：213-222.

范乔希，应寿英. 2017. 丘陵区农户土地流转意愿调查：以重庆市为例[J]. 调研世界，（8）：32-37.

方松海，孔祥智. 2005. 农户禀赋对保护地生产技术采纳的影响分析：以陕西、四川和宁夏为例[J]. 农业技术经济，
　　（3）：35-42.

冯茂秋，潘洪义，朱芳，等. 2018. 不同撂荒耕地类型空间格局及影响因素研究：以德阳市中江县为例[J]. 西南农
　　业学报，31（6）：1260-1266.

冯艳芬，董玉祥，刘毅华，等. 2010. 基于农户调查的大城市郊区农地流转特征及影响因素研究：以广州市番禺区
　　467 户调查为例[J]. 资源科学，32（7）：1379-1386.

冯智明. 2020. 梯田观光、稻作农耕与民族文化的互利共生：基于龙脊梯田"四态均衡"模式的考察[J]. 湖北民族
　　大学学报（哲学社会科学版），38（4）：96-103.

高佳，李世平. 2016. 农户土地承包权退出意愿的影响因素[J]. 干旱区资源与环境，30（8）：23-29.

高一兰. 2016. 人力资本、制度与我国农村劳动力迁移[D]. 上海：上海社会科学院.

郭贝贝，方叶林，周寅康. 2020. 农户尺度的耕地撂荒影响因素及空间分异[J]. 资源科学，42（4）：696-709.

郭轲. 2016. 兼业视角下河北省退耕农户生产要素配置行为：动态演变及其驱动因素[D]. 北京：北京林业大学.

郭霞. 2008. 基于农户生产技术选择的农业技术推广体系研究：以江苏省小麦生产为例[D]. 南京：南京农业大学.

郝海广，李秀彬，辛良杰，等. 2010. 农户兼业行为及其原因探析[J]. 农业技术经济，（3）：14-21.

郝海广，李秀彬，张惠远，等. 2015. 劳动力务农机会成本对农地边际化的驱动作用[J]. 干旱区资源与环境，29（3）：
　　50-56.

贺振华. 2005. 农户兼业的一个分析框架[J]. 中国农村观察，（1）：2-9，78.

侯长蓬. 1999. 就业结构调整中的新趋向：兼业现象初探[J]. 人口学刊，（2）：17-22.

胡文英. 2009. 元阳哈尼梯田景观格局及其稳定性研究[D]. 昆明：昆明理工大学.

胡逸文，霍学喜. 2016. 农户禀赋对粮食生产技术效率的影响分析：基于河南农户粮食生产数据的实证[J]. 经济经
　　纬，33（2）：42-47.

黄建强，李录堂. 2009. 从农村劳动力视角探析耕地抛荒行为：基于会同县农村的实证研究[J]. 北京理工大学学报
　　（社会科学版），11（6）：42-47.

黄利民. 2009. 农地边际化及其效应研究[D]. 武汉：华中农业大学.

纪月清，钟甫宁. 2013. 非农就业与农户农机服务利用[J]. 南京农业大学学报（社会科学版），13（5）：47-52.

蒋波，邱长生，吴鸣. 2008. 中国农村经济发展健康水平分析[J]. 安徽农业科学，（18）：7917-7918，7948.

角媛梅，胡文英，速少华，等. 2006. 哀牢山区哈尼聚落空间格局与耕作半径研究[J]. 资源科学，28（3）：66-72.

金星. 2013. 新土地抛荒的经济学视角[J]. 农村经济，（3）：25-26.

康玲玲，鲍宏喆，刘立斌，等. 2005. 黄土高原不同类型区梯田蓄水拦沙指标的分析与确定[J]. 中国水土保
　　持科学，（2）：51-56.

孔祥智，方松海，庞晓鹏，等. 2004. 西部地区农户禀赋对农业技术采纳的影响分析[J]. 经济研究，（12）：85-95，
　　122.

赖博爱. 2020. 社会网络结构、社会信任与哈尼族农户参与梯田生态系统自主治理：基于农户与村庄精英社会网络
　　的视角[D]. 咸阳：西北农林科技大学.

雷锟，阎建忠，何威风. 2016. 基于农户尺度的山区耕地撂荒影响因素分析[J]. 西南大学学报（自然科学版），

38（7）：149-157.

李静. 2013. 基于劳动力析出的山区耕地撂荒研究[D]. 重庆：西南大学.

李孔俊. 2002. 土地抛荒的经济学视角[J]. 广西教育学院学报，（5）：82-84.

李梦华，石云，马永强，等. 2019. 基于面向对象的黄土丘陵沟壑区梯田信息提取研究[J]. 测绘与空间地理信息，
　　42（5）：50-54.

李荣华. 2020. 20世纪50年代以来中国水土保持史研究综述[J]. 农业考古，（6）：265-272.

李升发，李秀彬. 2016. 耕地撂荒研究进展与展望[J]. 地理学报，71（3）：370-389.

李升发，李秀彬. 2018. 中国山区耕地利用边际化表现及其机理[J]. 地理学报，73（5）：803-817.

李升发，李秀彬，辛良杰，等. 2017. 中国山区耕地撂荒程度及空间分布：基于全国山区抽样调查结果[J]. 资源科
　　学，39（10）：1801-1811.

李胜会，宗洁. 2018. 经济发展、社会保障财政支出与居民健康：兼对逆向选择行为的检验[J]. 宏观经济研究，
　　（11）：26-43.

李仕华. 2011. 梯田水文生态及其效应研究[D]. 西安：长安大学.

李涛. 2021. 陕北黄土丘陵沟壑区旱作梯田现状及建管对策[J]. 中国水土保持，（1）：25-27.

李亚龙，张平仓，程冬兵，等. 2012. 坡改梯对水源区坡面产汇流过程的影响研究综述[J]. 灌溉排水学报，31（4）：
　　111-114.

李燕燕，陈琼，刘峰贵，等. 2019. 青藏高原东北部耕地撂荒影响因素分析：以湟水上游为例[J]. 农业现代化研究，
　　40（6）：993-1001.

李赞红，阎建忠，花晓波，等. 2014. 不同类型农户撂荒及其影响因素研究：以重庆市12个典型村为例[J]. 地理研
　　究，33（4）：721-734.

李志俊，郭剑雄. 2011. 劳动力选择性转移对农村家庭人口生产偏好转变的影响[J]. 中国农村观察，（3）：40-49.

李宗善，杨磊，王国梁，等. 2019. 黄土高原水土流失治理现状、问题及对策[J]. 生态学报，39（20）：7398-7409.

丽达，卫伟，杨翠霞. 2020. 梯田生态系统文化服务的内涵与特征研究[J]. 环境生态学，2（9）：55-60，84.

刘滨，康小兰，殷秋霞，等. 2014. 农业补贴政策对不同资源禀赋农户种粮决策行为影响机理研究：以江西省为例
　　[J]. 农林经济管理学报，13（4）：376-383.

刘成武，李秀彬. 2005. 农地边际化的表现特征及其诊断标准[J]. 地理科学进展，（2）：106-113.

刘洪银. 2011. 我国农村劳动力非农就业的经济增长效应[J]. 人口与经济，（2）：23-27，51.

刘继文，良警宇. 2021. 生活理性：民族特色产业扶贫中农村妇女的行动逻辑：基于贵州省册亨县"锦绣计划"项
　　目的经验考察[J]. 中国农村观察，（2）：15-27.

刘克春，池泽新. 2008. 农业税费减免及粮食补贴、地租与农户农地转入行为：以江西省为例[J]. 农业技术经
　　济，（1）：79-83.

刘丽. 2020. 资源禀赋对农户水土保持耕作技术采用的影响研究[D]. 咸阳：西北农林科技大学.

卢华. 2017. 土地细碎化、非农劳动供给和农地经营权流转研究[D]. 南京：南京农业大学.

卢之超. 1993. 马克思主义大辞典[M]. 北京：中国和平出版社.

罗必良，万燕兰，洪炜杰，等. 2019. 土地细碎化、服务外包与农地撂荒：基于9省区2704份农户问卷的实证分
　　析[J]. 经济纵横，（7）：63-73.

马忠东，张为民，梁在，等. 2004. 劳动力流动：中国农村收入增长的新因素[J]. 人口研究，（3）：2-10.

苗建青. 2011. 西南岩溶石漠化地区土地禀赋对农户采用生态农业技术行为的影响研究：基于农户土地利用结构的
　　视角[D]. 重庆：西南大学.

缪建群，王志强，马艳芹，等. 2018. 崇义客家梯田生态系统可持续发展综合评价[J]. 生态学报，38（17）：6326-6336.

缪建群，王志强，杨文亭，等. 2017. 崇义客家梯田生态系统服务功能[J]. 应用生态学报，28（5）：1642-1652.

闵庆文. 2009. 哈尼梯田的农业文化遗产特征及其保护[J]. 学术探索，（3）：12-14，23.

闵庆文，张丹，何露，等. 2011. 中国农业文化遗产研究与保护实践的主要进展[J]. 资源科学，33（6）：1018-1024.

聂芳容. 2013. 独具特色的紫鹊界梯田[J]. 中国水土保持，（3）：35-36.

钱龙. 2017. 非农就业、农地流转与农户农业生产变化[D]. 杭州：浙江大学.

钱文荣，郑黎义. 2010. 劳动力外出务工对农户水稻生产的影响[J]. 中国人口科学，（5）：58-65，111-112.

乔翌. 2015. 劳动力转移与土地流转的关系探究：以黑龙江省牡丹江市为例[J]. 商，（21）：96.

尚欣，郭庆海. 2010. 基于理性经济人视角下我国兼业农户行为分析[J]. 吉林农业大学学报，32（5）：597-602.

邵晖，黄晶，左腾云. 2011. 桂林龙胜龙脊梯田整治水资源平衡分析[J]. 中国农学通报，27（14）：227-232.

邵景安，张仕超，李秀彬. 2014. 山区耕地边际化特征及其动因与政策含义[J]. 地理学报，69（2）：227-242.

邵景安，张仕超，李秀彬. 2015. 山区土地流转对缓解耕地撂荒的作用[J]. 地理学报，70（4）：636-649.

盛来运. 2007. 农村劳动力流动的经济影响和效果[J]. 统计研究，（10）：15-19.

史铁丑. 2015. 重庆山区耕地撂荒的规模及影响因素研究[D]. 北京：中国科学院大学.

史铁丑，李秀彬. 2017. 基于地块尺度的重庆山区耕地撂荒风险研究[J]. 山地学报，35（4）：543-555.

史铁丑，徐晓红. 2016. 重庆市典型县撂荒耕地图斑的提取与验证[J]. 农业工程学报，32（24）：261-267.

舒尔茨. 2003. 改造传统农业[M]. 梁小民，译. 北京：商务印书馆.

孙新章，谢高地，成升魁，等. 2005. 中国农田生产系统土壤保持功能及其经济价值[J]. 水土保持学报，（4）：156-159.

谭术魁. 2003. 耕地撂荒程度描述、可持续性评判指标体系及其模式[J]. 中国土地科学，17（6）：3-8.

檀竹平，洪炜杰，罗必良. 2019. 农业劳动力转移与种植结构"趋粮化"[J]. 改革，（7）：111-118.

陶伟，蔡浩辉，廖健豪. 2020. 粮食地理学视角下乡村本土农业的社会建构：元阳哈尼梯田稻作系统案例[J]. 地理科学，40（4）：637-645.

田玉军，李秀彬，马国霞，等. 2010. 劳动力析出对生态脆弱区耕地撂荒的影响[J]. 中国土地科学，24（7）：4-9.

托达罗. 1992. 第三世界的经济发展[M]. 于同申，苏荣生，等译. 北京：中国人民大学出版社.

王国萍，闵庆文，何思源，等. 2020. 生态农业的文化价值解析[J]. 环境生态学，2（8）：16-22.

王恒. 2020. 社会资本、劳动力流动与农户多维贫困研究：基于秦巴山区的微观调查数据[D]. 咸阳：西北农林科技大学.

王金满，白中科，宿梅双. 2013. 山地丘陵区坡式梯田土地整治工程量快速测算方法[J]. 中国土地科学，27（1）：78-83.

王礼先. 2000. 水土保持工程学[M]. 北京：中国林业出版社.

王清华. 1991. 云南亚热带山区哈尼族的梯田文化[J]. 农业考古，（3）：300-306.

王星光. 1990. 中国古代梯田浅探[J]. 郑州大学学报（哲学社会科学版），（3）：103-108.

王亚辉，李秀彬，辛良杰. 2019. 耕地地块细碎程度及其对山区农业生产成本的影响[J]. 自然资源学报，34（12）：2658-2672.

王宇，李海洋. 2017. 管理学研究中的内生性问题及修正方法[J]. 管理学季刊，2（3）：20-47，170-171.

韦鸿. 2008. 农地利用的经济学分析[M]. 北京：中国农业出版社.

文华成. 2003. 四川丘区农村耕地撂荒问题研究[J]. 农村经济，（10）：18-20.

吴发启，张玉斌，佘雕，等. 2003. 黄土高原南部梯田土壤水分环境效应研究[J]. 水土保持研究，（4）：128-130.

吴茗华，王薇，刘光盛，等. 2019. 基于神经网络模型的耕地撂荒风险评价：以广东兴宁市为例[J]. 农业现代化研究，40（6）：1002-1010.

吴郁玲，石汇，王梅，等. 2018. 农村异质性资源禀赋、宅基地使用权确权与农户宅基地流转：理论与来自湖北省的经验[J]. 中国农村经济，（5）：52-67.

向国成，韩绍凤. 2005. 农户兼业化：基于分工视角的分析[J]. 中国农村经济，（8）：4-9，16.

谢俊奇. 2005. 土地资源是农业资源与区划工作的主要对象[J]. 中国农业资源与区划,（6）：17-18.

辛良杰, 李秀彬, 谈明洪, 等. 2011. 近年来我国普通劳动者工资变化及其对农地利用的影响[J]. 地理研究, 30（8）：1391-1400.

徐勇, 邓大才. 2006. 社会化小农：解释当今农户的一种视角[J]. 学术月刊,（7）：5-13.

杨东群, 王克军, 蒋和平. 2018. 粮食减产影响我国粮食安全的分析与政策建议[J]. 经济学家,（12）：71-80.

杨磊, 冯青郁, 陈利顶. 2020. 黄土高原水土保持工程措施的生态系统服务[J]. 资源科学, 42（1）：87-95.

杨伦, 闵庆文, 刘某承, 等. 2020. 农业文化遗产视角下的黄河流域生态保护与高质量发展[J]. 环境生态学, 2（8）：1-8.

杨婷, 靳小怡. 2015. 资源禀赋、社会保障对农民工土地处置意愿的影响：基于理性选择视角的分析[J]. 中国农村观察,（4）：16-25, 95.

杨亚男, 张宏鸣, 李杭昊, 等. 2021. 结合 FCN 和 DenseCRF 模型的无人机梯田识别方法研究[J]. 计算机工程与应用, 57（3）：222-230.

杨玉竹, 邵景安, 钟建兵, 等. 2016. 重庆市巫山县土地流转特征及分布[J]. 西南大学学报（自然科学版）, 38（6）：123-130.

姚云峰, 王礼先. 1991. 我国梯田的形成与发展[J]. 中国水土保持,（6）：56-58.

姚云峰, 王礼先, 关君蔚. 1994. 论旱作梯田生态系统[J]. 干旱区资源与环境,（1）：116-121.

余新晓, 吴岚, 饶良懿, 等. 2007. 水土保持生态服务功能评价方法[J]. 中国水土保持科学,（2）：110-113.

尉迟文思, 姚云峰, 李晓燕. 2017. 我国梯田的类型及研究现状[J]. 北方农业学报, 45（1）：84-87.

袁淑宁, 高赟. 2020. 基于粮食安全背景下的传统小农经济现状[J]. 甘肃农业,（1）：105-107.

袁微. 2018. 二值选择模型内生性检验方法、步骤及 Stata 应用[J]. 统计与决策, 34（6）：15-20.

袁野, 周洪. 2021. 山区农村劳动力转移对农地退耕的影响：以武陵山区为例[J]. 中国农业资源与区划, 42（2）：249-256.

翟海燕, 董静, 汪江平. 2015. 政府科技资助对企业研发投入的影响：基于 Heckman 样本选择模型的研究[J]. 研究与发展管理, 27（5）：34-43.

张爱平. 2020. 农业文化遗产旅游地不同类型农户的农地利用行为演变分异：以哈尼梯田为例[J]. 旅游学刊, 35（4）：51-63.

张爱平, 张姣姣, 张永勋. 2020. 农业文化遗产旅游地农户生计与农地利用的耦合协调研究：以哈尼梯田为例[J]. 旅游科学, 34（3）：1-18.

张佰林, 高江波, 高阳, 等. 2018. 中国山区农村土地利用转型解析[J]. 地理学报, 73（3）：503-517.

张佰林, 杨庆媛, 严燕, 等. 2011. 快速城镇化进程中不同类型农户弃耕特点及原因：基于重庆市十区县 540 户农户调查[J]. 资源科学, 33（11）：2047-2054.

张柏齐. 1994. 弃耕抛荒的现状与对策[J]. 中国农业资源与区划,（6）：60-61.

张斌, 翟有龙, 徐邓耀, 等. 2003. 耕地抛荒的评价指标及应用研究初探[J]. 中国农业资源与区划, 24（5）：49-52.

张光宏, 崔许锋. 2015. 耕地资源非农化驱动机制及其区域差异性[J]. 中国农业科学, 48（8）：1632-1640.

张骅, 杨西民, 柳诗众. 2002. 论陕南水土保持治理方略[J]. 中国水土保持,（3）：23-25, 47.

张杰, 张珂, 赵峰. 2019. 农业劳动力转移性流失、耕地抛荒与"柔性"政策选择研究[J]. 新疆社会科学,（6）：131-140, 159.

张俊霞. 2013. 黑龙江省农村劳动力非农就业问题研究[D]. 哈尔滨：东北农业大学.

张亮, 丁明军, 殷悦. 2018. 鄱阳湖平原耕地撂荒现状及其驱动因素分析[J]. 江西师范大学学报（自然科学版）, 42（1）：38-44.

张天柱, 郑亚楠, 张凤荣, 等. 2020. 工程设计视角下山区梯田撂荒影响因素分析[J]. 农业工程学报, 36（7）：276-283.

张学珍，赵彩杉，董金玮，等. 2019. 1992—2017 年基于荟萃分析的中国耕地撂荒时空特征[J]. 地理学报，74（3）：411-420.

张英，李秀彬，宋伟，等. 2014. 重庆市武隆县农地流转下农业劳动力对耕地撂荒的不同尺度影响[J]. 地理科学进展，33（4）：552-560.

张永勋，闵庆文. 2016. 稻作梯田农业文化遗产保护研究综述[J]. 中国生态农业学报，24（4）：460-469.

赵文玥，李阳兵，李媛媛，等. 2018. 三峡库区腹地撂荒地动态演变及景观格局：以重庆市奉节县平安乡、竹园镇为例[J]. 水土保持通报，38（3）：256-262.

钟文晶. 2013. 禀赋效应、认知幻觉与交易费用：来自广东省农地经营权流转的农户问卷[J]. 南方经济，（3）：13-22.

周来友. 2017. 江西丘陵地区非农就业类型对农业生产效率的影响：基于农地流转和农地投入的考察[D]. 南京：南京农业大学.

周天勇. 2001. 托达罗模型的缺陷及其相反的政策含义：中国剩余劳动力转移和就业容量扩张的思路[J]. 经济研究，（3）：75-82.

朱文珏，罗必良. 2020. 劳动力转移、性别差异与农地流转及合约选择[J]. 中国人口•资源与环境，30（1）：160-169.

左长清，李小强. 2004. 红壤丘陵区坡改梯的水土保持效果研究[J]. 水土保持通报，（6）：79-81.

Aide T M，Grau H R. 2004. Globalization，migration，and Latin American ecosystems[J]. Science，305（5692）：1915-1916.

Arnaez J，Lasanta T，Errea M P，et al. 2011. Land abandonment，landscape evolution，and soil erosion in a Spanish Mediterranean mountain region：the case of Camero Viejo[J]. Land Degradation & Development，22（6）：537-550.

Bezu S，Holden S. 2014. Are rural youth in Ethiopia abandoning agriculture?[J]. World Development，64：259-272.

Bourdieu P. 1986. The Forms of Capital[M]//Richardson J. Handbook of Theory and Research for the Sociology of Education. New York：Greenwood Press：241-258.

Burkhard B，Kandziora M，Hou Y，et al. 2014. Ecosystem service potentials，flows and demands-concepts for spatial localization，indication and quantification[J]. Landscape Online，34：1-32.

Calsamiglia A，García-Comendador J，Fortesa J，et al. 2018. Effects of agricultural drainage systems on sediment connectivity in a small Mediterranean lowland catchment[J]. Geomorphology，318：162-171.

Chan J C W，Paelinckx D. 2018. Evaluation of random forest and Adaboost tree-based ensemble classification and spectral band selection for ecotope mapping using airborne hyperspectral imagery[J]. Remote Sensing of Environment，112（6）：2999-3011.

Chen B X，Qiu Z M，Usio N，et al. 2018. Conservation and contingent valuation of farming landscape amenities by visitors：a case study of terraced paddy fields in central Japan[J]. Paddy and Water Environment，（16）：561-570.

Cutler D R，Edwards Jr T C，Beard K H，et al. 2007. Random forests for classification in ecology[J]. Ecology，88（11）：2783-2792.

Deng C X，Zhang G Y，Liu Y J，et al. 2021. Advantages and disadvantages of terracing：a comprehensive review[J]. International Soil and Water Conservation Research，9（3）：344-359.

Dorren L，Rey F. 2004. A review of the effect of terracing on erosion[R]. Soil Conservation and Protection for Europe.

FAO. 2006. The role of agriculture and rural development in revitalizing abandoned/depopulated areas[C]//Barjolle D，Bravo H. The 34th Session of the European Commission on Agriculture. Riga：Food and Agriculture Organization of the United Nations，1-24.

Harris J R，Todaro M P. 1970. Migration，unemployment and development：a two-sector analysis[J]. The American Economic Review，60（1）：126-142.

Heckman J J. 1979. Sample selection bias as a specification error[J]. Econometric: Journal of the Econometric Society, 47（1）: 153-161.

Katayama N, Baba Y G, Kusumoto Y, et al. 2015. A review of post-war changes in rice farming and biodiversity in Japan[J]. Agricultural Systems, 132: 73-84.

Keenleyside C, Tucker G. 2010. Farmland abandonment in the EU: an assessment of trends and prospects[R]. Institute for European Environmental Policy.

Kizos T, Koulouri M, Vakoufaris H, et al. 2010. Preserving characteristics of the agricultural landscape through agri-environmental policies: the case of cultivation terraces in Greece[J]. Landscape Research, 35（6）: 577-593.

Kolecka N, Kozak J, Kaim D, et al. 2017. Understanding farmland abandonment in the Polish Carpathians[J]. Applied Geography, 88: 62-72.

Koulouri M, Giourga C. 2007. Land abandonment and slope gradient as key factors of soil erosion in Mediterranean terraced lands[J]. CATENA, 69（3）: 274-281.

Lasanta Martínez T, Arnáez-Vadillo J, Ruiz Flaño P, et al. 2013. Agricultural terraces in the Spanish mountains: an abandoned landscape and a potential resource[J]. Boletín de la Asociación de Geógrafos Españoles, 63: 487-491.

Lewis W A. 1954. Economic development with unlimited supplies of labour[J]. The Manchester School, 22（2）: 139-191.

Lieskovský J, Bezák P, Špulerová J, et al. 2015. The abandonment of traditional agricultural landscape in Slovakia: analysis of extent and driving forces[J]. Journal of Rural Studies, 37: 75-84.

Liu X H, He B L, Li Z X, et al. 2011. Influence of land terracing on agricultural and ecological environment in the loess plateau regions of China[J]. Environmental Earth Sciences, 62: 797-807.

MacDonald D, Crabtree J R, Wiesinger G, et al. 2000. Agricultural abandonment in mountain areas of Europe: environmental consequences and policy response[J]. Journal of Environmental Management, 59（1）: 47-69.

Modica G, Praticò S, Di Fazio S. 2017. Abandonment of traditional terraced landscape: a change detection approach（a case study in Costa Viola, Calabria, Italy）[J]. Land Degradation & Development, 28（8）: 2608-2622.

Munroe D K, van Berkel D B, Verburg P H, et al. 2013. Alternative trajectories of land abandonment: causes, consequences and research challenges[J]. Current Opinion in Environmental Sustainability, 5（5）: 471-476.

Osawa T, Kohyama K, Mitsuhashi H. 2016. Multiple factors drive regional agricultural abandonment[J]. Science of the Total Environment, 542: 478-483.

Prishchepov A V, Radeloff V C, Baumann M, et al. 2012. Effects of institutional changes on land use: agricultural land abandonment during the transition from state-command to market-driven economies in post-Soviet Eastern Europe[J]. Environmental Research Letters, 7（2）: 024021.

Qiu Z M, Chen B X, Takemoto K. 2014. Conservation of terraced paddy fields engaged with multiple stakeholders: the case of the Noto GIAHS site in Japan[J]. Paddy and Water Environment, 12: 275-283.

R Core Team. 2009. R: a language and environment for statistical computing. R Foundation for Statistical Computing, Vienna, Austria[J]. Computing, 14: 12-21.

Renwick A, Jansson T, Verburg P H, et al. 2013. Policy reform and agricultural land abandonment in the EU[J]. Land Use Policy, 30（1）: 446-457.

Rudel T K. 2009. Tree farms: driving forces and regional patterns in the global expansion of forest plantations[J]. Land Use Policy, 26（3）: 545-550.

Shi T C, Li X B, Xin L J, et al. 2018. The spatial distribution of farmland abandonment and its influential factors at the township level: a case study in the mountainous area of China[J]. Land Use Policy, 70: 510-520.

Sluiter R, de Jong S M. 2007. Spatial patterns of Mediterranean land abandonment and related land cover transitions[J].

Landscape Ecology，22：559-576.

Stark O. 1991. Migration in LDCs：risk，remittances，and the family[J]. Finance and Development，28（4）：39-41.

Stark O，Bloom D E. 1985. The new economics of labor migration[J]. The American Economic Review，75（2）：173-178.

Todaro M P. 1969. A model of labor migration and urban unemployment in less developed countries[J]. The American Economic Review，59（1）：138-148.

Vidal-Macua J J，Ninyerola M，Zabala A，et al. 2018. Environmental and socioeconomic factors of abandonment of rainfed and irrigated crops in northeast Spain[J]. Applied Geography，90：155-174.

Wei W，Chen D，Wang L X，et al. 2016. Global synthesis of the classifications，distributions，benefits and issues of terracing[J]. Earth-Science Reviews，159：388-403.

Weissteiner C J，Boschetti M，Böttcher K，et al. 2011. Spatial explicit assessment of rural land abandonment in the Mediterranean area[J]. Global and Planetary Change，79（1/2）：20-36.

Xie H L，Wu Q. 2020. Farmers' willingness to leave land fallow from the perspective of heterogeneity：a case-study in ecologically vulnerable areas of Guizhou，China[J]. Land Degradation & Development，31（14）：1749-1760.

Xu D D，Deng X，Guo S L，et al. 2019. Labor migration and farmland abandonment in rural China：empirical results and policy implications[J]. Journal of Environmental Management，232：738-750.

Yan J Z，Zhang Y L，Hua X B，et al. 2016. An explanation of labor migration and grain output growth：findings of a case study in eastern Tibetan Plateau[J]. Journal of Geographical Sciences，26：484-500.

Zhang J Y，Zhang N，Liu Y X，et al. 2018. Root microbiota shift in rice correlates with resident time in the field and developmental stage[J]. Science China Life Sciences，61：613-621.

Zhang Y，Li X B，Song W. 2014. Determinants of cropland abandonment at the parcel，household and village levels in mountain areas of China：a multi-level analysis[J]. Land Use Policy，41：186-192.

Zhang Y，Li X B，Song W，et al. 2016. Land abandonment under rural restructuring in China explained from a cost-benefit perspective[J]. Journal of Rural Studies，47：524-532.

第6章 农户尺度耕地撂荒实证研究

6.1 非农就业对农户梯田撂荒行为影响的实证分析

6.1.1 研究假说

关于劳动力迁移与农业生产及土地资源配置之间的研究由来已久。自 1982 年第一个中央一号文件正式承认包产到户合法,并鼓励农民发展多种方式经营以来,中国农业劳动生产率得到极大提高,便有了家庭剩余劳动力的大量出现,但在户籍制度的限制下,城乡人口迁移受阻。随着户籍制度逐步放开,农业劳动力迁移先后经历了从"以粮为纲"到多种经营,从单一的种植业到农林牧副渔全面发展,从农业到乡镇企业,从"离土不离乡"到非农产业的重新配置(蔡昉,2017)。尤其是近年来,农村劳动力向城市和非农产业部门转移的制度障碍破除后,农村劳动力自由流动更加频繁,加之非农就业机会及非农收入的持续增加,农村劳动力迁移有增无减。根据 2010~2020 年农民工监测调查报告,中国外出农民工人数从 2010 年的 15 335 万人增长到 2020 年的 17 752 万人,平均每年增长量约为 242 万人;且外出农民工的月均收入从 2010 年的 1690 元增长到 2020 年的 4549 元,平均每年增长量为 285.9 元(图 6-1)。与此同时,家庭联产承包责任制使南方山区一直维持着以小规模、分散为主要基本特征的家庭经营管理模式,而农村地区大量劳动力迁移,直接造成从事农业生产的劳动力要素供给稀缺和质量下降,进而改变农业生产中劳动力与土地要素的投入比例。特别是,多地均有报道,山地梯田区劳动力流失引起弃耕、季节性撂荒和粗放经营,进而导致梯田田面垮塌、灌溉沟渠损毁等地力资本损失。中国农业农村部在 2021 年 1 月 20 日印发的《关于统筹利用撂荒地促进农业生产发展的指导意见》中明确指出:"一些地方出现了不同程度的耕地撂荒现象,导致土地资源浪费、耕地质量下降,给国家粮食安全和重要农产品有效供给带来一定影响。"集中体现了中国政府对农田撂荒的重视。

梯田是在丘陵山坡地上沿等高线方向修筑的条状阶台式或波浪式断面的田地,主要通过重塑坡地表面形态达到增加土壤厚度、提高土地生产力的目的,其蓄水、保土的作用十分显著(Dorren and Rey,2004;Chen et al.,2017)。梯田景观遍布世界各地,特别是在山区和丘陵地区中,这种人工创造的景观更为普遍

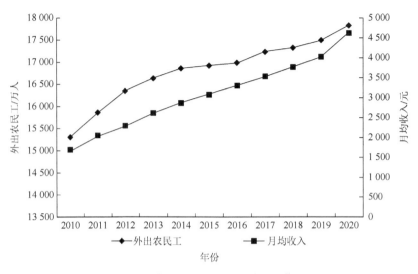

图6-1　中国外出农民工及其月均收入

（Wei et al.，2016）。梯田具有可观的景观价值，有助于维护区域内脆弱的生态环境平衡，以及为人类提供多种生态系统服务，因而备受学者关注（Kieninger et al.，2013；Agnoletti et al.，2015；Fukamachi，2017；Ferro-Vázquez et al.，2017；Varotto et al.，2019）。江西省作为中国南方稻作梯田的典型区域，不仅有已经纳入"全球重要农业文化遗产"的崇义客家梯田，还拥有宁都县中院梯田、遂川县高山梯田、婺源县江岭梯田、横峰县葛源梯田、兴国县高山梯田等诸多优质梯田资源。然而，梯田区的农耕系统如今却面临着迅速瓦解的局面，其中农村青壮年劳动力大量迁移被认为是梯田摞荒的关键因素，而留守劳动力的女性化与老龄化，使其无法应付劳动强度大且繁重的梯田农业生产任务。农村劳动力长期、过度迁移后，梯田无法实现以机械替代人力，由此引发大面积梯田摞荒。长期摞荒的梯田通常不易复耕复种，逐渐发生植被的自然演替，呈现自然生态用地扩张的状态。同时，农村留守劳动力老龄化攀升和地块细碎化加剧，制约了现代农耕工具的使用，势必影响农业经营效益的提升，致使山区梯田摞荒现象继续加重（邵景安等，2015）。然而，面对国家18亿亩耕地红线的保护要求和确保粮食安全的民生诉求，如何避免优等梯田资源的浪费已成为中国土地可持续利用管理中的重点和难点（邵景安等，2015；谢花林和黄莹乾，2021）。此外，山区农户家庭劳动力既有从事非农产业的，又有留在农业的，这样的劳动力资源配置和农业生产方式对中国梯田区的土地利用和农业前景的影响如何，仍未可知。究其原因，一方面是在农业比较收益低的背景下，普通农户非农就业的增加会直接改变农户的生计行为，所造成的留守家庭劳动力紧约束是否会对普通农户的农业生产要素投入、梯田保护意愿等决策行为产生负面影响，进而促进梯田摞荒？另一方面是，对规模户而言，非农就业带来的收入效应,是否又会对其生产要素投入、梯田维护意愿等产生正面影响,进而抑制梯田撂荒?因此,有必要深入分析非农就业对农户梯田利用行为的影响。

非农就业对梯田撂荒的作用机制如图 6-2 所示。首先,本节对家庭劳动力非农就业如何影响梯田撂荒进行探讨。其次,探讨本地非农兼业和非农兼业人员平均年龄对梯田撂荒的影响。最后,探讨非农收入中用于农业生产性投资(包括增产性投资或省工性投资)是否对非农就业影响农户梯田撂荒决策具有中介作用。本节通过构建三步法中介效应模型来验证这一中介效应是否存在。为了探讨非农就业对梯田撂荒行为的影响,本节将检验以下假设。

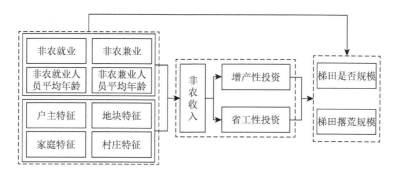

图 6-2　非农就业对梯田撂荒的作用机制

H1:非农就业与梯田撂荒呈倒"U"形关系。

H2:本地非农兼业、非农兼业人员平均年龄对梯田撂荒具有抑制作用。

H3:农业生产性投资是非农就业与梯田撂荒之间的中介变量。

6.1.2　研究区域概况与研究方法

1. 研究区域概况

江西省位于中国东南部,地处长江中下游南岸,属亚热带季风性气候,年平均气温 18.0℃,是典型的农业大省,也是我国 13 个粮食主产省份之一。全省面积为 16.69 平方千米,其中山地占全省总面积的 36%,丘陵占 42%,平原占 12%,水面占 10%。江西农用地面积为 14.4 万平方千米,人均耕地面积仅有 1 亩左右,远低于全国平均水平,且耕地主要分布在赣北鄱阳湖平原和赣江等河流沿岸,而赣南山区的耕地分布细碎零散。省域内地形地貌复杂多样,主要以丘陵、山地和盆地为主,中南部多丘陵山地,北部平原地势平坦,东、西、南三面环山。受地理环境因素的影响,全省作物种植种类以"北稻南果"为主,水稻种植面积占总作物面积的 85%~90%。而且，江西省具备地理环境和交通优势，能为劳动力外出务工提供大量机会。

本章以《中国县（市）社会经济统计年鉴（2012）》中所列的丘陵山区县名单为基础，选取江西省九江市武宁县和修水县，赣州市崇义县、上犹县和南康区，萍乡市芦溪县和莲花县，吉安市永丰县，抚州市黎川县，新余市及上饶市等地区作为研究区域。其中，已经纳入"全球重要农业文化遗产"的崇义客家梯田位于赣南崇义县内的偏远山区，地处罗霄山脉与诸广山脉之间，距今已有 800 多年的历史（陈桃金等，2017）。崇义客家梯田的起源与演变，多是客家居民长期迁移并与当地自然环境相融合的结果。已有研究表明，崇义客家梯田区内劳动力大量流失已引起严重的梯田撂荒问题，其中稻作梯田所在的丰州乡、上堡乡和思顺乡在 2014 年的撂荒率分别为 28.81%、20.42% 和 39.03%（缪建群等，2018）。由于梯田的形成多与地形条件有关，而江西又多丘陵山地，全省域内各地级市中存在规模不一的梯田区域，因此本章还选取了位于九江市、萍乡市、新余市、抚州市、上饶市和吉安市等具有一定规模及知名度的梯田县作为研究区域。

2. 研究方法

1）村和农户问卷调查

村问卷调查及访谈：村问卷调查内容主要包括建制村基本情况（村劳动力就业数量和分布、村所在的区域位置、交通状况）、梯田资源情况（梯田面积、撂荒数量、熟制、灌溉条件）、梯田流转情况（流转面积、流转对象、流转租金）、梯田种植情况（种植面积、作物亩产和出售价格），主要以村干部为访谈对象，除了解目前本村梯田的利用情况、农业生产状况及农林水相关的补贴实施情况外，还询问其对如何盘活撂荒梯田有何想法与建议，为后续政策建议的提出提供依据。

农户问卷调查：农户问卷调查内容主要囊括了梯田利用状况（包括承包、流转、种植和撂荒等基本情况）、地块层面经营情况（包括地块面积与类型、灌溉条件、能否使用机械、离家距离和正常亩产量等基本情况）、家庭成员基本情况（包括年龄、受教育程度、职业类型、就业地点、务农或务工时间和务工平均月收入等基本情况）和家庭收支情况等（包括家庭总收入、传统和经济作物收入、禽畜和水产养殖收入、非农就业收入和农业补贴等基本情况）。

2）计量分析法

本章利用统计分析方法，对农户问卷和村问卷进行整理和分析。首先，结合村级、农户和地块层面的数据，运用 Logit 模型和受限因变量 Tobit 模型实证分析非农就业、非农兼业对梯田生产要素投入行为和梯田撂荒的影响。其次，非农就业、非农兼业与梯田撂荒之间可能存在内生性问题，若不解决内生性问题，将会导致研究结论的可信度不高，得出的政策建议会与现实情况相违背。因而，本章借鉴已有研究，选择运用工具变量法来解决内生性问题。

6.1.3　研究结果与分析

1. 模型构建与变量选择

1）模型设置

（1）梯田是否撂荒。由于农户梯田是否撂荒是一个二元选择问题，故可以利用二元选择模型（binary choice model）。一般认为 Logit 模型应用最为广泛，所以本章使用 Logit 模型做回归分析，同时也利用 Probit 模型做回归，作为稳定性检验。把农户撂荒梯田定义为 $y=1$，农户没有撂荒梯田定义为 $y=0$，Logit 回归模型为

$$
\begin{cases}
p_i = F(y_i) = \dfrac{\exp\left(\beta_0 + \sum\limits_{j=1}^{n} \beta_j X_{ij}\right)}{1 + \exp\left(\beta_0 + \sum\limits_{j=1}^{n} \beta_j X_{ij}\right)} \\[4mm]
y_i = \ln\left(\dfrac{p_i}{1 - p_i}\right) = \beta_0 + \sum\limits_{j=1}^{n} \beta_j X_{ij}
\end{cases}
\tag{6-1}
$$

式中，p_i 表示第 i 个农户梯田撂荒的概率（撂荒 $=1$，未撂荒 $=0$）；y_i 为因变量，表示第 i 个农户是否撂荒（撂荒 $=1$，未撂荒 $=0$）；β_0 和 β_j 分别表示回归方程的常数项和第 j 个自变量的回归系数；n 表示自变量的个数；X_{ij} 表示第 i 个农户第 j 个自变量的取值。

（2）梯田撂荒规模。由于在本章研究中因变量（梯田撂荒规模）的数据不服从正态分布，其大部分数值取值为 0，且具有明显的左端归并特征，本章采用针对归并数据更常用的 Tobit 模型（Kennedy，2003），并参考 Xu 等（2019a）和 Lu（2020）的实证分析模型，将 Tobit 估计模型设定如下，

$$
\text{abandon}_i = \alpha_0 + \alpha_1 \text{Mig}_i + \alpha_2 X_{hi} + \alpha_3 X_{fi} + \alpha_4 X_{pi} + \alpha_5 X_{vi} + \varepsilon_i
\tag{6-2}
$$

式中，abandon_i 表示第 i 个农户的梯田撂荒规模；Mig_i 表示第 i 个农户家庭的非农就业或非农兼业；X_{hi} 表示第 i 个农户的户主特征向量，包括户主年龄和受教育程度；X_{fi} 表示第 i 个农户的家庭特征向量，包括家庭总人数、劳动力总数和梯田经营规模等；X_{pi} 表示第 i 个农户的地块特征向量，包括灌溉条件和地块数等；X_{vi} 表示第 i 个农户所处的村庄特征向量，包括村庄人均纯收入和交通情况等；α_0 表示截距项；α_1、α_2、α_3、α_4 和 α_5 表示相应的回归系数；ε_i 表示随机扰动项。

2）变量选择与说明

为验证非农就业对梯田撂荒的影响，本章根据已有研究，设置以下变量。具体包括农户梯田是否撂荒和梯田撂荒规模等因变量，核心自变量即非农就业和非农兼业，以及控制变量即户主特征、家庭特征、地块特征和村庄特征等。各维度变量的选择与解释如下。

（1）因变量：梯田是否撂荒及撂荒规模。本章研究的重点是农户非农就业对梯田是否撂荒及撂荒规模的影响。在本章中，梯田撂荒是指在 2 年内，对梯田完全停止了农业生产，并且没有用于农业生产的资金、劳动力或其他投入。梯田是否撂荒是二元选择问题，因而采用 Probit 模型或 Logit 模型进行影响因素分析。梯田撂荒规模由实际调研数据获得，并通过 Tobit 模型来分别考察非农就业和非农兼业对梯田撂荒规模的作用强度。

（2）非农就业和非农兼业。本章的核心自变量是非农就业和非农兼业。大多数研究用"家庭成员是否外出务工"、"家庭成员务工人数"、"家庭中至少有一人外出务工"、"非农收入占比"以及"非农劳动力与农村劳动力总数之比"来表示非农就业程度（杨志海和王雨濛，2015；Zhang et al.，2020）。由于本章主要关注家庭层面劳动力资源的再配置情况，使用"本地非农兼业劳动力总数与家庭总劳动力人数之比"来表示非农兼业，使用"外出非农就业劳动力总数与家庭总劳动力人数之比"来表示非农就业。相对而言，这 2 个变量能够更好地显示出家庭内部劳动力资源在非农产业领域和农业领域的配置（钱龙和洪名勇，2016）。

（3）户主特征。户主在耕地利用行为决策中通常发挥着至关重要的作用，具体在模型中，分别引入户主年龄和受教育程度 2 个变量予以控制。

（4）家庭特征，具体包括家庭人口、收入和家庭梯田经营特征。家庭人口和收入特征主要包括家庭总人数、劳动力总数、劳动力平均年龄、家庭女性比例、家庭人均年收入、家庭养殖收入等 6 个控制变量。家庭梯田经营特征主要包括家庭梯田经营规模、劳动力投入强度、农业机械投入等 3 个控制变量。

家庭劳动力投入强度是影响梯田撂荒的重要因素，本章使用对数化的"农业劳动力数量与家庭承包土地面积之比"予以表示。农业机械化程度低被认为是山区梯田撂荒的主要动因之一（田玉军等，2010），本章使用农户在种植农作物的整个生产周期内（包括翻耕、施肥打药、灌溉、播种和收割）所支付的机械花费总额（取对数）来表示农业机械投入。土地投入关乎农户能否实现规模效益，本章使用家庭实际耕种的梯田面积来表示农户的梯田经营规模。

（5）地块特征。诸多研究表明，地块层面的特征是影响梯田撂荒的主要因素之一，因此本章在模型中引入灌溉条件和地块数，以控制这一层面因素的影响。

（6）村庄特征。本章引入村庄人均纯收入、村庄交通情况和村庄梯田流转率，以控制村庄层面的影响。因此，与本章相关的变量及相应的描述性统计分析如表 6-1 所示。

表 6-1　变量的描述性统计分析

变量	定义与赋值	均值	标准差
梯田是否撂荒	农户家庭是否有撂荒的梯田（0＝否；1＝是）	0.40	0.490
梯田撂荒规模	农户家庭梯田撂荒的面积/亩	1.09	2.281
梯田撂荒率	梯田撂荒面积占家庭承包土地面积的比重	0.17	0.271
非农就业	外出非农就业劳动力总数与家庭总劳动力人数之比	0.31	0.307
非农兼业	本地非农兼业劳动力总数与家庭总劳动力人数之比	0.27	0.281
非农就业人数	家庭成员外出非农就业的劳动力人数/人	1.06	1.114
非农兼业人数	家庭成员本地非农兼业的劳动力人数/人	0.81	0.849
非农就业成员平均年龄	家庭外出非农就业成员年龄总数与外出非农就业人数之比/岁	19.97	17.518
非农兼业成员平均年龄	家庭本地非农兼业成员年龄总数与本地非农兼业人数之比/岁	27.25	24.600
务农成员平均年龄	家庭务农成员年龄总数与务农人数之比/岁	42.51	26.972
户主年龄	2019 减出生年份/岁	55.63	9.650
受教育程度	户主是否具有高中及以上学历（0＝否；1＝是）	0.15	0.356
家庭总人数	家庭拥有的总人口数/人	4.60	1.969
劳动力总数	家庭拥有的劳动力人数/人	3.09	1.325
劳动力平均年龄	家庭劳动力成员年龄总数与家庭总劳动力人数之比	40.02	11.666
家庭女性比例	家庭女性人数与家庭总人口数/人	0.45	0.168
家庭人均年收入	家庭年收入与家庭总人口数之比取对数/人	9.50	0.732
家庭养殖收入	农户家庭禽畜和水产养殖的收入取对数/元	3.58	2.819
劳动力投入强度	农业劳动力数量与家庭承包土地面积之比取对数/(人/亩)	0.24	0.230
梯田经营规模	家庭实际耕种的梯田面积/亩	6.15	14.932
农业机械投入	农户种植农作物的机械花费总额取对数/元	3.21	3.283
灌溉条件	农户耕种地块的灌溉条件（1＝好；2＝一般；3＝差）	1.91	0.745
地块数	农户耕种的地块数/块	20.07	37.468
村庄人均纯收入	村庄 2019 年人均纯收入取对数/元	9.01	0.466
村庄交通情况	村庄是否通公共汽车（0＝否；1＝是）	0.54	0.499
村庄梯田流转率	村庄梯田流转面积与村内梯田总面积之比/亩	0.18	0.206

2. 模型结果与分析

1）描述性分析

从描述性统计结果来看（表 6-1），有 40%的农户存在梯田撂荒现象，平均梯田撂荒面积为 1.09 亩，农户家庭平均梯田撂荒率为 17%，低于全国梯田平均撂荒率（22%）。在非农就业方面，样本农户家庭成员外出非农就业的比例为31%，说明样本整体非农就业率较低，非农就业人数的均值为1.06人，说明在样本整体中平均每户有一个家庭劳动力向外迁移，并从事非农生产活动，且非农就业成员的平均年龄为19.97岁，说明外出非农就业的主要是青壮年劳动力。相反，家庭成员本地非农兼业的比例为27%，非农兼业成员的平均年龄为27.25岁，家庭务农成员的平均年龄为42.51岁，说明家庭留守人员的年龄普遍偏高。

为更好地分析不同变量与梯田撂荒意愿和梯田撂荒规模的关系，有必要以不同变量的均值为标准进行分组对比分析，表6-2为主要影响因素的分组对比。结果显示，高非农就业率户的梯田撂荒意愿、梯田撂荒规模以及梯田撂荒率明显较高，说明非农就业可能会促进梯田撂荒。此外，家庭成员非农就业人数和非农就业成员平均年龄的分组结果也证实了这一点。然而，非农兼业率、非农兼业人数及非农兼业成员平均年龄等分组的估计结果则大致与之相反，这表明本地非农兼业能抑制梯田撂荒。此外，家庭务农成员的平均年龄越高，其梯田撂荒意愿、梯田撂荒规模及梯田撂荒率越低，说明家庭留守成员的老龄化能降低梯田撂荒的程度，这可能是由于留守劳动力人员的年龄越大，越无法获得其他非农就业机会，只能依靠梯田获取生产和生活所需的物质产品。

表 6-2　主要影响因素的分组对比

分组及定义	梯田是否撂荒	梯田撂荒规模/亩	梯田撂荒率
非农就业率高（大于或等于均值）	44.2%	1.230	18.2%
非农就业率低（小于均值）	34.7%	0.941	14.8%
非农就业人数高（大于或等于均值）	45.7%	1.452	20.7%
非农就业人数低（小于均值）	36.7%	0.910	14.5%
非农就业成员平均年龄高（大于或等于均值）	43.9%	1.201	18.0%
非农就业成员平均年龄低（小于均值）	33.9%	0.944	14.7%
非农兼业率高（大于或等于均值）	38.7%	1.096	15.8%
非农兼业率低（小于均值）	40.5%	1.093	17.2%
非农兼业人数高（大于或等于均值）	36.8%	1.038	14.8%
非农兼业人数低（小于均值）	43.7%	1.169	19.0%
非农兼业成员平均年龄高（大于或等于均值）	37.2%	1.062	15.1%
非农兼业成员平均年龄低（小于均值）	42.9%	1.134	18.4%
务农成员平均年龄高（大于或等于均值）	36.7%	0.928	15.0%
务农成员平均年龄低（小于均值）	46.5%	1.458	20.1%
户主年龄高（大于或等于均值）	39.1%	1.031	16.5%

分组及定义	梯田是否撂荒	梯田撂荒规模/亩	梯田撂荒率
户主年龄低（小于均值）	40.4%	1.157	16.7%
劳动力总数高（大于或等于均值）	39.5%	1.164	16.6%
劳动力总数低（小于均值）	39.9%	1.055	16.6%
家庭女性比例高（大于或等于均值）	36.5%	0.815	15.7%
家庭女性比例低（小于均值）	43.7%	1.434	17.7%
家庭人均年收入高（大于或等于均值）	39.3%	1.101	15.5%
家庭人均年收入低（小于均值）	40.4%	1.085	18.1%
劳动力投入强度高（大于或等于均值）	33.1%	0.439	13.4%
劳动力投入强度低（小于均值）	44.8%	1.593	19.1%
农业机械投入高（大于或等于均值）	33.3%	0.905	11.8%
农业机械投入低（小于均值）	46.3%	1.287	31.1%
梯田经营规模高（大于或等于均值）	31.3%	1.094	9.6%
梯田经营规模低（小于均值）	43.0%	1.095	19.3%

在家庭特征方面，家庭劳动力人数越多，农户撂荒意愿越低，但是以均值划分家庭劳动力总数的高低在梯田撂荒规模及撂荒率上相差不大。家庭女性比例高时（大于或等于均值），梯田撂荒意愿、撂荒规模和撂荒率都相对较低。家庭人均年收入高时，梯田撂荒意愿和梯田撂荒率都相对较低，但梯田撂荒规模相对稍高。在劳动力投入强度、农业机械投入和梯田经营规模方面，相对而言，三种要素的值越高，梯田撂荒意愿、撂荒规模以及撂荒率越低。

2）非农就业对梯田撂荒的影响分析

本章应用 Stata 15.1 软件对式（6-1）和式（6-2）进行回归，回归结果见表 6-3，其中以 Probit 模型的估计结果作为 Logit 模型的稳健性检验，但需要指出的是，由于梯田撂荒规模的大部分数值取值为 0，因而直接用线性回归模型[如 OLS（ordinary least square method，普通最小二乘法）]估计，则结果有偏。回归结果表明，非农就业在 1%的水平上显著影响农户梯田撂荒意愿及撂荒规模，即在保持其他变量不变的情况下，农户家庭非农就业每提升一个单位，农户梯田撂荒意愿及撂荒规模分别增加 14.5%和 3.6%。然而，当加入非农就业平方项后，非农就业一次项并不显著，而非农就业平方项显著正向影响梯田撂荒意愿及撂荒规模，这表明非农就业与梯田撂荒之间存在非线性关系。但并不呈现倒 "U" 形关系，这与以往学者的研究结果不一致（Deng et al.，2018a；Zhang et al.，2020），可能的原因是小样本单个农户的截面数据无法准确估计家庭劳动力非农就业的动态变化过程。

表 6-3　非农就业对农户梯田撂荒行为影响的估计结果

变量	梯田是否撂荒				梯田撂荒规模			
	Logit	Logit	dy/dx	Probit	Tobit	Tobit	dy/dx	OLS
非农就业	0.984***	−0.676	−0.145	−0.407	0.252***	−0.092	−0.036	0.020
	(0.350)	(0.888)	(0.189)	(0.533)	(0.090)	(0.234)	(0.091)	(0.098)
非农就业平方项		1.427***	0.305***	0.870***		0.335**	0.130**	0.146**
		(0.539)	(0.112)	(0.325)		(0.142)	(0.055)	(0.064)
户主年龄	−0.003	−0.002	−0.000	−0.002	−0.000	0.000	0.000	0.000
	(0.011)	(0.011)	(0.002)	(0.007)	(0.003)	(0.003)	(0.001)	(0.001)
受教育程度	0.706**	0.711**	0.152**	0.430**	0.132*	0.135*	0.053*	0.033
	(0.304)	(0.305)	(0.063)	(0.186)	(0.076)	(0.076)	(0.029)	(0.038)
劳动力平均年龄	−0.014	−0.013	−0.003	−0.008	−0.004	−0.003	−0.001	−0.001
	(0.009)	(0.010)	(0.002)	(0.006)	(0.003)	(0.003)	(0.001)	(0.001)
家庭女性比例	−0.519	−0.509	−0.109	−0.295	−0.040	−0.040	−0.016	0.046
	(0.672)	(0.672)	(0.143)	(0.402)	(0.180)	(0.179)	(0.070)	(0.083)
家庭养殖收入	0.002	0.003	0.001	0.001	−0.020*	−0.020*	−0.008*	−0.019***
	(0.042)	(0.042)	(0.009)	(0.025)	(0.011)	(0.011)	(0.004)	(0.005)
劳动力投入强度	−0.923*	−0.908*	−0.194*	−0.543*	−0.245*	−0.236*	−0.092*	−0.077
	(0.518)	(0.520)	(0.109)	(0.311)	(0.142)	(0.142)	(0.055)	(0.057)
梯田经营规模	−0.023	−0.023	−0.005	−0.014	−0.010*	−0.010*	−0.004*	−0.001
	(0.022)	(0.022)	(0.005)	(0.012)	(0.006)	(0.006)	(0.002)	(0.001)
农业机械投入	−0.094***	−0.093***	−0.020***	−0.058***	−0.031***	−0.031***	−0.012***	−0.015***
	(0.035)	(0.035)	(0.007)	(0.021)	(0.010)	(0.010)	(0.004)	(0.004)
灌溉条件	0.297**	0.297**	0.064**	0.180**	0.099**	0.098**	0.038**	0.044**
	(0.147)	(0.147)	(0.031)	(0.089)	(0.041)	(0.040)	(0.016)	(0.019)
地块数	0.004	0.004	0.001	0.003*	0.001**	0.001**	0.000**	0.000*
	(0.003)	(0.003)	(0.001)	(0.002)	(0.000)	(0.000)	(0.000)	(0.000)
村庄人均纯收入	−0.162	−0.177	−0.038	−0.084	−0.089	−0.093	−0.036	−0.067**
	(0.255)	(0.255)	(0.054)	(0.156)	(0.069)	(0.069)	(0.027)	(0.028)
村庄交通情况	0.004	−0.000	−0.000	−0.006	−0.009	−0.011	−0.004	−0.006
	(0.223)	(0.223)	(0.048)	(0.135)	(0.061)	(0.061)	(0.024)	(0.026)
村庄梯田流转率	−0.364	−0.351	−0.075	−0.206	−0.087	−0.084	−0.033	−0.048
	(0.586)	(0.585)	(0.125)	(0.353)	(0.160)	(0.159)	(0.062)	(0.058)
常数项	1.584	1.848		0.917	0.843	0.897		0.801***
	(2.405)	(2.416)		(1.478)	(0.641)	(0.642)		(0.260)
样本量	405	405	405	405	405	405	405	405

注：dy/dx 是变量的平均边际效应；括号内数字为稳健标准误。因部分变量结果不显著，所以此处只截取部分估计结果

***、**和*分别表示变量在 1%、5%和 10%的水平上显著

在户主特征方面。户主受教育程度因素对梯田是否撂荒及撂荒规模都具有显著的正向影响，在保持其他变量不变的情况下，相对于只接受过初中及以下教育水平的户主而言，拥有高中及以上学历的户主对梯田是否撂荒及撂荒规模的影响都更大。

在家庭特征方面。家庭养殖收入在 10%的显著性水平上正向影响农户梯田撂荒规模，但对梯田是否撂荒无影响。与家庭梯田经营特征相关的影响因素估计结果表明，劳动力投入强度和农业机械投入对梯田是否撂荒及撂荒规模均具有显著的负向影响，且在其他变量保持不变的情况下，劳动力投入强度和农业机械投入每增加一个单位，农户梯田撂荒意愿分别减少 19.4%和 2%，梯田撂荒规模分别减小 9.2%和 1.2%。这说明，家庭农业劳动力投入的减少是造成梯田撂荒的关键影响因素。梯田经营规模虽然对梯田是否撂荒无影响，但是显著负向影响梯田撂荒规模，具体表现为梯田耕种面积每增加一亩，农户梯田撂荒规模减小 0.4%，这说明只是扩大梯田规模对缓解梯田撂荒的作用甚微。

在地块特征和村庄特征方面。灌溉条件对梯田是否撂荒及撂荒规模均具有显著的正向影响，具体表现为灌溉条件较差的地块更容易被撂荒，且撂荒的规模较大。而农户所耕种的地块数对梯田撂荒意愿无影响，但在 5%的显著性水平上正向影响梯田撂荒规模。村庄人均纯收入和村庄交通情况对梯田是否撂荒及撂荒规模均无影响。虽然村庄梯田流转率对梯田是否撂荒及撂荒规模的影响为负，但并未通过显著性检验，因而村庄梯田流转率并非梯田撂荒的关键影响因素。

3）非农兼业对梯田撂荒的影响分析

本章进一步分析家庭成员从事非农兼业活动的劳动力对梯田撂荒行为的影响。在南方地区双季稻改种单季稻是造成复种指数下降的主要原因（李宇等，2020），这不仅增加了留守劳动力的休闲时间，也为其从事非农活动提供了足够的时间，这使得家庭留守劳动力非农兼业十分普遍。回归结果表明（表 6-4），家庭留守劳动力本地非农兼业对梯田是否撂荒以及撂荒规模均具有显著的负向影响，具体表现为非农兼业每增加 1%，梯田撂荒意愿及撂荒规模分别降低 0.196%和0.11%。这是因为农闲之余从事非农活动，不仅能获得一部分非农收入，而且所获得的信息来源比只从事农业生产时多，有利于农户及时调整农业生产要素的投入和种植结构，缓解因社会经济变化陷入梯田假边际化过程而引起的大面积撂荒。非农兼业成员平均年龄在 10%的显著性水平上负向影响梯田是否撂荒及撂荒规模，在其他变量保持不变的情况下，非农兼业成员平均年龄每增加一岁，梯田撂荒意愿及撂荒规模分别降低 0.2%和 0.1%。这是因为随着家庭留守劳动力平均年龄的提高，在乡镇周边获得非农就业的机会将逐步下降，而农业生产活动对劳动力年龄没有限制门槛，只要身体健康、能够劳作，则仍能从事农业生产。因此，当留守劳动力无法在市场上获得非农就业机会时，从事农业生产成为其重要的生活保障来源，这加深了留守劳动力对梯田生产功能和社会保障功能的依赖，进而降低了梯田撂荒意愿及撂荒规模。

表 6-4　非农兼业对农户梯田撂荒行为影响的估计结果

变量	梯田是否撂荒				梯田撂荒规模			
	系数	dy/dx	系数	dy/dx	系数	dy/dx	系数	dy/dx
非农兼业	−0.912**	−0.196**			−0.293**	−0.110**		
	(0.433)	(0.091)			(0.126)	(0.047)		
非农兼业成员平均年龄			−0.008*	−0.002*			−0.003*	−0.001*
			(0.005)	(0.001)			(0.002)	(0.001)
户主年龄	−0.004	−0.001	−0.002	−0.001	−0.000	−0.000	0.000	0.000
	(0.012)	(0.003)	(0.012)	(0.003)	(0.004)	(0.001)	(0.004)	(0.001)
受教育程度	0.668**	0.144**	0.692**	0.150**	0.126	0.047	0.132	0.050
	(0.310)	(0.065)	(0.308)	(0.065)	(0.085)	(0.031)	(0.085)	(0.031)
劳动力总数	0.112	0.024	0.145*	0.031*	0.033	0.012	0.043*	0.016*
	(0.084)	(0.018)	(0.084)	(0.018)	(0.026)	(0.010)	(0.026)	(0.010)
劳动力平均年龄	−0.010	−0.002	−0.011	−0.002	−0.003	−0.001	−0.003	−0.001
	(0.010)	(0.002)	(0.010)	(0.002)	(0.003)	(0.001)	(0.003)	(0.001)
家庭女性比例	−0.904	−0.195	−0.831	−0.180	−0.133	−0.050	−0.108	−0.040
	(0.667)	(0.142)	(0.663)	(0.142)	(0.193)	(0.072)	(0.193)	(0.073)
家庭人均年收入	0.027	0.006	0.037	0.008	0.020	0.007	0.023	0.009
	(0.168)	(0.036)	(0.166)	(0.036)	(0.050)	(0.019)	(0.050)	(0.019)
家庭养殖收入	0.006	0.001	0.007	0.001	−0.024**	−0.009*	−0.024*	−0.009*
	(0.042)	(0.009)	(0.042)	(0.009)	(0.012)	(0.005)	(0.013)	(0.005)
劳动力投入强度	−1.512**	−0.326***	−1.405**	−0.304**	−0.450**	−0.169**	−0.421**	−0.158**
	(0.604)	(0.125)	(0.592)	(0.124)	(0.176)	(0.066)	(0.175)	(0.065)
梯田经营规模	−0.026	−0.006	−0.027	−0.006	−0.012*	−0.005*	−0.013**	−0.005**
	(0.021)	(0.005)	(0.021)	(0.005)	(0.006)	(0.002)	(0.006)	(0.002)
农业机械投入	−0.100***	−0.022***	−0.094***	−0.020***	−0.039***	−0.014***	−0.036***	−0.014***
	(0.035)	(0.007)	(0.034)	(0.007)	(0.011)	(0.004)	(0.011)	(0.004)
灌溉条件	0.302**	0.065**	0.290*	0.063**	0.107**	0.040**	0.102**	0.038**
	(0.149)	(0.031)	(0.149)	(0.032)	(0.046)	(0.017)	(0.046)	(0.017)
地块数	−0.006	−0.001	−0.006	−0.001	−0.002	−0.001	−0.002	−0.001
	(0.008)	(0.002)	(0.007)	(0.002)	(0.001)	(0.001)	(0.001)	(0.001)

续表

变量	梯田是否撂荒				梯田撂荒规模			
	系数	dy/dx	系数	dy/dx	系数	dy/dx	系数	dy/dx
村庄人均纯收入	−0.114	−0.025	−0.109	−0.023	−0.100	−0.038	−0.096	−0.036
	(0.258)	(0.055)	(0.258)	(0.056)	(0.077)	(0.029)	(0.077)	(0.029)
村庄交通情况	−0.020	−0.004	−0.004	−0.001	−0.012	−0.004	−0.006	−0.002
	(0.227)	(0.049)	(0.226)	(0.049)	(0.068)	(0.025)	(0.068)	(0.025)
村庄梯田流转率	−0.430	−0.093	−0.426	−0.092	−0.072	−0.027	−0.074	−0.028
	(0.623)	(0.134)	(0.626)	(0.135)	(0.180)	(0.068)	(0.181)	(0.068)
常数项	1.530		1.207		0.963		0.833	
	(2.791)		(2.784)		(0.833)		(0.829)	

注: dy/dx 是变量的平均边际效应；括号内数字为稳健标准误
***、**和*分别表示变量在 1%、5%和 10%的水平上显著

在非农兼业控制变量中,户主受教育程度和灌溉条件在 5%的显著性水平上正向影响梯田是否撂荒,劳动力投入强度与农业机械投入分别在 5%和 1%的显著性水平上负向影响梯田是否撂荒。而在梯田撂荒规模方面,非农兼业中显著影响梯田撂荒规模的控制变量有家庭养殖收入、劳动力投入强度、梯田经营规模、农业机械投入和灌溉条件等 5 个因素。相比于非农兼业,非农兼业成员平均年龄中的劳动力总数变量仍对梯田撂荒规模具有显著的正向影响。此外,所选的村庄特征变量始终对梯田是否撂荒及撂荒规模无显著影响。

3. 稳健性检验

需要指出的是,内生性问题是农户行为决策及其影响研究的重要挑战(梁志会等,2020)。由于本章使用的数据为截面数据,异方差和内生性问题会影响回归结果的稳健性。本章在模型中均采用稳健标准误,以缓解异方差问题(韩家彬等,2019)。同时,内生性问题主要由遗漏变量、互为因果、测量误差和模型形式误设造成(韩家彬等,2019)。例如,许多研究认为,非农就业与耕地撂荒之间可能存在因果关系(Xu et al.,2019a;Lu,2020)。这是因为家庭劳动力资源的配置会影响农户的土地利用行为决策(包括土地流转和耕地撂荒),而农户的土地利用行为也会影响家庭劳动力的配置,因而核心自变量可能是内生变量(Xu et al.,2019a)。解决内生性问题的重要方法之一是根据区域一级的汇总数据找到工具变量(Liu et al.,2020)。因此,本章根据 Xu等(2019a)和 Lu(2020)的方法,选取在同一村庄中除农户 i 外,村庄内其他农户家庭外出非农就业的平均比例和本地非农兼业的平均比例来作为工具

变量，即 $IVBDfnjy_i = (BDfnjy_1 + \cdots + BDfnjy_{i-1} + BDfnjy_{i+1} + \cdots + BDfnjy_n)/(n-1)$ 和 $IVMig_i = (Mig_1 + \cdots + Mig_{i-1} + Mig_{i+1} + \cdots + Mig_n)/(n-1)$，并采用 Newey（1987）开发的 IV-Probit 模型和 IV-Tobit 模型进行估计。除此之外，本章还使用家庭外出非农就业劳动力数量和本地非农兼业劳动力数量来分别作为非农就业与本地非农兼业的替代变量，以检验模型的稳健性。

1）替代变量法

由于衡量非农就业的指标类型多样，为了使估计结果更加稳健，参照已有研究，使用非农就业人数和非农兼业人数来分别作为外出非农就业和本地非农兼业的替代变量。虽然这并不能够完全消除内生性问题，但在一定程度上能够检验模型的稳健性，具体结果见表6-5。

表6-5　替代变量法稳健性检验结果

变量	梯田是否撂荒			梯田撂荒规模		
	Logit	Logit	dy/dx	Tobit	Tobit	dy/dx
非农就业人数模型						
非农就业人数	0.286***	−0.238	−0.051	0.076***	−0.027	−0.010
	(0.093)	(0.248)	(0.053)	(0.024)	(0.064)	(0.025)
非农就业人数平方项		0.117***	0.025***		0.025**	0.010**
		(0.040)	(0.008)		(0.010)	(0.004)
控制变量		已控制	已控制		已控制	已控制
常数项	1.575	1.846		0.834	0.902	
	(2.404)	(2.413)		(0.642)	(0.646)	
非农兼业人数模型						
非农兼业人数		−0.290**	−0.062**		−0.098**	−0.037**
		(0.143)	(0.030)		(0.042)	(0.016)
常数项		1.503			0.960	
		(2.789)			(0.833)	
其他变量		已控制	已控制		已控制	已控制
样本量	405	405	405	405	405	405

注：dy/dx 是变量的平均边际效应；括号内数字为稳健标准误

***和**分别表示变量在 1%和 5%的水平上显著

由表6-5中的回归结果可知，核心自变量的显著性和影响系数方向与前述回归模型保持一致，说明模型较为稳健。由于篇幅限制，本章未显示控制变量的结果，但在非农就业人数模型的控制变量中，户主受教育程度、劳动力投入强度、农业机械投入和灌溉条件等 4 个变量依然显著影响梯田撂荒意愿；与此同时，户主受教育程度、家庭养殖收入、劳动力投入强度、梯田经营规模、农业机械投入、灌溉条件和地块数等 7 个变量仍旧显著影响梯田撂荒规模。在非农兼业人数模型的控制变量中，户主受教育程度、劳动力总数、劳动力投入强度、农业机械投入和灌溉条件等 5 个变量仍旧显著影响梯田撂荒意愿；与此同时，劳动力总数、家庭养殖收入、劳动力投入强度、梯田经营规模、农业机械投入和灌溉条件等 6 个变量依然显著影响梯田撂荒规模。

2）工具变量法

从已有文献来看，非农就业、非农兼业与耕地撂荒之间的相互影响已受到学者广泛关注，因而解决两者之间相互影响的内生性问题也在诸多文献中得到重视（Deng et al.，2018a；Xu et al.，2019a；Lu，2020）。本章使用 IV-Probit 模型和 IV-Tobit 模型来处理可能存在的内生性问题。Newey 的两步估计法不允许我们计算自变量的边际效应（Liu et al.，2020），但可以用该方法得出系数估计值，具体结果见表 6-6。

表 6-6　工具变量法稳健性检验结果

变量	第一阶段		第二阶段	
	非农就业（OLS）	非农兼业（OLS）	梯田是否撂荒（IV-Probit）	梯田撂荒规模（IV-Tobit）
以非农就业率作为工具变量				
IV：村级非农就业率	1.071***			
	(0.020)			
非农就业			0.639***	0.301***
			(0.232)	(0.109)
控制变量	已控制		已控制	已控制
常数项	0.204		0.747	1.006
	(0.200)		(1.522)	(0.760)
以非农兼业率作为工具变量				
IV：村级非农兼业率		1.145***		
		(0.023)		
非农兼业			−0.523*	−0.277*
			(0.291)	(0.145)
控制变量		已控制	已控制	已控制
常数项		0.117	0.793	0.950
		(0.124)	(1.744)	(0.876)
样本量	405	405	405	405

注：括号内数字为普通标准误

***和*分别表示变量在 1%和 10%的水平上显著

第一阶段的拟合结果表明,所选择的村级非农就业率和非农兼业率均通过1%的显著性水平检验,且影响系数为正,说明工具变量的选择是有效的。第二阶段的回归结果表明,在解决内生性问题后,非农就业显著正向影响梯田是否撂荒及撂荒规模;非农兼业依旧显著负向影响梯田撂荒规模,且估计结果的系数值有所降低。因此,非农就业或非农兼业对梯田撂荒的影响十分稳健。

4. 农业生产性投资的中介效应分析

非农就业引起的家庭劳动力资源再配置通常会影响到家庭土地资源的再配置,这一点早已得到诸多文献的证实(Xu et al., 2017; Xu et al., 2019a; Lu, 2020)。已有研究表明,在农村劳动力迁移的过程中,非农收入被认为是家庭劳动力迁移和耕地撂荒的关键因素(Zhang et al., 2020; Lu, 2020)。本章在机理分析中也推断,非农收入可能是连接非农就业和梯田撂荒的桥梁,并通过如何支配这笔收入来影响农户梯田撂荒行为决策。非农就业带来的收入效应能否抵消劳动力的流失效应,主要取决于非农收入是否用于增产性投资或省工性投资,因而本章使用非农收入中的农业生产性投资(包括增产性投资或省工性投资)作为中介变量。对于中介效应,需要通过管理学和心理学领域常使用的中介效应方程来验证(温忠麟和叶宝娟,2014;钱龙和洪名勇,2016)。

为了验证增产性投资或省工性投资是否为非农就业影响农户梯田撂荒的中介变量,参照已有研究,本章采用三步法中介效应模型来进行检验(韩家彬等,2019;温忠麟等,2004),回归模型设置如下。

$$\text{abandon}_i = \beta_0 + \beta_1 \text{Fnjy}_i + \beta_2 X_{hi} + \beta_3 X_{fi} + \beta_4 X_{pi} + \beta_5 X_{vi} + \mu_{1i} \quad (6\text{-}3)$$

$$\text{API}_i = \gamma_0 + \gamma_1 \text{Fnjy}_i + \gamma_2 X_{hi} + \gamma_3 X_{fi} + \gamma_4 X_{pi} + \gamma_5 X_{vi} + \mu_{2i} \quad (6\text{-}4)$$

$$\text{abandon}_i = \lambda_0 + \lambda_1 \text{Fnjy}_i + \lambda_2 \text{API}_i + \lambda_3 X_{hi} + \lambda_4 X_{fi} + \lambda_5 X_{pi} + \lambda_6 X_{vi} + \mu_{3i} \quad (6\text{-}5)$$

式中,因变量abandon_i表示农户梯田撂荒规模;Fnjy_i表示第i个农户家庭的非农就业;API_i为中介变量,表示第i个农户的非农收入中农业生产性投资的支出;变量X_{hi}、X_{fi}、X_{pi}和X_{vi}的含义与式(6-2)中的相同;β_1表示总效应模型中的待估参数;γ_1表示中介变量的中介效应待估参数;λ_1和λ_2分别表示非农就业和中介变量的直接效应的待估参数;β_0、γ_0和λ_0均表示模型中的常数项;μ表示扰动项。

中介效应的检验方法是通过β_1、γ_1、λ_1和λ_2四个系数的显著性和数值变化来判断的。具体分析步骤如下:首先,对式(6-3)进行回归估计,检验非农就业对梯田撂荒规模的总效应;其次,将中介变量农业生产性投资与核心自变量非农就业进行回归估计,检验式(6-4)中γ_1是否显著;最后,对式(6-5)进行回归估计，检验农业生产性投资在非农就业影响梯田撂荒的过程中的中介作用。如果回归系数 β_1 和 γ_1 显著，若回归系数 λ_2 显著，则存在两种情况，一是当 λ_1 不显著时，说明中介变量农业生产性投资起着完全中介效应；二是当 λ_1 显著时，说明中介变量起着部分中介效应（韩家彬等，2019）。需要指出的是，非农收入的中介作用无非是通过增加增产性投资（化肥、农药和种子）或增加省工性投资（农业机械）来起到缓解因劳动力流失而造成的梯田撂荒的作用。因此，本章将农业生产性投资进一步分为增产性投资（化肥、农药和种子）和省工性投资（农业机械），以考察这两者的中介效应。

当考察增产性投资作为中介变量是否存在中介效应时（表 6-7 中的模型 1、模型 2 和模型 3），结果表明，首先，非农就业对梯田撂荒规模具有显著的影响，即模型 1 中的 β_1 显著；其次，由模型 2 可知，非农就业负向影响增产性投资，即 γ_1 显著；最后，模型 3 表明 λ_1 和 λ_2 均显著，但模型 3 中非农就业对梯田撂荒规模的影响系数比模型 1 中的更低，且 Sobel（索贝尔）检验值显著，说明增产性投资在非农就业对梯田撂荒的影响过程中起着部分中介效应。

表 6-7　中介效应估计结果

变量	模型 1	模型 2	模型 3	模型 4	模型 5
	梯田撂荒规模	增产性投资	梯田撂荒规模	省工性投资	梯田撂荒规模
非农就业	0.240**	−1.071*	0.199*	−1.254	0.222**
	(0.111)	(0.622)	(0.108)	(1.108)	(0.108)
增产性投资			−0.048***		
			(0.013)		
省工性投资					−0.036***
					(0.011)
劳动力总数	0.038	−0.005	0.035	0.447	0.044
	(0.038)	(0.197)	(0.037)	(0.347)	(0.036)
劳动力平均年龄	0.002	−0.013	0.002	−0.066	0.001
	(0.005)	(0.020)	(0.005)	(0.041)	(0.004)
家庭女性比例	−0.116	−0.516	−0.139	0.424	−0.101
	(0.205)	(1.051)	(0.201)	(1.830)	(0.201)
梯田经营规模	−0.017**	0.053**	−0.009*	0.077**	−0.012*
	(0.008)	(0.027)	(0.005)	(0.033)	(0.006)
灌溉条件	0.113**	−0.219	0.102**	−0.283	0.106**
	(0.048)	(0.224)	(0.046)	(0.412)	(0.047)

续表

变量	模型 1	模型 2	模型 3	模型 4	模型 5
	梯田撂荒规模	增产性投资	梯田撂荒规模	省工性投资	梯田撂荒规模
地块数	−0.002	0.000	−0.002	−0.001	−0.002
	(0.002)	(0.007)	(0.001)	(0.009)	(0.001)
村庄人均年收入	−0.132*	0.888**	−0.088	1.179	−0.109
	(0.075)	(0.414)	(0.073)	(0.751)	(0.072)
村庄梯田流转率	−0.026	−1.333	−0.090	1.094	−0.005
	(0.182)	(0.900)	(0.178)	(1.572)	(0.179)
常数项	0.703	−0.653	0.656	−8.635	0.618
	(0.711)	(3.837)	(0.681)	(7.239)	(0.683)

注：括号内数字为稳健标准误

***、**和*分别表示变量在 1%、5%和 10%的水平上显著

相似地，当考察省工性投资的中介效应模型时（表 6-7 中的模型 1、模型 4 和模型 5），结果显示模型 1 中的 β_1 显著。由模型 4 可知，非农就业对省工性投资无影响，即 γ_1 不显著，但模型 5 表明省工性投资对农户梯田撂荒率具有显著的负向影响，即 λ_2 显著。本章采用 Bootstrap 法（温忠麟和叶宝娟，2014）直接检验 H_0：$\gamma_1\lambda_2 = 0$，结果表明间接效应不显著，故非农就业不会通过省工性投资这一中介间接影响农户的梯田撂荒行为决策。

6.1.4　结论与讨论

1. 结论

（1）从研究区样本农户非农就业来看，家庭层面的非农就业率仅有 31%。非农就业人数均值为 1.06 人，且外出非农就业成员的平均年龄为 19.97 岁。相反，家庭成员的非农兼业率为 27%，本地非农兼业成员的平均年龄为 27.25 岁，家庭务农劳动力成员的平均年龄为 42.51 岁。这说明，家庭层面非农就业率整体偏低，但平均每户有一个劳动力从事非农生产活动，且主要以青壮年劳动力为主，而家庭留守人员的年龄普遍偏高。

（2）在 405 户农户中共有 161 户存在耕地撂荒行为，占总农户的比重约为 39.75%，调查农户的总撂荒耕地面积为 443.25 亩，户均耕地撂荒面积约为 1.09 亩，农户家庭平均耕地撂荒率为 17%，远低于全国 22%的平均耕地撂荒率。但从调研村庄层面来看，丁桥、朱砂、岩咀和均源等村的耕地撂荒率均超过 70%，而且大面积耕地撂荒时间的跨度较长，最早的撂荒时间为 1997 年，时间跨度长达 23 年，

研究区大面积耕地的撂荒时间主要集中在 2010 年左右。

（3）非农就业对耕地撂荒具有显著的正向影响，即在保持其他变量不变的情况下，农户家庭非农就业每提升一个单位，农户梯田撂荒意愿及撂荒规模分别增加 14.5%和 3.6%。在控制变量中，稳健影响梯田撂荒意愿的主要有户主受教育程度、劳动力投入强度、农业机械投入和灌溉条件等 4 个因素；稳健影响梯田撂荒规模的主要有户主受教育程度、家庭养殖收入、劳动力投入强度、梯田经营规模、农业机械投入、灌溉条件和地块数等 7 个变量。

（4）农村劳动力非农兼业与非农兼业成员平均年龄均对梯田是否撂荒及撂荒规模具有显著的负向影响，具体表现为在其他变量保持不变的情况下，家庭留守劳动力非农兼业每提升 1%，梯田撂荒的概率及撂荒规模分别降低 0.196%和 0.11%；而非农兼业成员平均年龄每增加一岁，梯田撂荒意愿及撂荒规模分别降低 0.2%和 0.1%。影响梯田是否撂荒的其他因素主要有户主受教育程度、劳动力总数、劳动力投入强度、农业机械投入和灌溉条件；而影响梯田撂荒规模的有劳动力总数、家庭养殖收入、劳动力投入强度、梯田经营规模、农业机械投入和灌溉条件等 6 个变量。

（5）非农收入作为连接非农就业与梯田撂荒的桥梁，其用于增产性投资和省工性投资直接关系到梯田能否被有效利用。相比于坡耕地和平原耕地，梯田的生产经营需要更多的劳动力，而非农就业引起的劳动力流失无疑促进了梯田撂荒，但非农收入增长为留守劳动力增加农业生产性投资提供了资金保障。本章对增产性投资或省工性投资在非农就业如何影响梯田撂荒中的中介传导机制的研究结果表明，非农就业可能会通过增产性投资来间接影响梯田撂荒意愿及撂荒规模。

2. 讨论

（1）从长远来看，农村劳动力向城市迁移将是山区家庭不可逆转的事实，这种迁移将导致劳动力资源在农业和非农产业部门之间进行重新配置。农业劳动力的大量流失，必然要求农地经营方式和规模的转变，尤其是对于梯田这种高劳动力需求的耕地。本章的研究发现非农就业对梯田撂荒有着正向影响，随着农户非农就业比例的提升，梯田撂荒规模在逐渐增大，因此在推动非农就业有序开展的同时，应引导农户积极流转撂荒地或鼓励农户将非农收入分配的比例多向农业生产倾斜，以优先确保优质梯田资源。此外，由于中国户籍制度和城乡高额地价差距，大部分迁移的劳动力在未来仍将回流农村，且本地非农兼业能抑制梯田撂荒。因此，在乡村振兴和劳动力回流的大背景下，鼓励返乡劳动力和本地非农兼业劳动力积极从事农业生产活动和农田管理，并推动规模化、技术化方式来经营农业，以提高梯田的经济效益。遏制农户大规模梯田撂荒的实质在于提高经营梯田的收入以及提供多元化的农业收入机会。本章的研究结果也表明，农户养殖业收入的提高能降低梯田撂荒规模。同时，适度的梯田规模化管理或特色产业管理可能会进一步抑制梯田撂荒。

（2）山区由于交通不便，接触外界农业社会化服务的机会较少，因而亟须联合周边村共同组建能辐射本地多个村庄的农业社会化服务平台。虽然，农业机械化对减轻梯田撂荒的作用多因区域而异，并且有许多研究认为，在农田零星分散的丘陵山区，机械化很难发挥替代劳动力的作用，尤其是小农户不能熟练使用农业机械。然而，中国农业社会化服务已初具规模，能为小农户提供产前、产中和产后诸多环节的农业生产服务。本章的结果也表明，农户在农业机械上的花费能降低梯田撂荒的规模，因而推广和发展小型机械与技术服务相结合会更有效。此外，对留村务农的劳动力开展有针对性的农业生产技术指导服务，同时拓展农业全程托管服务，将地块细碎化和规模过小所耗散的成本内部化，增强耕地经营的净收益，以减少影响农户梯田撂荒的关键因素。

（3）发挥村集体的组织作用，加强和完善山区农村生产性基础设施建设。由于许多梯田布局分散，加之复杂的地形条件，农村生产性基础设施建设困难。研究区许多地方的田间生产道路狭窄，不利于机械化的推行，且存在大量因水利设施不完善而被迫水田改旱地和撂荒的情况。因此，通过发挥村集体的组织作用，对梯田田面及周边基础设施进行土地整理，尽量扩宽梯田田面的宽度，完善机耕路和水利设施。此外，对村内农户梯田利用的现状及未来发展方向（自耕、撂荒、流转）进行统计，在征得原承包农户的同意下，将长期撂荒的梯田收回作为村集体机动地，并对导致村内梯田长期撂荒的因素进行归类，如因地块通达性差或土壤肥力贫瘠，在证实无法复垦或复垦后经济效益低的梯田应"顺边际化"或退耕还林。因经济边际化形成优质梯田资源撂荒的，可鼓励村民以梯田入股，村集体统一复垦，并通过返租倒包、托管、流转等方式盘活闲置梯田资源；若复垦后村民仍有意自耕自种的，村集体在提供农业生产技术的同时，应从投入-产出上进行"逆边际化"调节。

6.2　非农就业、土地流转对农户耕地撂荒行为影响的实证分析

6.2.1　研究背景

在 20 世纪，世界各地由农业活动迁移、土地净收益下降、土地制度改革和农业政策调整等引发的耕地撂荒现象随处可见。欧洲农业受技术进步、农业集约化和共同农业政策的影响（MacDonald et al.，2000），在提高生产力的同时，农业活

动向肥沃且易耕作的土地集中，尤其是山区传统劳动密集型生产方式的转变，使得边缘耕地撂荒。在这些地区，农村劳动力受经济利益驱使而过度流出农业部门，导致农业生产劳动力短缺和老龄化。虽然，在农业欠发达的山区村落内，仍有部分农民留村并接管外出务工农户遗留的土地，且对土地集约利用，但由于自然环境、人口迁移和农业比较收益低等原因，仍存在大量耕地撂荒现象。

随着中国城市化和工业化进程加快，农村大量劳动力脱离农业，进而引发耕地的边际化（李升发和李秀彬，2018）。截止到 2020 年底，中国农民工总量已达到 2.85 亿人。耕地撂荒多由社会经济因素变化引起，农村人口大量外出务工和农业从业人员骤减，势必会影响耕地利用。有研究表明，在 2003 年以后，中国农村劳动力流出已越过"刘易斯拐点"，部分地区出现明显的耕地撂荒现象，尤其是丘陵山区（李升发和李秀彬，2018）。农村劳动力非农就业造成农业劳动力短缺，而在农业机械无法取代体力劳动的山区，可能会不利于农业生产，进而促使大量耕地撂荒。然而，在保持 18 亿亩耕地红线和确保粮食安全的目标下，亟须遏制优质耕地资源的浪费。但是，在农户普遍非农就业的时代背景下，农民对耕地的利用会如何变化，非农就业是否必然导致耕地撂荒？对于这些问题，学界仍然存在广泛争议（Lu，2020；Xu et al.，2019a；Deng et al.，2018a）。

耕地资源的稀缺性、不可再生性决定了追求和实现耕地资源可持续利用的重要性与必要性，这是实现社会、经济和生态环境全面持续发展的关键和基础。耕地撂荒不仅造成土地资源的严重浪费，改变山区农村土地的利用结构和农业景观，而且直接关系到山区农业生产能否有效保障农产品供给。非农就业和土地流转直接改变乡村农户的生计来源，同时影响农户耕地撂荒的行为决策。因此，研究新时期非农就业和土地流转对耕地撂荒的影响，明确农村非农就业、土地流转与耕地撂荒之间的关系，对保障粮食安全具有重要意义。

中国自实行家庭联产承包责任制和改革开放以来，逐渐形成以户为单位的农业生产经营管理模式。随着农村劳动力市场的不断完善，农户能灵活配置家庭劳动力和工作时间。然而，农村家庭每户经营的土地规模非常有限，单位土地上的劳动投入远高于发达国家（Hao et al.，2017）。经典刘易斯模型认为，传统农业部门存在大量过剩劳动力，现代部门发展会逐渐吸收农业过剩劳动力（Lewis，1954）。但是，刘易斯模型把传统农业视为静态和没有活力的部门，且劳动力可以无限地向非农产业部门转移。Ranis 和 Fei（1961）对刘易斯模型做出改进，指出非农产业部门对农业劳动力的吸引存在两个阶段。第一阶段是在不影响农业总产出的情况下，吸纳边际生产率为零的农业劳动力直至"刘易斯第一拐点"。第二阶段是吸纳低于社会平均工资的农业劳动力继续向非农产业部门转移，直至"刘易斯第二拐点"。此时，农村人口的大量减少会不利于农业生产，且有研究表明，中国早在 2008 年前后已过"刘易斯第一拐点"（Knight et al.，2011）。

　　与此相伴随的是耕地利用净收益递减的耕地边际化过程，其本质是耕地在当前用途下出现"无租化"现象（李升发和李秀彬，2016）。已有研究表明，劳动力工资上涨会不断压低耕地地租，当耕地地租小于或等于零时，耕地变得不再具有经济生产能力，便出现撂荒现象（李秀彬和赵宇鸾，2011）。尽管刘易斯模型得到了广泛应用，但关于中国农村非农就业对耕地撂荒影响的大量实证研究中，更多基于新劳动力迁移经济学框架（Stark and Bloom，1985），并认为农业劳动力大量迁移是导致耕地撂荒的主要驱动因素（Lu，2020；Xu et al.，2019a；Lorenzen et al.，2020）。

　　然而，也有研究表明，农村家庭劳动力非农就业与耕地撂荒之间的关系尚不明确（Lu，2020；Deng et al.，2018a）。一方面，非农就业会对耕地撂荒产生正向影响。例如，Lu（2020）研究发现，家庭非农就业人数为1人时，耕地撂荒平均概率为2.9%；家庭非农就业人数为2人时，耕地撂荒平均概率为5.0%；家庭非农就业人数达到3人及以上时，耕地撂荒平均概率为7.8%。这在于非农就业机会和非农收入的增加，会吸引农村人口不断向城镇迁移，而当劳动力要素发生变化时，农户会改变其农业生产和土地利用方式。特别是，当剩余劳动力无法实现耕地规模经营时，农户将选择土地流转或直接撂荒。另一方面，非农就业会对耕地撂荒产生负向影响。例如，Xu等（2017）研究发现，较高的家庭兼职劳动力占比和非农劳动力占比，有助于减少耕地撂荒。尽管非农就业引起的农业劳动力短缺会削弱农户的农业生产能力，但非农收入的增长可能会促进农户对农业技术的应用，从而弥补家庭劳动力短缺所造成的生产效率损失（Xu et al.，2019a；Gartaula et al.，2012）。此外，还有一些研究指出，家庭劳动力非农就业并非必然导致耕地撂荒。例如，Deng等（2018a）基于2014年中国劳动力动态调查数据的研究表明，中国非农就业与耕地撂荒之间存在倒"U"形关系。

　　除从非农就业视角来分析农户耕地利用行为的变化之外，一些学者认识到，土地流转也会对耕地撂荒产生影响。通常而言，土地流转会提高农户耕地经营的规模，从而减缓土地细碎化所引起的耕地撂荒。土地的小规模及细碎化，必然导致规模不经济，在劳动力减少后，农户家庭中的小规模和耕作条件差的土地首先被弃耕抛荒（王亚辉等，2019）。不仅如此，土地细碎化在劳动力非农转移与经营成本不断攀升的情形下更易引发撂荒。已有研究发现，土地细碎化程度每提升1%，耕地撂荒的可能性增加0.17%（张露和罗必良，2020）。在中国，由于土地产权结构的限制，农户只能通过土地流转来实现土地资源的再配置。关于中国土地租赁市场发育对耕地撂荒的影响，张英等（2014）以重庆市武隆县的农户为研究样本[①]，证实了土地租赁市场能在一定程度上缓解耕地撂荒。但是，也有少数研究指出，

① 2016年11月24日，国务院批复武隆撤县设区。

土地租赁市场能在多大程度上减少耕地撂荒存在争议（Ito et al.，2016；Yan et al.，2016）。之所以如此，一方面是土地流转主要发生在生产率较高的地块之间，流转的地块规模有限（Deininger et al.，2012）；另一方面是土地流转多受其他条件限制。例如，中国农村土地产权不明晰，造成土地流转困难和交易成本过高，从而减小土地流转规模。

　　整体而言，既有研究较为详尽地分别分析了非农就业与土地流转对耕地撂荒的影响，但均未得出一致性的结论。更为关键的是，很少有研究联合考虑非农就业和土地流转对耕地撂荒的影响。少量研究即使同时引入这两个因素（Deng et al.，2018a；Xu et al.，2017），也是将其视为外生变量，并没有意识到两者之间的相互影响。实际上，非农就业会显著影响土地流转，土地流转也可能反向影响非农就业，而这一点几乎被现有研究忽略（田传浩和李明坤，2014；钱龙和洪名勇，2016）。鉴于此，本节基于江西、福建和湖南三省内山区县的农户调研数据，尝试理顺非农就业和土地流转影响耕地撂荒的机理，对新时期非农就业、土地流转与耕地撂荒之间的联系予以实证检验。

6.2.2　研究区域概况与研究方法

1. 研究区域概况

　　研究数据来自 2019~2020 年开展的南方丘陵山区耕地利用状况入户问卷调查。首先，为了保证调查数据的有效性和代表性，以及山区县社会经济数据获取的便利性，本节在《中国县（市）社会经济统计年鉴》中所列山区县名单的基础上，根据县域内山地面积大于 80% 及文献和新闻中涉及的对耕地撂荒的报道来筛选山区县。其次，计算三省各市拥有的山区县总数，将山区县总数占比作为选取的依据。最后，根据距县（市）中心远近及文献和网络报道中提及的耕地撂荒面积，筛选出各山区县撂荒情况相对突出的乡镇，并以此为基础，从遥感影像中选取耕地面积占比大且海拔在 200 米以上的村庄，即每省选取 4~6 个市，每市选取 5~7 个山区县，每县选取 2~3 个乡镇，每镇选取 2~3 个村庄，共计 43 个乡镇和 92 个村庄。同时，在每村随机选择 5~8 户农户进行问卷调查，采用半结构式访谈的方法，对农户户主或其家庭成员进行面对面的访谈，并拍摄撂荒地块的影像（图 6-3）。农户问卷囊括了耕地利用状况（包括承包、流转、种植和撂荒等情况）、地块层面经营情况、家庭成员情况（包括年龄、就业、收入等情况）和家庭收支情况等。经过整理，共获得 664 份农户问卷，剔除存在信息不真实和核心变量数据缺失等部分，得到满足本节研究的问卷为 640 份，问卷有效率为 96.39%。

(a) 崇义县　　　　　　　　　　　　　　　　(b) 浏阳市

图 6-3　崇义县和浏阳市撂荒地块的影像

2. 研究方法

本节重点关注非农就业、土地转入和土地转出对农户耕地撂荒占比的影响，因此，分别构建了未包含和包含非农就业与土地转入、土地转出交互项的模型进行实证检验。由于农户耕地撂荒占比为 0 的样本占总样本量的 58.44%，具有明显的左端归并特征。因此，使用传统估计方法（如 OLS）会存在明显偏差，故本节采用针对归并数据更常用的 Tobit 模型（Kennedy，2003）。参考 Xu 等（2019a）的实证分析模型，本节将未包含交互项的 Tobit 模型设定如下，

$$\mathrm{AP}_i = \alpha_0 + \alpha_1 \mathrm{Immig}_i + \alpha_2 \mathrm{LT}_i^{\mathrm{in}} + \alpha_3 \mathrm{LT}_i^{\mathrm{out}} + \sum \alpha_{4i} X_i + \alpha_5 P_i + \varepsilon_i \qquad (6\text{-}6)$$

式中，AP_i 表示第 i 个农户是否撂荒或耕地撂荒占比。在本节中，耕地撂荒是指在 2 年内，对耕地完全停止了农业生产，并且没有用于农业生产的资金、劳动力或其他投入。

Immig_i 表示第 i 个农户家庭的非农就业。考虑到非农就业的本质是劳动力资源的再配置，因而本节使用"非农劳动力与家庭总劳动力之比"来表示这一变量。本节所指非农就业为具有劳动能力的家庭成员在除农业以外的其他所有行业从事生产经营活动，具体限定条件包括劳动者年龄在 15~64 岁、有工作能力、不包含学生、就业领域为非农产业。

$\mathrm{LT}_i^{\mathrm{in}}$ 和 $\mathrm{LT}_i^{\mathrm{out}}$ 分别表示第 i 个农户的土地转入与土地转出行为，如果农户转入（或转出）土地，变量取值为 1；否则，变量取值为 0。值得注意的是，已有研究只笼统地考虑农户是否参与土地流转，这不足以区分农户的土地流转行为，因而本节使用"是否参与土地转入"或"是否参与土地转出"来更细致地测度农户的土地流转行为。但需要指出的是，本节剔除了农户同时转入与转出耕地的情况，因为农户既转入又转出耕地的样本量只占总样本量的 2.56%。

X_i 表示一系列控制变量，主要包含以下 4 个方面：①要素投入。劳动力投入是影响耕地撂荒的重要因素，本节所指劳动力投入为单位土地面积上的农业劳动力数量，使用"农业劳动力数量与家庭承包土地面积之比"予以表示，并进行对数化处理。土地投入是规模经济能否实现的关键，本节使用家庭实际耕种的土地面积来表示农户的耕地经营规模。农业机械化程度低被认为是山区耕地撂荒的主要动因之一（田玉军等，2010），在农业劳动力大量流失和老龄化的背景下，机械化的重要性日益凸显。本节使用农户获得农机服务所需投入的资金（取对数）来表示农业机械投入。②户主特征。诸多研究基于新劳动力迁移经济学理论，主要从家庭层面进行分析，指出农户决策多为家庭层面的联合决策（Stark，1991），但这并不意味着户主特征可以被忽视（钱龙和洪名勇，2016）。户主在耕地利用行为决策中通常发挥着至关重要的作用。具体在模型中，分别引入户主年龄和受教育程度 2 个变量予以控制。③家庭特征。本节主要关注家庭人口和收入特征，包括劳动力规模、老年人口数、家庭人均年收入和养殖收入。④地块特征。诸多研究表明，地块层面的特征是影响耕地撂荒的主要因素之一，因此本节在模型中引入灌溉条件和地块数，以控制这一层面因素的影响。

P_i 表示农户 i 所在省域的虚拟变量，用以控制不同区域之间耕地撂荒的差异；ε_i 表示随机扰动项；α_0 表示截距项；α_1、α_2、α_3、α_{4i} 和 α_5 表示待估计参数。所有变量的含义、描述性统计与预期方向见表 6-8。

表 6-8 变量含义、描述性统计与预期方向

变量	定义与赋值	均值	标准差	预期方向
是否撂荒	农户家庭是否有耕地撂荒（0 = 否；1 = 是）	0.42	0.493	
耕地撂荒占比	耕地撂荒面积占家庭承包土地面积的比重	0.17	0.280	
非农就业	非农业劳动力与家庭总劳动力之比	0.24	0.223	+ /–
土地转入	是否参与土地转入（0 = 否；1 = 是）	0.25	0.433	–
土地转出	是否参与土地转出（0 = 否；1 = 是）	0.23	0.424	–
劳动力投入	农业劳动力数量与家庭承包土地面积之比取对数/(人/亩)	0.25	0.246	–
土地投入	家庭实际耕种的土地面积/亩	5.30	12.841	–
农业机械投入	农户获得农机服务所需投入的资金取对数/元	2.74	3.209	
户主年龄	2019 减出生年份/岁	54.08	10.379	+ /–
受教育程度	户主是否具有高中及以上学历（0 = 否；1 = 是）	0.17	0.378	+ /–
劳动力规模	农户家庭 16~64 岁的劳动力人数/人	2.83	1.440	+ /–
老年人口数	农户家庭 65 岁及以上的人数/人	0.77	0.873	+

变量	定义与赋值	均值	标准差	预期方向
家庭人均年收入	家庭年总收入与家庭总人口数之比取对数/(元/人)	9.31	1.027	+/−
养殖收入	农户家庭禽畜和水产养殖的收入取对数/元	0.04	0.113	+/−
灌溉条件	1=好；2=一般；3=差	1.73	0.741	−
地块数	农户耕种的地块数/块	17.52	37.800	+

注：预期方向中的"+"代表正影响，"−"代表负影响

包含交互项的模型表达式如下，

$$AP_i = \alpha_0 + \alpha_1 Immig_i + \alpha_2 LT_i^{in} + \alpha_3 Immig_i \times LT_i^{in} + \sum \alpha_{4i} X_i + \alpha_5 P_i + \varepsilon_i \quad （6-7）$$

$$AP_i = \alpha_0 + \alpha_1 Immig_i + \alpha_2 LT_i^{out} + \alpha_3 Immig_i \times LT_i^{out} + \sum \alpha_{4i} X_i + \alpha_5 P_i + \varepsilon_i \quad （6-8）$$

式中，$Immig_i \times LT_i^{in}$ 表示非农就业与土地转入的交互项；$Immig_i \times LT_i^{out}$ 表示非农就业与土地转出的交互项；其余变量和参数的定义与式（6-6）中的一致。为了克服交互项可能引致的多重共线性问题，本节对交互项进行了中心化处理。

需要指出的是，内生性问题是农户行为决策及其影响研究的重要挑战。由于本节使用的数据为截面数据，异方差和内生性问题会影响回归结果的稳健性。本节在模型中均采用稳健标准误，以缓解异方差问题；同时，内生性问题主要由遗漏变量、互为因果、测量误差和模型形式误设造成（韩家彬等，2019）。例如，非农就业与耕地撂荒之间可能存在因果关系（Lu，2020；Xu et al.，2019a）。这是因为家庭劳动力资源的配置会影响农户的土地利用行为决策（包括土地流转和耕地撂荒），而农户的土地利用行为也会影响家庭劳动力的配置，因而核心自变量可能是内生变量。解决内生性问题的重要方法之一是根据区域一级的汇总数据找到工具变量（Liu et al.，2020）。因此，本节根据 Xu 等（2019a）和 Lu（2020）的方法，选取在同一村庄中除农户 i 外，村庄内其他农户家庭非农就业的平均比例作为工具变量，即 $IVimmig_i = (immig_1 + \cdots + immig_{i-1} + immig_{i+1} + \cdots + immig_n) / (n-1)$，并采用 Newey（1987）开发的 IV-Tobit 模型进行估计。

6.2.3　研究结果与分析

1. 描述性统计

按照家庭非农就业率是否超过样本均值，将研究区分为高非农就业率户（大于或等于均值）和低非农就业率户（小于均值），比较其耕地撂荒意愿和耕地撂荒规模的大小。结果显示（表 6-9），高非农就业率户的耕地撂荒意愿和耕地撂荒占比明显较高，说明非农就业可能会促进耕地撂荒。在土地流转方面，相对于非土

地转入户，土地转入户有着更低的耕地撂荒占比，且耕地撂荒意愿的下降幅度达到 16.4%，这与理论预期相符。类似地，相对于非土地转出户，土地转出户的耕地撂荒占比下降幅度达到 35.6%。这说明土地转入或转出均有利于缓解耕地撂荒。需要指出的是，自变量之间的相关系数均小于 0.8，表明不存在显著的多重共线性。

表 6-9　耕地撂荒的描述性分析

变量	高非农就业率	低非农就业率	土地转入户	非土地转入户	土地转出户	非土地转出户
是否撂荒	0.451	0.375	0.362	0.433	0.400	0.420
耕地撂荒占比	0.192	0.154	0.155	0.181	0.123	0.191

2. 模型估计结果

对式（6-6）进行回归，非农就业和土地流转对农户耕地撂荒行为的影响的回归结果见表 6-10。结果表明，非农就业显著，且系数为正，即在保持其他因素不变的情况下，当农户家庭非农就业提升 10% 时，其耕地撂荒占比会相应增加 1.11%。在土地流转方面，随着控制变量的加入，土地转入对耕地撂荒占比的系数估计值呈现出由负到正的变化，最终在 10% 的水平上显著正向影响耕地撂荒占比。需要指出的是，农户土地投入在 5% 的水平上显著负向影响耕地撂荒占比，这表明只考虑经营规模的扩大，确实能缓解耕地撂荒，但农户经营规模的扩大并不意味着地块规模的扩大，土地分散转入仍会促进耕地撂荒。有研究表明，即便农户耕地经营的规模足够大，但地块高度分散，仍会有严重的效率损失（郭阳等，2019）。此外，无租流转和人情流转在一定程度上改善了“远近搭配、肥瘦均匀”的中国农村土地平均分配的弊端，但这也为农户转入离家近、坡度小、耕作条件好的地块而撂荒自家生产条件差的地块提供了机会。土地转出稳健地负向影响耕地撂荒占比，即在保持其他变量不变的情况下，相对于非土地转出户，土地转出户的耕地撂荒占比会下降 16.4%。根据调研数据统计，在转出对象中村集体占 41.14%，新型农业经营主体占 33.54%。这说明，土地向村集体和新型农业经营主体集中可能有助于缓解耕地撂荒。

表 6-10　非农就业和土地流转对农户耕地撂荒行为的影响

变量	模型 1		模型 2		模型 3		模型 4	
	系数	dy/dx	系数	dy/dx	系数	dy/dx	系数	dy/dx
非农就业	0.499***	0.208***	0.323***	0.137***	0.229*	0.097*	0.263*	0.111*
	(0.136)	(0.057)	(0.122)	(0.051)	(0.132)	(0.056)	(0.142)	(0.060)
土地转入	−0.108	−0.045	0.083	0.035	0.105	0.045	0.128*	0.054*
	(0.069)	(0.029)	(0.075)	(0.032)	(0.076)	(0.032)	(0.070)	(0.030)

续表

变量	模型 1		模型 2		模型 3		模型 4	
	系数	dy/dx	系数	dy/dx	系数	dy/dx	系数	dy/dx
土地转出	−0.256***	−0.107***	−0.402***	−0.170***	−0.405***	−0.172***	−0.388***	−0.164***
	(0.072)	(0.030)	(0.074)	(0.031)	(0.074)	(0.031)	(0.073)	(0.031)
劳动力投入			−0.481***	−0.204***	−0.547***	−0.232***	−0.512***	−0.217***
			(0.121)	(0.051)	(0.122)	(0.052)	(0.116)	(0.049)
土地投入			−0.028**	−0.012**	−0.029**	−0.012**	−0.027**	−0.012**
			(0.012)	(0.005)	(0.013)	(0.005)	(0.012)	(0.005)
农业机械投入			−0.054***	−0.023***	−0.056***	−0.024***	−0.053***	−0.023***
			(0.010)	(0.004)	(0.010)	(0.004)	(0.009)	(0.004)
户主年龄					0.004	0.002	0.002	0.001
					(0.003)	(0.001)	(0.003)	(0.001)
受教育程度					0.083	0.035	0.075	0.032
					(0.067)	(0.028)	(0.062)	(0.026)
劳动力规模					0.051**	0.022**	0.048**	0.020**
					(0.020)	(0.009)	(0.019)	(0.008)
老年人口数					0.078**	0.033**	0.077***	0.032***
					(0.031)	(0.013)	(0.030)	(0.012)
家庭人均年收入							−0.031	−0.013
							(0.030)	(0.012)
养殖收入							−0.016**	−0.007*
							(0.008)	(0.003)
灌溉条件							0.196***	0.083***
							(0.034)	(0.014)
地块数							0.001**	0.001**
							(0.001)	(0.000)
常数项	0.095		0.466***		0.090		0.186	
	(0.068)		(0.088)		(0.180)		(0.313)	
省域	已控制	已控制	已控制	已控制	已控制	已控制	已控制	已控制
对数似然比	−697.61		−669.46		−666.07		−646.57	
伪 R^2	0.0401		0.1313		0.1428		0.1907	
样本量	640	640	640	640	640	640	640	640

注：dy/dx 是变量的平均边际效应；括号内数字为稳健标准误

***、**和*分别表示变量在 1%、5%和 10%的水平上显著

在控制变量方面，显著影响农户耕地撂荒占比的因素包括劳动力投入、土地投入、农业机械投入、劳动力规模、老年人口数、养殖收入、灌溉条件和地块数等 8 个变量。

具体而言，劳动力投入、土地投入和农业机械投入始终显著负向影响耕地撂荒占比。中国南方丘陵山区是典型的耕地分散和细碎化区域，机械难以完全替代劳动力，因而适度增加单位土地面积的劳动力投入能有效降低耕地撂荒规模。从描述性分析来看，样本农户平均经营耕地面积仅为 5.30 亩，远低于中国适度规模经营面积（50 亩），属于典型的小规模经营。然而，农业生产无论是在规模经济阶段还是规模不经济阶段均与规模大小有关（顾天竹等，2017）。当规模很小时，农户能从扩大经营规模或地块规模中获得规模效益。因此，农户实际耕种的耕地面积越大，耕地撂荒占比越低。农业机械投入对耕地撂荒的抑制作用相当明显。然而，许多研究认为山区农业机械化程度有限，尤其是对面积小和地形崎岖的边际土地。但是，农业机械的使用仍能降低因劳动力减少而将要却又尚未沦为边际土地的土地规模。

家庭劳动力规模和老年人口数的估计结果分别在 5% 与 1% 的水平上显著正向影响耕地撂荒占比。家庭劳动力规模的估计结果与 Xu 等（2019a）的发现不一致，而老年人口数的估计结果与 He 等（2020）的发现一致。这说明，家庭劳动力人数越多并不代表从事农业生产活动的劳动力越多，反而农户更倾向于将劳动力配置到非农行业，以及抚养与照顾家庭儿童和老人的日常再生产活动中。家庭养殖收入在 5% 的水平上显著负向影响耕地撂荒占比，且在保持其他变量不变的情况下，家庭养殖收入每增加 10%，农户耕地撂荒占比将下降 0.07%。这表明，农村多元化的收入渠道和较低的生活成本可以使农户家庭获得不低于外出务工的收入，而且种养业较为自由的时间支配也为农户降低耕地撂荒规模提供了动力。地块灌溉条件越差和地块越细碎都会增大农户耕地撂荒规模，这与主流文献的结论保持一致（He et al.，2020）。

应用 Stata 15.1 软件对式（6-7）和式（6-8）进行回归，包含交互项模型的估计结果如表 6-11 中的模型 5 和模型 6 所示。从模型 5 的结果来看，非农就业与土地转入的交互项不显著。然而，模型 6 的结果表明，非农就业与土地转出交互项的估计系数显著为负。这表明，相对于非土地转出户而言，土地转出能减缓非农就业对农户耕地撂荒占比的正向影响。

表 6-11　非农就业和土地流转对农户耕地撂荒行为的交互影响

变量	模型 5		模型 6	
	系数	dy/dx	系数	dy/dx
非农就业	0.117	0.049	0.314**	0.133**
	(0.148)	(0.062)	(0.146)	(0.062)

续表

变量	模型 5		模型 6	
	系数	dy/dx	系数	dy/dx
土地转入	0.178**	0.074**		
	(0.069)	(0.029)		
土地转出			−0.373***	−0.158***
			(0.073)	(0.031)
非农就业×土地转入	−0.196	−0.082		
	(0.291)	(0.122)		
非农就业×土地转出			−0.404*	−0.171*
			(0.238)	(0.101)
控制变量	已控制	已控制	已控制	已控制
省域	已控制	已控制	已控制	已控制
常数项	0.044		0.302	
	(0.325)		(0.323)	
对数似然比	−659.21		−645.14	
伪 R^2	0.1536		0.1896	
样本量	640	640	640	640

注：dy/dx 是变量的平均边际效应；括号内数字为稳健标准误

***、**和*分别表示变量在 1%、5%和 10%的水平上显著

3. 工具变量估计结果及稳健性检验

本节使用 IV-Tobit 模型进行内生性分析。Newey 的两步估计法不允许我们计算自变量的边际效应，但可以用该方法得出系数估计值（Liu et al.，2020）。

在表 6-12 的模型 7 中，忽略了非农就业与土地流转的交互项。Newey 的 IV-Tobit 模型中第一阶段是对非农就业进行 OLS 回归，其结果在 5%的水平上显著，且工具变量系数为正。同时，回归的 F 检验值均大于 10 这一经验值，拒绝存在弱工具变量的原假设，即村级非农就业平均比例不属于弱工具变量。在模型 7 的第二阶段，外生性 Wald 检验在 5%的水平上显著，故可在 5%的水平上认为非农就业为内生变量，因此使用工具变量来控制内生性问题是至关重要的。模型 7 第二阶段的估计系数表明，非农就业对农户耕地撂荒占比具有显著的正向影响，并且其绝对值的大小大于表 6-10 中相应的估计系数。这表明，如果不考虑非农就业的内生性，可能会低估其对农户耕地撂荒行为的影响。同时，土地转入、土地转出和其他控制变量仍然保持稳健。

表 6-12 工具变量估计和稳健性检验

变量	模型 7		模型 8		模型 9
	第一阶段	第二阶段	第一阶段	第二阶段	分样本第二阶段
	非农就业 （OLS）	耕地撂荒占 比（IV-Tobit）	非农收入占 比（OLS）	耕地撂荒占比 （IV-Tobit）	耕地撂荒占比 （IV-Tobit）
IV：村级非农就业	0.124**		0.279**		
	(0.055)		(0.123)		
非农就业		3.507*		1.563*	3.211*
		(2.087)		(0.931)	(1.864)
土地转入	−0.017	0.190**	−0.180***	0.408**	0.169*
	(0.018)	(0.095)	(0.039)	(0.193)	(0.095)
土地转出	0.077***	−0.650***	0.136***	−0.588***	−0.647***
	(0.018)	(0.190)	(0.040)	(0.161)	(0.205)
控制变量	已控制	已控制	已控制	已控制	已控制
省域	已控制	已控制	已控制	已控制	已控制
常数项	−0.719***	2.549	−1.392***	2.207	2.362*
	(0.091)	(1.573)	(0.204)	(1.377)	(1.405)
F	27.97***		26.93***		
内源性 Wald 卡方检验		100.66***		98.81***	74.45***
外生性 Wald 检验（Prob>chi2）		0.0306		0.0304	0.0207
样本量	640	640	640	640	467

注：括号内数字为普通标准误

***、**和*分别表示变量在 1%、5%和 10%的水平上显著

虽然模型 7 的结果表明，非农就业和土地流转均对农户耕地撂荒占比具有显著的影响，且结果是稳健的。但是，考虑到农户耕地撂荒行为具有自选择性，并不是随机分配的，且非随机选择和测量误差均会影响估计结果的稳健性。因此，为了进一步检验模型的稳健性，参照 Deng 等（2018a）和 Xu 等（2019a）的方法，构建非农收入占总收入的比重（非农收入占比）这一新变量，以评估非农就业和土地流转对耕地撂荒占比的影响。本节从总样本中随机抽取一部分子样本来对之前的回归结果进行检验。表 6-12 中模型 8 和模型 9 的结果表明，无论是构建新变量还是使用子样本进行回归，估计结果都是稳健的，只是系数值的大小有所变化。

6.2.4 结论与讨论

1. 结论

本节在厘清非农就业和土地流转对耕地撂荒的影响机制的基础上，使用山区

县农户的调查数据，实证分析山区农户家庭非农就业和土地流转对农户耕地撂荒的影响。在之前分析的基础上，本节主要得出以下结论。

（1）非农就业会促进农户耕地撂荒，且当农户家庭非农就业提升 10%时，其耕地撂荒占比会相应增加 1.11%。土地转出对耕地撂荒占比有显著的负向影响，能降低耕地撂荒规模，但转出对象以村集体和新型农业经营主体为主，分别占比41.14%和 33.54%。

（2）劳动力、土地和农业机械等投入要素对耕地撂荒占比有显著的负向影响，且结果十分稳健。单位土地面积的劳动力投入每提升 1%，耕地撂荒占比下降0.217%；土地投入（农户家庭实际耕种的土地面积）每增加一个单位，耕地撂荒占比下降 1.2%；农业机械投入每提升 1%，耕地撂荒占比下降 0.023%。

（3）稳健影响耕地撂荒占比的因素还包括灌溉条件和地块数，且灌溉条件越差和地块数量越多，越会提升农户耕地撂荒占比。

这些结果对缓解山区耕地撂荒具有重要的政策含义。中国正处于经济中高速发展的时期，在经济利益驱动下，山区农村劳动力将持续甚至过度向城市转移，耕地撂荒情况将进一步加剧。然而，在耕地红线政策要求下，中国至少要保持 18亿亩耕地，以确保国家粮食安全。为了遏制耕地减少，适度规模的耕地经营和土地流转十分必要，但仅通过鼓励扩大经营规模来缓解耕地撂荒的土地流转政策已不可取，而是应推动地块层面的规模扩大，并将分散的土地资源向村集体和新型农业经营主体集中。农业机械投入对抑制耕地撂荒起到积极作用，因而在农业劳动力大量转移至非农产业后，政府在鼓励农户购买农机的同时，还应扶持山区农业社会化服务体系的发展。拓宽农村收入机会能为中青年人留村创造条件，而且农村副业和特色产业的发展可以促进农业收入增长，从而增加耕地撂荒的成本。此外，还需加强农田基础设施（如灌溉设施）建设，降低农业生产成本和耕地撂荒的可能性。

2. 讨论

目前，学术界关于家庭劳动力迁移对耕地撂荒的影响及其作用机制进行了大量研究（Lu，2020；Xu et al.，2019a）。然而，现有研究大多利用国家层面的统计数据，从宏观上分析影响耕地撂荒的具体因素，并将劳动力迁移作为其定量分析的核心驱动因素之一。与这些研究相比，本节的优势在于，利用农户调研的第一手微观数据，探讨农户家庭非农就业、土地流转与耕地撂荒之间的关系。通过将农户土地流转细分为转入与转出，更加具体地分析了农户尺度上耕地撂荒的作用机制。然而，本节只对农户土地流转进行细分，而未对农户家庭非农就业以及劳动力迁移人数进行细分。但有趣的是，在加入非农就业与土地转入的交互项后，反而增强了土地转入对耕地撂荒的正向影响，这与经验分析相反。一方面，这可

能是中国南方农户小规模土地占有的长期存在,使得小农转入耕地多是为了替换
劣等土地,而非扩大再生产;另一方面,非农收入的增长对农户追加农业投资意
愿的强化作用弱于其他因素对意愿的作用,但究竟是何种原因仍需在未来进一步
研究。此外,未来的研究可以将非农就业进一步细分为本地非农就业和外地非农
就业,探讨家庭劳动力迁移规模的空间分布差异及其对耕地撂荒的影响。

　　如何遏制耕地撂荒,保障粮食安全,已成为学界和政界的一个热门话题。一
种观点认为,耕地撂荒是社会经济发展过程中的必然现象,其本质是耕地在农业
用途下不再具有经济生产能力,因而无法遏制,除非耕地的农业生产用途能向可
获得经济效益的其他用途转变(如森林转型)(李秀彬和赵宇鸾,2011;Lorenzen
et al., 2020)。然而,中国有着最严格的土地用途管制制度,耕地被严格限制于种
植农作物,或只能被政策影响而更改用途。另一种观点是以农户理性为前提、农
户利益最大化为目标,认为农业比较收益低是导致农业劳动力向非农产业部门迁
移的最根本驱动力。当非农收入高于农业收入时,土地流转或撂荒是不可避免的。
然而,耕地撂荒现象并非不可避免或无法减轻。大量研究建议通过土地流转或土
地整理来达到适度规模经营,以缩小农业与非农产业部门之间的收入差距(张英
等,2014)。但是,本节的实证结果表明,以扩大经营面积为目的来转入耕地对减
少农户耕地撂荒规模的作用不大,而土地转出与地块数分别稳健地负向和正向影
响耕地撂荒。由于缺乏地块规模层面的数据,本节未能探讨地块规模扩大会对耕
地撂荒造成何种影响,但土地流转政策的实施亟须从关注经营规模扩大转向关注
地块规模扩大,这是已有关于农业规模经营如何影响农户耕地利用行为的研究中
所欠缺的。

　　农业机械化对减轻耕地撂荒的作用多因区域而异。许多研究认为,在农田
零星分散的丘陵山区,机械化很难发挥替代劳动力的作用(Xu et al., 2017;Li
et al., 2018),尤其是小农户自身对农业机械的使用并不熟练(He et al., 2020)。
然而,中国农业社会化服务已初具规模,能为小农户提供产前、产中和产后诸
多环节的农业生产服务。本节的结果也表明,农户在农业机械上的花费能降低
耕地撂荒的规模,因而推广和发展小型机械与技术服务相结合会更有效。但是,
农业社会化服务对不同经营规模和不同类型的农户耕地撂荒的具体影响仍需进
一步研究。

　　此外,农户分化是分析耕地撂荒原因的重要视角。然而,现有研究多关注农户
非农就业或兼业带来的农业劳动力流失以及非农收入对耕地撂荒的影响(Lu, 2020;
Xu et al., 2019a),而忽视了除非农收入外,家庭其他收入对减缓耕地撂荒的作用。
实际上,遏制农户大规模耕地撂荒的实质在于提高耕地收入以及提供多元化的农业
收入机会。本节的研究结果也表明,农户养殖业收入的提高能减小耕地撂荒规模。
同时,适度的耕地规模化管理或特色产业的管理可能会进一步抑制耕地撂荒。

6.3　不同类型农户耕地撂荒行为实证分析

6.3.1　研究意义

撂荒是世界范围内较为常见的耕地利用现象，已有研究显示耕地撂荒相继在西欧（Gellrich et al.，2007）、美国部分地区、东南亚（Rhemtulla et al.，2009；Fox et al.，2009）、东欧和前苏联国家（Baumann et al.，2011；Prishchepov et al.，2013）发生，且在不少地区有蔓延的趋势，尤其是山区（Yan et al.，2016；Shi et al.，2018）。中国丘陵山区有明显的耕地撂荒现象（李秀彬和赵宇鸾，2011；邵景安等，2015），且这种现象愈演愈烈（李升发等，2017）。撂荒引起广泛关注的主要原因是它影响了环境和社会经济过程（Prishchepov et al.，2013；Yan et al.，2016），既包括正面的，也包括负面的影响（Prishchepov et al.，2013；Yan et al.，2016；Terres et al.，2015；Levers et al.，2018）。但在农业部门，Terres 等（2015）认为正常经营耕地能够保障食物生产、管理重要的自然资源以及支持农村地区的经济发展，有数据显示 50%的植物和动物物种是依靠农业实践存活的，因此，适宜的农业土地管理活动能有效延续这些基本功能。此外，大范围的耕地撂荒很有可能引发粮食安全危机（Lichtenberg and Ding，2008；Yan et al.，2016；Terres et al.，2015），这一点在中国尤为明显，原因是中国的耕地资源非常稀缺，丘陵山区约占中国国土总面积的 2/3，大面积的耕地撂荒极有可能威胁区域乃至国家的粮食安全，同时也可能带来大量的社会和环境问题。因此，为了避免耕地撂荒的蔓延，一些国际组织（欧洲环境政策研究所、欧盟通过共同农业政策等）已经采取行动，其中首要的任务就是提高对耕地撂荒这一现象（包括撂荒程度、模式和驱动力等）的认知。

欧洲尺度上的研究显示撂荒主要由农业边际化和农村人口减少驱动（Jepsen et al.，2015；Strijker，2005），主要发生在农业生态环境不利的地方，如陡坡、高海拔、土壤贫瘠和地理区位偏远的地方（MacDonald et al.，2000）。国家尺度的研究显示距居民点的距离、财政和农民动机的缺乏（Kristensen et al.，2004；Lieskovský et al.，2015；Müller et al.，2013）、农村人口减少（Bell et al.，2009）、不利的农业环境（Vu et al.，2014）以及撂荒前土地利用的类型（Gellrich et al.，2007）是耕地撂荒的主要决定因素。区域研究显示补助和土地质量（Alix-Garcia et al.，2012；Vanwambeke et al.，2012）、可达性（Eiter and Potthoff，2016；Müller et al.，2009）、贫瘠的土壤（Sluiter and de Jong，2007）以及孤立和距农村中心的距离（Prishchepov et al.，2013）是耕地撂荒的主要驱动力（Vinogradovs et al.，2018）。可见，耕地撂荒是一个由经济、环境和社会驱动力导致的复杂的多维过程（Lambin and Meyfroidt，2010；Terres et al.，2015；Yan et al.，2016；Vinogradovs et al.，2018），

其最终发生的程度、模式及驱动力因区域而异（vary across geographical regions）（Osawa et al.，2016；Levers et al.，2018）。例如，土地撂荒不总是限制在边缘地区（Hatna and Bakker，2011），其至在具有较高产量潜力的地区也会发生（Strijker，2005），这说明在耕地撂荒过程中，社会因素发挥了主导作用（Osawa et al.，2016）。因此，想要阻止耕地进一步撂荒，或者制定可持续的土地管理政策需要厘清社会环境因素是如何作用于土地系统进而导致撂荒的。

在实际的耕地经营和管理过程中，耕地利用的主体扮演了纽带的角色。他们遵循一定的法则，将社会经济因素带来的影响，通过耕地利用行为（包括放弃对耕地的耕作）作用于土地自然系统（李秀彬和赵宇鸾，2011）。因此，研究耕地利用主体所遵循的法则以及行为成为理解耕地撂荒的关键。事实上，不少学者开展了农户尺度的耕地撂荒研究，葛霖等（2012）从农户视角分析了贵州毕节市团结乡山区耕地撂荒的原因，认为农业比较效益低、农业生产条件差、农户劳动力缺乏是该地区耕地撂荒的主要原因。郑兴明和吴锦程（2013）则从风险厌恶的视角，运用 Logistic 模型剖析了福建省八个设区市农户弃耕撂荒的决策行为。Yan 等（2016）理论分析并实证了当非农市场存在并且农地的生产力和分布是异质的情况下农户撂荒的决策。Zhang 等（2016）构建了基于产出利润和投入成本的半经验种植利润模型，解释了中国山区的农户土地撂荒行为。这些研究为从农户角度研究耕地撂荒提供了基本的范式，但他们习惯将农户作为统一的研究对象，从而导致非瞄准的、相当普遍的保持土地生产的农业政策措施建议，这些政策措施可能对解决撂荒所带来的负面影响是无效或低效的（Renwick et al.，2013）。在模型假设方面，他们将农户定义为理性"经济人"，但 Coppola（2004）和 Terres 等（2015）认为在农业部门，利润最大化的法则不总是正确的，不能仅仅严格地参照经济变量去解释耕地撂荒。

近年来，中国经历了快速的城镇化和工业化，这一过程导致了城乡间收入差日益扩大，大量农村青壮年劳动力迁移和兼业。劳动力的迁移和非农就业减少了农村劳动力数量，也给农村土地利用带来相应变化。Xu 等（2019a）定量分析了中国劳动力迁移对农户耕地撂荒的影响，研究发现，非农就业和兼业分别增加 10%，农户平均撂荒率增加 4% 和 5%，农户平均撂荒耕地面积增加 3% 和 5%。这种现象在其他国家也很常见，如较高的农户兼业和农村人口迁移是阿尔巴尼亚（Müller and Sikor，2006）和罗马尼亚（Müller et al.，2009）耕地撂荒的关键决定因子。此外，附近城镇区域的市场准入和待遇优厚的工作机会的可获得性也会影响耕地撂荒（Prishchepov et al.，2013），可见兼业农户有更大的可能撂荒耕地（Grinfelde and Mathijs，2004；Kristensen et al.，2004；van Doorn and Bakker，2007）。但是并不是所有兼业农户都比非兼业农户更有可能撂荒耕地，张佰林等（2011）对此进行了研究，他们将农户分为纯农户、Ⅰ兼业户和Ⅱ兼业户（按照非农收入的比重划分），在此基础上分析每种类型农户耕地撂荒行为的影响因素，发现农户农业收入对Ⅰ兼业户的撂荒行为是负向影响的，但对另两种类型农户的影响并不显著，这说明不同类型的农户在撂荒方面也存在差异，但该研究并未对导致这些差异背后的本质原因进行深入研究。

中国也正在经历人口老龄化，中华人民共和国《国民经济和社会发展统计公报》数据显示，截至 2016 年底，中国 60 周岁及以上老人总数为 23 086 万人，占总人口的比重为 16.7%；到 2018 年，上述数据分别为 24 949 万人和 17.9%。而由于城市化和工业化带来的劳动力迁移效应，农村的人口老龄化趋势更加严重。农户的年龄一般被认为是土地撂荒的重要因素（Kristensen et al.，2004；Mishra et al.，2010；Potter and Lobley，1992）。Kristensen 等（2004）强调当其他因素为常数时，农地粗放化和撂荒更有可能发生在接近退休的老年农户身上。因此，研究中国农村老龄化农户的耕地撂荒也很有典型性。

无论是农户的兼业还是农户的老龄化，都表明农户存在异质性，因此，将农户作为一个整体，以利润最大化作为他们的行为指南可能会导致错误的研究结果（Coppola，2004）。中国的农户分异表现得尤为明显，由于长期处于传统小规模农业系统的状态（Yan et al.，2016），农户基数大，在城乡一体化建设的大背景下，伴随工业化和城市化的快速发展，农户的行为分化和异质化程度也在加深，尤其是兼业农户和老龄化农户在农户群体中的比重越来越大。在中国农户类型划分的研究中，常把农户的非农收入占总收入的比例作为划分依据，不少研究（黄贻芳和钟涨宝，2013；杨志海和王雨濛，2015；苏艺等，2016）都采用该分类方法。根据这种划分依据，没有非农收入的农户常常被划分为纯农户，事实上，没有非农收入应该包含两类情况，一是由于年龄因素（或者健康因素）无法进入劳动力市场，只有农业收入的情况；二是存在劳动力市场，但仍然以经营农业为收入来源的情况。这两种情况对应的农户在农业生产情况、消费情况、劳动力配置以及需求层面都存在本质上的差异，因此应将他们分开考虑。在兼业户划分中，尽管农户非农收入占总收入的比例的不同可以反映他们在兼业程度上的差异，但反映不出他们在农业劳动力配置和需求层面上的本质差异。因此，根据农户在行为特征上的本质差异将农户进行分类，寻找符合其特征假设的农户模型以对农户的耕地撂荒进行分析，有助于深入地解释农户层面撂荒的驱动力，并为制定瞄准性的农业政策措施提供依据。

因此本节以中国典型的丘陵山区（贵州和江西）作为研究案例，在划分农户类型的基础上，利用适宜的农户模型，厘清每类农户耕地撂荒的发生机理，并利用农户调研数据加以实证，以期深入地解释中国山区农户撂荒的驱动力，并制定瞄准性的农业可持续政策措施。代际差异影响农户耕地撂荒行为的分析框架图见图 6-4。

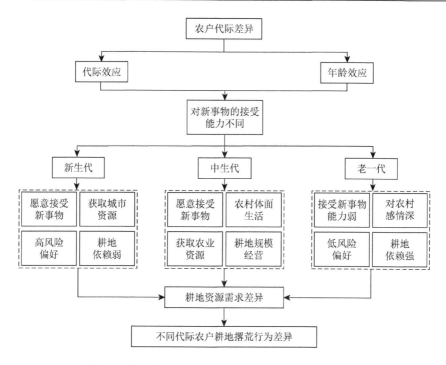

图 6-4　代际差异影响农户耕地撂荒行为的分析框架图

6.3.2　研究区域概况与研究方法

1. 研究区域概况

丘陵山区是指海拔在 200 米以上, 地势起伏明显的区域。中国丘陵山区分布广泛, 面积约占我国国土面积的 2/3, 人口占全国的 1/2 左右。丘陵山区耕地利用的特点是坡耕地分布广泛、地块零碎、不易机械化。研究区主要从能代表我国丘陵山区特征的区域选取, 结合本节的研究目的, 最终选取了江西省赣州市兴国县、萍乡市莲花县以及贵州省铜仁市万山区、铜仁市松桃苗族自治县、六盘水市六枝特区、黔西南州晴隆县等 6 个县（区）作为研究区。赣州市兴国县和萍乡市莲花县的丘陵面积比例高达 60%以上, 是典型的丘陵地区；铜仁市万山区、松桃苗族自治县、六盘水市六枝特区和黔西南州晴隆县的山地面积比例高达 90%以上, 是典型的山区。

2. 研究方法

实证部分采用二元 Logistic 回归, Logistic 回归能确定自变量 x 预测分类因变量 y 发生概率的作用和强度, 相应的回归模型如下,

$$\ln\left(\frac{p_{ij}}{1-p_{ij}}\right) = \alpha + \sum_{k=1}^{k}\beta_k x_{ki} \tag{6-9}$$

式中，$p_{ij} = P$（第 j 类农户 $y_i = 1|x_{1i}, x_{2i}, \cdots, x_{ki}$），表示在给定自变量 $x_{1i}, x_{2i}, \cdots, x_{ki}$ 时第 j 类农户耕地发生撂荒的概率；α 表示常数项；β 表示斜率。

一个事件的发生概率是一个非线性的方程，其表达式如下，

$$p = \frac{\exp(\alpha + \beta_1 x_1 + \beta_2 x_2 + \cdots + \beta_n x_n)}{1 + \exp(\alpha + \beta_1 x_1 + \beta_2 x_2 + \cdots + \beta_n x_n)} \tag{6-10}$$

发生比率（odds ratio）用来对各种自变量（如连续变量、二元变量、分类变量）的 Logistic 回归系数进行解释。在 Logistic 回归中应用发生比率来理解自变量对时间概率的作用是最好的方法，因为发生比率在测量关联时具有一些很好的性质。发生比率用参数估计值的指数来计算：

$$\mathrm{dd}(p) = \exp(\alpha + \beta_1 x_1 + \beta_2 x_2 + \cdots + \beta_n x_n) \tag{6-11}$$

在本节中，二元 Logistic 回归是用 SPSS 17.0 统计软件的 Logistic 函数来操作完成的。Logistic 回归模型的预测能力通过最大似然估计的表格来评价，它包括回归系数、回归系数估计的标准差、回归系数估计的 Wald 卡方统计量和回归系数估计的显著性水平。正的回归系数值表示当自变量每增加一个单位时发生比率会相应增加；相反，回归系数为负值时说明当自变量每增加一个单位时发生比率会相应减少。Wald 卡方统计量表示在模型中每个自变量的相对权重，用来评价每个自变量对事件预测的贡献力。

模型估计完成以后，需要评价模型如何有效地描述反应变量及模型配准观测数据的程度。用来进行拟合优度检验的指标有皮尔逊卡方、偏差 D 和 Hosmer-Lemeshow（HL）指标等。当自变量数量增加时，尤其是在连续自变量纳入模型之后，皮尔逊卡方、偏差 D 不再适用于估计拟合优度。在应用包括连续自变量的 Logistic 回归模型时，HL 是被广为接受的拟合优度指标。在实证分析中，由于自变量含有连续变量，且协变量数量较大，因此，本节用 HL 指标来进行土地利用变化的 Logistic 回归模型拟合优度检验。HL 指标统计显著表示模型拟合不好；相反，HL 指标统计不显著表示模型拟合好。HL 指标是一种类似于皮尔逊卡方统计量的指标，其方法是根据模型预测概率的大小将数据分成规模大致相同的 10 个组，然后根据每一组中因变量各种取值的实测值与理论值计算皮尔逊卡方。

6.3.3　研究结果与分析

1. 分类结果

根据农户类型的划分方法，我们对 1117 户农户进行分类，分类结果见表 6-13。

表 6-13　农户类型划分结果

农户类型	江西省	贵州省	合计
老龄化农户/户	136	225	361
老龄化农户占比	28.69%	34.99%	32.32%
纯农户/户	46	15	61
纯农户占比	9.70%	2.33%	5.46%
稳定型兼业户/户	127	94	221
稳定型兼业户占比	26.79%	14.62%	19.79%
非稳定型兼业户/户	165	309	474
非稳定型兼业户占比	34.81%	48.06%	42.44%
合计	474	643	1117
合计占比	100%	100%	100%

从表 6-13 中的农户类型划分结果来看，研究区农户中非稳定型兼业户的数量最多，为 474 户，占总农户数量的 42.44%；其次为老龄化农户，有 361 户，占总户数的 32.32%；纯农户最少，共有 61 户，仅占总户数的 5.46%。从这一数据结果来看，在研究区农户中一边务农、一边通过打零工的方式获取务工收入的非稳定型兼业户是农户的主要构成之一，他们大约占到总户数的 2/5；其次为老龄化农户，大约占总户数的 1/3，说明研究区农户的老龄化现象非常严重，每 3 户农户中就有 1 户是处于农耕养老的状态。四类农户中，纯农户最少，原因主要是调研区为丘陵山区，耕地细碎现象严重，坡耕地较多，户均耕地面积少，农业收成不高，土地流转市场不完善。

分地区来看，江西省的非稳定型兼业户数量最多，大约占到江西省研究区农户总数的 1/3；其次为老龄化农户和稳定型兼业户，它们的占比分别为 28.69% 和 26.79%；纯农户较少，大约占 1/10。贵州省仍然是非稳定型兼业户数量最多，接近于贵州省研究区农户总数的 1/2；其次为老龄化农户，大约占 1/3；余下的则为稳定型兼业户和纯农户，它们分别占 14.62% 和 2.33%。两个地区对比，贵州省的非稳定型兼业户和老龄化农户的占比更大，而江西省的稳定型兼业户和纯农户的占比更大。

2. 描述性统计分析

如表 6-14 所示，研究区耕地总块数为 10 888 块，耕地撂荒 528 块，从数量上来说，耕地撂荒情况并不严重。从耕地撂荒的地块数来看，稳定型兼业户撂荒的地块数最多，其次为老龄化农户，耕地撂荒块数最少的是非稳定型兼业户。从撂荒地块数占比来看，纯农户的耕地撂荒地块数占比最大，占纯农户耕地总块数的7.44%，稳定型兼业户和老龄化农户的耕地撂荒地块数占比居其次，均为7.28%，非稳定型兼业户的耕地撂荒地块数占比最低，只有耕地总块数的0.36%。

表 6-14　农户分类型耕地撂荒情况

农户类型	总地块数/块	撂荒地块数/块	撂荒地块数占比
老龄化农户	2 790	203	7.28%
纯农户	968	72	7.44%
稳定型兼业户	3 285	239	7.28%
非稳定型兼业户	3 845	14	0.36%
合计	10 888	528	4.85%

基于数据的科学性和可获得性选取了 16 个与农户耕地撂荒密切相关的主要因子，包括家庭常住人口、户主年龄、户主性别、户主受教育程度、务农劳动人数、务工劳动人数、耕地面积、地块数、耕作是否机械化、非农收入、耕地类型（水田/旱地）、耕地质量、地貌特征、灌溉情况、到最近公路的距离、到家的距离，这些因子所代表的农户家庭特征和地块特征对农户撂荒耕地有直接或间接的影响。其中，户主性别为二元变量，1 代表男性，0 代表女性；农户受教育程度为多分类变量，1 代表未受到教育，2 代表受到小学教育，3 代表受到初中教育，4 代表受到高中教育，5 代表受到大专及以上教育；耕作是否机械化为二元变量，1 代表耕作过程中有机械化操作，0 代表纯人力耕作；耕地类型为二元变量，1 代表水田，0 代表旱地；耕地质量为有序多分类变量，1 代表耕地质量差，2 代表耕地质量中等，3 代表耕地质量好；地貌特征为无序多分类变量，1 代表平地，2 代表洼地，3 代表坡地；灌溉情况为二元变量，1 代表有灌溉设施，0 代表无灌溉设施；到最近公路的距离为有序多分类变量，1 代表 100 米以内，2 代表 100~500 米，3 代表 500 米及以上；到家的距离为有序多分类变量，1 代表 100 米以内，2 代表100~500 米，3 代表 500 米及以上。

从表 6-15 中可知，各类型农户户主的平均年龄都在 50 岁以上，其中老龄化农户的平均年龄约为 67 岁，呈现出农村农户老龄化的趋势。从耕地面积和地块数上看，纯农户所承包的耕地面积和地块数是所有农户中数量最大的，均值分别为15.58 亩和 17.73 块。在耕作是否机械化方面，纯农户耕作机械化的程度普遍较高，耕作是否机械化的均值为 0.89，而老龄化农户和非稳定型兼业户耕作机械化的程度相对较低，均值分别为 0.29 和 0.32。

表 6-15 变量描述性统计

变量	单位或取值	老龄化农户		稳定型兼业户		纯农户		非稳定型兼业户	
		均值	标准差	均值	标准差	均值	标准差	均值	标准差
家庭常住人口	人	3.40	2.08	5.17	2.32	4.40	1.78	4.34	1.80
户主年龄	岁	67.02	7.8	51.93	11.58	56.13	10.19	52.30	7.87
户主性别	0, 1	0.85	0.35	0.86	0.35	0.89	0.30	0.87	0.34
户主受教育程度	1, 5	2.02	0.77	2.39	0.77	2.61	0.88	2.34	0.79
务农劳动人数	人	1.65	0.63	1.86	1.47	2.43	1.19	1.99	0.89
务工劳动人数	人	0	0	2.03	1.13	0.55	1.00	1.43	0.88
耕地面积	亩	5.54	4.06	4.79	3.66	15.58	7.81	4.99	3.35
地块数	块	7.73	5.19	8.11	6.19	17.73	5.19	6.93	6.02
耕作是否机械化	0, 1	0.29	0.46	0.47	0.50	0.89	0.16	0.32	0.47
非农收入	元	8 577	18 571	64 088	50 314	10 292	19 924	22 562	21 616
耕地类型（水田/旱地）	0, 1	0.47	0.50	0.44	0.49	0.49	0.50	0.27	0.44
耕地质量	1, 3	1.89	0.64	1.95	0.62	1.85	0.74	1.71	0.56
地貌特征	1, 3	2.57	0.84	2.51	0.85	2.51	0.86	2.28	0.94
灌溉情况	0, 1	0.54	0.49	0.65	0.48	0.39	0.49	0.85	0.36
到最近公路的距离	1, 3	1.88	0.78	1.92	0.81	1.72	0.76	1.45	0.65
到家的距离	1, 3	2.14	0.79	2.13	0.79	2.02	0.73	1.66	0.69

3. 研究结果

1）老龄化农户

如表 6-16 所示，模型 I 显示了老龄化农户耕地撂荒模型的 Logistic 回归结果，HL 指标值为 15.329，p 值为 0.053，统计检验不显著，即模型较好地拟合了数据。户主年龄对老龄化农户耕地撂荒也呈正向影响，农户年龄每增加一岁，耕地撂荒的概率增加 8.5%。原因是年龄越大的老龄化农户，身体素质、体力等方面逐年下降，其能提供的有效农业劳动时间也越来越短，在实际调研中，受访年龄最大的农户为 83 岁，该农户就由于身体差、无劳动能力而直接撂荒家中全部耕地。此外，地块的特征变量包括到家的距离、灌溉情况以及耕地质量等，其中到家的距离、耕地面积、耕作是否机械化以及地块数对老龄化农户耕地撂荒呈显著的影响。

表 6-16　老龄化农户耕地撂荒模型的 Logistic 回归结果

变量	模型 I	
	系数	Wald 卡方统计量
家庭常住人口	0.170 (0.152)	1.254
户主年龄	0.085* (0.034)	6.129
户主性别	0.973 (0.682)	2.037
户主受教育程度	0.293 (0.301)	0.951
务农劳动人数	0.136 (0.363)	0.141
耕地面积	0.159*** (0.049)	10.626
地块数	0.079** (0.031)	6.566
耕作是否机械化	−0.919** (0.340)	7.285
非农收入	0.001* (0.000)	3.919
耕地类型	0.543 (0.354)	2.360
耕地质量	−1.517*** (0.318)	22.832
地貌特征（平地）	0.921 (0.463)	0.507
地貌特征（洼地）	0.280 (0.993)	0.079
地貌特征（坡地）	0.268 (0.395)	0.461
灌溉情况	−1.712*** (0.363)	22.268
到最近公路的距离	0.433 (0.268)	2.614
到家的距离	1.405** (0.273)	26.454
常数项	−7.416 (3.159)	5.512
HL	15.329	
p 值	0.053	

注：括号内数字为稳健标准误

***、**和*分别表示变量在 1%、5%和 10%的水平上显著

2）稳定型兼业户

如表 6-17 所示，模型 II 显示了稳定型兼业户耕地撂荒模型的 Logistic 回归结果，HL 指标值为 6.237，p 值为 0.617，统计检验不显著，说明模型很好地拟合了数据。务工劳动人数对稳定型兼业户耕地撂荒呈较显著的正向影响，务工劳动人数每增加一人，耕地撂荒的概率增加 38.3%，即务工劳动力越多，耕地越容易被撂荒，原因是务工劳动力越多，意味着农户家庭非农收入越有保障，同时可提供的农业劳动时间则越少，耕地越容易被撂荒。家庭常住人口对稳定型兼业户耕地撂荒呈负向影响，同时务农劳动人数对耕地撂荒无显著影响，这说明农户家中需要供养的人口越多，农户越不会撂荒耕地，因为需要供养的人口越多，需要提供粮食的耕地就越多，这时，农户会尽量多种植耕地。此外，在地块的特征变量中，到家的距离、耕地质量、灌溉情况以及到最近公路的距离对稳定型兼业户耕地撂荒呈显著的影响。此外，稳定型兼业户 Logistic 回归模型中非农收入对农户是否撂荒耕地的影响并不显著，但根据第 4 章稳定型兼业户耕地撂荒行为机理：务工收入的工资率越高，农户越容易撂荒耕地。出现这一现象可能的原因是务工收入与务农收入悬殊，导致工资线 W 的斜率较陡，务工工资率的变化对稳定型兼业户实际提供的农业劳动时间的影响不大。

表 6-17　稳定型兼业户耕地撂荒模型的 Logistic 回归结果

变量	模型 II	
	系数	Wald 卡方统计量
家庭常住人口	−0.216* (0.101)	4.605
户主年龄	−0.005 (0.016)	0.083
户主性别	1.120* (0.463)	5.482
户主受教育程度	−0.291 (0.264)	1.222
务农劳动人数	0.104 (0.106)	0.962
务工劳动人数	0.383** (0.135)	8.037
耕地面积	0.087 (0.066)	1.702
地块数	0.023 (0.028)	0.656
耕作是否机械化	−0.628 (0.363)	2.990

续表

变量	模型Ⅱ	
	系数	Wald 卡方统计量
非农收入	0.001 （0.000）	0.365
耕地类型	0.119 （0.284）	0.177
耕地质量	−1.286*** （0.247）	27.151
地貌特征（平地）	0.745 （0.368）	3.419
地貌特征（洼地）	0.215 （0.329）	0.429
地貌特征（坡地）	1.945 （1.075）	3.271
灌溉情况	−1.498*** （0.311）	23.236
到最近公路的距离	0.462* （0.184）	6.276
到家的距离	1.151*** （0.198）	33.803
常数项	−0.416 （1.482）	0.079
HL	6.237	
p 值	0.617	

注：括号内数字为稳健标准误

***、**和*分别表示变量在 1%、5%和 10%的水平上显著

3）纯农户

如表 6-18 所示，模型Ⅲ为纯农户耕地撂荒模型的 Logistic 回归结果，HL 指标值为 1.058，p 值为 0.998，统计检验不显著，意味着模型很好地拟合了数据。根据 Wald 卡方统计量，影响纯农户耕地撂荒的主要因素排在前三位的分别是灌溉情况、到家的距离以及耕地质量，灌溉情况对纯农户耕地撂荒呈显著的负向影响，其系数估计值为−4.625，表示不能受到正常灌溉的耕地被撂荒的概率是能受到正常灌溉耕地的 4.625 倍。地块到家的距离对纯农户耕地撂荒呈显著的正向影响，其系数估计值为 2.833，表示到家的距离每增加一个梯度，纯农户耕地撂荒的概率增加 283.3%，也就是说地块离家越远越容易被纯农户撂荒，原因是地块距离家越远，意味着农户要花费更多的时间经营该地块，当农业劳动时间作为经济投入被考虑到农业生产中时，纯农户也只会用最适量的农业劳动时间进

行农业生产，为此也存在将偏远地块撂荒的可能。耕地质量对纯农户耕地撂荒
呈显著的负向影响，其系数估计值为−4.211，表示耕地质量每下降一个梯度，纯
农户耕地撂荒的概率增加 421.1%，即耕地质量越差越容易被撂荒。耕地质量和
灌溉情况都是对地块特征的反映，耕地质量越差并且无灌溉设施的地块意味着
其产量相对更低，对纯农户来说，产量低意味着农业利润低，因此，这一类型
的耕地会被纯农户优先撂荒。

表 6-18　纯农户耕地撂荒模型的 Logistic 回归结果

变量	模型III	
	系数	Wald 卡方统计量
家庭常住人口	−0.363 （0.053）	0.461
户主年龄	0.053 （0.079）	0.447
户主受教育程度	0.625 （0.872）	0.514
耕地面积	−0.117 （0.233）	0.252
地块数	0.065 （0.071）	0.829
耕作是否机械化	−0.688 （2.725）	0.064
耕地类型	−0.484 （1.184）	0.167
耕地质量	−4.211** （1.604）	6.890
灌溉情况	−4.625** （1.486）	9.692
到最近公路的距离	−0.004 （0.984）	0.000
到家的距离	2.833** （1.039）	7.433
常数项	1.942 （6.783）	0.082
HL	1.058	
p 值	0.998	

注：括号内数字为稳健标准误。户主性别、非农收入等变量未纳入模型，不影响模型回归结果
**表示变量在 5%的水平上显著

6.3.4　结论与讨论

1. 结论

研究结果显示，对于老龄化农户，随着农户年龄的增大，丘陵山区老龄化农户撂荒耕地的概率增加，且耕地撂荒优先发生在离家远、耕地质量差、灌溉条件劣的耕地。在实证分析中，农户年龄每增加一岁，耕地撂荒的概率增加 8.5%。对于稳定型兼业户，随着务工劳动人数的增加，耕地撂荒的概率会随之增加，其撂荒的过程是优先撂荒耕地质量差、灌溉条件劣、离家远的耕地。从 Logistic 回归分析的具体结果来看，务工劳动人数每增加一人，耕地撂荒的概率增加 38.3%，而非农收入对耕地撂荒的影响不显著。对于纯农户，地块的收益是其撂荒的决定因素，因此地块的灌溉情况、到家的距离以及耕地质量是影响丘陵山区纯农户耕地撂荒的因素，这与在一般研究中将农户作为理性小农的结论是一致的。对于非稳定型兼业户，我们认为一般情况下他们不会做出撂荒的决定，实际调研数据显示在非稳定型兼业户所拥有的全部 3845 块耕地中，仅有 14 块耕地撂荒，撂荒率为 0.36%。从这个数据可以看出，非稳定型兼业户撂荒是小概率事件，因此我们认为实际情况符合我们的假说。

2. 政策启示

丘陵山区坡耕地撂荒是老龄化农户、稳定型兼业户和纯农户自发选择的行为，从目前撂荒的形式看，主要是耕地质量差、灌溉条件劣的坡耕地被撂荒，因此应适当推进丘陵山区老龄化农户和稳定型兼业户的劣质耕地的生态退耕，对于已经发生的劣质耕地撂荒要及时采取措施恢复植被覆盖，以增加土壤入渗率、减少地表径流，进而达到有效减轻土壤侵蚀和水土流失的效果。未来，随着更多农民参与非农就业以及老龄化农民变得更老，耕地可能进一步撂荒，从而危及质量上乘的耕地。因此，阻止老龄化农户和稳定型兼业户的进一步撂荒将是农业可持续管理的重点工作，采取的措施可以是给予老龄化农户和稳定型兼业户耕地转出的特别优惠政策。而纯农户耕地撂荒与否受市场价格因素的影响大，因此可以考虑将目前纯农户撂荒的耕地纳入耕地管护管理体系，促进劣质耕地的休养生息和地力培肥。

农户模型是用来分析农户的生产、消费和劳动力供给行为（即农户生产函数、消费函数和劳动力供给函数等）的模型，它将农户行为的相关变量数量化，是分析农户耕地利用行为的良好工具。通过选择适合不同类型农户特征的农户模型可以较好地反映出不同类型农户耕地撂荒的本质差异，从而为制定瞄准性的政策措

施提供依据。但由于数据获取的有限性，实证分析中使用的是截面数据，这可能
造成实证分析中的效应有所弱化。因此通过农户跟踪数据，用面板数据能够更好
地验证本节提出的假说。

6.4　不同代际视角下农户耕地撂荒行为实证分析

6.4.1　研究目的

耕地撂荒是一个复杂的多维过程，具有相互联系的经济、环境和社会驱动力
（Yan et al.，2016）。快速的城市化和工业化进程，促使中国农村大量劳动力脱离
农业，进而引发耕地的边际化（李升发和李秀彬，2018）。特别是在农村劳动力流
出达到"刘易斯拐点"之后，丘陵山区出现明显的耕地撂荒现象。究其原因，一
方面是地形的限制，农业劳动力迁移后，无法实现以机械替代人力，引发大面积
耕地撂荒。长期撂荒的耕地通常不易复耕复种，逐渐发生植被的自然演替，呈现
自然生态用地扩张的状态（Pueyo and Beguería，2007）。另一方面，农村留守劳动
力老龄化攀升和地块细碎化加剧，制约了现代农耕工具的使用，势必影响农业经
营效益的提升，致使山区耕地撂荒现象继续加重（Pueyo and Beguería，2007）。然
而，面对国家 18 亿亩耕地红线的保护要求和确保粮食安全的民生诉求，如何避免
优等耕地资源的浪费已成为中国土地可持续利用管理中的重点和难点（邵景安等，
2015）。此外，在城乡一体化背景下，农户分化与异质化程度正在不断加深，进而
影响到其耕地利用行为，成为耕地撂荒研究的一个重要视角（许恒周等，2012；
郭晓鸣等，2018）。

耕地撂荒是农户在权衡多种因素后做出的理性决策，不同类型农户对耕地
撂荒的影响因素和反应程度会有所不同（郭贝贝等，2020；李赞红等，2014；
宋世雄等，2016）。目前，农户层面的耕地撂荒研究主要集中在劳动力价格上涨
（Yan et al.，2016）、劳动力迁移（Lieskovský et al.，2015；Xu et al.，2019a）、
家庭结构（Xu et al.，2017）和农户类型差异（李赞红等，2014）等方面，分析
视角在于劳动力价格上涨与非农就业机会增多，使得家庭非农收入和劳动力迁
移增加，从而引起原本同质化的农户出现职业和经济分化，而农户职业和经济
收入的变化均会改变农户对农业生产要素投入的配置，进而影响与耕地资源配
置相关的行为（如耕地撂荒或土地流转）。对于代际差异，现有研究更倾向于关
注代际差异对人们在工作组织中的消费偏好和行为的影响（Liu et al.，2020）。
然而，关于代际差异如何影响农户耕地撂荒行为的研究较少，相关研究主要集
中在代际差异对农户耕地保护（陈美球等，2019；杨志海和王雨濛，2015）、劳

动力迁移（黄季焜和靳少泽，2015；陈素琼等，2016）、土地流转（陈奕山和钟甫宁，2017）和宅基地退出（杨慧琳等，2020）的影响。例如，在耕地保护方面，新生代农户在耕地保护认知、相关技术采纳和实际行为态度等方面优于老一代农户（陈美球等，2019；杨志海和王雨濛，2015）；而在土地流转方面，存在劳动力迁移的老一代农户更愿意流转土地，也有研究发现，劳动力年轻化促使新生代农户转出耕地，但不能确保耕地转出的稳定性（陈素琼等，2016）。已有成果为农户耕地撂荒行为的研究提供了一定的思路与基础，但也存在一些不足之处。一是多数耕地撂荒研究往往将农户视为同质群体，忽视了在代际差异背景下农户对耕地资源利用的不同目标诉求；二是影响农户耕地撂荒行为的因素是多方面的，在分析其行为决策时，有必要掌握影响不同代际农户耕地撂荒行为的决定性因素；三是缺乏关于各因素对不同代际农户撂荒规模影响的异质性及其作用强度的探讨。

因此，随着务农劳动力代际分化趋势日益明显，不仅需要担忧农村人口损失引发的大面积耕地撂荒，更需要从长远考虑不同代际农户对耕地利用的责任意识及具体行为差异。况且，在中国耕地资源稀缺和农村土地承包权不变的情况下，耕地撂荒不仅受当代人行为决策的影响，而且其选择耕地可持续利用还是耕地撂荒及撂荒的时空范围更受代际农户行为差异的影响。鉴于此，本节选取位于丘陵山区地带的江西省兴国县作为研究区，通过实地问卷调查，从农户代际差异视角来探讨其对耕地撂荒的影响，并分析不同代际农户耕地撂荒影响因素的异质性。

6.4.2　研究区域概况与研究方法

1. 研究区域概况

本节数据来源于2019年7~8月对江西省兴国县各乡镇的农户和村庄的实地调研。为保证调查数据的有效性和代表性，研究采用分层随机抽样的方法选择调查区域。首先，按照经济发展水平和耕地面积选取 6 个乡镇；其次，在每个乡镇中按照耕地资源分布和地形地貌状况随机抽取 3~6 个村，并对村干部进行村问卷访谈；最后，每村随机选取 10 个农户，并对农户户主或其家庭成员进行面对面访谈，共发放 30 份村庄问卷和 300 份农户问卷。农户问卷囊括了家庭成员基本情况（包括年龄、就业、收入等）、土地经营情况（包括地块数、耕地经营规模、灌溉条件和流转面积等）、耕地撂荒情况（包括撂荒面积、撂荒程度等）。经过整理，剔除变量数据缺失的问卷，得到满足本节研究的样本量为 293 份，问卷有效率为 97.67%。

2. 研究方法

（1）耕地是否撂荒。由于农户耕地是否撂荒为二元变量，且一般认为 Logit 模型应用最广（田玉军等，2010），故选择 Logit 模型来予以估计。具体模型如下，

$$\begin{cases} p_i = F(y_i) = \dfrac{\exp\left(\beta_0 + \displaystyle\sum_{j=1}^{n}\beta_j X_{ij}\right)}{1 + \exp\left(\beta_0 + \displaystyle\sum_{j=1}^{n}\beta_j X_{ij}\right)} \\[4mm] y_i = \ln\left(\dfrac{p_i}{1-p_i}\right) = \beta_0 + \displaystyle\sum_{j=1}^{n}\beta_j X_{ij} \end{cases} \tag{6-12}$$

式中，p_i 表示第 i 个农户耕地撂荒的概率；y_i 是因变量，表示第 i 个农户耕地是否撂荒（撂荒 = 1，未撂荒 = 0）；β_0 和 β_j 分别表示截距项和第 j 个自变量的回归系数；n 表示自变量个数；X_{ij} 表示第 i 个农户第 j 个自变量的取值。

（2）耕地撂荒规模。由于耕地撂荒规模的数据不服从正态分布，其大部分数值的取值为 0，如果直接采用固定效应模型，将会得到不一致的估计量。如果运用截断数据模型估计，需将因变量取值为 0 的观测值删除，导致大量样本信息损失。因此，本节采用 Tobit 模型，公式如下，

$$\text{FAS}_i = \begin{cases} \alpha_0 + \alpha_1 \text{Intergen}_i + \alpha_2 \text{Controls}_i^{\text{T}} + \varepsilon_i, & \text{IA}_i > 0 \\ 0, & \text{IA}_i \leqslant 0 \end{cases} \tag{6-13}$$

式中，FAS_i、IA_i 和 Intergen_i 分别表示第 i 个农户的耕地撂荒规模、耕地是否撂荒和代际差异；$\text{Controls}_i^{\text{T}}$ 表示控制变量所构成向量的转置；ε_i 表示随机扰动项；α_0 表示截距项；α_1 和 α_2 表示相应的回归系数。

6.4.3　研究结果与分析

1. 描述性统计

表 6-19 为变量定义与描述性统计，其中有 46.1% 的农户撂荒耕地，平均撂荒面积为 0.817 亩。大多数户主为中年人，受教育程度普遍偏低；平均家庭总人口数为 4.53 人，家庭收入大部分来源于非农收入，占比达 61.5%；农户平均耕地经营规模为 2.61 亩，平均耕地块数为 9.1 块，31.4% 的农户参与土地流转，大部分耕地能保证灌溉且农户认为当前村内耕地撂荒程度偏向一般。需要指出的是，不同代际农户在耕地撂荒和土地流转上存在明显的差异，表 6-20 中的结果显示，老一代农户的耕地撂荒意愿和耕地撂荒规模均高于新生代农户，相反土地流转率却低于新生代农户，而中生代农户介于两者之间。

表 6-19　变量定义与描述性统计

变量名称	变量定义与赋值	均值	标准差	预期方向
耕地是否撂荒	农户耕地是否撂荒（0＝否；1＝是）	0.461	0.499	
耕地撂荒规模	农户耕地撂荒规模/亩	0.817	1.296	
代际差异	1970 年及之后出生＝1，1955~1970 年出生＝2，1955 年之前出生＝3	2.075	0.780	？
性别	户主性别（1＝男；2＝女）	1.120	0.325	？
受教育程度	1＝小学以下；2＝小学；3＝初中；4＝高中或职业中学；5＝大专及以上	2.720	0.954	－
家庭规模	农户家庭总人口数/人	4.530	1.870	－
家庭年收入	农户家庭年总收入/万元	7.050	7.090	？
非农收入占比	家庭非农收入占家庭总收入的比重	0.615	0.409	＋
离集市距离	从家到最近集镇中心的距离/千米	6.280	4.750	＋
耕地经营规模	农户实际耕种的土地面积/亩	2.610	2.340	－
耕地块数	耕种土地的总地块数/块	9.100	5.690	＋
土地是否流转	农户是否参与土地流转（0＝否；1＝是）	0.314	0.465	－
灌溉条件	1＝以雨水灌溉为主，不实施人工灌溉；2＝不能保证灌溉；3＝能保证灌溉	2.608	0.687	－
村内撂荒程度	目前村内耕地撂荒的严重程度（1＝不严重；2＝一般；3＝严重）	1.830	0.800	？
村庄地形	1＝缓丘（<30 米）；2＝浅丘（30~50 米）；3＝中丘（50~100 米）；4＝高丘（100~200 米）	2.590	1.150	＋
交通状况	村庄与外界的交通是否方便（0＝不方便；1＝方便）	0.614	0.488	－
耕地分散程度	整个村庄耕地资源的分散程度（0＝分散；1＝集中）	0.645	0.479	－

注："＋"、"－"和"？"分别代表影响因子与耕地撂荒的关系为正相关、负相关和不确定

表 6-20　耕地资源配置的描述性分析

变量	新生代	中生代	老一代
耕地是否撂荒	0.365	0.469	0.571
耕地撂荒规模	0.775	0.851	0.999
土地流转率	0.312	0.177	0.140

2. 不同代际农户耕地是否撂荒行为决策分析

1）代际差异对农户耕地是否撂荒的影响

对式（6-12）进行 Logit 回归估计，如表 6-21 中的模型 1~5 所示，模型 5 为模型 4 的边际效应结果，模型 6 为 Probit 模型的估计结果，作为模型 4 的稳健性检验。模型 1 表明，代际差异在 5%的水平上对农户耕地是否撂荒有显著的正向影

响。在模型 2~5 中加入控制变量后，代际差异对耕地是否撂荒的正向影响依旧稳健，且代际差异每提升一级，耕地撂荒意愿会增加 9%。需要指出的是，表 6-21 中的 6 个估计模型对应的 VIF 均小于 10，说明自变量不存在严重的共线性问题。

表 6-21　农户耕地是否撂荒影响因素的 Logit 回归结果

变量	耕地是否撂荒					
	模型 1	模型 2	模型 3	模型 4	模型 5（dy/dx）	模型 6
代际差异	0.422**	0.434**	0.449**	0.560**	0.090**	0.325**
	（0.170）	（0.195）	（0.211）	（0.240）	（0.038）	（0.136）
性别		−0.420	−0.545	−0.423	−0.068	−0.213
		（0.413）	（0.449）	（0.517）	（0.083）	（0.289）
受教育程度		−0.066	0.045	0.264	0.043	0.158
		（0.147）	（0.158）	（0.186）	（0.030）	（0.106）
家庭规模		0.085	0.164*	0.242***	0.039***	0.141***
		（0.073）	（0.084）	（0.093）	（0.014）	（0.054）
家庭年收入		0.019	0.009	−0.000	−0.000	0.001
		（0.021）	（0.024）	（0.027）	（0.004）	（0.016）
非农收入占比		0.170	−0.010	−0.091	−0.015	−0.058
		（0.361）	（0.391）	（0.443）	（0.072）	（0.252）
离集市距离		0.108***	0.095***	−0.017	−0.003	−0.012
		（0.029）	（0.034）	（0.041）	（0.007）	（0.024）
耕地经营规模			−0.431***	−0.339***	−0.055***	−0.198***
			（0.080）	（0.083）	（0.012）	（0.048）
耕地块数			0.118***	0.126***	0.020***	0.074***
			（0.034）	（0.036）	（0.005）	（0.020）
土地是否流转			−1.388***	−1.423***	−0.230***	−0.838***
			（0.358）	（0.393）	（0.059）	（0.226）
灌溉条件			0.020	−0.394*	−0.064*	−0.234*
			（0.182）	（0.229）	（0.037）	（0.128）
村内撂荒程度				0.784***	0.127***	0.481***
				（0.214）	（0.033）	（0.122）
村庄地形				0.491***	0.079***	0.298***
				（0.165）	（0.026）	（0.096）
交通状况				0.005	0.001	0.003
				（0.377）	（0.061）	（0.214）

变量	耕地是否撂荒					
	模型 1	模型 2	模型 3	模型 4	模型 5（dy/dx）	模型 6
耕地分散程度				−0.904**	−0.146**	−0.532**
				（0.403）	（0.063）	（0.234）
常数项	−0.973***	−1.647*	−1.484	−3.582***		−2.188***
	（0.350）	（0.863）	（1.020）	（1.357）		（0.783）
Wald 卡方检验	6.19**	21.87***	48.47***	82.24***		98.81***
伪 R^2	0.0157	0.0723	0.1866	0.2909		0.2929
样本量	293	293	293	293	293	293

注：dy/dx 是变量的平均边际效应，括号内数字为稳健标准误
***、**和*分别表示变量在 1%、5%和 10%的水平上显著

2）不同代际农户耕地是否撂荒行为决策差异分析

由表 6-21 可见，耕地经营规模、家庭规模、耕地块数、土地是否流转、村内撂荒程度和村庄地形在 1%的水平上显著；耕地分散程度和代际差异在 5%的水平上显著，灌溉条件则在 10%的水平上显著，其余变量完全不显著。因此，为了分析影响不同代际农户耕地撂荒行为决策差异的具体因素，本节对新生代、中生代和老一代农户耕地是否撂荒的分样本进行 Logit 回归，结果见表 6-22。

表 6-22　不同代际农户耕地是否撂荒行为影响因素的 Logit 回归结果

变量	新生代		中生代		老一代	
	系数	dy/dx	系数	dy/dx	系数	dy/dx
性别	1.613**	0.201**	−0.259	−0.040	−2.895*	−0.339*
	（0.727）	（0.088）	（0.701）	（0.108）	（1.704）	（0.177）
受教育程度	0.369	0.046	0.727**	0.113***	0.185	0.022
	（0.357）	（0.044）	（0.287）	（0.042）	（0.502）	（0.058）
家庭规模	0.258	0.032	0.243	0.038	0.602	0.071
	（0.186）	（0.021）	（0.159）	（0.023）	（0.512）	（0.062）
家庭年收入	−0.011	−0.001	0.021	0.003	−0.125	−0.015
	（0.056）	（0.007）	（0.042）	（0.006）	（0.110）	（0.012）
非农收入占比	0.551	0.069	−1.128*	−0.175*	0.587	0.069
	（0.985）	（0.120）	（0.637）	（0.095）	（1.329）	（0.151）
离集市距离	0.074	0.009	0.033	0.005	−0.335***	−0.039***
	（0.111）	（0.013）	（0.063）	（0.010）	（0.115）	（0.013）

续表

变量	新生代		中生代		老一代	
	系数	dy/dx	系数	dy/dx	系数	dy/dx
耕地经营规模	−0.529**	−0.066***	−0.518***	−0.080***	−0.342	−0.040
	(0.205)	(0.022)	(0.146)	(0.019)	(0.242)	(0.028)
耕地块数	0.265**	0.033**	0.134**	0.021**	0.196**	0.023***
	(0.117)	(0.013)	(0.060)	(0.009)	(0.081)	(0.009)
土地是否流转	−2.162**	−0.270***	−1.411**	−0.219**	−0.922	−0.108
	(0.840)	(0.091)	(0.697)	(0.100)	(0.804)	(0.095)
灌溉条件	−0.129	−0.016	−0.446	−0.069	−0.862	−0.101
	(0.455)	(0.058)	(0.307)	(0.047)	(0.714)	(0.083)
村内撂荒程度	0.054	0.007	0.822***	0.127***	2.011**	0.236***
	(0.473)	(0.059)	(0.301)	(0.045)	(0.802)	(0.082)
村庄地形	0.867**	0.108**	0.418*	0.065*	1.196**	0.140**
	(0.376)	(0.048)	(0.253)	(0.037)	(0.503)	(0.056)
交通状况	0.410	0.051	−0.113	−0.018	−0.607	−0.071
	(0.916)	(0.115)	(0.514)	(0.080)	(0.826)	(0.095)
耕地分散程度	−1.421	−0.178	−1.011*	−0.157*	−1.592	−0.186
	(0.952)	(0.119)	(0.599)	(0.090)	(1.263)	(0.145)
常数项	−6.935**		−3.021		−0.638	
	(3.152)		(1.959)		(4.605)	
Wald 卡方检验	35.08***		36.63***		25.28**	
伪 R^2	0.3995		0.3201		0.4674	
样本量	85	85	145	145	63	63

注：dy/dx 是变量的平均边际效应，括号内数字为稳健标准误

***、**和*分别表示变量在 1%、5%和 10%的水平上显著

（1）户主特征的影响。一般来讲受教育程度较高的户主会有更多的非农就业机会，由此推断受教育程度越高，耕地撂荒的概率越大。然而，表 6-21 的结果表明，户主受教育程度对耕地是否撂荒并不显著。一个可能的解释是受教育程度高的户主更有能力获得与管理农业活动有关的信息和知识，这些信息和知识体现在以技术替代劳动，而劳动力的减少和技术的增加让两种相反的效应综合，使得受教育程度变量无关紧要（Yan et al.，2016）。但是，表 6-22 的结果说明，受教育程度对中生代农户耕地是否撂荒具有显著的正向影响，这表明只有当务农收入不低于非农务工，且能通过耕种连片农田形成适度规模经营时，中生代农户才会选择

留村务农。否则，受教育程度高的中生代农户仍以非农务工为主，从而首先撂荒耕种困难的土地。户主性别对耕地是否撂荒无影响，但分样本回归结果表明，在新生代农户中女性更倾向于撂荒耕地，而老一代农户的情况则相反。这是由于新生代农户家庭劳动力迁移是整体性的，但在老一代农户中，妇女获取家庭生活所需的农产品主要来源于耕地，因而不愿撂荒土地。

（2）家庭特征的影响。表 6-21 的结果说明家庭规模对耕地是否撂荒具有显著的正向影响，但表 6-22 的分样本回归结果表明，家庭规模在不同代际农户间并无显著差异。边际效应表明，家庭总人口每增加 1 人，耕地撂荒意愿增加 3.9%（表 6-21），主要原因是务农收益太低，且大多数家庭的主要劳动力选择务农以外的其他生计方式。然而，非农收入占比对中生代农户耕地是否撂荒具有显著的负向影响，且非农收入占比每提升 1%，中生代农户耕地撂荒意愿下降 0.175%。这在于中生代农户将农业经营作为分散家庭风险的方式并以农业经营保证生存预期，非农收入用于扩大农业经营规模。距离集市的远近与研究预期相反，特别是老一代农户距离集市越远，耕地撂荒意愿越低，这是由于老一代农户难以从较远的集市中获取生活必需品，通过经营自家承包地能够满足家庭所需而不愿意撂荒耕地。

（3）地块特征的影响。耕地经营规模和耕地块数每增加 1 个单位，耕地撂荒意愿将分别下降 5.5% 和上升 2%，且分别对中生代和新生代农户的作用最大。家庭土地是否流转在 1% 的水平上显著负向影响耕地撂荒，且分样本中新生代和中生代农户土地是否流转对耕地撂荒具有显著的负向影响，但老一代农户土地是否流转对耕地撂荒并无影响。此外，灌溉条件每提升 1 个单位，农户耕地撂荒意愿下降 6.4%，这是因为灌溉条件的好坏很大程度上反映出耕地生产力和务农劳作强度的高低，但灌溉条件在不同代际农户间并无显著差别。

（4）村庄特征的影响。村内撂荒程度每提升 1 级，耕地撂荒意愿会增加 12.7%，且中生代与老一代农户耕地撂荒意愿分别增加 12.7% 和 23.6%，这是由于山区农村亲朋邻里之间关系密切，家庭成员的外出就业会带动其他农户。当农户认为村内撂荒很严重时，直观反映出务农不再作为农村体面且收入高的职业，会倾向于将务农时间转投其他行业而撂荒部分耕地。村庄地形每提升 1 级，耕地撂荒意愿增加 7.9%，且对不同代际农户间耕地是否撂荒均具有显著的正向影响。耕地分散程度在 5% 的水平上对耕地撂荒具有显著的负向影响，且对中生代农户耕地撂荒的抑制作用最强，这在于地形的陡峭程度决定了耕作及机械使用的困难程度，而村内耕地越集中，越容易规模化经营，故农户更不愿意撂荒耕地。此外，交通状况对耕地是否撂荒并无影响，且在不同代际农户间无显著差别。

3. 不同代际农户耕地撂荒规模的差异

对式（6-13）进行 Tobit 回归估计，结果见表 6-23。其中，除估计方法外，表 6-23

的结果与表 6-22 的结果大体相似，为节省篇幅，不做详细介绍。如表 6-23 所示，不同代际农户对耕地撂荒规模的影响存在较大差异。对新生代农户而言，只有耕地经营规模、耕地块数、土地是否流转和村庄地形对农户耕地撂荒规模具有显著的影响。在其他条件保持不变的情况下，耕地经营规模和耕地块数每提高一个单位，农户耕地撂荒规模分别降低 9.6%和增加 2.8%。然而，土地是否流转和村庄地形对不同代际农户的耕地撂荒规模并无区别，分别在 1%和 10%的水平上对农户耕地撂荒规模具有显著的负向和正向影响。此外，相比于新生代和中生代农户，老一代农户在性别、家庭规模、离集市距离和耕地分散程度上对耕地撂荒规模具有显著性影响。而中生代农户则在家庭年收入、非农收入占比等方面对耕地撂荒规模的影响显著异于新生代和老一代农户。

表 6-23　不同代际农户耕地撂荒规模影响因素的 Tobit 回归结果

变量	新生代		中生代		老一代	
	系数	dy/dx	系数	dy/dx	系数	dy/dx
性别	1.318	0.136	−0.062	−0.009	−1.937[**]	−0.326[***]
	(0.953)	(0.095)	(0.653)	(0.100)	(0.792)	(0.121)
受教育程度	0.409	0.042	0.259	0.040	0.160	0.027
	(0.302)	(0.030)	(0.218)	(0.033)	(0.370)	(0.062)
家庭规模	0.346	0.036	0.080	0.012	0.544[***]	0.092[***]
	(0.216)	(0.022)	(0.120)	(0.018)	(0.180)	(0.027)
家庭年收入	0.038	0.004	0.075[**]	0.011[**]	−0.152[**]	−0.026[**]
	(0.047)	(0.005)	(0.034)	(0.005)	(0.066)	(0.011)
非农收入占比	−0.936	−0.096	−1.027[*]	−0.157[*]	0.217	0.037
	(0.977)	(0.102)	(0.543)	(0.080)	(0.756)	(0.128)
离集市距离	0.103	0.011	0.046	0.007	−0.142[**]	−0.024[**]
	(0.085)	(0.009)	(0.049)	(0.008)	(0.070)	(0.011)
耕地经营规模	−0.932[***]	−0.096[***]	−0.543[***]	−0.083[***]	−0.505[***]	−0.085[***]
	(0.202)	(0.019)	(0.109)	(0.015)	(0.160)	(0.026)
耕地块数	0.268[***]	0.028[***]	0.099[***]	0.015[***]	0.056	0.009
	(0.087)	(0.008)	(0.033)	(0.005)	(0.036)	(0.006)
土地是否流转	−3.135[***]	−0.322[***]	−1.846[***]	−0.283[***]	−1.853[***]	−0.312[***]
	(0.895)	(0.084)	(0.557)	(0.084)	(0.679)	(0.111)

续表

变量	新生代		中生代		老一代	
	系数	dy/dx	系数	dy/dx	系数	dy/dx
灌溉条件	−0.164	−0.017	−0.100	−0.015	−0.617	−0.104
	(0.461)	(0.047)	(0.248)	(0.038)	(0.426)	(0.069)
村内撂荒程度	0.364	0.037	0.518**	0.079**	0.967**	0.163**
	(0.413)	(0.042)	(0.232)	(0.034)	(0.417)	(0.066)
村庄地形	0.677*	0.070**	0.452**	0.069**	0.640*	0.108**
	(0.357)	(0.034)	(0.216)	(0.032)	(0.328)	(0.052)
交通状况	0.597	0.061	0.328	0.050	−0.139	−0.023
	(0.903)	(0.093)	(0.411)	(0.063)	(0.713)	(0.120)
耕地分散程度	−1.174	−0.121	−0.629	−0.096	−1.156*	−0.195*
	(0.894)	(0.089)	(0.453)	(0.069)	(0.682)	(0.112)
常数项	−5.882**		−2.116		1.307	
	(2.910)		(1.565)		(2.159)	
似然比卡方检验	56.84***		81.32***		42.96***	
伪 R^2	0.2567		0.1963		0.2136	
样本量	85	85	145	145	63	63

注：dy/dx 是变量的平均边际效应，括号内数字为普通标准误

***、**和*分别表示变量在 1%、5%和 10%的水平上显著

6.4.4　结论与讨论

1. 结论

本节利用兴国县农户调研数据，在理论分析的基础上，探究农村家庭代际差异对耕地撂荒的定量影响，得出以下结论。

（1）研究发现，研究区中有 46.1%的农户撂荒耕地，且老一代农户的耕地撂荒意愿及撂荒规模均高于新生代和中生代农户。随着代际差异每提升一级，耕地撂荒意愿会增加 9%，且影响不同代际农户耕地撂荒行为决策的因素存在差异。耕地资源应随不同代际农户的更迭而做出适当的调整，使耕地要素能在村集体成员之间自由流动，以促进土地掌握在有耕作能力的农户手中。农户对耕地需求的减少主要体现在劣质耕地资源上，耕种条件困难的土地也会首先被撂荒，因而对于劣质耕地，村集体应鼓励农户退耕还林、选种油茶等具有较高

经济价值或省时省力的作物。

（2）地块层面和村庄层面的因素表明，耕地块数和村庄地形每增加 1 个单位，耕地撂荒意愿将分别增加 2%和 7.9%，且在不同代际农户耕地是否撂荒中无差异。同时，农业集约化增加了不同代际农户对耕地资源集中的需求，耕地经营规模每增加 1 个单位，中生代农户耕地撂荒意愿及撂荒规模分别降低 8%和 8.3%。虽然，土地流转能缓解老一代农户撂荒耕地的规模，但老一代农户的土地流转率仍低于新生代和中生代农户，而随着农户家庭代际的更迭，土地流转对耕地撂荒意愿的作用强度将分别减少 27%和 21.9%。山区由于交通不便，接触外界农业社会化服务的机会较少，因而亟须联合周边村共同组建能辐射本地多个村庄的农业社会化服务平台。此外，对留村务农的部分新生代和中生代农户开展有针对性的农业生产技术指导服务，同时拓展农业全程托管服务，将由地块细碎化和规模过小耗散的成本内部化，增强耕地经营的净收益，以减少影响不同代际农户耕地撂荒的关键因素。

（3）在耕地撂荒意愿方面，中生代农户所受的影响因素最多，分别为受教育程度、非农收入占比、耕地经营规模、耕地块数、土地是否流转、村内撂荒程度、村庄地形和耕地分散程度。然而，在耕地撂荒规模方面，老一代农户所受的影响因素最多，除受教育程度、非农收入占比、耕地块数、灌溉条件和交通状况之外，其他因素均对耕地撂荒规模具有显著的影响。此外，耕地经营规模、耕地块数和土地是否流转是决定新生代农户耕地是否撂荒及撂荒规模的关键因素。发挥村集体的组织作用，对导致村内耕地长期撂荒的因素进行归类，如对因缺水、地形崎岖和交通不便等因素导致优质耕地资源撂荒的，村集体在加强这类耕地周边的基础设施建设和高标准农田建设的同时，应收回撂荒地的承包经营权或收取承包费，再统一将整理好的耕地归还原承包农户，或逐步向新生代与中生代农户、农业企业和农民合作社等集中。

2. 讨论

中国是一个人口大国，人地关系突出使得小农经济在农村十分普遍。农业劳动力迁移和农村人口老龄化引起家庭组成、结构和功能的变化，进而在多样化经济面前分化出不同的农户类型。但目前农户研究多以家庭农业收入或非农收入占比来反映其兼业程度，并以此作为划分农户类型的依据。虽然，以年龄作为代际差异来划分农户类型为耕地撂荒研究提供了一个新视角，但研究结果易受年龄时间节点划分的影响。此外，不同代际农户因经营目标、经营规模需求以及资源获取形式的不同，有着不同的耕地撂荒行为逻辑。考虑到不同代际农民所处生命周期阶段不同，家庭生产目标也会随着时间在成员内部进行交替，因而亟须从长时间尺度上研究家庭内部代际差异对耕地撂荒行为的影响。同时，考虑到在未来几十年中，农村人口向城市迁移将是山区家庭不可逆转的事实，偏远山区耕地边际化将持续加剧，农村农业劳动力女性化和老龄化攀升，以及外出务工的老龄劳动力回流等现象将持续发生，导致农户家庭的结构性变化。因此，需要进一步探讨异质性农户对土地利用选择的行为差异，这对减缓耕地撂荒的地力补贴和土地流转等土地政策的制定与实施至关重要。

6.5　社会网络对农户耕地撂荒行为影响的实证分析

6.5.1　研究背景

在土地问题研究中，"地与人的关系"是表，附着在土地上的"人与人之间的关系"才是农村土地问题的本质与核心（臧得顺，2012）。不研究中国农村的社会网络，就不能完整地理解和认识中国人的微观社会结构（张文宏，1999）。从1949年尤其是1978年改革开放以来，中国农村的宏观社会经济结构发生了巨大变迁，多元化交通通信成本降低并在农村得到广泛普及，农户的社会交往模式发生了巨大变化，社会网络也得到了极大扩展，视野由过去局限在一亩三分地上"面朝黄土背朝天"的以务农为主的农业生计扩展到农村社区以外的以非农就业为主的多元化农户生计。伴随生计转变，农户耕地利用方式、结构、程度等发生巨大变化。总而言之，受宏观社会经济结构制约、以农户社会网络为代表的农户微观社会结构变化必然会影响个体耕地利用行为与农户生计方式。因此，破解人地问题、精准剖析农户耕地撂荒行为机理还需从"人与人之间的关系"入手。

在现有研究中，尽管对于农户耕地撂荒行为驱动力的研究已逐渐由自然地理因素扩展到社会经济因素范畴（郑沃林和罗必良，2019；雷锟等，2016），但作为农户社会属性的代表性指标之一，农户社会网络对农户耕地撂荒影响的研究较为欠缺。我国是传统的关系型社会（Bian，1997；马光荣和杨恩静，2011），"熟人社会"特征广泛存在（杨芳，2019），广泛的社会网络关系可以帮助人们获取更多的物质资本、技术经验、重要信息和感情支持（Ma，2002；胡金焱和张博，2014），从而为农户提供更加多元化的非农就业机会，改变农户的生计方式与耕地利用方式，在一定程度上加剧耕地撂荒现象。

农户社会网络丰富了农户的信息来源和渠道，降低了土地流转的交易成本。现有研究表明，农户耕地转出可以有效抑制耕地撂荒现象（贺文瑾，2019）。基于此，本章立足于交易成本角度，探索社会网络在农户耕地转出情景下对耕地撂荒的作用机理。旨在通过针对性引导，发挥农户社会网络降低土地流转交易成本的正向作用，缓解社会网络扩大而自然导致的负面耕地撂荒现象。

农户转出耕地规模在一定程度上取决于农户耕地转出的交易成本，这与农户社会网络密切相关。因此，本节尝试建立"农户社会网络、耕地转出、耕地撂荒"理论分析框架，并进一步将耕地转出划分为耕地转出行为、耕地转出规模两个维度，将耕地撂荒划分为耕地撂荒行为、耕地撂荒规模两个维度。通过农户调研数据对"农户社会网络、耕地转出、耕地撂荒"进行实证检验，发现社会网络规模较强的农户具有较低的土地流转交易成本，扩大了耕地转出规模，有效抑制了社会网络对耕地撂荒的促进作用。

6.5.2　研究区域概况与研究方法

1. 研究区域概况

本节选用赣南丘陵山区为研究区域。赣南丘陵山区地形起伏、地块破碎，按照家庭联产承包责任制依据"高、中、低"的土地等级均分土地的要求，每户均需分配一定比例的"高、中、低"等耕地，质量等级不同的地块分布在不同位置，导致分配给农户的地块较为分散、不够集中，有些质量高但是离家远，有些分布在山中、道路通达性差的地块[图 6-5（a）]以及通勤时间久的地块均被撂荒。地块严重细碎化也是研究区耕地撂荒的重要原因，最小的地块甚至不足一平方米，耕牛无法在地块里转身，更遑论机械化耕作，此类耕地几乎无法耕作，不得不撂荒[图 6-5（b）]。据统计，研究区农户户均承包地的面积为 3.62 亩，平均分为 7.5 块，平均地块面积约为 0.48 亩/块，耕地细碎化程度高，人工种植成本高，机械化经营难度大。由于研究区以丘陵山区为主，山边、山区耕地遭受泥石流、滑坡的风险高，有些耕地位于河边、湖边，属于季节性水淹地[图 6-5（c）]，也大多被撂荒。由此可见，自然条件是影响耕地撂荒的重要因素，农户作为理性人，耕地撂荒是农户在权衡耕地各方面综合因素后做出的理性选择。

(a) 赣南丘陵山区道路通达性差的耕地被撂荒　　　　(b) 赣南丘陵山区面积小的细碎耕地被撂荒

(c) 赣南丘陵山区季节性水淹地被撂荒

图 6-5　赣南丘陵山区撂荒耕地

2. 研究方法

1）熵权法

熵权法是进行多指标综合评价的一种重要方法，它根据客观环境的原始信息，通过分析各指标之间的关联程度及各指标所提供的信息量客观地为各指标赋权，避免主观因素造成的偏误。设 X_{ij} 为第 i 个决策单元的第 j 个评价指标取值（$i=1,2,\cdots,m; j=1,2,\cdots,n$），对于评价指标 j，各指标 X_{ij} 的差异越大，则该指标在综合评价中所起的作用越大，若某项指标的所有样本取值相同，则该指标在综合评价中不起作用。运用熵权法计算综合指数的基本方法如下。

（1）对数据进行标准化处理，

$$x_{ij} = \frac{X_{ij} - \min(X_j)}{\max(X_j) - \min(X_j)} \tag{6-14}$$

式中，x_{ij} 表示第 i 个决策单元第 j 项指标数据的标准化值；$\max(X_j)$ 和 $\min(X_j)$ 分别表示第 j 项指标的最大值和最小值。

（2）确定指标比重。由于不同指标具有不同的量纲和单位，为消除不同量纲和单位导致的不可公度性，应将评价指标进行无量纲化处理，即指标的同度量化，

$$y_{ij} = \frac{X_{ij}}{\sum\limits_{i=1}^{m} X_{ij}} \tag{6-15}$$

式中，y_{ij} 表示第 i 个决策单元第 j 项指标的权重；m 表示决策单元数目。

（3）计算第 j 项指标的熵值，

$$e_j = -\frac{1}{\ln m} \sum\limits_{i=1}^{m} y_{ij} \ln y_{ij} \tag{6-16}$$

式中，如果 $y_{ij}=0$，定义 $\lim(\ln y_{ij})=0$，使标准化值为 0 时也有意义。

（4）计算第 j 项指标的差异系数（也称为效用值）f_j，$0 \leqslant f_j \leqslant 1$，$f_j$ 越大，则指标 x_j 在综合评价中越重要，$f_j = 1 - e_j$。

（5）计算指标 x_j 的权重 w_j，

$$w_j = \frac{f_j}{\sum\limits_{j=1}^{n} f_j} = \frac{1 - e_j}{\sum\limits_{j=1}^{n} (1 - e_j)} \tag{6-17}$$

进而计算综合指数，

$$z_i = \sum_{j=1}^{n} w_j y_{ij} \tag{6-18}$$

2）Probit 模型

农户耕地是否撂荒/流转是一个二元选择问题，对于这类二元因变量的问题，通常可以建立 Logit 模型或者 Probit 模型进行分析。由于 Probit 模型适合更为一般化的正态分布假定，本节选择运用 Probit 模型进行分析。模型构建如下，

$$p(y = 1 \mid x) = f(\beta_0 + \beta_1 x_1 + \beta_2 x_2 + \cdots + \beta_k x_k) \tag{6-19}$$

式中，y 表示农户耕地是否撂荒/流转；f 表示标准正态分布的累积分布函数；β 表示参数；k 表示各个样本；自变量 x 表示农户耕地是否撂荒/流转的影响因素。

3）Tobit 模型

农户耕地撂荒/流转率是一个介于 0 到 1 的受限因变量，会存在偏选择问题，OLS 不适用于因变量存在切割或片段的情况，而运用最大似然法的 Tobit 模型能更好地估计回归系数，因此本节采用适用于受限因变量的 Tobit 模型对其影响因素进行研究。模型设定具体形式如下，

$$R_i = \delta_0 + \sum_{i=1}^{n} \delta_i Z_i + \varepsilon_i \tag{6-20}$$

式中，R_i 表示耕地撂荒/流转率；δ_0 表示常数项；δ_i 表示待估参数；Z_i 表示农户耕地撂荒/流转的影响因素；ε_i 表示误差项。

农户耕地转出规模在取正值时是连续变量，但若农户未转出耕地，其取值为 0，因变量也存在截断问题，因此对农户耕地转出规模影响因素的分析也采用 Tobit 回归模型。模型设定具体形式如下，

$$Y_i^* = \alpha X_i + \varepsilon_i$$
$$Y_i = \begin{cases} Y_i^*, & Y_i^* > 0 \\ 0, & Y_i^* \leqslant 0 \end{cases} \tag{6-21}$$

式中，Y_i^* 表示潜在变量；Y_i 表示观测变量，即农户转出耕地的面积；X_i 表示影响农户耕地转出规模的一组因素；α 表示回归系数向量；ε_i 表示服从正态分布的独立残差项。

6.5.3　研究结果与分析

1. 农户社会网络与耕地撂荒

本节运用 Stata 13.0 软件,分别对农户耕地撂荒行为以及农户耕地撂荒率进行 Probit 和 Tobit 回归分析。如表 6-24 所示,模型整体拟合良好。农户社会网络与农户耕地撂荒行为及耕地撂荒率均呈显著正相关,说明社会网络越强的农户,其耕地撂荒行为发生的概率越大,同时撂荒率也越高。在现有文献中,尽管直接研究社会网络与农户耕地撂荒两者相关性的文献较少,但是研究农户社会网络与农户非农就业相关性的文献较为丰富,其研究结果均证实了农户社会网络对农户非农就业及生计多样化的促进作用(董晓林和熊健,2019),从侧面印证了农户社会网络通过促进农户非农就业及生计转变而加剧耕地撂荒的影响路径。周欣等(2016)利用中国家庭收入调查数据研究发现社会网络可以有效促进农户非农就业。社会网络作为农户外出就业的重要渠道(胡金华,2010),为农民外出就业提供了信息、资源、规则等方面的帮助和支持(王成斌,2004),对于农村家庭的创业决策有显著的积极影响(胡金焱和张博,2014),有助于提高农户创业绩效(苏岚岚等,2017)。江西是我国劳务输出大省之一,据不完全统计,农村外流劳动力占农村总劳动力的30%以上(周大鸣,2006)。赣南丘陵山区毗邻广东、福建等沿海经济发达省份,地缘邻近使得赣南丘陵山区耕地撂荒现象更为严峻。在农户非农就业之初,具有一定社会网络的农户以兼业为主,仅在闲暇时进城务工,并未对耕地生产产生显著的负面影响;后期随着社会网络的进一步拓展,农户非农就业的渠道增多,非农就业地点逐渐转向省内外,导致农户无法同时兼顾非农就业与耕地生产,耕地开始粗放经营,逐渐向边际化、撂荒转变。

表 6-24　农户社会网络对耕地撂荒的影响

变量	耕地撂荒行为		耕地撂荒率	
	Probit 回归	dy/dx	Tobit 回归	dy/dx
农户社会网络	1.356[*] (1.85)	0.430[*] (1.87)	0.899[**] (2.37)	0.899[**] (2.37)
性别	−0.368 (−1.52)	−0.117 (−1.53)	0.078 (0.53)	0.078 (0.53)
婚姻	−0.048 (−0.13)	−0.015 (−0.13)	−0.028 (−0.13)	−0.028 (−0.13)
教育水平	−0.086 (−1.29)	−0.027 (−1.30)	−0.046 (−1.19)	−0.046 (−1.19)

续表

变量	耕地撂荒行为		耕地撂荒率	
	Probit 回归	dy/dx	Tobit 回归	dy/dx
家庭结构	0.035* (1.78)	0.011* (1.79)	0.018* (1.74)	0.018* (1.74)
承包地面积	0.054*** (3.56)	0.017*** (3.64)	0.024** (2.59)	0.024** (2.59)
耕地综合情况	1.586*** (8.24)	0.503*** (10.01)	0.486*** (4.18)	0.486*** (4.18)
机械化程度	−0.168* (−1.82)	−0.053* (−1.84)	−0.081 (−1.49)	−0.081 (−1.49)
本村创业典型	0.152** (2.46)	0.048** (2.50)	0.033 (0.91)	0.033 (0.91)
流转租金	−0.001*** (−3.57)	−0.003*** (−3.67)	−0.001 (−0.72)	−0.001 (−0.72)
常数项	−0.792 (−1.53)		−0.715** (−2.26)	
伪 R^2	0.1525		0.0643	
Prob＞chi2	0.0000		0.0000	

注：dy/dx 是变量的平均边际效应，括号内为 Z 值或 t 值

***、**和*分别表示变量在 1%、5%和 10%的水平上显著

农户社会网络拓展是在城镇化进程加快、市场经济发展以及农村通信、交通等基础设施日益完善的条件下的必然趋势，应以客观辩证思维理性看待农户社会网络拓展现象。一方面，社会网络扩展为农户提供了丰富的信息来源渠道与多样化的生计选择，通过促进农户非农就业、生计转变提升了农户收入，客观上缓解了赣南丘陵山区人多地少的人地矛盾，转移了农村部分剩余劳动力，促进了农村土地政策和生产方式变革，并为城镇现代化输送了建设力量，加速了我国现代化进程；另一方面，农户生计转变及农村劳动力迁移所导致的农村耕地撂荒现象造成了耕地资源的极大浪费，对国家粮食安全、农产品供给及耕地生态均造成了严重威胁，并带来了“空心村”“留守老人”“留守儿童”等社会问题。对于农户社会网络扩展带来的双重影响应当理性看待，顺应时代趋势，在农户社会网络日益扩展的背景下积极引导农户合理利用耕地资源，在尊重农户意愿的前提下实现农村耕地资源的优化配置是解决赣南丘陵山区农户耕地撂荒问题的重要突破口。

在控制变量中，农户家庭结构对耕地撂荒行为和耕地撂荒率的影响均在 10%的水平的显著，说明农户家庭中消费人口越多，农户耕地撂荒行为发生的概率越大，撂荒率也越高。本节的消费人口即农户家庭中 65 岁以上的老年人口以及 14 岁以下的少年儿童。尽管当前研究区农村居民养老保险的覆盖面较为广泛，但其仅

满足了农户养老的最低生活标准,加之农户较为保守的依靠家庭养老的养老观念,农户养老的经济压力依然较大;对于农村少儿,尽管自计划生育政策实施以来农村生育率有所降低,独生子女比重加大,但优生优育观念的增强,儿童教育成本的提高,以及家庭中少儿消费人口的增加依然给农户带来一定的经济压力。根据李沛霖(2016)的研究,从全国看,抚养0~5岁的儿童每年平均大概需要 10 454 元,将一个儿童抚养到 5 周岁则需要 62 726 元。根据调研结果,研究区户均承包地面积为 3.62 亩,以每亩 600 元的全国耕地平均收益计算,年均耕地经营收益约为 2172 元,在不计算家庭其他消费的情况下,依然远远不能满足抚养一名儿童的需求。有研究表明,家庭中的少儿抚养比例越大,农户外出务工的驱动力越强。陈昭玖等 (2016)的研究也表明家庭抚养比与农户收入及增收呈正相关。这表明家庭抚养比大的农户具有更加强烈的追求较高经济收益的动机,因此放弃比较收益较低的农业收益、将耕地撂荒转而从事较高收益的非农就业的概率越大。

由表 6-24 可见,农户承包地面积与耕地撂荒行为和耕地撂荒率均呈显著正相关。这是因为赣南丘陵山区地块的细碎化程度尤其严重,较大的家庭承包地面积并不必然意味着适合机械化规模经营,也有可能是由较多的细碎耕地构成。随着当前农业比较收益降低以及农户生计多元化,对于大多数农户来说,耕地不再是其主要的收入来源和就业保障,很多农户种地的动机仅为满足自家粮食需要,在满足自家粮食需要后,由于务农机会成本上升,农户将把更多精力投入到非农就业中以谋求更高收入,因此,当耕地无法满足农户规模经营的需要时,承包地面积越大,耕地撂荒率会越高。此外,在农村主要劳动力迁移的趋势下,留守农村务农的劳动力多为老弱妇孺,其数量和质量相对较低,这意味着按家庭人口数量分配的农户家庭承包地对于留守劳动力来说工作量较大、难以负担,导致许多耕地因劳动力短缺而撂荒。

耕地综合情况值是反映耕地利用条件的 6 项指标的加权值,耕地综合情况值越高,表明耕地综合状况越差,或遭受自然灾害、野生动物灾害的概率越大,或耕地质量、灌溉条件越差,或通勤时间越久,抑或是耕地细碎化程度越高。如表 6-24 所示,耕地综合情况与耕地撂荒行为和耕地撂荒率均在 1%的水平上呈正相关关系,说明耕地种植条件越差,农户耕地撂荒行为发生的概率越大,撂荒率也越高。这与李赞红等(2014)的研究结论类似。随着国家退耕还林、野生动物保护等政策的实施,农村的生态环境得到了极大改善,山区野生动物的数量明显增加。根据实地调研,研究区地处丘陵山区,野猪、野兔、山鼠是破坏耕地生产的主要野生动物,为防止野生动物破坏耕地,农户也采取了火烧、鞭炮等多种措施驱赶野生动物,但收效甚微,并带来火灾、误伤等计划外的后果,农户普遍反映已经疲于应对,因此产生大量遭受野生动物侵扰而撂荒的耕地。

机械化程度与耕地撂荒行为呈显著负相关,说明机械化程度的提高有助于遏制耕地撂荒现象。农业劳动力机会成本上升造成农业收益降低，导致农户放弃部分边际耕地甚至优质耕地的耕作，从事非农就业，造成撂荒现象（田玉军等，2010）。而机械化程度的提高可通过要素替代效应节省农业劳动力，大大减少了农户的农田耕作时间，使得农户兼业的同时兼顾耕地生产，避免了撂荒现象。

由表 6-24 可见，本村创业典型与流转租金显著影响农户耕地撂荒行为。本村创业典型与耕地撂荒行为呈显著正相关。近年来随着农户生计多样化转变，诸多农户在非农就业领域取得一系列成果，或成为乡镇企业发展骨干；或在新兴城镇建设等诸多专业领域占有一席之地；或返乡创业，成为农村城市化开拓者。农村创业典型在非农就业领域取得的成功在农村社区起到了"标杆"带动作用，一方面，推动了农村乡镇企业发展，创造了更多的非农就业岗位；另一方面，通过典型"标杆"带动作用，激发了农户对于生计转变、外出就业赚取更高收益的信心和向往，在"羊群效应"的作用下，带动了一批农户放弃农业经营、外出就业。农户兼业初期尚能兼顾耕地经营与非农就业，并不会导致大面积耕地撂荒现象；当耕地生产经营的机会成本增加、农户兼业程度深化并逐渐转变为非农户，或农户外出就业因地域距离而无法兼顾耕地生产时，耕地将逐渐被撂荒。土地流转租金与农户耕地撂荒行为呈显著负相关，说明土地流转租金越高，农户将撂荒耕地转出的概率越大，从而遏制耕地撂荒。然而值得注意的是，流转租金对农户耕地撂荒的影响系数较小，仅为–0.001，这或许与研究区当前的土地流转方式有关。根据调研，研究区土地流转多为发生在农户亲友间的自发、无序流转，租金很低甚至没有租金，这是在土地生产经营权市场化流转渠道尚未完全打通的情况下发生的一种无奈行为，而通过市场化渠道进行流转并按市场化水平定期支付租金的耕地比例较少。由此可见，打通土地市场化流转渠道、提高土地流转租金是遏制耕地撂荒的重要渠道之一。

2. 农户社会网络与耕地转出

本节借助 Stata 13.0 软件，分别对农户社会网络与耕地转出行为和耕地转出规模的相关性进行 Probit 和 Tobit 回归分析，研究结果见表 6-25。如表 6-25 所示，模型整体拟合效果较好，均在 1% 的水平上显著。农户社会网络对耕地转出行为和耕地转出规模的影响分别在 5% 和 1% 的水平上显著，系数符号为正，说明农户社会网络越广，耕地转出行为发生的概率越大，耕地转出规模也越大。这与徐玉环等（2018）关于社会网络嵌入对农户土地流转行为具有促进作用的研究结论一致。在农村社会，土地经营权具有经济与社会双重属性，它不仅是代表价格的生产要素，在一定程度上还决定了农户在农村社区的社会关系和社会地位。农村土地的社会属性与农村社区独特的社会结构有关，随着农村土地利用方式的改变，农户社会网络在农村土地转出中的作用日益凸显。作为农户的主要信息来源，以亲缘、地缘、友缘为纽带的农户社会网络充当了农户土地转出的信息交流媒介,使得农户转出土地的信息搜寻成本、谈判成本、监督成本大大降低(杨芳,2019)。当获取土地经营权转入对象、价格、方式等信息的成本过高,却能从社会网络中获取有效的土地经营权流转信息时,农户仍会保有较高的土地经营转出意愿,表现出羊群行为(杨卫忠,2015)。

表 6-25　农户社会网络对耕地转出的影响

变量	耕地转出行为		耕地转出规模	
	Probit 回归	dy/dx	Tobit 回归	dy/dx
农户社会网络	2.029** (2.33)	0.502** (2.34)	4.129*** (3.09)	4.129*** (3.09)
性别	−0.094 (−0.36)	−0.023 (−0.36)	0.110 (0.22)	0.110 (0.22)
婚姻	−0.096 (−0.21)	−0.023 (−0.21)	0.344 (0.46)	0.344 (0.46)
教育水平	0.024 (0.33)	0.006 (0.33)	−0.037 (−0.28)	−0.037 (−0.28)
家庭结构	0.034 (1.60)	0.008 (1.60)	0.067* (1.67)	0.067* (1.67)
承包地面积	−0.026 (−1.28)	−0.006 (−1.29)	0.057* (1.68)	0.057* (1.68)
耕地综合情况	−0.134 (−0.64)	−0.033 (−0.64)	−0.205 (−0.52)	−0.205 (−0.52)
机械化程度	0.293*** (2.98)	0.072*** (3.03)	0.614*** (3.15)	0.614*** (3.15)
本村创业典型	0.033 (0.49)	0.008 (0.49)	0.071 (0.57)	0.071 (0.57)
流转租金	0.004*** (12.67)	0.001*** (21.03)	0.007*** (12.03)	0.007*** (12.03)
常数项	−1.341** (−2.15)		−3.628*** (−3.36)	
伪 R^2	0.3458		0.1331	
Prob>chi2	0.0000		0.0000	

注:dy/dx 是变量的平均边际效应,括号内为 Z 值或 t 值

***、**和*分别表示变量在 1%、5%和 10%的水平上显著

3. 农户社会网络、耕地转出与耕地撂荒

本节主要采用温忠麟和叶宝娟(2014)所提出的中介效应检验方法,该方法在郑沃林和罗必良(2019)关于农地确权通过促进农业投资影响耕地撂荒的研究中也得到了有效应用。借助 Stata 13 软件,首先,检验农户社会网络(自变量)与耕地撂荒(因变量)之间的关系(表 6-26),如第 1 步所示,社会网络与农户耕地撂荒行为和耕地撂荒率呈显著正相关,社会网络强的农户表现出更强的耕地撂荒行为倾向和更高的耕地撂荒率。其次,分别将中介变量耕地转出行为和耕地转出规模与农户社会网络进行模型回归,如第 2 步所示,农户社会网络较强的农户耕地转出行为发生的概率更高,耕地转出规模也更大,两者分别在 5%和 1%的水平上显著。这说明农户社会网络通过降低农户耕地转出的交易成本,促进了农户的耕地转出行为,优化了农村土地资源配置。最后,同时将农户社会网络、耕地

转出以及耕地撂荒进行回归估计，如第 3 步所示，将农户耕地转出行为和耕地转出规模分别加入耕地撂荒行为和耕地撂荒率的计量模型后，农户社会网络的估计系数均有不同程度地下降，表明耕地转出在农户社会网络对耕地撂荒影响的过程中起到中介效应。将农户耕地转出行为加入耕地撂荒行为的计量模型后，农户社会网络的估计系数从 0.4303 降低到 0.418（模型 1 和模型 5）；将农户耕地转出行为加入耕地撂荒率的计量模型后，农户社会网络的估计系数从 0.899 降低到 0.723（模型 2 和模型 6）；将农户耕地转出规模加入耕地撂荒行为的计量模型后，农户社会网络的估计系数从 0.4303 降低到 0.4298（模型 1 和模型 7）；将农户耕地转出规模加入耕地撂荒率的计量模型后，农户社会网络的估计系数从 0.899 降低到 0.821（模型 2 和模型 8）。由此可见，反映农户耕地转出的两个指标，即耕地转出行为与耕地转出规模，均在农户社会网络对耕地撂荒影响的过程中起到中介作用。社会网络降低了农户耕地转出的交易成本，将撂荒耕地转出可以有效减少耕地撂荒现象。尽管农户社会网络的增强加剧了农村的耕地撂荒现象，但是面对这一城镇化进程中的必然趋势，理性的解决办法是顺应农户社会网络扩大这一自然趋势，发挥农户社会网络降低耕地转出交易成本的正向作用，趋利避害，引导农户借助社会网络降低耕地转出成本的作用将自己不种的耕地转出给其他农户或新型农业经营主体，从而减少农村耕地撂荒现象，优化农村耕地资源配置。

表 6-26　农户社会网络、耕地转出与耕地撂荒

变量	第 1 步		第 2 步		第 3 步			
	Probit 回归	Tobit 回归	Probit 回归	Tobit 回归	Probit 回归	Tobit 回归	Probit 回归	Tobit 回归
	模型 1	模型 2	模型 3	模型 4	模型 5	模型 6	模型 7	模型 8
	耕地撂荒行为	耕地撂荒率	耕地转出行为	耕地转出规模	耕地撂荒行为	耕地撂荒率	耕地撂荒行为	耕地撂荒率
农户社会网络	0.4303* (1.87)	0.899** (2.37)	0.502** (2.34)	4.129*** (3.09)	0.418* (1.80)	0.723* (1.92)	0.4298* (1.84)	0.821** (2.12)
耕地转出行为					0.022 (0.47)	0.322*** (3.78)		
耕地转出规模							0.0002 (0.02)	0.030 (1.11)
控制变量	已控制	已控制	已控制	已控制	已控制	已控制	已控制	已控制
常数项	−0.792 (−1.53)	−0.715** (−2.26)	−1.341** (−2.15)	−3.628*** (−3.36)	−0.801 (−1.55)	−0.739** (−2.38)	−0.792 (−1.52)	−0.694 (−2.19)
伪 R^2	0.1525	0.0643	0.3458	0.1331	0.1528	0.0887	0.1525	0.0663
Prob> chi2	0.0000	0.0000	0.0000	0.0000	0.0000	0.0000	0.0000	0.0000

注：括号内为 Z 值或 t 值

***、**和*分别表示变量在 1%、5%和 10%的水平上显著

值得注意的是，尽管加入中介变量后，农户社会网络对耕地撂荒行为及耕地撂荒率的估计系数均显著降低，但系数降低的幅度并不大，尤其是耕地撂荒行为系数降低的幅度不大，这可能与研究区耕地撂荒现象与耕地转出行为的同步扩大趋势有关。通过实地调研发现，研究区的耕地撂荒行为与耕地撂荒率近年来呈现持续扩大的趋势，然而耕地转出行为及耕地转出规模的速率滞后于耕地撂荒的速率，因此耕地转出对于在农户社会网络扩大趋势下的耕地撂荒行为的抑制作用呈现出一定的滞后性，导致农户社会网络估计系数降低的幅度较小。通过增加参与耕地转出的农户数量、扩大农户耕地转出的规模，耕地转出对于在农户社会网络扩大趋势下耕地撂荒现象的抑制作用将会进一步凸显。

6.5.4　结论与讨论

1. 结论

在土地问题的研究中，附着在土地上的"人与人之间的关系"是农村土地问题的本质与核心（臧得顺，2012），"人与人之间的关系"是破解人地问题、精准剖析农户耕地撂荒行为机理的关键点。因此本节对反映农村社区"人与人之间的关系"的指标"农户社会网络"对农户耕地撂荒行为的传导关系进行剖析，并基于交易成本视角，发掘农户社会网络对于降低土地流转成本的作用，建立"农户社会网络、耕地转出、耕地撂荒"理论分析框架，探索耕地转出在社会网络对耕地撂荒的促进作用中所发挥的中介效应。

结合赣南丘陵山区的实地调研情况，本节将农户耕地显性撂荒（一年及以上未种植任何作物而荒芜的地块）作为因变量，并从耕地撂荒行为与耕地撂荒率两个维度进行表征；将农户社会网络作为农户耕地撂荒行为影响因素分析的核心自变量；将农户耕地转出作为中介变量，并从农户耕地转出行为和耕地转出规模两个维度进行表征；从农户家庭特征、地块特征、村庄特征三方面选取性别、婚姻、教育水平、家庭结构、承包地面积、耕地综合情况、机械化程度、本村创业典型、流转租金等因素作为控制变量。基于赣南丘陵山区 616 户农户的调研数据，本节分别使用 Probit 模型和 Tobit 模型检验农户社会网络对耕地撂荒的影响，并进一步运用中介效应模型检验耕地转出在农户社会网络规模扩大趋势下通过降低土地流转交易成本对耕地撂荒产生的抑制作用。研究结果如下。

（1）农户社会网络规模越大，耕地撂荒行为发生的概率及耕地撂荒率越高。农户社会网络通过信息获取机制为农户提供关于耕地撂荒及生计应对策略的有效信息，通过学习机制提高农户的非农就业技能，通过风险分担机制降低农户耕地撂荒面临的不确定性风险,通过服务互补机制为农户耕地撂荒及生计转变提供便利条件。

（2）农户社会网络规模越大,耕地转出行为发生的概率及耕地转出规模越大。社会网络可以有效降低农户在土地流转过程中的信息搜寻成本、谈判成本及监督成本,通过降低农户耕地转出的交易成本激励农户耕地转出行为发生、扩大耕地转出规模。

（3）耕地转出在农户社会网络对耕地撂荒的扩大作用中起到中介作用,可以显著抑制在农户社会网络规模扩大趋势下的耕地撂荒现象,即农户社会网络可以通过降低农户耕地转出的交易成本激励农户转出撂荒耕地,从而抑制耕地撂荒现象。

（4）在影响农户耕地撂荒的其他因素中,农户家庭结构中农户消费人口与劳动人口的比值越大,农户面临的经济压力越大,耕地撂荒行为发生的概率也越大,耕地撂荒率越高;耕地综合情况越差,耕作条件越差,耕地撂荒行为发生的概率越大,撂荒率越高;农村所在村庄的创业典型会产生“标杆效应”,从而激励、带动农户在“羊群效应”作用下从事非农行业,导致耕地撂荒行为发生的概率变大,撂荒率升高;土地流转租金与耕地撂荒行为发生的概率和耕地撂荒率呈负相关,说明提升土地流转租金促进了土地流转,抑制了撂荒现象。

2. 讨论

据郑沃林和罗必良（2019）的研究,农地确权颁证能够通过产权激励稳定农户的剩余索取权,从而促进农业投资、抑制耕地撂荒。根据实地调研情况,江西省赣南丘陵山区已于 2017 年前后完成农村耕地确权工作,因此本节在控制变量中未纳入耕地产权因子。将本节方法应用于其他地区的研究时,应注意研究区的耕地确权工作情况,如果目标研究区的耕地确权工作尚未全面完成,鉴于产权差异对农户产生的投资激励效应,应将耕地产权作为控制变量纳入耕地撂荒影响因素的回归模型中。

本节参考杨芳（2019）的研究,运用熵值法以农户每年“文化娱乐支出”“家庭成员中共产党员人数”“外出就餐费”“交通费”“通信费”“人情礼支出”六个指标构建反映农户社会网络的综合指数。也有学者从其他角度构建农户社会网络的测度指标,如从农户交流角度,耿宇宁等（2017）选取与家人交流程度、与亲友交流程度、与邻里交流程度、与农技员交流程度、与农业专家交流程度、与供应链组织交流程度作为农户社会网络的代理变量;为便于农户储蓄率的研究,易行健等（2012）分别选取礼品收支总额的对数,礼品支出与收入之比,可以借钱给自己的亲友数的对数,以及可以借钱给自己的亲友中办企业、做小生意或有正式工作的人数的对数作为农户社会网络的代理变量。在今后的研究中,可根据研究目标尝试从不同的角度构建农户社会网络指标，以便从更全面的视角分析农户社会网络对农户耕地撂荒的影响。此外，农户社会网络也可依据不同标准划分为不同维度，例如，根据社会网络属性可划分为同质性社会网络和异质性社会网络（耿宇宁等，2017）；根据交往时间、情感强度、相互信任程度和互惠服务等特征，可将社会关系划分为"强关系"和"弱关系"（Granovetter，1973）。不同维度的社会关系对农户耕地撂荒的作用机理及影响差异可以在今后的研究中进行进一步深化。

最后，作为反映农户生产经营情况和生计水平的重要指标，农户收入对农户行为决策具有显著影响，然而，为避免农户社会网络的代理变量与农户收入可能存在的多重共线性关系，本节并没有将农户收入纳入控制变量。

参 考 文 献

艾利思. 2006. 农民经济学：农民家庭农业和农业发展[M]. 胡景北，译. 上海：上海人民出版社.

蔡昉. 2010. 人口转变、人口红利与刘易斯转折点[J]. 经济研究，45（4）：4-13.

蔡昉. 2017. 改革时期农业劳动力转移与重新配置[J]. 中国农村经济，（10）：2-12.

曹志宏，郝晋珉，梁流涛. 2008. 农户耕地撂荒行为经济分析与策略研究[J]. 农业技术经济，（3）：43-46.

陈蝶，卫伟，陈利顶. 2017. 梯田景观的历史分布及典型国际案例分析[J]. 应用生态学报，28（2）：689-698.

陈浩，王佳. 2016. 社会资本能促进土地流转吗？——基于中国家庭追踪调查的研究[J]. 中南财经政法大学学报，（1）：21-29，158-159.

陈美球，袁东波，邝佛缘，等. 2019. 农户分化、代际差异对生态耕种采纳度的影响[J]. 中国人口·资源与环境，29（2）：79-86.

陈素琼，李杨，张广胜. 2016. 代际差异间劳动力转移对农户土地流转行为的影响：以辽宁省501个农户样本为调研分析数据[J]. 沈阳农业大学学报（社会科学版），18（1）：1-8.

陈桃金，刘维，赖格英，等. 2017. 江西崇义客家梯田的起源与演变研究[J]. 江西科学，35（2）：213-218，257.

陈奕山，钟甫宁. 2017. 代际差异、长期非农收入与耕地转出稳定性[J]. 南京农业大学学报（社会科学版），17（3）：112-120，159.

陈昭玖，胡雯，袁旺兴，等. 2016. 农业规模经营、劳动力资源配置与农民收入增长：基于赣、粤的经验[J]. 农林经济管理学报，15（2）：144-153.

董晓林，熊健. 2019. 市场化进程中社会网络对农户生计多样化的影响[J]. 华中农业大学学报（社会科学版），（5）：71-77，168-169.

方师乐，史新杰，高叙文. 2020. 非农就业、农机投资和农机服务利用[J]. 南京农业大学学报（社会科学版），20（1）：139-149.

冯博，刘佳. 2007. 大学科研团队知识共享的社会网络分析[J]. 科学学研究，（6）：1156-1163.

冯金朝，石莎，何松杰. 2008. 云南哈尼梯田生态系统研究[J]. 中央民族大学学报（自然科学版），17（S1）：146-152.

冯应斌，龙花楼. 2020. 中国山区乡村聚落空间重构研究进展与展望[J]. 地理科学进展，39（5）：866-879.

葛霖，高明，胡正峰，等. 2012. 基于农户视角的山区耕地撂荒原因分析[J]. 中国农业资源与区划，33（4）：42-46.

耿宇宁，郑少锋，陆迁. 2017. 经济激励、社会网络对农户绿色防控技术采纳行为的影响：来自陕西猕猴桃主产区的证据[J]. 华中农业大学学报（社会科学版），（6）：59-69，150.

巩劼，陆林. 2007. 旅游环境影响研究进展与启示[J]. 自然资源学报，（4）：545-556.

顾天竹，纪月清，钟甫宁.2017. 中国农业生产的地块规模经济及其来源分析[J]. 中国农村经济，(2)：30-43.

郭贝贝，方叶林，周寅康.2020. 农户尺度的耕地撂荒影响因素及空间分异[J]. 资源科学，42（4）：696-709.

郭晓鸣，曾旭晖，王蔷，等.2018. 中国小农的结构性分化：一个分析框架：基于四川省的问卷调查数据[J]. 中国农村经济，(10)：7-21.

郭阳，钟甫宁，纪月清.2019. 规模经济与规模户耕地流转偏好：基于地块层面的分析[J]. 中国农村经济，(4)：7-21.

国家统计局农村社会经济调查司.2012. 中国县（市）社会经济统计年鉴[M]. 北京：中国统计出版社.

韩家彬，刘淑云，张书凤，等.2019. 农业劳动力老龄化对土地规模经营的影响[J]. 资源科学，41（12）：2284-2295.

何悦.2019. 农户绿色生产行为形成机理与实现路径研究：基于川渝柑橘种植户化学品投入的实证[D]. 雅安：四川农业大学.

贺文瑾.2019. 论以土地流转"治"耕地撂荒[J]. 湖北农机化，(13)：11-12.

胡金华.2010. 社会网络对农村劳动力外出就业的影响研究[D]. 南京：南京农业大学.

胡金焱，张博.2014. 社会网络、民间融资与家庭创业：基于中国城乡差异的实证分析[J]. 金融研究，(10)：148-163.

胡兴兴，闵庆文，赖格英，等.2017. 农业文化遗产非使用价值支付意愿的区域差异：以江西崇义客家梯田系统为例[J]. 资源科学，39（4）：737-746.

黄季焜，靳少泽.2015. 未来谁来种地：基于我国农户劳动力就业代际差异视角[J]. 农业技术经济，(1)：4-10.

黄宽重，刘增贵.2005. 家族与社会[M]. 北京：中国大百科全书出版社.

黄利民，张安录，刘成武.2008. 农地边际化进程理论和实证研究[J]. 生态经济，(8)：28-32.

黄贻芳，钟涨宝.2013. 不同类型农户对宅基地退出的响应：以重庆梁平县为例[J]. 长江流域资源与环境，22（7）：852-857.

姜维军，颜廷武，江鑫，等.2019. 社会网络、生态认知对农户秸秆还田意愿的影响[J]. 中国农业大学学报，24（8）：203-216.

雷锟，阎建忠，何威风.2016. 基于农户尺度的山区耕地撂荒影响因素分析[J]. 西南大学学报（自然科学版），38（7）：149-157.

雷妮.2016. 企业内组织信任关系对组织学习过程影响实证研究[J]. 湖南社会科学，(4)：115-119.

李宏华.2017. 龙脊梯田农业文化遗产保护与利用研究[D]. 南京：南京农业大学.

李明，王思明.2015. 多维度视角下的农业文化遗产价值构成研究[J]. 中国农史，34（2）：123-130.

李沛霖.2016. 中国儿童抚养直接经济成本影响因素分析[J]. 福建行政学院学报，(5)：103-112.

李升发，李秀彬.2016. 耕地撂荒研究进展与展望[J]. 地理学报，71（3）：370-389.

李升发，李秀彬.2018. 中国山区耕地利用边际化表现及其机理[J]. 地理学报，73（5）：803-817.

李升发，李秀彬，辛良杰，等.2017. 中国山区耕地撂荒程度及空间分布：基于全国山区抽样调查结果[J]. 资源科学，39（10）：1801-1811.

李小建.2010. 还原论与农户地理研究[J]. 地理研究，29（5）：767-777.

李星光，刘军弟，霍学喜.2016. 关系网络能促进土地流转吗？——以1050户苹果种植户为例[J]. 中国土地科学，30（12）：45-53.

李秀彬，赵宇鸾.2011. 森林转型、农地边际化与生态恢复[J]. 中国人口·资源与环境，21（10）：91-95.

李宇，邱炳文，何玉花，等.2020. 基于MODIS数据的2001—2018年中国耕地复种指数反演研究[J]. 地理科学进展，39（11）：1874-1883.

李赞红，阎建忠，花晓波，等.2014. 不同类型农户撂荒及其影响因素研究：以重庆市12个典型村为例[J]. 地理研究，33（4）：721-734.

李振民, 邹宏霞, 易倩倩, 等. 2015. 梯田农业文化遗产旅游资源潜力评估研究[J]. 经济地理, 35 (6): 198-201, 208.

梁志会, 张露, 张俊飚. 2020. 土地转入、地块规模与化肥减量: 基于湖北省水稻主产区的实证分析[J]. 中国农村观察, (5): 73-92.

林文声. 2015. 土地依赖、社会关系嵌入与农地非市场化流转[J]. 农村经济, (12): 85-88.

林文声, 罗必良. 2015. 农地流转中的非市场行为[J]. 农村经济, (3): 27-31.

刘亚. 2012. 农民社会网络及其对信息交流的影响[J]. 图书情报工作, 56 (8): 47-55.

刘志飞. 2016. 农户生计资产对土地利用的作用研究: 以贵州省遵义市为例[D]. 南昌: 江西财经大学.

罗必良. 2014. 农地流转的市场逻辑: "产权强度-禀赋效应-交易装置" 的分析线索及案例研究[J]. 南方经济, (5): 1-24.

罗明忠, 刘恺, 朱文珏. 2017. 确权减少了农地抛荒吗: 源自川、豫、晋三省农户问卷调查的 PSM 实证分析[J]. 农业技术经济, (2): 15-27.

马光荣, 杨恩艳. 2011. 社会网络、非正规金融与创业[J]. 经济研究, 46 (3): 83-94.

马佳, 马莹, 王建明. 2015. 基于农民意愿的国家现代农业示范区农地流转对策: 以上海浦东新区为例[J]. 地域研究与开发, 34 (6): 160-165.

缪建群, 王志强, 杨文亭, 等. 2018. 崇义客家梯田生态系统发展现状、存在的问题及对策[J]. 生态科学, 37 (4): 218-224.

缪建群, 杨文亭, 杨滨娟, 等. 2016. 崇义客家梯田区生态系统服务功能及价值评估[J]. 自然资源学报, 31 (11): 1817-1831.

钱龙. 2017. 非农就业、农地流转与农户农业生产变化[D]. 杭州: 浙江大学.

钱龙, 陈会广, 叶俊焘. 2019. 成员外出务工、家庭人口结构与农户土地流转参与: 基于 CFPS 的微观实证[J]. 中国农业大学学报, 24 (1): 184-193.

钱龙, 洪名勇. 2016. 非农就业、土地流转与农业生产效率变化: 基于 CFPS 的实证分析[J]. 中国农村经济, (12): 2-16.

邵景安, 张仕超, 李秀彬. 2015. 山区土地流转对缓解耕地撂荒的作用[J]. 地理学报, 70 (4): 636-649.

宋世雄, 梁小英, 梅亚军, 等. 2016. 基于 CBDI 的农户耕地撂荒行为模型构建及模拟研究: 以陕西省米脂县冯阳圪坨村为例[J]. 自然资源学报, 31 (11): 1926-1937.

苏岚岚, 彭艳玲, 孔荣. 2017. 社会网络对农户创业绩效的影响研究: 基于创业资源可得性的中介效应分析[J]. 财贸研究, 28 (9): 27-38.

苏艺, 邓伟, 张继飞, 等. 2016. 尼泊尔中部山区 Melamchi 流域农户类型及其土地利用方式[J]. 农业工程学报, 32 (9): 204-211.

唐晓云, 闵庆文. 2010. 农业遗产旅游地的文化保护与传承: 以广西龙胜龙脊平安寨梯田为例[J]. 广西师范大学学报 (哲学社会科学版), 46 (4): 121-124.

田传浩, 李明坤. 2014. 土地市场发育对劳动力非农就业的影响: 基于浙、鄂、陕的经验[J]. 农业技术经济, (8): 11-24.

田玉军, 李秀彬, 马国霞, 等. 2010. 劳动力析出对生态脆弱区耕地撂荒的影响[J]. 中国土地科学, 24 (7): 4-9.

王成斌. 2004. 农民外出就业: 乡土社会网络的困境和制度化路径的作用[J]. 学海, (6): 79-82.

王格玲, 陆迁. 2015. 社会网络影响农户技术采用倒 U 型关系的检验: 以甘肃省民勤县节水灌溉技术采用为例[J]. 农业技术经济, (10): 92-106.

王红崧, 王云月, 张立阳. 2017. 农耕传统知识对哈尼梯田传统稻种多样性的影响[J]. 云南农业大学学报 (社会科学), 11 (5): 112-120.

王龙, 王琳, 杨保华, 等. 2007. 哈尼梯田水文化及其保护初步研究[J]. 中国农村水利水电, (8): 42-44.

王亚辉，李秀彬，辛良杰. 2019. 耕地地块细碎程度及其对山区农业生产成本的影响[J]. 自然资源学报，34（12）：2658-2672.

王亚辉，李秀彬，辛良杰，等. 2017. 中国农地经营规模对农业劳动生产率的影响及其区域差异[J]. 自然资源学报，32（4）：539-552.

王亚辉，李秀彬，辛良杰，等. 2020. 耕地资产社会保障功能的空间分异研究：不同农业类型区的比较[J]. 地理科学进展，39（9）：1473-1484.

王雨濛，张效榕，张清勇. 2018. 社会关系网络能促进新型农业经营主体流转土地吗？——基于河北、安徽和山东三省的调查[J]. 中国土地科学，32（1）：51-57.

王子成，郭沐蓉. 2015. 劳动力外出模式对农户支出结构的影响[J]. 中南财经政法大学学报，（1）：148-155.

温忠麟，叶宝娟. 2014. 中介效应分析：方法和模型发展[J]. 心理科学进展，22（5）：731-745.

温忠麟，张雷，侯杰泰，等. 2004. 中介效应检验程序及其应用[J]. 心理学报，（5）：614-620.

吴江洲，李映辉，熊礼明. 2012. 中国农业文化遗产的研究[J]. 中国农学通报，28（9）：302-306.

谢花林，黄萤乾. 2021. 不同代际视角下农户耕地撂荒行为研究：基于江西省兴国县 293 份农户问卷调查[J]. 中国土地科学，35（2）：20-30.

胥彦玲，刘康，秦耀民，等. 2006. 秦岭地区近 20 年来土地利用/土地覆盖变化及分析[J]. 水土保持学报，（2）：144-148.

徐菁菁. 2009. 农村土地流转问题及原因探析[J]. 产业与科技论坛，8（6）：145-146.

徐玉环，黄泽宇，黄丽银. 2018. 社会网络嵌入对农村土地流转机制的影响[J]. 浙江农业科学，59（8）：1480-1483.

许恒周，郭玉燕，吴冠岑. 2012. 农民分化对耕地利用效率的影响：基于农户调查数据的实证分析[J]. 中国农村经济，（6）：31-39，47.

杨芳. 2019. 社会网络对农户生产决策的影响研究[D]. 重庆：西南大学.

杨慧琳，袁凯华，陈银蓉，等. 2020. 农户分化、代际差异对宅基地退出意愿的影响：基于宅基地价值认知的中介效应分析[J]. 资源科学，42（9）：1680-1691.

杨伦，刘某承，闵庆文，等. 2017. 哈尼梯田地区农户粮食作物种植结构及驱动力分析[J]. 自然资源学报，32（1）：26-39.

杨卫忠. 2015. 农村土地经营权流转中的农户羊群行为：来自浙江省嘉兴市农户的调查数据[J]. 中国农村经济，（2）：38-51，82.

杨文选，张晓艳. 2007. 国外农村劳动力迁移理论的演变与发展[J]. 经济问题，（6）：18-21.

杨昭熙，杨钢桥. 2017. 农地细碎化对农户农地流转决策的影响研究[J]. 中国土地科学，31（4）：33-42，79.

杨志海，王雨濛. 2015. 不同代际农民耕地质量保护行为研究：基于鄂豫两省 829 户农户的调研[J]. 农业技术经济，（10）：48-56.

姚敏，崔保山. 2006. 哈尼梯田湿地生态系统的垂直特征[J]. 生态学报，（7）：2115-2124.

叶子，蔡洁，陈瑗，等. 2019. 家庭生命周期对农户农地转出行为的影响研究：基于秦巴山区农户调查数据的实证分析[J]. 长江流域资源与环境，28（8）：1929-1937.

易行健，张波，杨汝岱，等. 2012. 家庭社会网络与农户储蓄行为：基于中国农村的实证研究[J]. 管理世界，（5）：43-51，187.

尤小文. 1999. 农户：一个概念的探讨[J]. 中国农村观察，（5）：17-20，51.

游巍斌，何东进，洪伟，等. 2014. 基于条件价值法的武夷山风景名胜区遗产资源非使用价值评估[J]. 资源科学，36（9）：1880-1888.

臧得顺. 2012. 臧村"关系地权"的实践逻辑：一个地权研究分析框架的构建[J]. 社会学研究，27（1）：78-105，244.

张佰林，杨庆媛，严燕，等. 2011. 快速城镇化进程中不同类型农户弃耕特点及原因：基于重庆市十区县 540 户农户调查[J]. 资源科学, 33 (11): 2047-2054.

张海燕, 李岚林. 2011. 基于和谐社会建设的西南民族地区旅游产业利益相关者利益冲突与协调研究[J]. 贵州民族研究, 32 (6): 55-60.

张军. 2007. 农村土地流转存在的问题与对策思考[J]. 农业经济, (8): 38-40.

张露, 罗必良. 2020. 农业减量化: 农户经营的规模逻辑及其证据[J]. 中国农村经济, (2): 81-99.

张文宏. 1999. 从农村微观社会网的变化看宏观社会结构的变迁[J]. 天津社会科学, (2): 56-59.

张晓恒, 周应恒. 2019. 农户经营规模与效率水平不匹配对水稻生产成本的影响[J]. 中国农村经济, (2): 81-97.

张英, 李秀彬, 宋伟, 等. 2014. 重庆市武隆县农地流转下农业劳动力对耕地撂荒的不同尺度影响[J]. 地理科学进展, 33 (4): 552-560.

张永勋, 刘某承, 闵庆文, 等. 2015. 农业文化遗产地有机生产转换期农产品价格补偿测算: 以云南省红河县哈尼梯田稻作系统为例[J]. 自然资源学报, 30 (3): 374-383.

张永勋, 闵庆文. 2016. 稻作梯田农业文化遗产保护研究综述[J]. 中国生态农业学报, 24 (4): 460-469.

张玉利, 杨俊, 任兵. 2008. 社会资本、先前经验与创业机会: 一个交互效应模型及其启示[J]. 管理世界, (7): 91-102.

赵朝. 2018. 吉林省西部地区农地流转问题研究[D]. 长春: 吉林大学.

赵鼎新. 2006. 集体行动、搭便车理论与形式社会学方法[J]. 社会学研究, (1): 1-21, 243.

赵胜葵. 2017. 对农村土地流转的制度约束问题的探讨[J]. 山西农经, (22): 40.

郑沃林, 罗必良. 2019. 农地确权颁证对农地抛荒的影响: 基于产权激励的视角[J]. 上海财经大学学报, 21 (4): 90-99.

郑兴明, 吴锦程. 2013. 基于风险厌恶的农户弃耕撂荒行为及其影响因素分析: 以福建省农户调查为例[J]. 东南学术, (1): 89-96.

周大鸣. 2006. 农村劳务输出与打工经济: 以江西省为例[J]. 中南民族大学学报 (人文社会科学版), (1): 5-11.

周军. 2020. 非农就业、劳动力女性化与农户非木质林产品营林新技术采纳[D]. 杭州: 浙江农林大学.

周欣, 孙健, 王康. 2016. 农民非农就业机会获得: 基于社会网络的视角[J]. 经济体制改革, (3): 95-100.

朱喜, 史清华, 李锐. 2010. 转型时期农户的经营投资行为: 以长三角 15 村跟踪观察农户为例[J]. 经济学 (季刊), 9 (2): 713-730.

Wall G, 孙业红, 吴平. 2014. 梯田与旅游: 探索梯田可持续旅游发展路径[J]. 旅游学刊, 29 (4): 12-18.

Agnoletti M, Conti L, Frezza L, et al. 2015. Features analysis of dry stone walls of Tuscany (Italy) [J]. Sustainability, 7 (10): 13887-13903.

Alix-Garcia J, Kuemmerle T, Radeloff V C. 2012. Prices, land tenure institutions, and geography: a matching analysis of farmland abandonment in post-socialist Eastern Europe[J]. Land Economic, 88 (3): 425-443.

Atamanov A, van den Berg M. 2012. Heterogeneous effects of international migration and remittances on crop income: evidence from the Kyrgyz Republic[J]. World Development, 40 (3): 620-630.

Bakker M M, Govers G, van Doorn A, et al. 2008. The response of soil erosion and sediment export to land-use change in four areas of Europe: the importance of landscape pattern[J]. Geomorphology, 98 (3/4): 213-226.

Batlle-Bayer L, Batjes N H, Bindraban P S. 2010. Changes in organic carbon stocks upon land use conversion in the Brazilian Cerrado: a review[J]. Agriculture, Ecosystems & Environment, 137 (1/2): 47-58.

Baumann M, Kuemmerle T, Elbakidze M, et al. 2011. Patterns and drivers of post-socialist farmland abandonment in Western Ukraine[J]. Land Use Policy, 28 (3): 552-562.

Bell S, Montarzino A, Aspinall P, et al. 2009. Rural society, social inclusion and landscape change in Central and Eastern Europe: a case study of Latvia[J]. Sociologia Rural, 49 (3): 295-326.

Bezu S, Holden S. 2014. Are rural youth in Ethiopia abandoning agriculture?[J]. World Development, 64: 259-272.

Bhawana K C, Wang T J, Gentle P. 2017. Internal migration and land use and land cover changes in the middle mountains of Nepal[J]. Mountain Research and Development, 37 (4): 446-455.

Bian Y J. 1997. The flow of gifts: reprocity and social networks in a Chinese village[C]//Yan Y X. The China Quarterly. Palo Alto: Stanford University Press, 474-475.

Caulfeld M, Bouniol J, Fonte S J, et al. 2019. How rural out-migrations drive changes to farm and land management: a case study from the rural Andes[J]. Land Use Policy, 81: 594-603.

Cavani L, Manici L M, Caputo F, et al. 2016. Ecological restoration of a copper polluted vineyard: long-term impact of farmland abandonment on soil bio-chemical properties and microbial communities[J]. Journal of Environmental Management, 182: 37-47.

Chemini C, Rizzoli A. 2003. Land use change and biodiversity conservation in the Alps[J]. Journal of Mountain Ecology, 7 (1): 1-7.

Chen D, Wei W, Chen L D. 2017. Effects of terracing practices on water erosion control in China: a meta-analysis[J]. Earth-Science Reviews, 173: 109-121.

Coppola A. 2004. An economic perspective on land abandonment processes[R]. AVEC Workshop.

Dara A, Baumann M, Kuemmerle T, et al. 2018. Mapping the timing of cropland abandonment and recultivation in northern Kazakhstan using annual Landsat time series[J]. Remote Sensing of Environment, 213: 49-60.

Davis J, Lopez-Carr D. 2014. Migration, remittances and smallholder decision-making: implications for land use and livelihood change in Central America[J]. Land Use Policy, 36: 319-329.

Deininger K, Jin S Q. 2005. The potential of land rental markets in the process of economic development: evidence from China[J]. Journal of Development Economics, 78 (1): 241-270.

Deininger K, Savastano S, Carletto C. 2012. Land fragmentation, cropland abandonment, and land market operation in Albania[J]. World Development, 40 (10): 2108-2122.

Deng X, Xu D D, Qi Y B, et al. 2018b. Labor off-farm employment and cropland abandonment in rural China: spatial distribution and empirical analysis[J]. International Journal of Environmental Research and Public Health, 15 (9): 1808.

Deng X, Xu D D, Zeng M, et al. 2018a. Landslides and cropland abandonment in China's mountainous areas: spatial distribution, empirical analysis and policy implications[J]. Sustainability, 10 (11): 3909-3925.

Dorren L, Rey F. 2004. A review of the effect of terracing on erosion[R]. Soil Conservation and Protection for Europe.

Doxa A, Bas Y, Paracchini M L, et al. 2010. Low-intensity agriculture increases farmland bird abundances in France[J]. Journal of Applied Ecology, 47 (6): 1348-1356.

Dullinger S, Dirnböck T, Greimler J, et al. 2003. A resampling approach for evaluating effects of pasture abandonment on subalpine plant species diversity[J]. Journal of Vegetation Science, 14 (2): 243-252.

Eiter S, Potthoff K. 2016. Landscape changes in Norwegian mountains: increased and decreased accessibility, and their driving forces[J]. Land Use Policy, 54: 235-245.

FAO. 2004. The Ethics of Sustainable Agricultural Intensification[M]. Rome: FAO.

Ferro-Vázquez C, Lang C, Kaal J, et al. 2017. When is a terrace not a terrace? The importance of understanding landscape evolution in studies of terraced agriculture[J]. Journal of Environmental Management, 202: 500-513.

Fox J, Fujita Y, Ngidang D, et al. 2009. Policies, political-economy, and swidden in Southeast Asia[J]. Human Ecology, 37: 305-322.

Fukamachi K. 2017. Sustainability of terraced paddy fields in traditional satoyama landscapes of Japan[J]. Journal of

Environmental Management，202：543-549.

García-Ruiz J M，Lana-Renault N. 2011. Hydrological and erosive consequences of farmland abandonment in Europe，with special reference to the Mediterranean region: a review[J]. Agriculture，Ecosystems & Environment，140（3/4）：317-338.

Gartaula H，Niehof A，Visser L. 2012. Shifting perceptions of food security and land in the context of labour out-migration in rural Nepal[J]. Food Security，4：181-194.

Gellrich M，Baur P，Koch B，et al. 2007. Agricultural land abandonment and natural forest re-growth in the Swiss mountains: a spatially explicit economic analysis[J]. Agricultural，Ecosystem& Environment. 118（1/2/3/4）：93-108.

Granovetter M S. 1973. The strength of weak ties[J]. American Journal of Sociology，78（6）：1360-1380.

Gray C L，Bilsborrow R E. 2014. Consequences of out-migration for land use in rural Ecuador[J]. Land Use Policy，36：182-191.

Grinfelde I，Mathijs E. 2004. Agricultural land abandonment in Latvia: an econometric analysis of farmers' choice[R]. Agricultural Economics Society Annual Conference，Imperial College.

Haindongo P N，Kalumba A M，Orimoloye I R. 2020. Local people's perceptions about land use cover change（LULCC）for sustainable human wellbeing in Namibia[J]. GeoJournal，87：1727-1741.

Hao H G，Li X B，Xin L J. 2017. Impacts of non-farm employment of rural laborers on agricultural land use: theoretical analysis and its policy implications[J]. Journal of Resources and Ecology，8（6）：595-604.

Harris J R，Todaro M P. 1970. Migration，unemployment and development: a two-sector analysis[J]. The American Economic Review，60（1）：126-142.

Hatna E，Bakker M M. 2011. Abandonment and expansion of arable land in Europe[J]. Ecosystems，14：720-731.

He Y F，Xie H L，Peng C Z. 2020. Analyzing the behavioural mechanism of farmland abandonment in the hilly mountainous areas in China from the perspective of farming household diversity[J]. Land Use Policy，99：104826.

Hetland P. 1986. Pluriactivity as a strategy for employment in rural Norway[J]. Sociologia Ruralis，26（3/4）：385-395.

Ito J，Nishikori M，Toyoshi M，et al. 2016. The contribution of land exchange institutions and markets in countering farmland abandonment in Japan[J]. Land Use Policy，57：582-593.

Jaquet S，Schwilch G，Hartung-Hofmann F，et al. 2015. Does outmigration lead to land degradation? Labour shortage and land management in a western Nepal watershed[J]. Applied Geography，62：157-170.

Jepsen M R，Kuemmerle T，Müller D，et al. 2015. Transitions in European land-management regimes between 1800 and 2010[J]. Land Use Policy，49：53-64.

Keenleyside C，Tucker G. 2010. Farmland abandonment in the EU: an assessment of trends and prospects[R]. Institute for European Environmental Policy.

Kennedy P. 2003. A Guide to Econometrics[M]. 5th ed. Cambridge：MIT Press.

Kieninger P R，Penker M，Yamaji E. 2013. Esthetic and spiritual values motivating collective action for the conservation of cultural landscape: a case study of rice terraces in Japan[J]. Renewable Agriculture and Food Systems，28（4）：364-379.

Knight J，Quheng D，Shi L. 2011. The puzzle of migrant labour shortage and rural labour surplus in China[J]. China Economic Review，22（4）：585-600.

Kolecka N，Kozak J，Kaim D，et al. 2017. Understanding farmland abandonment in the Polish Carpathians[J]. Applied Geography，88：62-72.

Koulouri M，Giourga C. 2007. Land abandonment and slope gradient as key factors of soil erosion in Mediterranean terraced lands[J]. CATENA，69（3）：274-281.

Kristensen L S, Thenail C, Kristensen S P. 2004. Landscape changes in agrarian landscapes in the 1990: the interaction between farmers and the farmed landscape. A case study from Jutland, Denmark[J]. Journal of Environmental Management, 71 (3): 231-244.

Lambin E F, Meyfroidt P. 2010. Land use transitions: socio-ecological feedback versus socio-economic change[J]. Land Use Policy, 27 (2): 108-118.

Levers C, Schneider M, Prishchepov A V, et al. 2018. Spatial variation in determinants of agricultural land abandonment in Europe[J]. Science of the Total Environment, 644: 95-111.

Lewis W A. 1954. Economic development with unlimited supplies of labour[J]. The Manchester School, 22 (2): 139-191.

Li S F, Li X B, Sun L X, et al. 2018. An estimation of the extent of cropland abandonment in mountainous regions of China[J]. Land Degradation & Development, 29 (5): 1327-1342.

Lichtenberg E, Ding C. 2008. Assessing farmland protection policy in China[J]. Land Use Policy, 25 (1): 59-68.

Lieskovský J, Bezák P, Špulerová J, et al. 2015. The abandonment of traditional agricultural landscape in Slovakia-analysis of extent and driving forces[J]. Journal of Rural Studies, 37: 75-84.

Liu M C, Xiong Y, Yuan Z, et al. 2014. Standards of ecological compensation for traditional eco-agriculture: taking rice-fish system in Hani terrace as an example[J]. Journal of Mountain Science. 11: 1049-1059.

Liu R Q, Yu C, Jiang J, et al. 2020. Farmer differentiation, generational differences and farmers' behaviors to withdraw from rural homesteads: evidence from Chengdu, China[J]. Habitat International, 103: 102231.

Londoño A C, Williams P R, Hart M L. 2017. A change in landscape: lessons learned from abandonment of ancient Wari agricultural terraces in Southern Peru[J]. Journal of Environmental Management, 202: 532-542.

Lorenzen M, Orozco-Ramírez Q, Ramírez-Santiago R, et al. 2020. Migration, socioeconomic transformation, and land-use change in Mexico's Mixteca Alta: lessons for forest transition theory[J]. Land Use Policy, 95: 104580.

Lu C. 2020. Does household laborer migration promote farmland abandonment in China?[J]. Growth and Change, 51 (4): 1804-1836.

Ma Z D. 2002. Social-capital mobilization and income returns to entrepreneurship: the case of return migration in rural China[J]. Environment and Planning A: Economy and Space, 34 (10): 1763-1784.

MacDonald D, Crabtree J R, Wiesinger G, et al. 2000. Agricultural abandonment in mountain areas of Europe: environmental consequences and policy response[J]. Journal of Environmental Management, 59 (1): 47-69.

Mishra A K, Raggi M, Viaggi D. 2010. Determinants of farm exit: a comparison between Europe and United States[R]. The European Association of Agricultural Economists 114th Seminar.

Molinillo M, Lasanta T, García-Ruiz J M. 1997. Managing mountainous degraded landscapes after farmland abandonment in the central Spanish Pyrenees[J]. Environmental Management, 21 (4): 587-598.

Mukul S A, Herbohn J. 2016. The impacts of shifting cultivation on secondary forests dynamics in tropics: a synthesis of the key findings and spatio temporal distribution of research[J]. Environmental Science & Policy, 55: 167-177.

Müller D, Kuemmerle T, Rusu M, et al. 2009. Lost in transition: determinants of post-socialist cropland abandonment in Romania[J]. Journal of Land Use Science, 4 (1/2): 109-129.

Müller D, Leitão P J, Sikor T. 2013. Comparing the determinants of cropland abandonment in Albania and Romania using boosted regression trees[J]. Agricultural Systems, 117: 66-77.

Müller D, Sikor T. 2006. Effects of postsocialist reforms on land cover and land use in South-Eastern Albania[J]. Applied Geography, 26 (3/4): 175-191.

Munroe D K, van Berkel D B, Verburg P H, et al. 2013. Alternative trajectories of land abandonment: causes, consequences and research challenges[J].Current Opinion in Environmental Sustainability, 5 (5): 471-476.

Navarro L M，Pereira H M. 2012. Rewilding abandoned landscapes in Europe[J]. Ecosystems，15（6）：900-912.

Newey W K. 1987. Efficient estimation of limited dependent variable models with endogenous explanatory variables[J]. Journal of Econometrics，36（3）：231-250.

Nguyen T T，Nguyen L D，Lippe R S，et al. 2017. Determinants of farmers' land use decision-making：comparative evidence from Thailand and Vietnam[J]. World Development，89：199-213.

Osawa T，Kohyama K，Mitsuhashi H. 2016. Multiple factors drive regional agricultural abandonment[J]. Science of the Total Environment，542：478-483.

Phimister E，Roberts D. 2006. The effect of off-farm work on the intensity of agricultural production[J]. Environmental and Resource Economics，34：493-515.

Potter C，Lobley M. 1992. Ageing and succession on family farms：the impact on decision-making and land use[J]. Sociologia Ruralis，32（2/3）：317-334.

Prishchepov A V，Müller D，Dubinin M，et al. 2013. Determinants of agricultural land abandonment in post-Soviet European Russia[J]. Land Use Policy，30（1）：873-884.

Pueyo Y，Beguería S. 2007. Modelling the rate of secondary succession after farmland abandonment in a Mediterranean mountain area[J]. Landscape and Urban Planning，83（4）：245-254.

Ranis G，Fei J C H. 1961. A theory of economic development[J].The American Economic Review，51：533-565.

Renwick A，Jansson T，Verburg P H，et al. 2013. Policy reform and agricultural land abandonment in the EU[J]. Land Use Policy，30（1）：446-457.

Rey Benayas J M，Martins A，Nicolaul J M，et al. 2007. Abandonment of agricultural land：an overview of drivers and consequences[J].CAB Reviews：Perspectives in Agriculture，Veterinary Science，Nutrition and Natural Resources，2（57）：14.

Rhemtulla J M，Mladenoff D J，Clayton M K. 2009. Legacies of historical land use on regional forest composition and structure in Wisconsin，USA（mid-1800s-1930s-2000s）[J]. Ecological. Applications，19（4）：1061-1078.

Ruskule A，Nikodemus O，Kasparinskis R，et al. 2013. The perception of abandoned farmland by local people and experts：landscape value and perspectives on future land use[J]. Landscape and Urban Planning，115：49-61.

Schierhorn F，Müller D，Beringer T，et al. 2013. Post-Soviet cropland abandonment and carbon sequestration in European Russia，Ukraine，and Belarus[J]. Global Biogeochemical Cycles，27（4）：1175-1185.

Shi T C，Li X B，Xin L J，et al. 2018. The spatial distribution of farmland abandonment and its influential factors at the township level：a case study in the mountainous area of China[J]. Land Use Policy，70：510-520.

Sikor T，Müller D，Stahl J. 2009. Land fragmentation and cropland abandonment in Albania：implications for the roles of state and community in post-socialist land consolidation[J]. World Development，37（8）：1411-1423.

Sluiter R，de Jong S M. 2007. Spatial patterns of Mediterranean land abandonment and related land cover transitions[J]. Landscape Ecology，22：559-576.

Stark O. 1991. Migration in LDCs：risk，remittances，and the family[J]. Finance and Development，28（4）：39-41.

Stark O，Bloom D E. 1985. The new economics of labor migration[J].The American Economic Review，75（2）：173-178.

Strijker D. 2005. Marginal lands in Europe：causes of decline[J]. Basic and Applied Ecology，6（2）：99-106.

Taylor E.J. 1999. The new economics of labour migration and the role of remittancesin the migration process[J]. International Migration，37（1）：63-88.

Taylor J E，Rozelle S，de Brauw A. 2003. Migration and incomes in source communities：a new economics of migration perspective from China[J]. Economic Development and Cultural Change，52（1）：75-101.

Terres J M，Scacchiafichi L N，Wania A，et al. 2015. Farmland abandonment in Eurpoe：identification of divers and indicators, and development of a composite indicators of risk[J]. Land Use Policy, 49: 20-34.

Todaro M P. 1969. A model for labor migration and urban unemployment in less developed countries[J].The American Economic Review, 59 (1): 138-148.

Torquati B, Cecchini L, Venanzi S, et al. 2019. Economic analysis of the traditional cultural terraced olive-growing landscape and participatory planning process[C]//Varotto M, Bonardi L, Tarolli P. World Terraced Landscapes: History, Environment, Quality of Life. Cham: Springer, 78-91.

Uchida K, Koyanagi T F, Matsumura T, et al. 2018. Patterns of plant diversity loss and species turnover resulting from land abandonment and intensification in semi-natural grasslands[J]. Journal of Environmental Management, 218: 622-629.

Uchida K, Ushimaru A. 2014. Biodiversity declines due to abandonment and intensification of agricultural lands: patterns and mechanisms[J]. Ecological Monographs, 84 (4): 637-658.

van Doorn A M, Bakker M M. 2007. The destination of arable land in a marginal agricultural landscape in south Portugal: an exploration of land use change determinants[J]. Landscape Ecology, 22: 1073-1087.

Vanwambeke S O, Meyfroidt P, Nikodemus O. 2012. From USSR to EU: 20 years of rural landscape changes in Vidzeme, Latvia[J]. Landscape and Urban Planning, 105 (3): 241-249.

Varotto M, Bonardi L, Tarolli P. 2019. World Terraced Landscapes: History, Environment, Quality of Life[M]. Cham: Springer.

Vinogradovs I, Nikodemus O, Elferts D, et al. 2018. Assessment of site-specific drivers of farmland abandonment in mosaic-type landscapes: a case study in Vidzeme, Latvia[J]. Agricultural, Ecosystems & Environment, 253: 113-121.

von Dach S W, Romeo R, Vita A, et al. 2014. Mountain Farming is Family Farming: A Contribution from Mountain Areas to the International Year of Family Farming[M]. Rome: FAO.

Vu Q M, Le Q B, Frossard E, et al. 2014. Socio-economic and biophysical determinants of land degradation in Vietnam: an integrated causal analysis at the national level[J]. Land Use Policy, 36: 605-617.

Walters B B. 2016. Migration, land use and forest change in St. Lucia, West Indies[J]. Land Use Policy, 51: 290-300.

Wei W, Chen D, Wang L X, et al. 2016. Global synthesis of the classifications, distributions, benefits and issues of terracing[J]. Earth-Science Reviews, 159: 388-403.

Weissteiner C J, Boschetti M, Böttcher K, et al. 2011. Spatial explicit assessment of rural land abandonment in the Mediterranean area[J]. Global and Planetary Change, 79 (1/2): 20-36.

Wickramasinghe A, Wimalaratana W. 2016. International migration and migration theories[J]. Social Affairs, 1(5): 13-32.

Wouterse F, Taylor J E. 2008. Migration and income diversification: evidence from Burkina Faso[J]. World Development, 36 (4): 625-640.

Xie F T, Xu D D, Liu S Q, et al. 2015. The influence of gender and other characteristics on rural laborers' employment patterns in the mountainous and upland areas of Sichuan, China[J]. Journal of Mountain Science, 12: 769-782.

Xu D D, Cao S, Wang X X, et al. 2018. Influences of labor migration on rural household land transfer: a case study of Sichuan Province, China[J]. Journal of Mountain Science, 15: 2055-2067.

Xu D D, Deng X, Guo S L, et al. 2019a. Labor migration and farmland abandonment in rural China: empirical results and policy implications[J]. Journal of Environmental Management, 232: 738-750.

Xu D D, Deng X, Guo S L, et al. 2019b. Sensitivity of livelihood strategy to livelihood capital: an empirical investigation using nationally representative survey data from rural China[J]. Social Indicators Research, 144: 113-131.

Xu D D, Guo S L, Xie F T, et al. 2017. The impact of rural laborer migration and household structure on household land use arrangements in mountainous areas of Sichuan Province, China[J]. Habitat International, 70: 72-80.

Xu D D，Liu E L，Wang X X，et al. 2018. Rural households' livelihood capital，risk perception，and willingness to purchase earthquake disaster insurance：evidence from southwestern China[J]. International Journal of Environmental Research and Public Health，15（7）：1319.

Yan J Z，Yang Z Y，Li Z H，et al. 2016. Drivers of cropland abandonment in mountainous areas：a household decision model on farming scale in Southwest China[J]. Land Use Policy，57：459-469.

Zhang J，Mishra A K，Hirsch S，et al. 2020. Factors affecting farmland rental in rural China：evidence of capitalization of grain subsidy payments[J]. Land Use Policy，90：104275.

Zhang J H. 2011. China's success in increasing per capita food production[J]. Journal of Experimental Botany，62（11）：3707-3711.

Zhang Y，Li X B，Song W. 2014. Determinants of cropland abandonment at the parcel，household and village levels in mountain areas of China：a multi-level analysis[J]. Land Use Policy，41：186-192.

Zhang Y，Li X B，Song W，et al. 2016. Land abandonment under rural restructuring in China explained from a cost-benefit perspective[J]. Journal of Rural Studies，47：524-532.

Zhu F K，Zhang F R，Li C，et al. 2014. Functional transition of the rural settlement：analysis of land-use differentiation in a transect of Beijing，China[J]. Habitat International，41：262-271.

第7章　村庄尺度耕地撂荒实证研究

7.1　引　　言

土地利用变化是全球可持续发展和环境变化的主要研究内容。耕地作为人类景观中最大的土地利用类型，不仅有利于维护生物多样性，还有助于保障全球粮食安全。耕地边际化是耕地利用净收益逐渐递减的过程，而耕地边际化的极端表现之一就是耕地撂荒。近年来，由于城市化和工业化进程加快，大量农村人口迁移至城市地区，人口的流失以及较低的农业比较收益往往造成了边缘地区耕地边际化，由此引发的耕地撂荒现象逐渐受到各国学者的关注。前人研究发现，耕地撂荒现象在美国、日本及欧洲一些发达国家分布最为广泛，而在中国的山区、东南亚地区、拉丁美洲及其他地区也比较明显。学者普遍认为，耕地撂荒已成为世界各国普遍存在的社会经济现象。

中国的耕地撂荒始于20世纪80年代，自2000年以来，重庆、宁夏、江西等地的耕地撂荒现象越来越明显。我国地形复杂多样，丘陵山区分布广泛，约占我国国土总面积的2/3。我国丘陵山区中既存在粮食主产区，又存在经济作物优势产区，在我国农业生产中发挥着重要的作用。但是，在我国丘陵山区的广大农村，因地形限制，耕地细碎化严重，农业难以形成规模，机械应用也极为困难，农民难以从中获得较高利益，再加上劳动力成本的快速上升和农村劳动力的大量迁移，丘陵山区的耕地撂荒现象尤为严重。李升发等（2017）基于全国山区抽样调查，定量评估了中国山区的耕地撂荒程度，结果表明约80%的调查村都出现了耕地撂荒现象。目前，中国正处于经济高速发展时期，随着经济的发展、大量农业劳动力迁移，新时期下的耕地撂荒现象应运而生，呈现出愈演愈烈、越来越复杂的特点，一些优质耕地也存在撂荒现象。

中国人均耕地较少，而且耕地空间位置的相邻性、耕地利用的外部性会造成某一耕地利用主体的行为对其他耕地利用主体的行为及福利的间接影响。持续的耕地撂荒也将影响其周边地区的耕地利用，导致人地之间的矛盾进一步加深，进而危及我国粮食安全、生态安全及农村地区的社会稳定，甚至可能会使我国乡村振兴与农业现代化的进程受到阻碍。深入研究耕地撂荒的影响因素，了解耕地撂荒机理，有利于合理分配劳动力资源、实现耕地的可持续利用及社会的可持续发展。

本章从充分性、必要性、条件组态等逻辑角度探讨耕地撂荒的影响因素。引入必要条件分析研究导致耕地撂荒现象发生的必要条件；引入定性比较分析，把条件组合视为分析单位，从不同原因组合的角度探讨耕地撂荒影响因素间复杂的多元、非线性因果关系。进而提出相应的治理策略，丰富耕地撂荒的理论和方法。

撂荒地研究可以为撂荒地产生机制提供有力的实证分析，有利于深度分析耕地撂荒影响机理。在此基础上提出相应的政策启示，有利于缓解耕地撂荒，促进耕地的可持续利用，推动我国生态文明建设。另外，探讨耕地撂荒的影响因素有利于掌握村庄耕地利用程度、农业劳动力分配及农户家庭情况等现状，为农村资源配置提供新方案，为实施乡村振兴战略及合理配置耕地、劳动力等资源提供新视角。

7.2　研究区域概况与研究方法

7.2.1　研究区域概况

南方丘陵山区是指秦岭淮河以南的广大亚热带、热带地区，包括云、贵、川、鄂、湘、赣、粤、琼、桂、闽等省区，是我国重要的粮食生产基地。这些地区的耕地地势起伏明显，农田以陡峭、零散为特征。本章自上而下、逐级地选择研究区，选择时不仅考虑县、镇和村的代表性和典型性，还满足其异质性。首先，从具有丘陵山区特征的代表区域中选择研究市，最终选取了江西省宜春市、吉安市、赣州市、萍乡市，湖南省长沙市、湘潭市、株洲市、邵阳市、娄底市、怀化市、郴州市、益阳市、衡阳市，福建省三明市、南平市、宁德市、龙岩市。根据所选市的丘陵面积比例具体确定了江西省赣州市兴国县、崇义县、会昌县、龙南县、石城县、上犹县、南康区，萍乡市莲花县，吉安市安福县、永丰县，宜春市万载县；湖南省长沙市浏阳市，株洲市茶陵县、攸县，湘潭市湘乡市，邵阳市隆回县，娄底市新化县，怀化市溆浦县，郴州市资兴市，益阳市桃江县，衡阳市祁东县；福建省三明市宁化县、尤溪县，南平市浦城县、武夷山市、政和县，宁德市寿宁县、柘荣县，龙岩市长汀县等 29 个县（区）作为研究区。

从表 7-1 中研究区各类地形的面积比例可知，所选县（区）山地、丘陵面积比例之和都超过平原面积，为典型丘陵山区，具有一定代表性。在 29 个县（区）中，根据各乡镇的地形、经济发展水平及其与县中心的距离，分别从各县（区）中选取 2~3 个乡镇。通过实地调研，收集研究区自然资源的现状数据，借助 Google Earth（谷歌地球）等平台，每个乡镇选取了海拔较高、坡度较陡、地形等自然条件相似及有大量劳动力迁移的 3~5 个建制村作为样点村。

表 7-1　研究区地形条件对比

调研县（区）	面积总计/千米²	平地面积比例	丘陵面积比例	山地面积比例
兴国县	3215.00	19.61%	64.80%	15.58%
崇义县	2206.27	—	52.33%	47.67%
会昌县	2709.91	—	69.70%	25.00%
龙南县	1641.00	—	72.15%	27.85%
石城县	1581.53	—	—	89.00%
上犹县	1543.87	—	—	—
南康区	1722.00	—	—	—
莲花县	1072.00	—	—	69.65%
安福县	2793.15	—	—	72.20%
永丰县	2695.00	—	20.00%	75.00%
万载县	1719.63	—	—	—
茶陵县	2500.00	13.27%	21.48%	49.73%
攸县	2648.00	20.05%	16.29%	32.32%
浏阳市	5007.75	12.56%	25.08%	52.85%
湘乡市	1966.57	24.52%	21.64%	20.84%
隆回县	2868.00	5.64%	25.29%	40.35%
新化县	3636.00	—	—	—
溆浦县	3438.00	—	—	—
资兴市	2747.00	—	—	72.81%
桃江县	2068.00	—	—	—
祁东县	1872.00	20.46%	12.61%	28.93%
宁化县	2407.19	—	—	43.60%
尤溪县	3463.00		93.00%	
浦城县	3383.02	—	—	86.20%
武夷山市	2798.00	—	—	—
政和县	1744.24	3.30%	9.50%	82.80%
寿宁县	1425.00	—	—	88.90%
柘荣县	543.90	—	—	94.60%
长汀县	3099.00	—	—	83.47%

注：面积数据来源于各县（区）土地利用总体规划及当地人民政府。"—"代表未发现。在未有山地、丘陵面积统计的县（区）中，《中国县（市）社会经济统计年鉴（2012）》显示南康、桃江为丘陵县，上犹、万载、新化、溆浦、武夷山为山区县

　　各研究区样本村基本情况见表 7-2。从耕地撂荒率看，耕地撂荒面积占村庄总耕地面积的比例超过 10% 的村庄占比约为 49.53%，无撂荒的村庄比例仅为 6.07%，撂荒现象比较严重。从村庄类型来看，丘陵村和山区村所占比例分别为 56.07% 和 43.93%，比例相当。从耕地分布和灌溉条件来看，耕地规模化经营有待加强，基础设施有待完善。受丘陵山区的地形特征影响，大部分村庄受野生动物影响，机械化水平较低。如表 7-2 所示，大部分村庄的流转租金和流转率都较低。另外，研究区务工劳动力比重普遍高于 50%，符合调研设计的预期。

表 7-2　样本村基本情况

指标	分类	村庄数/个	占比	指标	分类	村庄数/个	占比
村庄类型	丘陵村	120	56.07%	流转率	≤20%	127	59.35%
	山区村	94	43.93%		>20%，≤50%	54	25.23%
海拔	≤500 米	154	71.96%		>50%，≤80%	29	13.55%
	>500 米	60	28.04%		>80%，≤100%	4	1.87%
耕地分布	非常集中	21	9.81%	务工劳动力比重	≤20%	7	3.27%
	多数较为集中	105	49.07%		>20%，≤50%	61	28.50%
	零散，远离居民点	88	41.12%		>50%，≤80%	123	57.48%
灌溉条件	较好	97	45.33%		>80%，≤100%	23	10.75%
	一般	26	12.15%	机械率	≤20%	132	61.68%
	较差	91	42.52%		>20%，≤50%	54	25.23%
野生动物影响	有野生动物影响	171	79.91%		>50%，≤80%	23	10.75%
	没有野生动物影响	43	20.09%		>80%，≤100%	5	2.34%
流转租金	零租金	68	31.78%	耕地撂荒率	无撂荒	13	6.07%
	>0 元/(亩·年)，≤300 元/(亩·年)	80	37.38%		>0，≤10%	95	44.39%
	>300 元/(亩·年)	66	30.84%		>10%	106	49.53%

注：数据来源于村庄调研

7.2.2　研究方法

1. 经济计量分析

　　经济计量分析，即运用统计推断估计变量之间的关系。其中，逐步回归模型可以在模型中保留重要的原因变量，并且这些重要的原因变量不存在严重的多重共线性。本章通过逐步回归模型探索各因素是否对研究区耕地撂荒产生影响，探讨耕地撂荒影响因素的充分性。

2. 定性比较分析

耕地撂荒是一个复杂的社会现象，引入定性比较分析探讨单个前因条件是否为耕地撂荒发生的必要条件，并从条件组态的角度分析原因变量和结果变量之间的复杂因果关系。

3. 必要条件分析

是否为必要条件虽然可以通过定性比较分析来判断，但其只能定性地说明"该条件是否是结果的必要条件"，不可以定量地表示必要的程度。本章进一步用必要条件分析定量检验回归模型得出的显著因素是否是耕地撂荒现象发生的必要条件，以及其成为必要条件所需的程度水平。

7.3　研究结果与分析

7.3.1　耕地撂荒单因素的充分性分析

1. 变量的选择与特征描述

本章以村庄撂荒耕地面积占耕地总面积的比例计算耕地撂荒率，将其当作模型的结果变量，探讨何种村庄会发生耕地撂荒现象。表 7-3 的描述性统计显示，研究区村庄的平均耕地撂荒率为 15.93%，研究区村庄的耕地撂荒较为严重。

表 7-3　丘陵山区耕地撂荒变量的选取与统计描述

变量名称	描述	均值	标准差	预期方向
	结果变量			
耕地撂荒率	撂荒耕地面积占耕地总面积的比例/%	15.93	17.13	
	原因变量			
海拔	村庄的平均海拔/米	380.44	220.81	+
村庄类型	1＝丘陵村；2＝山区村	1.44	0.50	+
野生动物影响	1＝耕地遭受野生动物损害；2＝没有	1.20	0.40	
生产设施条件	1＝较好；2＝一般；3＝较差	1.97	0.94	+
耕地集中程度	1＝非常集中；2＝多数较为集中；3＝零散，远离居民点	2.31	0.64	+
机械化程度	小型农用机械与村庄总户数之比/%	20.55	22.68	－
对外交通状况	村庄几何中心到集镇中心的距离/千米	6.47	4.62	?

变量名称	描述	均值	标准差	预期方向
务农劳动力比重	务农劳动力人数占总劳动力人口的比例/%	39.77	16.72	−
劳均耕地面积	村总耕地面积与总劳动力人数之比/(亩/人)	2.11	1.10	+
耕地流转率	流转耕地面积占村总耕地面积的比例/%	23.85	21.99	−
流转租金	村庄平均流转租金/[元/(亩·年)]	242.50	268.00	−
是否有产业扶持	1 = 有产业扶持政策或其他利好政策；2 = 没有	1.53	0.50	+

注：数据来源于村庄问卷调查；预期方向中"+"代表正影响，"−"代表负影响，"？"代表方向不确定

本章通过借鉴前人的相关研究，结合研究区域实际情况及问卷调查数据，从农业生产条件、社会经济状况、政策扶持三个方面选择耕地撂荒影响因素（表 7-3）。主要包括海拔、村庄类型、野生动物影响、生产设施条件、耕地集中程度、机械化程度、对外交通状况、务农劳动力比重、劳均耕地面积、耕地流转率、流转租金、是否有产业扶持等指标。

（1）农业生产条件主要包括反映农业生产成本、产出效益的因素。其中，海拔、村庄类型、野生动物影响、耕地集中程度、机械化程度等因素反映了生产成本，而生产设施条件与产出效益相关。研究发现，因耕作不便，海拔高、坡度陡的地区撂荒率更大。另外，学者指出丘陵山区土地利用类型时空分布的重要影响因素为地形起伏。丘陵村相较山区村而言，起伏相对较小，坡度较缓，投入成本相对较低，更不易撂荒。野生动物影响也是中国丘陵山区撂荒的重要原因，受野生动物损害影响的村庄，农户撂荒的意愿越大。本章中生产设施条件为有序多分类变量，包括农田水利灌溉设施、除水利外的其他基础设施。当水利灌溉设施、其他基础设施当中有一个较差就为 3，有一个较好为 1，其余为 2。农业生产设施不完善是许多村庄农业生产受限的主要因素。因此，初步预测生产设施条件越差，撂荒的概率越高。而分布零散的耕地因劳动、资金等成本投入高，产出效益却低，所以更易撂荒。本章用耕地集中程度设置为有序多分类变量，1 表示非常集中；2 代表多数较为集中；3 为零散，远离居民点。由此预测耕地集中程度对耕地撂荒为正向影响，耕地越集中，越不易撂荒。随着机械化的发展，丘陵山区难以机械耕作已成为撂荒的重要原因，机械化水平的提高可有效提高农业收益、降低劳动投入成本，因此有利于减少撂荒。本章用小农机普及率（即村庄小型农用机械与村庄总户数之比）表征村庄的机械化程度。据此可以推断机械化程度对耕地撂荒概率为负向影响，即机械化程度越高，撂荒的概率越低。

（2）社会经济条件可以体现耕地撂荒驱动力的强弱，包括对外交通状况、务农劳动力比重、劳均耕地面积、耕地流转率、流转租金。本章以村庄几何中心到

集镇中心的距离表征对外交通状况。与城市距离的远近在一定程度上反映出农民外出务工成本的高低，但是又影响商品市场的流通程度、商品和物资的价格。因此，对外交通状况的具体影响方向不确定。劳动力的数量、质量决定了农业劳动力的有效数量。通常来说，农业劳动力比重越低，撂荒可能性越高，所以本章预测务农劳动力比重与耕地撂荒率成反比。劳均耕地面积可以反映村庄劳动力是否充裕。劳均耕地面积越大，劳动力相对越少，撂荒的概率越高。土地流转水平的高低可以在一定程度上反映土地市场的完善程度及土地的价值。完善的土地流转市场可能会从某种程度上降低耕地撂荒的程度。因此，初步推断耕地流转率与撂荒程度成反比。租金也会影响农户进行耕地流转的积极性，流转租金越高，农户流转的积极性越大，撂荒的可能性也越低。调研发现，转入土地的经营者因耕作成本等原因放弃耕作一些耕地时，那些流转租金很低或者零租金的耕地往往更容易被撂荒。

（3）良好的政策措施可以防止土地被撂荒。利好政策的实施在一定程度上可以缓解农民从事农业生产的压力，增加农业收入，激发农民的耕种积极性。本章将是否有产业扶持设置为二元变量，1 代表该村有专门的产业扶持政策或其他利好政策（如进行产业奖补、设立小额信贷通、组织产业培训等可降低经营者生产成本的政策），2 代表没有。由此推测有产业扶持政策或其他利好政策的村庄，耕地撂荒的可能性更低。

2. 模型建立

在建立回归模型时，因为变量间在某种程度上难免会有一定的相关性，建立的多元回归模型可能存在多重共线性，甚至会影响模型最终的回归结果。而多元逐步回归模型恰能解决这类问题，因此本节运用逐步回归模型。其基本思路是依据每个原因变量的重要性，依次从所有的原因变量中选取重要的变量进入回归方程模型中，按照其对结果变量的重要程度进行逐步引入，并剔除作用不显著的原因变量。在回归分析过程中，一方面，根据原因变量对结果的贡献程度依次挑选重要变量；另一方面，先进入模型的原因变量，若在其他变量进入模型后变得不重要，将会被剔除出模型。通过多次调节，在保留重要变量的同时，模型最终确定了最优的回归方程。

为反映各因素与耕地撂荒率之间的关系，计量模型设定如下。

$$Y = \beta_0 + \beta_1 X_1 + \beta_2 X_2 + \cdots + \beta_{12} X_{12} + \mu \qquad (7\text{-}1)$$

式中，Y 表示各村的耕地撂荒率；X_i 表示原因变量，分别代表海拔、村庄类型、野生动物影响、生产设施条件、耕地集中程度、机械化程度、对外交通状况、务农劳动力比重、劳均耕地面积、耕地流转率、流转租金、是否有产业扶持；β_0 表示模型中的常数项；$\beta_1, \beta_2, \cdots, \beta_{12}$ 分别表示模型中的结果变量的待估参数；μ 表示随机扰动项。

3. 单因素充分性分析

逐步回归模型的回归结果显示（表 7-4），有 7 个变量被选入方程模型，其他变量由于引入方程后降低了方程的显著性而被剔除。依次选入方程的变量为生产设施条件、对外交通状况、海拔、野生动物影响、机械化程度、耕地流转率、务农劳动力比重。

表 7-4　丘陵山区耕地撂荒影响因素逐步回归结果

模型	非标准化系数	标准误差	t	Sig	偏相关	VIF
常数项	0.0990	0.0523	1.8932	0.0597		
生产设施条件	0.0566	0.0110	5.1666	0.0000	0.3387	1.1240
对外交通状况	0.0076	0.0022	3.4418	0.0007	0.2332	1.1175
海拔	0.0001	0.0000	2.8318	0.0051	0.1936	1.1541
野生动物影响	−0.0504	0.0252	−2.0013	0.0467	−0.1381	1.0874
机械化程度	−0.0955	0.0441	−2.1649	0.0315	−0.1492	1.0627
耕地流转率	−0.0995	0.0459	−2.1672	0.0314	−0.1493	1.0838
务农劳动力比重	−0.1198	0.0604	−1.9848	0.0485	−0.1370	1.0832
p 值	0.000					
DW 检验	1.857					
调整 R^2	0.317					

另外，方差分析结果发现，模型的 p 值为 0.000，说明模型具有极强的统计学意义。从模型总体分析结果来看，DW 检验值为 1.857，表明残差基本独立、服从正态分布，符合线性回归的要求。调整后 R^2 偏低，为 0.317。但是有学者指出，试图解释人类行为的研究的 R^2 值通常小于 50%，而且当模型中有较多自变量为分类（离散）变量时，R^2 偏低是无法避免的。这可能也间接地说明了这些因素对耕地撂荒的影响并不是简单的线性关系，存在复杂、相互交织的关系。这也印证了Levers 等（2018）的研究成果，他们发现泛欧耕地撂荒的几个决定因素以强烈的非线性方式影响了撂荒。国内也有学者指出农业劳动力非农转移、人均年收入等因素与撂荒率的关系是非线性的。这可能是由于耕地撂荒是一个非常复杂的现象，同时受不同因素的综合影响、共同作用，各个变量在综合影响的过程中还有可能相互干扰、削弱或抵消，很少有村庄耕地撂荒的面积能够在一段时间内实现持续的线性增长。

但低 R^2 并不会否定任何显著变量的重要性，当自变量在统计上是显著的，则仍可以得出有关变量之间关系的重要结论，不影响本节寻找耕地撂荒显著影响因素的研究目的。研究显示，生产设施条件、对外交通状况、海拔在 1% 的水平上显著，野生动物影响、机械化程度、耕地流转率、务农劳动力比重在 5% 的水平上显著，符合显著性假设检验标准。且偏相关估计值符合预期，并与系数方向一致，各变量的共线性统计量 VIF 值都小于 5，表明所选变量的多重共线性可以接受。

回归结果显示，在农业生产条件方面，生产设施条件与耕地撂荒显著正相关，表明完善的农业生产设施可以一定程度地降低耕地撂荒率。研究区海拔与耕地撂荒率显著正相关。虽然本章样本村都位于丘陵山区，但是村与村之间的海拔高度还存在一定的差异。相同条件下，海拔越高，有效积温越低，山高水冷，导致耕地产量低、投入产出率低，耕地撂荒的可能性也越大。野生动物影响是丘陵山区的农户被迫撂荒的另一重要原因。受野生动物保护及退耕还林等政策的影响，丘陵山区野生动物大量繁殖、频繁活动，导致农作物受到损害，农户疲于应对，花费大量的时间和资金来驱赶野生动物，但收效甚微，因此撂荒的可能性增加。研究结果显示，耕地撂荒与机械化程度呈显著负相关。随着经济发展及生活水平的提高，小型农用机械已成为农民刚需，基本普及到户，在很大程度上降低了农户劳动强度，节省了人力成本。但那些因地形限制完全不能使用小型机械的村庄，因耕作成本大于收益而不得不弃耕，撂荒率增加。

在社会经济状况方面，对外交通状况、耕地流转率、务农劳动力比重对撂荒的影响是显著的。结果显示距集镇中心越远、耕地流转水平越低、务农劳动力比重越低，耕地撂荒越严重。表 7-4 表明对外交通状况与耕地撂荒正相关，即距离集镇中心越远，撂荒率越高，佐证了张英的观点（张英，2014）。这是因为距集镇中心越远，农产品的市场流通性越差，受区位条件限制，撂荒率也越高。从表 7-4 可以看出，耕地流转率与撂荒水平呈显著负相关关系，这也印证了大多数学者的观点，流转水平与撂荒率成反比。务农劳动力是农业生产最主要的要素，结果显示务农劳动力比重与耕地撂荒显著负相关。近年来，农村劳动力数量减少、质量降低、老龄化趋势明显，直接影响了土地利用的变化，导致耕地撂荒越来越严重。

对于被排除出模型的因素，结合模型模拟及研究区实地情况，也有其合理性。因为本章以丘陵山区作为研究区域，所选村庄的海拔总体上起伏大、耕地分布零散，所以各村耕地集中程度情况的差异不大，对耕地撂荒的影响较小。本章依据劳动力外出务工较多的原则选取了典型村，间接导致所选村庄务农劳动力的劳均耕地面积大，故劳均耕地面积差别不大，影响不显著。调研发现，研究区大多数的土地流转是在村民之间进行的，村际流转较少，而村民之间的流转因流转租金低、甚至为零等原因对耕地撂荒的作用有限，故流转租金对研究区耕地撂荒的影响不显著。在政策扶持方面，虽然拥有专门的产业扶持政策及其他利好政策，耕地撂荒程度可能相对会降低。但是，三省在总体上都未有较突出的、专门的产业扶持政策，也未有有效缓解耕地撂荒的政策措施，所以是否有产业扶持政策对耕地撂荒的影响也不显著。

7.3.2 耕地撂荒影响因素的必要性及组态分析

耕地撂荒现象的发生过程较为复杂，是多因素相互作用的结果。耕地撂荒现象的产生不能由单一因素决定，而是需要从整体的角度分析多个变量间的交织、共同影响的复杂作用过程。

从前文对耕地撂荒影响因素的充分性分析来看，生产设施条件、对外交通状况、海拔、野生动物影响、机械化程度、耕地流转率、务农劳动力比重对研究区耕地撂荒有显著影响，即这些因素是研究区耕地撂荒发生的充分条件。但是单个因素回归系数的绝对值都较小，影响耕地撂荒的程度有限。所以本章将继续深入探究这些因素的组合即条件组态是否会对耕地撂荒产生影响及这些因素是否是耕地撂荒现象产生的必要条件、关键因素，从更深层次寻找耕地撂荒现象发生的原因。

1. 方法选择

1）定性比较分析

定性比较分析是一种面向案例的方法，介于统计分析和单案例分析之间。其与定性研究方法的不同在于运用过程中需进行归纳个案规律或逻辑推理，也异于基本假设是自变量独立发挥作用的定量研究方法。定性比较分析将每个案例视为条件变量的组态，将基于案例的研究与布尔代数和集合论相结合，从集合论的角度观察原因和结果之间的关系。通过利用布尔代数算法，定性比较分析进行了系统化和形式化的跨案例比较。另外，定性比较分析能挖掘出具有结果等效性的多条路径，特别适合于研究复杂的因果关系和变量间的多重相互作用。定性比较分析否定任何形式、恒定的因果关系，认为因果关系需要依赖特定的情境和组态。其遵循的多重并发因果关系，关注多个不同的条件变量如何以组合的形式共同对结果变量产生影响。传统研究只能解决"A→B，则~A→~B"的对称关系问题。定性比较分析法很好地处理了这类问题，可以解决非对称因果关系的问题。定性比较分析变量之间的关系用形式化的数学运算符号表示。其中，"→"表示"造成或导致"；"~"表示"非"，即条件不出现；"*"为"且"，表示并列关系。

定性比较分析中，一致性（consistency）和覆盖率（coverage）等指标可用来衡量原因变量和结果变量之间的关系是否为充分性和必要性的关系，公式如下。

$$\text{consistency}_{\text{necessary conditions }(X_i \geqslant Y_i)} = \frac{\sum\limits_{i=1}^{I} \min(X_i, Y_i)}{\sum\limits_{i=1}^{I} Y_i} \qquad (7\text{-}2)$$

$$\text{coverage}_{\text{necessary conditions }(X_i \geqslant Y_i)} = \frac{\sum\limits_{i=1}^{I} \min(X_i, Y_i)}{\sum\limits_{i=1}^{I} X_i} \qquad (7\text{-}3)$$

$$\text{consistency}_{\text{sufficient conditions }(X_i \leqslant Y_i)} = \frac{\sum\limits_{i=1}^{I} \min(X_i, Y_i)}{\sum\limits_{i=1}^{I} X_i} \qquad (7\text{-}4)$$

$$\text{coverage}_{\text{sufficient conditions }(X_i \leqslant Y_i)} = \frac{\sum\limits_{i=1}^{I} \min(X_i, Y_i)}{\sum\limits_{i=1}^{I} Y_i} \qquad (7\text{-}5)$$

式中，i 表示案例或样本，本章指样本村庄；I 表示案例或样本的数量；X_i 表示原因集合 X 中样本 i 的隶属度；Y_i 表示结果集合 Y 中样本 i 的隶属度，隶属度是指定案例或样本属于集合的程度；$\min(X_i, Y_i)$ 表示隶属度 X_i 和 Y_i 中的最小值；$X_i \geqslant Y_i$ 表示对于结果 Y 的必要条件（necessary conditions），原因集合 X 中每个案例的隶属度必须大于或等于其在结果 Y 中的隶属度；$X_i \leqslant Y_i$ 表示对于结果 Y 的充分条件（sufficient conditions），原因集合 X 中每个案例的隶属度必须小于或等于其在 Y 中的隶属度。

式（7-2）和式（7-3）用于计算集合 X 作为集合 Y 的必要条件的一致性和覆盖率。式（7-4）和式（7-5）用于计算集合 X 作为集合 Y 的充分条件的一致性和覆盖率。例如，式（7-2）表示了集合 Y 为集合 X 子集的一致性，即集合 X、Y 的交集与集合 Y 的比例。一致性衡量了每个解的隶属度是结果集合的子集的程度。一致性指标值的范围为 0~1，值越高越好。如果满足一致性指标，则可以通过测量覆盖率指标来表现原因条件（组合）X 对结果 Y 的解释力，即每个原因条件（组合）在一定程度上解释了结果的产生。覆盖率的范围也为 0~1，类似于回归分析中的拟合优度。如果覆盖率指数更接近 1，那么原因条件（组合）X 将对结果 Y 具有更大的解释力。

定性比较分析对样本数量的要求不高，一般为 10~60 个，适合中小样本数量的案例分析。目前学术界根据研究需要，已经发展出 crisp set QCA（清晰集定性比较分析）、fuzzy set QCA（模糊集定性比较分析）、multi value QCA（多值集定性比较分析）以及 temporal QCA（时序性定性比较分析）四类分析技术。本章使用了最先开发、使用最广泛的清晰集定性比较分析，进行二进制编码，完全隶属为 1，完全不隶属为 0。本章选择清晰集定性比较分析主要基于以下考虑：首先，是否撂荒属于二元选择问题；其次，我们的受访者都是村委会人员，可能存在误报或少报耕地撂荒面积的情况，采用清晰集定性比较分析可在一定程度上减少误报或少报撂荒面积对结果产生的误差。

2）必要条件分析

必要条件分析是一种用来识别和检测原因条件是否为特定结果的必要条件的方法。必要条件是指若存在必要条件，结果不一定发生，但若不存在必要条件，结果一定不会发生。必要条件分析利用上限回归（ceiling regression，CR）或上限包络（ceiling envelopment，CE）生成函数，定量地研究必要条件的效应量。效应量是某结果出现所需必要条件的最低水平，其取值范围为 0~1，其中，低等效果的效应量在 0~0.1，中等效果的效应量在 0.1~0.3，高等效果的效应量在 0.3~1。必要条件分析还可以通过瓶颈表来分析不同程度的结果所需不同水平的条件，分析多个必要条件同时存在的组合情况，在解释多变量必要条件以及识别必要条件组合方面具有重要作用。

2. 研究设计

1）样本选取

定性比较分析的核心要素是案例。选取的案例过少，易导致条件组合过少、结果有效性差。但案例数量过多，又会导致结果较复杂、因素组合过多、重要的因素组合难以突显。在进一步研究耕地撂荒影响因素的必要性及条件组合时，将本章的研究范围确定为江西省赣州市，既避免了因样本过多而不易发现因素组合作用规律的问题，又提高了样本的代表性，使得研究结论有效、可靠。

江西作为粮食主产区之一，自新中国成立后就一直为国家提供商品粮。赣州位于江西省南部，农业生产条件良好，粮食生产具有比较优势，在确保国家粮食安全上具有重要的地位，做出了较大的贡献。赣州地势以山地丘陵为主，丘陵山区面积约为 3.27 万平方千米，占赣州土地总面积的 82.89%。以赣州作为研究区，可以较好地覆盖南方丘陵山区耕地撂荒现象的普遍特点和问题。

因此，在考虑了样本量和地区代表性之后，选定了江西省赣州市兴国县、崇义县、龙南县、石城县、会昌县进行研究。五个地区的社会经济发展条件各异，发展水平差异明显，耕地撂荒程度也大不相同。根据研究区域的实地调查，选择了 49 个自然环境相似的典型村庄。选择典型村庄的原理为位于丘陵山区、较多外出务工的劳动力、耕地撂荒程度各不相同。另外，本章遵循了定性比较分析对于中小样本保证案例间最大异质性的案例选择原则，样本村在区域位置、农业生产条件、社会经济状况、是否有产业扶持政策等方面有较大差异。

2）变量确定及赋值

结合前文对耕地撂荒影响因素充分性分析的结果，即生产设施条件、对外交通状况、海拔、野生动物影响、机械化程度、耕地流转率、务农劳动力比重与耕地撂荒之间存在相关关系，本章仍然选择以上因素进行进一步研究。但本章也根据回归分析的效果及赣州农村实际情况做出了相应的调整。因为所选样本都位于赣南丘陵山区，海拔整体上波动不大，野生动物普遍较多，考虑到将海拔、野生动物影响作为影响因素时，无法反映样本之间的异质性，所以剔除这两项指标。完善的产业扶持政策能够减少农民的耕作成本与时间成本，在一定程度上缓解耕地撂荒现象。例如，为响应国家号召，2019 年以来，赣州部分村集体鼓励农民种两季作物，并发放种子、设置专门的复种补贴，引导农民种特色农作物，使得农业收益上涨，农民种粮积极性高涨，撂荒率也降低。所以本章依然保留了是否有产业扶持政策这个指标。最终，本章选定了对外交通状况、生产设施、农业机械化、土地流转、农业劳动力、产业政策扶持 6 个因素，并将其确定为原因变量。

定性比较分析建立在集合关系的基础上，因此，需要给案例赋予集合隶属度，依据理论和实际知识对变量进行校准。根据村庄调查问卷，结合表 7-5 所示的变量赋值标准，为样本的结果变量和原因变量进行赋值。

表 7-5　变量设定及赋值

	变量（简称）	赋值	文献依据
原因变量	对外交通状况（TC）	交通良好，到集镇中心的距离低于样本平均值，赋值为 1；否则为 0	"Social impact of farmland abandonment and its eco-environmental vulnerability in the high mountain region of Nepal：a case study of Dordi River Basin"
	生产设施（AF）	农田水利设施或基础设施较差为 0；否则为 1	"Global understanding of farmland abandonment：a review and prospects" "Farmland abandonment research progress：influencing factors and simulation model"
	农业机械化（AM）	大于或等于样本均值的为 1；否则为 0	"Space-time process and drivers of land abandonment in Europe"
	土地流转（LC）	高于当地土地经营权流转率的为 1；否则为 0	《山区土地流转对缓解耕地撂荒的作用》《重庆市武隆县农地流转下农业劳动力对耕地撂荒的不同尺度影响》
	农业劳动力（AL）	高于当地从事农业人数比例的为 1；否则为 0	《森林转型、农地边际化与生态恢复》，"Exploring the dynamic mechanisms of farmland abandonment based on a spatially explicit economic model for environmental sustainability：a case study in Jiangxi Province，China"
	产业政策扶持（PS）	该村有产业扶持政策或利好政策为 1；否则为 0	"Does off-farm work discourage soil conservation? Incentives and disincentives throughout two Honduran hillside communities" "Spatiotemporal variations in cropland abandonment in the Guizhou-Guangxi karst mountain area，China"
结果变量	耕地是否撂荒（Outcome）	耕地存在撂荒赋值为 1，不存在撂荒赋值为 0	"Determinants of cropland abandonment at the parcel，household and village levels in mountain areas of China：a multi-level analysis"

A. 结果变量

耕地撂荒是个敏感问题，一般很难通过官方统计、农户调查等途径掌握不同时期、区域尺度上既全面又真实的耕地撂荒数据。故本章关注耕地是否撂荒这个二元选择问题，将结果变量中耕地存在撂荒的村庄赋值为 1，不存在撂荒的赋值为 0。

B. 原因变量

对外交通状况（TC）：道路交通条件是影响农业生产的重要因素之一，距集镇中心的远近也会对农户的农业生产行为产生影响。在问卷提供的交通状况选项中，若填答者勾选交通良好，到集镇中心的距离低于样本平均值，赋值为 1，否则赋值为 0。

生产设施（AF）：农业生产设施是农村生产力发展的重要基础，农业生产设施建设滞后是农业生产的主要制约因素。本章在问卷提供的生产设施选项中，若填答者勾选农田水利设施或农业基础设施较差，赋值为 0，否则赋值为 1。

农业机械化（AM）：农业机械化水平在一定程度上代表了农业综合生产能力的高低。本章运用定性比较分析的均值锚点法对数据进行二分校准，以平均值为界，大于或等于研究区机械化水平均值的赋值为 1，否则赋值为 0。

土地流转（LC）：完善的土地流转市场，可以推动撂荒耕地复耕再用，缓解撂荒现象。本章以耕地流转率作为耕地流转市场完善程度的表征，基于数据可获取性，以赣州 2018 年土地经营权流转率①（29.65%）作为衡量农地流转便利程度的标准。案例的耕地流转率高于赣州土地经营权流转率的，赋值为 1，否则赋值为 0。

农业劳动力（AL）：劳动力迁移是影响耕地撂荒的重要因素，尤其是在难以进行机械化的地区。基于数据的可获得性，本章以江西省 2018 年从事农业人数比例②（29.47%）作为衡量农村劳动力丰裕程度的标准，案例从事农业劳动人数比率高于 29.47% 的，赋值为 1，否则赋值为 0。

产业政策扶持（PS）：调整、优化农业政策可以在某种程度上提高农民生产、种植的积极性，提高耕地的利用率。依据问卷调查数据，该村若有产业扶持政策或其他利好政策，赋值为 1，否则赋值为 0。

3. 真值表构建与检验

1）真值表构建

真值表（truth table）作为定性比较分析过程中的主要要素之一，包含了案例

---

① 数据来自《赣州统计年鉴》和江西省农业农村厅。赣州土地经营权流转率 = 赣州耕地流转面积/赣州耕地总面积。

② 数据来自《江西统计年鉴》。江西省从事农业人数比例 = 江西农业劳动力人数/江西总劳动力。

情况、原因变量及结果变量等有关信息，既可以显示结果发生或不发生时多个原因条件的具体状态，还可以反映某一结果发生与否是如何由多个条件是否出现之间的组合关系产生的。定性比较分析法一般以个案为单位汇总各指标数据，以矩阵表格的形式呈现得到的变量条件组合，从而得到真值表。本章将已赋值的变量数据输入 fs/QCA 3.0 软件，形成耕地撂荒影响因素的真值表如表 7-6 所示。

表 7-6　耕地撂荒影响因素的真值表

案例编号	研究案例（村庄名）	TC	AF	AM	LC	AL	PS	Outcome
1	程水	0	0	0	0	1	1	0
2	枫林	1	1	0	1	1	0	1
3	西霞	1	1	0	0	1	1	1
4	蕉田	0	0	0	0	1	1	0
5	桐溪	1	1	0	1	1	0	1
6	豪溪	1	0	1	0	0	0	1
7	茶石	1	1	1	0	1	1	0
8	马良	1	1	1	0	1	0	0
9	曾田	1	0	0	0	0	0	0
10	里丰	0	0	0	0	0	0	0
11	古镜	1	1	0	0	0	1	1
12	和平	0	1	0	0	1	0	1
13	横江	0	1	0	1	1	1	1
14	高多	0	1	0	1	1	1	1
15	墩垞	1	0	1	0	1	0	0
16	蒙山	1	1	0	0	1	0	1
17	高兴	1	0	1	1	0	0	0
18	文溪	1	1	0	1	0	0	0
19	新圩	1	1	0	0	1	1	1
20	老圩	1	1	0	0	1	1	1
21	高湖	0	1	1	0	1	0	0
22	小摆	1	1	0	0	1	0	1
23	郑枫	0	0	0	0	1	0	1
24	塘背	1	1	0	0	0	0	1
25	沈埠	1	1	1	0	1	0	0
26	南田	1	1	0	0	1	0	1
27	长龙	1	1	0	0	1	0	1

案例编号	研究案例（村庄名）	TC	AF	AM	LC	AL	PS	Outcome
28	竹梓	0	1	0	1	1	0	1
29	象塘	1	1	0	0	1	0	0
30	新埠	1	1	0	1	1	0	1
31	莲塘	1	1	0	0	1	1	1
32	岭下	1	1	0	1	1	1	0
33	新大	1	1	0	1	1	0	1
34	果龙	1	1	0	0	1	1	1
35	石下	1	0	0	1	0	0	1
36	横岗	1	1	1	0	1	1	1
37	大坝	1	0	0	0	1	0	1
38	新坊	1	1	0	0	1	0	1
39	山下	1	1	0	0	1	1	1
40	新富	1	1	0	1	0	0	0
41	罗陂	0	1	0	0	1	0	1
42	长溪	1	1	0	1	1	0	0
43	万盛	1	1	0	0	0	0	1
44	屏山	1	1	0	0	0	1	1
45	亨田	1	1	0	1	0	0	1
46	东红	1	0	0	0	1	1	1
47	湘江	1	0	0	0	1	0	1
48	坳背	1	1	0	1	1	0	1
49	凤形窝	1	1	0	0	0	0	1

2）矛盾组态检验与修正

从真值表中发现，存在事实矛盾案例组合（表 7-7），即同一组条件组合出现两个完全矛盾的结果。根据矛盾组态的解决策略"按照频率标准定向结果"及"重新编码所有矛盾组态的结果值为 0"，尽可能地消除或减少矛盾组态。按照频率标准定向结果，即依据频率高低，对结果赋值。如共有 9 个组合的编码为（1，1，0，0，1，0），其中有 6 组的结果为"1"，3 组结果是"0"，结果中"1"的频率大于"0"的频率，则 9 个组合修正后的结果都为频率较高的结果"1"；同理，将案例 45 的结果修正为"0"。如果在结果中，"1"和"0"的频率一样，则统一把结果修正为"0"，代表该结果"不清楚"或"程度低、结果差"。修正后的真值表如表 7-8 所示。

表 7-7　矛盾组态情况与修正表

TC	AF	AM	LC	AL	PS	Outcome	案例编号	修正后结果
1	1	0	0	1	0	1	16，22，26，27，38，44	1
1	1	0	0	1	0	0	5，18，29	1
1	1	0	1	0	0	0	40，42	0
1	1	0	1	0	0	1	45	0
1	1	1	0	1	1	0	7	0
1	1	1	0	1	1	1	36	0

表 7-8　耕地撂荒影响因素的真值表（修正后）

TC	AF	AM	LC	AL	PS	Outcome	案例编号
1	1	0	0	1	0	1	16，22，26，27，38，44，5，18，29
1	1	0	0	1	1	1	3，19，20，31，34，39
1	1	0	1	1	0	1	2，30，33，48
1	1	0	0	0	0	1	24，43，49
1	1	0	1	0	0	0	40，42，45
0	1	0	0	1	0	1	12，41
1	1	1	0	1	0	0	8，25
0	0	0	0	1	1	0	1，4
1	0	0	0	1	1	1	37，46
1	1	1	0	1	1	0	7，36
0	1	0	1	1	1	1	13，14
0	0	0	0	0	0	0	10
1	0	0	0	0	0	0	9
1	0	1	0	0	0	1	6
1	0	1	1	0	0	0	17
0	0	0	0	1	0	1	23
1	0	0	0	1	0	1	47
1	0	1	0	1	0	0	15
0	1	1	0	1	0	0	21
0	1	0	1	1	0	1	28
1	1	0	0	0	0	1	11
1	0	0	1	0	1	1	35
1	1	0	1	1	0	0	32

4. 结果分析

1) 单因素必要性分析

必要性分析的目的是探讨在多大程度上，结果集合构成条件集合的子集。在定性比较分析中，一致性是衡量必要条件的重要指标，即某一个结果在多大程度上需要某一个变量存在，学者一般将必要条件的阈值设置为 0.9。如果一致性大于或等于 0.9，则这个条件变量 X 被认为是结果变量 Y 的必要条件。

定性比较分析法的耕地撂荒必要条件分析结果（表 7-9）显示，农业机械化低水平（~AM）一致性超过 0.9，可视为耕地撂荒现象产生的必要条件，且其覆盖率为 0.8，表明在赣州耕地撂荒过程中，80%的案例中耕地是否撂荒受农业机械化低水平的影响，农业机械化的解释力较强，可进行独立解释。这是由于赣州地处山地丘陵区，耕地普遍分布于坡度较大的零散区域，集约化程度不高，农户因机械化发展受阻、耕种劳动强度大、土地高效利用困难，被迫放弃耕作。在其他变量中，对外交通便利（TC）、生产设施完善（AF）、农业劳动力充足（AL）的一致性均高于 0.8，土地流转程度低（~LC）的一致性为 0.76，接近 0.8，可认为对外交通便利、生产设施完善、农业劳动力充足及土地流转程度低对耕地撂荒产生较大影响。由表 7-9 可以看出耕地撂荒的各个单项前因条件中仅有农业机械化低水平一个指标是耕地撂荒的必要条件，且其他单项前因条件的覆盖率都较低，说明这些单项前因条件对耕地撂荒的解释力较弱。

表 7-9　定性比较分析法的耕地撂荒必要条件分析结果（Outcome = 1）

条件变量	一致性	覆盖率
TC	0.82	0.72
~TC	0.18	0.60
AF	0.82	0.76
~AF	0.18	0.50
AM	0.03	0.13
~AM	0.97	0.80
LC	0.24	0.62
~LC	0.76	0.72
AL	0.82	0.76
~AL	0.18	0.50
PS	0.35	0.71
~PS	0.65	0.69

本章进一步采用必要条件分析法检验必要条件，研究必要条件的效应量。在必要条件分析中，当某条件的效应量大于或等于 0.1、蒙特卡罗仿真置换检验（p 值）显著，该条件才是必要条件。必要条件分析结果（表 7-10）显示，对外交通状况（TC）、生产设施（AF）、农业机械化（AM）、土地流转（LC）、农业劳动力（AL）、产业政策扶持（PS）的检验结果都不显著，效应量为 0，表示它们都不是耕地撂荒现象产生的必要条件。

表 7-10　必要条件分析结果

变量	方法	精确度	上限区域	范围	效应量	p 值[a]
TC	上限包络	100%	0.000	1	0.000	1.000
	上限回归	100%	0.000	1	0.000	1.000
AF	上限包络	100%	0.000	1	0.000	1.000
	上限回归	100%	0.000	1	0.000	1.000
AM	上限包络	100%	0.000	1	0.000	1.000
	上限回归	100%	0.000	1	0.000	1.000
LC	上限包络	100%	0.000	1	0.000	1.000
	上限回归	100%	0.000	1	0.000	1.000
AL	上限包络	100%	0.000	1	0.000	1.000
	上限回归	100%	0.000	1	0.000	1.000
PS	上限包络	100%	0.000	1	0.000	1.000
	上限回归	100%	0.000	1	0.000	1.000

a 表示必要条件分析中的置换检验（permutation test，重抽次数 = 10 000 次）

进一步进行瓶颈水平分析（CR 方法），结果显示（表 7-11），对外交通状况（TC）、生产设施（AF）、农业机械化（AM）、土地流转（LC）、农业劳动力（AL）、产业政策扶持（PS）都不存在瓶颈水平。由此可得出，耕地是否撂荒是多重因素、多个变量共同作用的，而非单个原因所能影响。因此，有必要对这些前因条件变量进行组态分析，进一步探索产生耕地撂荒现象的条件组态。

表 7-11　必要条件分析法瓶颈水平分析结果

Outcome	TC	AF	AM	LC	AL	PS
0	NN	NN	NN	NN	NN	NN
10	NN	NN	NN	NN	NN	NN
20	NN	NN	NN	NN	NN	NN
30	NN	NN	NN	NN	NN	NN

Outcome	TC	AF	AM	LC	AL	PS
40	NN	NN	NN	NN	NN	NN
50	NN	NN	NN	NN	NN	NN
60	NN	NN	NN	NN	NN	NN
70	NN	NN	NN	NN	NN	NN
80	NN	NN	NN	NN	NN	NN
90	NN	NN	NN	NN	NN	NN
100	NN	NN	NN	NN	NN	NN

注: NN = 不必要

2）组态分析

在对真值表进行布尔最小化运算后，对修正后的真值表进一步进行组态分析。在组态分析中，原始一致性阈值设定为 0.8，原始一致性分数大于或等于阈值的条件组态被认为是结果集合的子集，其结果赋值为 1，否则赋值为 0。PRI（proportional reduction in inconsistency，不一致性的比例减少）一致性可以显示真值表行是 Y 而不是~Y 子集的程度。真值表行的 PRI 一致性越高，其存在同时子集关系问题的可能性就越低，PRI 一致性阈值可设置为 0.70。同时，为规避低质量数据对结果的影响且覆盖至少 75% 的样本，本章将案例频数门槛值均设为 2。

选择标准分析后，结果会出现简单解、中间解与复杂解三种解。三种解的复杂程度不同，包含的逻辑余项（即反事实的条件组合）数量不一。其中，复杂解摒除了所有的反事实组合，但结果过于复杂，普适性较差；简单解包括大量的反事实组合，结果过于简约，可能与实际情况相差较大，启示性最差；中间解位于两种解之间，囊括少量的反事实组合，在研究中既接近理论实际、复杂度适中，同时又不允许消除必要条件，成为大多使用定性比较分析的研究者汇报和诠释的首选。因此本章也使用中间解。

为更好地研究因果关系，Fiss（2011）又将原因条件分成核心条件和次要条件。核心条件在简约解和中间解中都会出现，是结果产生的重要影响因素；次要条件只在中间解中出现，对结果起辅助作用。

A. 耕地撂荒发生

根据耕地撂荒的运行结果，分析中间解可知共有 5 种条件组态，结果如表 7-12 所示。通常，总体覆盖率越接近 1，该条件组合对结果的解释力越强。总体一致性大于或等于 0.75，总体覆盖率接近 1，则表示通过运算得到的条件组合与样本村庄本身表示的条件组合间的关系较好。如表 7-12 所示，总体一致性值为 1，总体覆盖率为 0.82，表示运算得到的条件组合通过检验，可以解释耕地撂荒现象，具有一定的说服力。本章所有组合的一致性为 1，表明这些组合与耕地撂荒之间存在较强的子集关系，即前因条件组态较好地解释了耕地撂荒现象。

表 7-12　耕地撂荒发生的组态（Outcome = 1）

条件变量	组态解				
	A1	A2	A3	A4	A5
TC	●		●*	●	⊗*
AF	●*	●	●		●
AM	⊗	⊗	⊗	⊗	⊗
LC	⊗	⊗*		⊗	●*
AL		●	●	●*	●
PS	⊗*	⊗*	⊗*	●*	●*
一致性	1.00	1.00	1.00	1.00	1.00
原始覆盖率	0.35	0.32	0.38	0.24	0.06
唯一覆盖率	0.09	0.06	0.12	0.24	0.06
总体一致性	1.00				
总体覆盖率	0.82				

注：●或●*表示该条件存在；⊗或⊗*表示该条件不存在；"空白"表示组合中该条件可存在、可不存在；●或⊗表示核心条件；●*或⊗*表示辅助条件

　　由于赣州丘陵山地地区大部分耕地难以进行机械化作业，所以农业机械化低水平（~AM）以核心条件的形式同时在 5 个组态路径中出现，且出现形式不相互矛盾，表明农业机械化水平低对耕地撂荒有重大影响，是耕地撂荒的关键影响因素。而农业劳动力充足（AL）同时在多个前因条件组合中出现、不相互矛盾，虽影响了耕地撂荒，但并不是限制因素。这是因为在务农机会成本快速上升的背景下，越来越多的农业劳动力存在兼业现象，精力的分散使他们粗耕粗作，甚至弃耕，且机械化、规模化经营可以在一定程度上替代农业劳动力的作用，所以其并不是限制因素。对外交通状况、土地流转、产业政策扶持在不同组合中相互矛盾，表明对外交通状况、土地流转、产业政策扶持不显著，它们以次要条件的形式，在不同组态中与其他因素共同作用，导致不同结果的发生。这可能是因为随着助农、土地流转等农业利好政策的实施及社会经济的发展，这些外部因素的限制作用将逐步得到改善。

为了更好地比较不同组态在影响耕地撂荒方面的差异，结合各路径中村庄的特征，归纳出以下 3 种类型的组态路径。

（1）距城市较近的近郊型：包括 A1 和 A4 两种组态。组态 A1[TC*AF*(~AM)*(~LC)*(~PS)]表明即使在对外交通便利、生产设施完善的情况下，一村的农业机械化水平低、土地流转率低、政策扶持力度不够也会产生撂荒现象。此路径能解释 35%的耕地撂荒现象。组态 A4[TC*(~AM)*(~LC)*AL*PS]的原始覆盖率为 0.24，唯一覆盖率最大，说明 A4 符合较多村庄耕地撂荒的情况。这些村庄虽对外交通便利，且具有足够的农业劳动力及产业政策扶持，但因农业机械化水平低、劳动成本高，难以吸引农户、企业、合作社等农业组织进行土地流转，所以会发生耕地撂荒。

该类型村庄因靠近县城，交通通达度高，对外联系方便，他们可以获得较多的务工机会。但是因为禀赋效应的影响及"恋土情结"，农民不愿意把土地流转。这些农民也没有更多的精力耕作那些质量不好、耕作距离较远的耕地，因此不得不粗放耕作，甚至放弃耕作。再加上一些村庄农业相关政策调整滞后，农户虽可土地流转，但流转过程中还存在合同签订不规范等不完善现象，农户收入得不到保障。土地流转制度还不完善，农地规模达不到所需要的程度，规模化和机械化难以运作，撂荒的可能性加大。

（2）产业政策扶持力度不够的政策滞后型：包括 A2、A3 两种组态。组态 A2[AF*(~AM)*(~LC)*AL*(~PS)]表明农村生产设施完善、从事农业的劳动力充足时，不管对外交通是否便利，该村若没有政府产业扶持、农业机械化水平低、土地流转水平低也会造成耕地撂荒，此路径能解释 32%的耕地撂荒现象。组态 A3[TC*AF*(~AM)*AL*(~PS)]表明在对外交通便利、生产设施完善、从事农业的劳动力充足的情况下，不管土地流转水平的高低，一村的农业机械化水平低、无政策扶持也会产生撂荒现象，此路径能解释 38%的耕地撂荒现象。

政策的实施需要强大的基金支持，没有经费，许多工作就无从谈起。基础设施改善、耕地改良、粮补种补等政策的实施成本是不可估量的，因为缺乏高效的投入机制，落实过程不规范，导致这些惠农政策的效果滞后。种子、化肥农药、机械等农业生产资料价格的不断上涨，不但增加了农业生产成本，还削弱了惠农政策的补贴效果。另外，因为赣州紧邻福建、广州等经济发达地区，外出务工的机会多，故这类村庄虽然从事农业的劳动力充足，但很多农户存在兼业行为。学者研究显示，当其他条件保持不变时，兼业每增加 10%，农村家庭撂荒的平均耕地面积增加 5%。因此，该类村庄农户的生产积极性不高，企业也不愿到此来包地，原本较为分散的土地难以规模化、机械化经营，从而造成耕地撂荒一直存在，耕地撂荒现象严重。

（3）远离城市的偏远深山型。此类型村庄只有 A5 这条组态路径。组态 A5[(~TC)*AF*(~AM)*LC*AL*PS]表明即使在农业生产设施完善、土地流转程度高、农业劳动力充足且有政策扶持的情况下，当该村农业机械化水平低、对外交通不便时，耕地也会发生撂荒，此路径能解释 6%的耕地撂荒现象。这是由于土地流转制度在一定程度上可以缓解耕地撂荒，但是仅可在某种程度上缓解因劳动力不足而被迫撂荒的耕地，无法作用于那些因农业机械无法使用、投入产出比极低而撂荒的劣等耕地；再加上交通不便，生产、经营、销售等成本增加，阻碍了农民采用现代的以市场为导向的耕作、经营方式，迫使其不得不放弃耕种。

B. 耕地撂荒未发生

社会现象往往具有因果非对称性，需由不同的条件组合分别说明某个结果出现与否的原因。因此，本节进一步探讨耕地撂荒现象未发生的原因组合，更全面、深入地探索耕地撂荒的驱动机制。结果如表 7-13 所示，总体一致性为 1，总体覆盖率为 0.60，表示运算得到的条件组合通过检验，在一定程度上能够解释结果变量。本章所有组合的一致性均为 1，表明前因条件组态对耕地撂荒未发生具有较好的解释力。

表 7-13　耕地撂荒未发生的组态（Outcome = 0）

条件变量	组态解		
	B1	B2	B3
TC	●*	⊗	●*
AF	●*	⊗	●*
AM	●	⊗*	⊗*
LC	⊗*	⊗	●
AL	●*	●*	⊗
PS		●	⊗*
一致性	1.00	1.00	1.00
原始覆盖率	0.27	0.13	0.20
唯一覆盖率	0.27	0.13	0.20
总体一致性	1.00		
总体覆盖率	0.60		

注：●或●*表示该条件存在；⊗或⊗*表示该条件不存在；"空白"表示组合中该条件可存在、可不存在；●或⊗表示核心条件；●*或⊗*表示辅助条件

耕地撂荒未发生的组态路径有 3 条。组态 B1[TC*AF*AM*(~LC)*AL]表明，在对外交通便利、生产设施完善、机械化水平高、农业劳动力充足的情况下，一

村即使有较低的土地流转水平，也可能不会发生耕地撂荒现象。组态 B2[(~TC)*(~AF)*(~AM)*(~LC)*AL*PS]表明交通不便、生产设施不完善、机械化水平低、土地流转水平低的村庄，若拥有充足的农业劳动力及产业扶持，可能不会发生耕地撂荒现象。组态 B3[TC*AF*(~AM)*LC*(~AL)*(~PS)]表明，即使一个村庄缺乏产业扶持、农业劳动力较少、农业机械化水平低，若该类型村庄对外交通便利、生产设施完善，并且拥有较高的土地流转水平，耕地撂荒也可能不会发生。这是因为在对外交通便利、生产设施完善的基础上，企业等组织包地的积极性高涨，耕地流转可以促进土地连片经营，进而推动农业生产的规模化和机械化，在某种程度上抵消人口流失的影响，缓解耕地撂荒。

另外，比较影响耕地撂荒是否发生的 8 个组态可以发现，耕地是否撂荒符合复杂社会现象的特征，影响耕地撂荒是否发生的原因具有非对称性，耕地撂荒未发生的 3 条路径并不是耕地撂荒现象发生的 5 条路径的对立面。

3）稳健性检验

稳健性检验可以对结果的稳定性进行判断。定性比较分析主要通过样本数量及条件变量的调整、一致性门槛值及校准阈值的改变、案例频数的变动等途径进行稳健性检验。另外，Kim（2013）指出调整数据来源、测量方式也可以检验稳定性。原有分析的结果是否稳健主要通过拟合参数差异及集合关系状态来检验。若拟合参数差异不大，即不同的稳健性检验方法所得结果的一致性与覆盖率差异不大、并未发生实质性的改变，则结果稳健。如果不同的稳健性检验方法产生的组态路径间存在子集关系，亦可判断结果是稳健的。

根据前人的研究，本章主要采用了提高 PRI 一致性阈值、删减案例两种方法对组态分析的结果进行稳健性检验。一致性阈值及校准阈值的改变会直接影响组态的数量，最终影响结果。本章首先将 PRI 一致性阈值从原来的 0.70 调整为 0.75，结果（表 7-14）显示，耕地撂荒和耕地未撂荒分析得到的组态路径与原有分析结果一致。

表 7-14　提高 PRI 一致性阈值的稳健性检验

条件变量	耕地撂荒					耕地未撂荒		
	A1	A2	A3	A4	A5	B1	B2	B3
TC	●		●*	●	⊗*	●*	⊗	●*
AF	●*	●			●	●*	⊗	●*
AM	⊗	⊗	⊗	⊗	⊗	●	⊗*	⊗*
LC	⊗	⊗*		⊗	●*	⊗*	⊗	●
AL		●	●*	●		●*	●*	⊗
PS	⊗*	⊗*	⊗*	●*	●*		●	⊗*

续表

条件变量	耕地撂荒					耕地未撂荒		
	A1	A2	A3	A4	A5	B1	B2	B3
一致性	1.00	1.00	1.00	1.00	1.00	1.00	1.00	1.00
原始覆盖率	0.35	0.32	0.38	0.24	0.06	0.27	0.13	0.20
唯一覆盖率	0.09	0.06	0.12	0.24	0.06	0.27	0.13	0.20
总体一致性	1.00					1.00		
总体覆盖率	0.82					0.60		

注：●或●*表示该条件存在；⊗或⊗*表示该条件不存在；"空白"表示组合中该条件可存在、可不存在；●或⊗表示核心条件；●*或⊗*表示辅助条件

从样本中随机删减 1 个案例，得到的结果如表 7-15 所示，耕地撂荒与耕地未撂荒的总体一致性未改变。耕地撂荒的组态路径、覆盖率及一致性未发生改变。耕地未撂荒删减案例后得到的总体覆盖率稍微降低，各组态路径的覆盖率变化较小，在总体上差别不大，未对结果产生较大影响。在集合关系状态方面，删减案例后的组态路径是提高 PRI 一致性阈值所得结果的子集。综上分析，原有对耕地撂荒现象是否发生的分析结果处于较为稳健的状态。

表 7-15　删减案例数的稳健性检验

条件变量	耕地撂荒					耕地未撂荒		
	A1	A2	A3	A4	A5	B1	B2	B3
TC	●		●*	●	⊗*	●*	⊗	●*
AF	●*	●	●		●	●*	⊗	●*
AM	⊗	⊗	⊗	⊗	⊗	●	⊗*	⊗*
LC	⊗	⊗*		⊗	●*	⊗*	⊗	●
AL				●*		●*	●*	⊗
PS	⊗*	⊗*	⊗*	●*	●*		●	⊗*
一致性	1.00	1.00	1.00	1.00	1.00	1.00	1.00	1.00
原始覆盖率	0.35	0.32	0.38	0.24	0.06	0.29	0.14	0.14
唯一覆盖率	0.09	0.06	0.12	0.24	0.06	0.29	0.14	0.14
总体一致性	1.00					1.00		
总体覆盖率	0.82					0.57		

注：●或●*表示该条件存在；⊗或⊗*表示该条件不存在；"空白"表示组合中该条件可存在、可不存在；●或⊗表示核心条件；●*或⊗*表示辅助条件

7.4　结论与讨论

7.4.1　结论

为弥补前人研究中只探讨单个影响因素的不足，本章基于组态视角，运用定性比较分析法，考虑县域、村域的条件差异的潜在影响，以南方丘陵山区的村庄作为研究样本，通过探究耕地撂荒影响因素的充分性、必要性及条件组态，初步解释耕地撂荒现象，主要结论如下。

（1）耕地撂荒受多种因素影响，其中，农业机械化水平是影响耕地撂荒的关键因素。充分性分析发现生产设施、对外交通状况、海拔、野生动物影响、机械化程度、耕地流转率、务农劳动力比重与耕地撂荒显著相关，是耕地撂荒现象产生的充分条件。其中野生动物影响、机械化程度、耕地流转率、务农劳动力比重与研究区耕地撂荒呈负相关，即受野生动物影响、机械化水平越低、耕地流转率越低、务农劳动力比重越低，耕地撂荒的可能性越大。而生产设施、海拔、对外交通状况与耕地撂荒呈正相关，即生产设施越差、海拔越高、距集镇中心越远，耕地撂荒越严重。组态分析发现，农业机械化低水平以核心条件的形式同时出现在 5 条组态路径中，并且互不矛盾，是耕地撂荒的关键因素。

（2）耕地撂荒符合社会现象的集合本质。必要条件分析中，定性比较分析结果显示农业机械化低水平是耕地撂荒发生的必要条件，但是大部分单项前因条件一致性未超过 0.9，且必要条件分析结果显示单个因素并不是产生耕地撂荒的必要条件。在耕地撂荒现象的条件组合中，核心条件与次要条件相互配合共同影响耕地撂荒，说明导致耕地撂荒的因素是多方面的，而非单方面的，单方面条件的缺乏不足以导致耕地撂荒，单方面条件的具备也无法避免耕地撂荒发生。

（3）多条件组合对造成耕地撂荒发生具有殊途同归的效果，且与耕地撂荒未发生现象的驱动机制存在非对称性关系。耕地撂荒发生具备复杂性的同时也有一定规律性，本节组态分析发现导致耕地撂荒发生的路径并非具有唯一性，进一步发现了 5 个导致耕地撂荒现象产生的组态路径[TC*AF*(~AM)*(~LC)*(~PS)、AF*(~AM)*(~LC)*(AL)*(~PS)、TC*AF*(~AM)*AL*(~PS)、TC*(~AM)*(~LC)*AL*PS、(~TC)*AF*(~AM)*LC*AL*PS]，且与耕地撂荒未发生的驱动机制存在非对称性关系。

因此，不同地区可因地制宜、结合自身情况，选择不同情形、采取不同的政策措施避免耕地撂荒现象的发生。但需注意的是，无论选择何种路径，若不注重核心、关键因素，耕地撂荒现象仍将发生。

7.4.2　讨论

本章采用组态视角，运用定性比较分析法，结合传统的回归分析探讨耕地撂荒问题，研究耕地撂荒影响因素的充分性、必要性及条件组态，为耕地撂荒研究提供了新的研究视角，之后还有待进一步改进和探讨的问题主要如下。

（1）完善耕地撂荒的影响因素框架及赋值体系，对耕地撂荒驱动机制进行更深入的研究。考虑到数据的可获得性以及操作性，本章耕地撂荒影响因素框架体系构建仍然不够全面。本章主要从农业生产、社会经济条件方面研究了村庄耕地撂荒的影响因素，缺乏对地形、耕地质量等自然因素的分析。村委、村集体层面农业收益、人均农业收入等导致耕地撂荒的关键因素并未统计，且较难衡量，所以本章并未考虑农业收益等重要指标，有待进一步改进。同时，因为本章组态分析采用的是清晰集定性比较分析，只能用于分析二元变量，对于变量的划分不够细致。未来可细分变量，提高结果的准确性。

（2）精确判断耕地是否撂荒及撂荒数量，减小误差。本章直接依据调查问卷中的撂荒耕地面积判断耕地是否撂荒。然而，随着相关法律法规明确规定严禁耕地抛荒，耕地撂荒已经成为一个敏感的问题，获取的耕地撂荒数据可能不实。因此，未来结合高分遥感影像、深度学习等方法更精确地提取撂荒耕地、判断是否存在耕地撂荒是下一步的研究工作。

（3）扩展研究区域及样本数量，使研究结论更具适用性。本章研究区的选择虽然考虑了县域、村域的条件差异的潜在影响，但必要条件分析、组态分析的所有样本集中于赣州市，不同市域、县域条件差异的潜在影响没有被考虑。另外，因为丘陵山区野猪多，大部分村庄或多或少都存在撂荒耕地，撂荒现象比较普遍。因此，所选案例中，耕地撂荒的村庄数量稍高于耕地未撂荒的村庄数量，可能会导致组态分析的一致性偏好。因此，该结论能否解释其他地区的耕地撂荒现象尚不确定，需要进一步探讨。

参 考 文 献

陈心佩, 信桂新, 魏朝富. 2016. 贫困山区弃耕撂荒及其影响因素分析：以重庆市酉阳县两乡四村为例[J]. 西南大学学报（自然科学版）, 38（9）：166-174.

陈欣怡, 郑国全. 2018. 国内外耕地撂荒研究进展[J]. 中国人口·资源与环境, 28（S2）：37-41.

陈有禄. 2019. 湟水河干流沿线耕地撂荒原因解释[D]. 西宁：青海师范大学.

程先同. 2020. 农村劳动力结构对耕地撂荒的影响研究：以武陵山区为例[D]. 重庆：西南大学.

杜能. 1985. 孤立国同农业和国民经济的关系[M]. 吴衡康, 译. 北京：商务印书馆.

杜运周, 贾良定. 2017. 组态视角与定性比较分析（QCA）：管理学研究的一条新道路[J]. 管理世界, （6）：155-167.

杜运周, 刘秋辰, 程建青. 2020. 什么样的营商环境生态产生城市高创业活跃度？——基于制度组态的分析[J]. 管理世界，36（9）：141-155.

段立强. 2006. 退耕还林还草工程及实施效果评价：以内蒙古乌兰察布市为例[D]. 北京：中国农业科学院.

段亚明，周洪，刘秀华，等. 2018. 中国耕地撂荒的研究进展与展望[J]. 江苏农业科学，46（13）：13-17.

何俊志. 2013. 比较政治分析中的模糊集方法[J]. 社会科学（5）：30-38.

何亚芬，谢花林. 2019. 农户异质性视角下丘陵山区耕地利用生态转型研究[M]. 北京：经济科学出版社.

胡敏，王成超. 2013. 劳动力非农转移对农户耕地撂荒的影响[J]. 亚热带资源与环境学报，8（2）：56-63.

黄建强，李录堂. 2009. 从农村劳动力视角探析耕地抛荒行为：基于会同县农村的实证研究[J]. 北京理工大学学报
　　（社会科学版），11（6）：42-47.

黄利民，张安录，刘成武. 2008. 耕地撂荒及其定量分析[J]. 咸宁学院学报，（3）：113-116，121.

江育恒，赵文华. 2018. 美国研究型大学社会声誉的影响因素：基于模糊集定性比较分析的解释[J]. 复旦教育论坛，
　　16（1）：98-105.

金星. 2013. 新土地抛荒的经济学视角[J]. 农村经济，（3）：25-26.

李辉. 2017. 必要条件分析方法的介绍与应用：一个研究实例[J]. 中国人力资源开发，（6）：64-74.

李升发，李秀彬，辛良杰，等. 2017. 中国山区耕地撂荒程度及空间分布：基于全国山区抽样调查结果[J]. 资源科
　　学，39（10）：1801-1811.

李文辉，戴中亮. 2014. 一个基于农户家庭特征的耕地抛荒假说[J]. 中国人口·资源与环境，24（10）：143-149.

李秀彬，赵宇鸾. 2011. 森林转型、农地边际化与生态恢复[J]. 中国人口·资源与环境，21（10）：91-95.

李赞红，阎建忠，花晓波，等. 2014. 不同类型农户撂荒及其影响因素研究：以重庆市12个典型村为例[J]. 地理研
　　究，33（4）：721-734.

刘伟静. 2019. 组态视角下组织情境对工程项目成员知识共享行为的影响研究[D]. 天津：天津理工大学.

卢新海，唐一峰，易家林，等. 2019. 基于空间计量模型的耕地利用转型对农业经济增长影响研究[J]. 中国土地科
　　学，33（6）：53-61.

马克思. 2009. 资本论[M]. 郭大力，王亚南，译. 上海：上海三联书店.

马玲玲. 2010. 半干旱地区基于遥感与农户调查的耕地撂荒原因探究：以内蒙古和林格尔县为例[D]. 呼和浩特：内
　　蒙古师范大学.

倪宁，杨玉红. 2009. 基于模糊集定性比较分析方法改进胜任力建模[J]. 工业工程与管理，14（2）：109-113.

聂鑫，肖婷，缪文慧，等. 2015. 基于"理性人"假设的农户耕地撂荒行为影响因素：来自2010 CGSS数据的实证
　　分析[J]. 国土资源科技管理，32（3）：134-142.

屈茂辉. 2020. 违约金酌减预测研究[J]. 中国社会科学，（5）：108-134，206-207.

冉奎，陈刚. 2015. 论因果关系的INUS理论[J]. 自然辩证法研究，31（6）：26-31.

邵景安，张仕超，李秀彬. 2015. 山区土地流转对缓解耕地撂荒的作用[J]. 地理学报，70（4）：636-649.

沈绍梅. 2017. 西部贫困山区农地抛荒问题研究：以贵州省威宁县为例[D]. 北京：首都经济贸易大学.

史铁丑. 2015. 重庆山区耕地撂荒的规模及影响因素研究[D]. 北京：中国科学院大学.

史铁丑，李秀彬. 2013. 欧洲耕地撂荒研究及对我国的启示[J]. 地理与地理信息科学，29（3）：101-103.

田玉军，李秀彬，辛良杰，等. 2009. 农业劳动力机会成本上升对农地利用的影响：以宁夏回族自治区为例[J]. 自
　　然资源学报，24（3）：369-377.

文华成. 2003. 四川丘区农村耕地撂荒问题研究[J]. 农村经济，（10）：18-20.

吴凯，顾晋饴，何宏谋，等. 2019. 基于重心模型的丘陵山地区耕地利用转换时空特征研究[J]. 农业工程学报，
　　35（7）：247-254.

夏鑫，何建民，刘嘉毅. 2014. 定性比较分析的研究逻辑：兼论其对经济管理学研究的启示[J]. 财经研究，40（10）：
　　97-107.

肖陶. 2016. 江阳区农村劳动力转移对耕地撂荒的影响研究[D]. 成都：四川农业大学.

休谟. 1996. 人性论[M]. 关文运，译. 北京：商务印书馆.

杨通，郭旭东，于潇，等. 2019. 基于多源数据的村域撂荒驱动力分析及模型模拟[J]. 干旱区资源与环境，33（11）：62-69.

杨通，郭旭东，岳德鹏，等. 2019. 基于联合变化检测的耕地撂荒信息提取与驱动因素分析[J]. 农业机械学报，50（6）：201-208.

易中懿，曹光乔，张宗毅. 2010. 我国南方丘陵山区农业机械化宏观影响因素分析[J]. 农机化研究，32（8）：229-233.

张佰林，杨庆媛，严燕，等. 2011. 快速城镇化进程中不同类型农户弃耕特点及原因：基于重庆市十区县 540 户农户调查[J]. 资源科学，33（11）：2047-2054.

张斌，翟有龙，徐邓耀，等. 2003. 耕地抛荒的评价指标及应用研究初探[J]. 中国农业资源与区划，24（5）：49-52.

张宏荣. 2010. 连结动态能力与组织变革：构型理论观点[J]. 科技进步与对策，27（1）：111-114.

张明，杜运周. 2019. 组织与管理研究中 QCA 方法的应用：定位、策略和方向[J]. 管理学报，16（9）：1312-1323.

张小天. 1994. 因果关系在相关关系上的表现：一个基于其含义的分析[J]. 浙江大学学报（社会科学版），（2）：43-51.

张学珍，赵彩杉，董金玮，等. 2019. 1992—2017 年基于荟萃分析的中国耕地撂荒时空特征[J]. 地理学报，74（3）：411-420.

张英. 2014. 山区坡耕地撂荒机理与模型模拟：以重庆武隆县为例[D]. 北京：中国科学院大学.

张英，李秀彬，宋伟，等. 2014. 重庆市武隆县农地流转下农业劳动力对耕地撂荒的不同尺度影响[J]. 地理科学进展，33（4）：552-560.

赵其国，滕应，黄国勤. 2017. 中国探索实行耕地轮作休耕制度试点问题的战略思考[J]. 生态环境学报，26（1）：1-5.

周丽娟，冉瑞平，林武阳，等. 2014. 农户耕地撂荒影响因素研究：基于宜宾市南溪区 158 户农户的调查[J]. 农村经济（4）：46-50.

Arnáez J，Lana-Renault N，Lasanta T，et al. 2015. Effects of farming terraces on hydrological and geomorphological processes. A review[J]. CATENA，128：122-134.

Baumann M，Kuemmerle T，Elbakidze M，et al. 2011. Patterns and drivers of post-socialist farmland abandonment in Western Ukraine[J]. Land Use Policy，28（3）：552-562.

BeeBee H，Hitchcock C，Menzies P. 2012. The Oxford Handbook of Causation[M]. Oxford：Oxford University Press.

Beilin R，Lindborg R，Stenseke M，et al. 2014. Analysing how drivers of agricultural land abandonment affect biodiversity and cultural landscapes using case studies from Scandinavia，Iberia and Oceania[J]. Land Use Policy，36：60-72.

Bell R G，Filatotchev I，Aguilera R V. 2014. Corporate governance and investors' perceptions of foreign IPO value：an institutional perspective[J]. Academy of Management Journal，57（1）：301-320.

Bennett A，Elman C. 2006. Qualitative research：recent developments in case study methods[J]. Annual Review of Political Science，9：455-476.

Boulding K E. 1956. General systems theory：the skeleton of science[J]. Management Science，2（3）：197-286.

Caren N，Panofsky A. 2005. TQCA：a technique for adding temporality to qualitative comparative analysis[J]. Sociological Methods & Research，34（2）：147-172.

Chaudhary S，Wang Y，Khanal N R，et al. 2018. Social impact of farmland abandonment and its eco-environmental vulnerability in the high mountain region of Nepal：a case study of Dordi River Basin[J]. Sustainability，10（7）：2331.

Crilly D，Zollo M，Hansen M T. 2012. Faking it or muddling through? Understanding decoupling in response to stakeholder pressures[J]. Academy of Management Journal，55（6）：1429-1448.

Delery J E，Doty D H. 1996. Modes of theorizing in strategic human resource management：tests of universalistic， contingency, and configurational performance predictions[J]. Academy of Management Journal, 39 (4): 802-835.

Deng X, Xu D D, Zeng M, et al. 2018. Landslides and cropland abandonment in China's mountainous areas: spatial distribution, empirical analysis and policy implications[J]. Sustainability, 10 (11): 3909-3925.

Du Y Z, Kim P H. 2021. One size does not fit all: strategy configurations, complex environments, and new venture performance in emerging economies[J]. Journal of Business Research, 124: 272-285.

Dul J. 2016. Necessary condition analysis (NCA): logic and methodology of "necessary but not sufficient" causality[J]. Organizational Research Methods, 19 (1): 10-52.

Dul J, Hak T, Goertz G, et al. 2010. Necessary condition hypotheses in operations management[J]. International Journal of Operations & Production Management, 30 (11): 1170-1190.

Dul J, van der Laan E, Kuik R. 2020. A statistical significance test for necessary condition analysis[J].Organizational Research Methods, 23 (2): 385-395.

Fang J M, Shao Y F, Wen C. 2016. Transactional quality, relational quality, and consumer e-loyalty: evidence from SEM and FsQCA[J]. International Journal of Information Management, 36 (6): 1205-1217.

FAO. 2006. The role of agriculture and rural development in revitalizing abandoned/depopulated areas[C]//Barjolle D, Bravo H. The 34th Session of the European Commission on Agriculture. Riga: Food and Agriculture Organization of the United Nations, 1-24.

Fiss P C. 2007. A set-theoretic approach to organizational configurations[J]. Academy of Management Review, 32 (4): 1180-1198.

Fiss P C. 2011. Building better causal theories: a fuzzy set approach to typologies in organization research[J]. Academy of Management Journal, 54 (2): 393-420.

Grandori A, Furnari S. 2008. A chemistry of organization: combinatory analysis and design[J]. Organization Studies, 29 (3): 459-485.

Han Z, Song W. 2019. Spatiotemporal variations in cropland abandonment in the Guizhou-Guangxi karst mountain area, China[J]. Journal of Cleaner Production, 238: 117888.

He Y F, Xie H L, Peng C Z. 2020. Analyzing the behavioural mechanism of farmland abandonment in the hilly mountainous areas in China from the perspective of farming household diversity[J]. Land Use Policy, 99: 104826.

Hinojosa L, Napoléone C, Moulery M, et al. 2016. The "mountain effect" in the abandonment of grasslands: insights from the French southern Alps[J]. Agriculture, Ecosystems & Environment, 221: 115-124.

Huang L, Hu S G, Li S X, et al. 2019. Nonmarketization bargaining and actual compensation level for land requisition: a qualitative comparative analysis of China's land requisition conflict events[J]. Sustainability, 11 (21): 6084.

Kim K. 2013. Many roads lead to Rome: implications of geographic scope as a source of isolating mechanisms[J]. Journal of International Business Studies, 44: 898-921.

Kosmas C, Kairis O, Karavitis C, et al. 2015. An exploratory analysis of land abandonment drivers in areas prone to desertification[J]. CATENA, 128: 252-261.

Lambin E F, Meyfroidt P. 2010. Land use transitions: socio-ecological feedback versus socio- economic change[J]. Land Use Policy, 27 (2): 108-118.

Lasanta T, Arnáez J, Pascual N, et al. 2017. Space-time process and drivers of land abandonment in Europe[J]. CATENA, 149: 810-823.

Lee E S. 1966. A theory of migration[J]. Demography, 3 (1): 47-57.

Levers C, Schneider M, Prishchepov A V, et al. 2018. Spatial variation in determinants of agricultural land abandonment in Europe[J]. Science of the Total Environment, 644: 95-111.

Li F Q, Xie H L, Zhou Z H. 2021. Factors influencing farmland abandonment at the village scale: qualitative comparative analysis（QCA）[J]. Journal of Resources and Ecology, 12（2）: 241-253.

Li S F, Li X B. 2017. Global understanding of farmland abandonment: a review and prospects[J]. Journal of Geographical Sciences, 27: 1123-1150.

Li S F, Li X B, Sun L X, et al. 2018. An estimation of the extent of cropland abandonment in mountainous regions of China[J]. Land Degradation & Development, 29（5）: 1327-1342.

Lin R R, Zhu D L. 2014. A spatial and temporal analysis on land incremental values coupled with land rights in China[J]. Habitat International, 44: 168-176.

MacDonald D, Crabtree J R, Wiesinger G, et al. 2000. Agricultural abandonment in mountain areas of Europe: environmental consequences and policy response[J]. Journal of Environmental Management, 59（1）: 47-69.

Mackie J L. 1965. Causes and conditions[J]. American Philosophy Quarterly, 2（4）: 245-264.

Margaris N S. 1992. Primary sector and environments in the Aegean Islands, Greece[J]. Environmental Management, 16: 569-574.

Marx A, Rihoux B, Ragin C. 2014. The origins, development, and application of qualitative comparative analysis: the first 25 years[J]. European Political Science Review, 6（1）: 115-142.

Miller D. 1986. Configurations of strategy and structure: towards a synthesis[J]. Strategic Management Journal, 7（3）: 233-249.

Misangyi V F, Greckhamer T, Furnari S, et al. 2017. Embracing causal complexity: the emergence of a neo-configurational perspective[J]. Journal of Management, 43（1）: 255-282.

Morera M C, Gladwin C H. 2006. Does off-farm work discourage soil conservation? Incentives and disincentives throughout two Honduran hillside communities[J]. Human Ecology, 34（3）: 355-378.

Mottet A, Ladet S, Coqué N, et al. 2006. Agricultural land-use change and its drivers in mountain landscapes: a case study in the Pyrenees[J]. Agriculture, Ecosystems & Environment, 114（2/3/4）: 296-310.

Müller D, Leitão P J, Sikor T. 2013. Comparing the determinants of cropland abandonment in Albania and Romania using boosted regression trees[J]. Agricultural Systems, 117: 66-77.

Munroe D K, van Berkel D B, Verburg P H, et al. 2013. Alternative trajectories of land abandonment: causes, consequences and research challenges[J]. Current Opinion in Environmental Sustainability, 5（5）: 471-476.

Pointereau P, Coulon F, Girard P, et al. 2008. Analysis of farmland abandonment and the extent and location of agricultural areas that are actually abandoned or are in risk to be abandoned[R]. European Commission Joint Research Centre, Institute for Environment and Sustainability.

Queiroz C, Beilin R, Folke C, et al. 2014. Farmland abandonment: threat or opportunity for biodiversity conservation? A global review[J]. Frontiers in Ecology and the Environment, 12（5）: 288-296.

Ragin C C. 2000. Fuzzy-Set Social Science[M]. Chicago: University of Chicago Press.

Ragin C C. 2006a. Set relations in social research: evaluating their consistency and coverage[J] Political Analysis, 14（3）: 291-310.

Ragin C C. 2006b. User's Guide to Fuzzy-Set/Qualitative Comparative Analysis 2.0[M]. Tucson: University of Arizona.

Ragin C C. 2008. Redesigning Social Inquiry: Fuzzy Sets and Beyond[M]. Chicago: University of Chicago Press.

Ragin C C. 2014. The Comparative Method: Moving beyond Qualitative and Quantitative Strategies[M]. Los Angeles: University of California Press.

Ravenstein E G.1889. The laws of migration[J].Journal of the Royal Statistic Society, 52（2）: 241-305.

Rihoux B, Ragin C C. 2009. Configurational Comparative Methods: Qualitative Comparative Analysis（QCA）and Related

Techniques[M]. London: Sage Publications.

Schneider C Q, Wagemann C. 2012. Set-Theoretic Methods for the Social Sciences: A Guide to Qualitative Comparative Analysis[M]. Cambridge: Cambridge University Press.

Shi T C, Li X B, Xin L J, et al. 2016. Analysis of farmland abandonment at parcel level: a case study in the mountainous area of China[J]. Sustainability, 8 (10): 988.

Sikor T, Müller D, Stahl J. 2009. Land fragmentation and cropland abandonment in Albania: implications for the roles of state and community in post-socialist land consolidation[J]. World Development, 37 (8): 1411-1423.

Simon H A. 1996. The Sciences of the Artificial[M]. Cambridge: MIT Press.

Song W, Zhang Y. 2019. Farmland abandonment research progress: influencing factors and simulation model[J]. Journal of Resources and Ecology, 10 (4): 345-352.

Tan C W, Benbasat I, Cenfetelli R T. 2016. An exploratory study of the formation and impact of electronic service failures[J]. MIS Quarterly, 40 (1): 1-29.

Ustaoglu E, Collier M J. 2018. Farmland abandonment in Europe: an overview of drivers, consequences, and assessment of the sustainability implications[J]. Environmental Reviews, 26 (4): 1-21.

Weissteiner C J, Boschetti M, Böttcher K, et al. 2011. Spatial explicit assessment of rural land abandonment in the Mediterranean area[J]. Global and Planetary Change, 79 (1/2): 20-36.

Xie H L, Wang P, Yao G R. 2014. Exploring the dynamic mechanisms of farmland abandonment based on a spatially explicit economic model for environmental sustainability: a case study in Jiangxi Province, China[J]. Sustainability, 6 (3): 1260-1282.

Xu D D, Deng X, Guo S L, et al. 2019. Labor migration and farmland abandonment in rural China: empirical results and policy implications[J]. Journal of Environmental Management, 232: 738-750.

Xu D D, Deng X, Huang K, et al. 2019. Relationships between labor migration and cropland abandonment in rural China from the perspective of village types[J]. Land Use Policy, 88: 104164.

Zaragozí B, Rabasa A, Rodríguez-Sala J J, et al. 2012. Modelling farmland abandonment: a study combining GIS and data mining techniques[J]. Agriculture, Ecosystems & Environment, 155: 124-132.

Zhang Y, Li X B, Song W. 2014. Determinants of cropland abandonment at the parcel, household and village levels in mountain areas of China: a multi-level analysis[J]. Land Use Policy, 41: 186-192.

第8章　区域尺度耕地撂荒实证研究

8.1　引　　言

土地利用/土地覆被变化是理解全球气候变化、食物安全、土壤侵蚀、人与环境交互作用等过程的重要环节（李秀彬，1996；Vitousek et al.，1997）。一般来说，农地变化主要包括两方面：一是土地开发导致的农地扩张；二是农村人口向城市迁移，工业化和城市化导致的耕地撂荒（Izquierdo and Grau，2009）。耕地撂荒现象在欧洲、北美和一些新兴工业化国家非常普遍。自19世纪80年代以来，耕地撂荒现象持续发生在波兰、西班牙、意大利和日本等国家（Arnaez et al.，2011；Giupponi and Vladimirova，2006；Hatna and Bakker，2011；MacDonald et al.，2000）。在我国，耕地撂荒自20世纪90年代以来已成为越来越严重的问题（李秀彬和赵宇鸾，2011）。耕地的大量撂荒引起了中央政府的重视。

近年来，由于其在生物多样性保护、生态系统恢复、食物安全和农村可持续发展中的影响，耕地撂荒问题越来越受到不同专业领域学者的高度重视。这一问题包括耕地撂荒在哪发生，为什么会导致耕地撂荒。更好地理解耕地撂荒问题的驱动机制有助于提高土地利用规划水平和进行农地与生态环境的有效保护。

最近的研究表明耕地撂荒的决定因素在小尺度上包括地形条件（如海拔高度和坡度）、土壤属性条件（如土层厚度和土壤侵蚀）、气候条件、农民就业机会和可达性等（Mottet et al.，2006；Bakker et al.，2005；Gisbert et al.，2005；Gellrich and Zimmermann，2007；Nagendra et al.，2003）。在景观尺度上，农地价格及农地距城市和道路的距离也是预测农地转换成林地的重要决策变量。在区域尺度上，社会经济因素成为重要的驱动因素（Cocca et al.，2012）。有些研究者已开始运用社会经济模型去探索由于群体行为导致的耕地撂荒问题。由于耕地撂荒的复杂性和尺度依赖性，耕地撂荒的驱动因素必须考虑许多社会经济和自然要素（Lambin and Meyfroidt，2010；Lambin et al.，2001）。

我国在过去的几十年里，一方面劳动力由农村向城市迁移，导致农村劳动力大量减少；另一方面大部分农村劳动力从事非农产业，这一转变成为影响农地变化的主要因素之一。上述现象在经济欠发达的西部地区非常明显。其他产业（第二、三产业）带来的就业机会成为农地机会成本上升的主要原因（van Doorn and Bakker，2007）。尽管耕地撂荒可能是由于部分地区生产成本相对较高，但其他驱动因素亦不可忽视（郝海广等，2015）。在中国，耕地撂荒格局的空间差异性尚未被深入探究（郝海广等，2015）。

本章以江西省为例，基于地租理论、Logistic 回归方法和 GIS 技术，试图构建一个空间显性经济学模型去探究耕地撂荒的驱动机制。地租理论是土地经济学的重要理论之一，已经被广泛地运用于解释人类如何利用土地资源以及评估土地价值的动机。基于这一理论，本章的理论假设是在不同尺度上的耕地撂荒现象能够被地租理论解释，当地租为 0 或者负值时，耕地撂荒的概率较高。因此，本章的主要研究目的是：①检验耕地撂荒更有可能出现在农地生产成本较高和产量较低的地区的假设；②构建的空间显性经济学模型能在多大程度上发现耕地撂荒的驱动力；③辨识耕地撂荒的主要驱动因素；④提出相关的对策建议。

8.2　研究区域概况与研究方法

8.2.1　研究区域概况

本章选择江西省为研究区。江西地处我国长江以南（北纬 24°7′~29°9′，东经 114°02′~118°28′），全省面积为 166 000 平方千米。全省气候温暖，雨量充沛，年平均气温为 16~18℃，年平均降雨量为 1300~2000 毫米，年平均日照时间为 1473.3~2077.5 小时，为亚热带湿润季风气候。由于区域窄长，区内南北气候差异明显。地形以丘陵山地为主，除北部较为平坦外，东、西、南部三面环山，中部丘陵起伏。土壤主要为红壤、黄壤和潴育型水稻土。植被类型包括亚热带常绿阔叶林、针叶林和针阔混交林。粮食作物以水稻为主，以小麦、大豆和马铃薯为辅。2010 年全省人口为 4456 万人，作物种植面积 300 万公顷，粮食产量 4000 万吨。近年来，由于工业化和城市化的快速发展，农村劳动力非农就业机会增加，山区普遍存在耕地撂荒现象。

8.2.2　数据来源

1. 土地利用数据

本章所采用的 1990 年、2000 年和 2005 年三期的土地利用数据来源于中国科学院资源环境科学与数据中心。土地利用类型分为 6 个大类和 24 个亚类。土地利用数据的运用包括两个方面：一是用来制作不同时期的耕地撂荒分布图；二是用于计算相关的变量，如距离林地的距离、距离村庄的距离等。在本章中，耕地撂荒主要指农地转为草地。研究区的土地利用/土地覆盖类型如表 8-1 所示。

表 8-1　研究区的土地利用/土地覆盖类型

土地利用/土地覆盖类型	土地利用/土地覆盖子类型
农地	水田
	旱地
森林	林地
	灌木地
	开放林地
草地	高覆盖草地
	中覆盖草地
	低覆盖草地
水域	河流和沟渠
	湖泊
	水库
	永久冰川
	海滩
	滩涂
建设用地	城镇
	乡村
	休闲地
其他	沙地
	戈壁滩
	盐渍土地
	沼泽
	裸露地
	裸露岩石
	剩余使用土地

2. 自然因素数据

　　由于农业生产条件的差异性，气候、地形和土壤被认为是影响耕地撂荒的主要自然要素。本章的气象数据来自中国气象数据网，基于中国 586 个气象站点 1961 年至 2010 年的长期观测数据，运用 ArcGIS 10.2 的空间克里金插值方法生成了研究区>10℃积温和年均降雨量的空间分布图。

地形条件(如坡度和海拔)也是影响农地生产的重要因素。本章的 DEM(digital elevation model,数字高程模型)数据来自中国科学院资源环境科学与数据中心,分辨率为 90 米×90 米,然后重采样成 100 米×100 米的栅格数据。土壤数据来自中国第二次土壤普查数据库。

3. 社会经济因素数据

本章 90 个县域尺度的社会经济数据来自《江西统计年鉴》(1990~2006 年),主要包括总人口、农村人口、总从业人数、第一产业从业人数、农民人均纯收入,农村劳动力人数、地方生产总值和第二产业产值等指标。

8.2.3　研究方法

1. 空间显性经济学模型

农户决定是否进行农地耕作的决策主要是由纯利润的最大化决定的(李秀彬,2002)。土地纯收入为 0 或负值时,通常发生土地利用转型(李秀彬和赵宇鸾,2011),也就是说,耕地撂荒现象可以用经济学中的农地地租理论来解释。农地地租 R 的公式如下,

$$R = py - wl - qk - c - vd \tag{8-1}$$

式中,y 表示农产品的产量;p 表示农产品的价格;l 表示单位面积上的劳动力数量;w 表示相应的劳动力工资;k 表示单位面积上的资本投入;q 表示单位资本投入的收益;c 表示产权费用;d 表示距离中心市场的距离;v 表示农产品的交通费用。

如果地租 R 为 0 或负值,农地被撂荒,不再具有农用价值。由于没有农地纯收入,农户对撂荒土地的农业耕作将停止。因此,耕地撂荒的空间显性经济学模型中的因变量 R^* 可以定义如下,

$$R^* = \begin{cases} 0, & R > 0 \\ 1, & R \leqslant 0 \end{cases} \tag{8-2}$$

式中,R^* 表示耕地撂荒;R 表示农地地租。如果农地地租为 0 或者负值,耕地撂荒发生,否则农地将有可能继续耕作。

根据式(8-1),耕地撂荒的决定变量主要包括农产品产量、农产品价格、农业劳动力工资、资本、产权费用、交通费用等。考虑到数据的可获取性和模型的空间特征,本章的空间显性经济学模型最初主要考虑 20 个潜在变量(表 8-2)。

表 8-2　本章所使用的自变量

变量名	空间分辨率与区域	预期方向
与农产品产量（y）相关的变量		
>10℃积温/（℃·日）	100 米×100 米	−
年均降雨量/毫米	100 米×100 米	−
距林地边缘的最小距离/米	100 米×100 米	−
土层厚度/厘米	100 米×100 米	−
土壤沙砾含量/%	100 米×100 米	+
坡度/（°）	100 米×100 米	+
海拔高度/米	100 米×100 米	+
与农业劳动力工资（w）相关的变量		
农村劳动力占农业人口比例/%	县域	−
第一产业中农村劳动力的比重/%	县域	−
农村劳动力的变化率/（%/年）	县域	−
城市化率/%	县域	+
第二产业产值占地区生产总值的比重/%	县域	+
人均地区生产总值/元	县域	+
与交通费用（v）相关的变量		
距城镇中心的距离/米	100 米×100 米	−
距村庄的距离/米	100 米×100 米	−
距主要道路的距离/米	100 米×100 米	−
与农业特征相关的结构性变量		
农民人均纯收入/元	县域	?
农户平均农地面积/公顷	县域	+
农业人口的变化/（%/年）	县域	?
从事第一产业人员的变化/（%/年）	县域	?

注："−"表示负影响，"+"表示正影响，"?"表示方向不确定

　　农产品产量（y）主要由农业生态环境条件、技术进步和土地利用集约度等决定。土地利用集约度和技术进步等相关参数在本章较难估计，因此没有被考虑到空间显性经济学模型中。决定农业生态环境条件的因素包括地形、土壤质量、气候条件（降雨量、温度）等方面。因此，本章选取了>10℃积温、年均降雨量、距林地边缘的最小距离、土层厚度、土壤沙砾含量、坡度和海拔高度等 7 个变量，间接地代表农地的潜在产量。由于日平均气温大于 10℃，大部分作物才开始生长，

>10℃积温是反映农地潜在产量的代表性指标。距林地边缘的最小距离通常会影响农地的气候条件，一般来说，距林地边缘越近，对农业生产的影响越大。本章用土层厚度、土壤沙砾含量等变量来代表土壤质量状况，土层越薄，土壤沙砾含量越高，农地质量越差。坡度不仅影响农地的产量，也会增加耕作的成本。

基于式（8-1）和式（8-2），农业劳动力工资（w）也是决定耕地撂荒的关键因素。农业劳动力工资主要由非农机会成本、迁移和经济发展水平等决定。农村劳动力占农业人口的比例越低，农业劳动力的供应量就越小，这将增加农业劳动力的工资。第一产业中农村劳动力的比重反映农村劳动力参与农业的状况。农村劳动力的变化率和第一产业中农村劳动力的比重两个变量反映农村劳动力的供给状况。随着人口城市化和工业化的加速发展，由于城市提供更多的就业机会，大部分农村人口迁移到城市就业。因此，农业机会成本的增加将会导致耕地撂荒，使得农业利润降低，那些质量差的耕地优先退出农业用途。人口城市化和工业化导致的耕地撂荒过程见图 8-1。

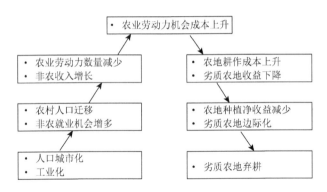

图 8-1　人口城市化和工业化导致的耕地撂荒过程

从图 8-1 可以看出，人口城市化和工业化是耕地撂荒的间接驱动力。因此，选择农村劳动力占农业人口比例、第一产业中农村劳动力的比重、农村劳动力的变化率、城市化率、第二产业产值占地区生产总值的比重和人均地区生产总值等 6 个自变量反映农业劳动力工资的状况（表 8-2）。在上述自变量中，人均地区生产总值代表不同县域的经济发展水平，第二产业产值占地区生产总值的比重表示工业化水平。

根据农地地租理论，农产品的交通费用是影响农地利润的另外一个关键因素。农产品的交通费用主要由道路和一般基础设施决定。距村庄、中心城区和道路的距离越近，交通费用就越低。因此，本章选择距城镇中心的距离、距村庄的距离和距主要道路的距离等 3 个变量代表交通费用水平（表 8-2）。距村庄越远，农户耕作花费的时间也越多。

决定农地地租的其他决策变量。农产品的价格（p）取决于市场的供求状况，劳动力数量和亩均资本主要由技术水平决定，资本投入的成本主要依赖于利率，产权费用主要决定于产权制度和土地竞争状况，因此，上述变量由于空间差异性和定量化，没有被考虑到本章的模型中。

一些结构性变量也被考虑到模型当中，不是为了检验假设，而是为了获得与耕地撂荒有关的一些额外信息。

2. 多元 Logistic 回归模型

本章运用的方法是多元 Logistic 回归模型。线性回归模型在定量分析的实际研究中是最流行的统计分析方法之一，然而在许多情况下，线性回归模型会受到限制，特别是当因变量是一个分类变量而不是连续变量时，线性回归就不适用，Logistic 回归模型能很好地解决这一问题。多元 Logistic 回归模型基于数据的抽样能为每个自变量产生回归系数，这些系数通过一定的权重运算法则被解释为生成特定土地利用类别的变化概率。多元 Logistic 回归已经被成功地运用到野生动植物栖息地研究、森林火的预测、生态用地的变化、土地利用变化等方面。

多元 Logistic 回归能确定自变量 x_n 预测分类因变量 y 发生概率的作用和强度。

多元 Logistic 回归模型设定参照本书 6.3.2 节研究方法内容。

本章用 HL 指标来进行土地利用变化的 Logistic 回归模型拟合优度检验，统计显著性水平取 $p<0.05$。HL 指标是一种类似于皮尔逊卡方统计量的指标，公式如下，

$$HL = \sum_{g=1}^{G} \frac{(y_g - n_g \hat{p}_g)}{m_g \hat{p}_g (1 - \hat{p}_g)} \tag{8-3}$$

式中，G 表示分组数，且 $G \leqslant 10$；n_g 表示第 g 组中的案例数；y_g 表示第 g 组事件的观测数量；$\hat{p}_g$ 表示第 g 组的预测事件概率；m_g 表示事件的预测数。

为了拟合模型，本章选用逐步回归法和概念模型法相结合的方法。在统计模型中，先用概念模型法选用 GIS 数据库中的自变量，然后用逐步回归法选用主要的自变量，最后基于饱和模型分析哪些变量对解释土地利用变化有明显贡献。

3. 抽样过程

为了使用 Logistic 回归模型，本章采用分层随机抽样方法选取均匀分布于整个研究区的 n 个观测点，选择对观测点进行随机抽样是为了降低数据的空间自相关性。对于每一个抽样观测点，记录其因变量值和一系列的自变量值。对于每个模型，随机抽样了 1000 个观测点，确保因变量的 0 和 1 观测值有相等的数量。不

相等的抽样比例不会影响自变量在 Logistic 回归模型中的估计系数，但是会影响模型的常数项。当用模型来模拟时，常数项为 $\ln p_1 - \ln p_2$，其中 p_1 和 p_2 分别是因变量 0 和 1 的观测频数（Maddala，1987）。

8.3   研究结果与分析

为了避免自变量之间的共线性关系，如果变量间的相关性系数大于临界值 0.8，则本章将不考虑其中的变量。进行初步的统计分析，研究区第 I 阶段耕地撂荒的 Logistic 回归模型只纳入 17 个变量，而在第 II 阶段耕地撂荒的 Logistic 回归模型中所有的变量都能被纳入。

图 8-2 表示研究区第 I 阶段（1990~1995 年）耕地撂荒与未撂荒的观测频数沿坡度、海拔高度和距城镇中心的距离等变量的梯度变化。

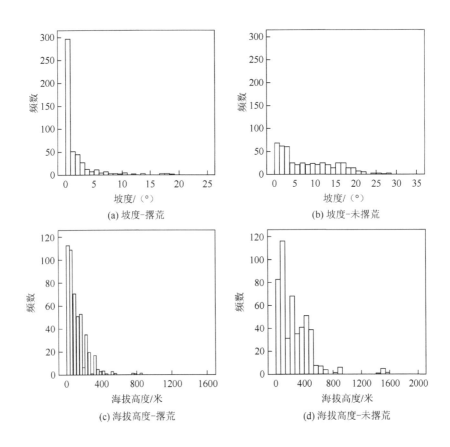

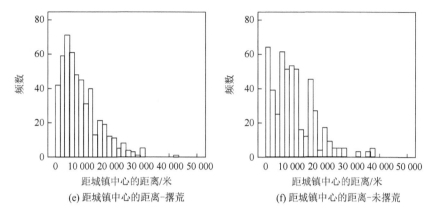

图 8-2　研究区第 I 阶段（1990~1995 年）耕地撂荒与未撂荒的观测频数沿坡度、海拔高度和距城镇中心的距离等变量的梯度变化

从第 I 阶段（1990~1995 年）抽样数据的初步统计分析结果来看，在坡度位于 10°~30°，海拔高度大于 400 米，以及距城镇中心的距离大于 10 千米的区域，耕地撂荒的频数低于未撂荒耕地的频数（图 8-2）。从图 8-2 中，我们可以初步诊断得出，坡度、海拔高度和距城镇中心的距离等变量与耕地撂荒存在明显的正相关关系。

图 8-3 表示的是研究区第 II 阶段（1995~2005 年）耕地撂荒与未撂荒的观测频数沿坡度、>10℃ 积温和距村庄的距离等变量的梯度变化。从 II 阶段（1995~2005 年）抽样数据的初步统计分析结果来看，在坡度大于 10°，>10℃ 积温在 7500~8000℃·日，以及距村庄的距离大于 8 千米的区域，耕地撂荒的频数明显低于未撂荒耕地的频数（图 8-3）。从图 8-3 中，我们可以初步诊断得出，坡度、>10℃ 积温和距村庄的距离等变量与耕地撂荒存在明显的正相关关系。

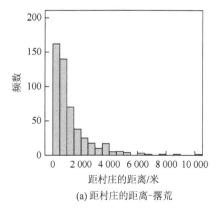

(a) 距村庄的距离-撂荒

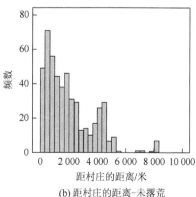

(b) 距村庄的距离-未撂荒

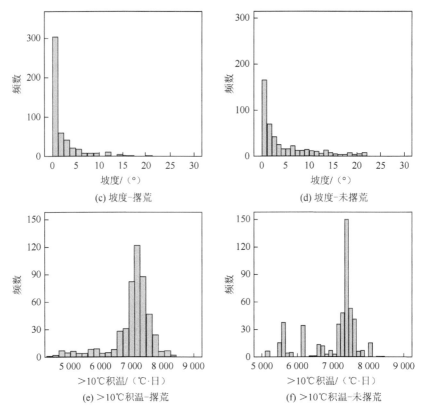

图 8-3　研究区第Ⅱ阶段（1995~2005 年）耕地撂荒与未撂荒的观测频数沿坡度、>10℃积温和距村庄的距离等变量的梯度变化

　　表 8-3 表示第Ⅰ阶段（1990~1995 年）耕地撂荒的 Logistic 回归结果。第Ⅰ阶段（1990~1995 年）研究区耕地撂荒预测模型的 Wald 卡方统计量为 523.987，统计上非常显著（$p<0.0001$），表明第Ⅰ阶段（1990~1995 年）耕地撂荒回归模型有较高的拟合度。根据相关文献，p 值的大小表示自变量的相对重要性程度。第Ⅰ阶段（1990~1995 年）的空间显性回归分析结果表明，地形特征、城市化水平、农村劳动力供求关系和市场可达性是耕地撂荒的重要决定因素。例如，耕地撂荒更有可能出现在坡度较陡和海拔高度较高的地区。第Ⅰ阶段（1990~1995 年）坡度的发生比率为 1.223，这表明坡度每增加 1°，耕地撂荒的概率增加 22.3%；海拔高度每增加 100 米，耕地撂荒的概率增加 30%。土壤沙砾含量与耕地撂荒存在显著的正相关关系，土壤沙砾含量每增加 1 个百分点，耕地撂荒的概率增加 5.6%。第Ⅰ阶段（1990~1995 年）另外一个重要的因素是城市化率，研究结果表明，城市化率和经济发展水平显著地增加了耕地撂荒的发生概率。

表 8-3　第 Ⅰ 阶段（1990~1995 年）耕地撂荒的 Logistic 回归结果

变量	系数	标准误	Wald 卡方统计量	p 值	发生比率
Wald 卡方统计量：523.987（$p<0.0001$）					
常数项	21.209	5.887	12.981	0.000	2×10^9
$>10℃$积温	−0.001	0.000	12.439	0.000***	0.999
年均降雨量	−0.009	0.004	5.852	0.016*	0.991
距林地边缘的最小距离	−0.001	0.000	9.273	0.002**	0.999
土层厚度	−0.005	0.011	0.191	0.662	0.995
土壤沙砾含量	0.056	0.012	22.604	0.000***	1.058
坡度	0.201	0.025	66.942	0.000***	1.223
海拔高度	0.003	0.001	8.126	0.004**	1.003
农村劳动力占农业人口比例	−0.013	0.007	3.203	0.074	0.987
第一产业中农村劳动力的比重	−0.008	0.004	2.959	0.085	0.993
农村劳动力的变化率	−0.090	0.048	3.611	0.050*	0.914
城市化率	0.058	0.009	41.730	0.000***	1.060
第二产业产值占地区生产总值的比重	7.0×10^{-5}	0.000	17.243	0.000***	1.000
距城镇中心的距离	8.0×10^{-5}	0.000	1.476	0.224	1.000
距村庄的距离	2.0×10^{-5}	0.000	1.256	0.262	1.000
距主要道路的距离	−0.003	0.001	15.816	0.000***	0.997
农民人均纯收入	2.404	1.203	3.993	0.046*	11.068
农户平均农地面积	0.059	0.042	1.931	0.165	1.060

*为 $p<0.05$；**为 $p<0.01$；***为 $p<0.001$

　　表 8-4 为第 Ⅱ 阶段（1995~2005 年）耕地撂荒的 Logistic 回归结果。第 Ⅱ 阶段（1995~2005 年）研究区耕地撂荒预测模型的 Wald 卡方统计量为 210.703，统计上也非常显著（$p<0.0001$），表明第 Ⅱ 阶段（1995~2005 年）耕地撂荒回归模型也具有较高的拟合度。根据 Wald 卡方统计量的大小，我们得出第 Ⅱ 阶段（1995~2005 年）耕地撂荒的主要影响因素包括距村庄的距离、土层厚度、$>10℃$积温、坡度、农村劳动力占农业人口比例、农民人均纯收入等。第 Ⅱ 阶段（1995~2005 年）的耕地撂荒更有可能出现在质量较差的农地和经济发达的地区。例如，耕地撂荒在陡坡地的发生概率较高。土层厚度与耕地撂荒呈现显著的负相关关系（$p<0.001$），土层厚度每增加 1 厘米，耕地撂荒的概率减少 5 个百分点。城市化率和第二产业产值占地区生产总值的比重每增加 1 个百分点，耕地撂荒的概率增加 3.2 个百分点。

表 8-4　第Ⅱ阶段（1995~2005 年）耕地撂荒的 Logistic 回归结果

变量	系数	标准误	Wald 卡方统计量	p 值	发生比率
Wald 卡方统计量：210.703（$p<0.0001$）					
常数项	12.046	2.372	25.787	0.000	1.7×10^{5}
>10℃积温	−0.001	0.000	17.084	0.000***	0.999
年均降雨量	$−1.9\times10^{-4}$	0.001	0.032	0.859	1.000
距林地边缘的最小距离	2.6×10^{-4}	0.000	6.556	0.010**	1.000
土层厚度	−0.051	0.011	23.670	0.000***	0.950
土壤沙砾含量	−0.027	0.015	3.168	0.075	0.973
坡度	0.080	0.022	13.382	0.000***	1.083
海拔高度	−0.001	0.001	1.184	0.277	0.999
农村劳动力占农业人口比例	−0.015	0.006	5.736	0.017*	0.985
第一产业中农村劳动力的比重	−0.014	0.005	8.751	0.003**	0.986
农村劳动力的变化率	−1.113	0.724	2.364	0.124	0.329
城市化率	0.031	0.011	7.639	0.006**	1.032
第二产业产值占地区生产总值的比重	0.031	0.015	4.561	0.033*	1.032
人均地区生产总值	7.1×10^{-5}	0.000	6.279	0.012*	1.000
距城镇中心的距离	4.4×10^{-5}	0.000	11.315	0.001**	1.000
距村庄的距离	3.5×10^{-4}	0.000	26.371	0.000***	1.000
距主要道路的距离	1.5×10^{-5}	0.000	1.102	0.294	1.000
农民人均纯收入	−0.002	0.001	17.766	0.000***	0.998
农户平均农地面积	2.851	0.909	9.835	0.002**	17.297
农业人口的变化	0.263	0.172	2.330	0.127	1.301
从事第一产业人员的变化	−2.380	0.618	14.838	0.000***	0.093

*为 $p<0.05$；**为 $p<0.01$；***为 $p<0.001$

　　从两个阶段 Logistic 回归模型的整体来看，一些与农产品产量相关的自然因素对耕地撂荒的影响非常大，如坡度、海拔高度、土壤沙砾含量、土层厚度、>10℃积温等。在两个阶段的回归模型中，气象因子>10℃积温都与耕地撂荒呈显著的负相关关系（表 8-3 和表 8-4）。

　　在两个阶段的回归模型中，反映农业劳动力工资水平的相关变量也与耕地撂荒呈显著的相关关系，城市化率和第二产业产值占地区生产总值的比重与耕地撂荒呈显著的正相关关系。

8.4 结论与讨论

8.4.1 结论

本章的空间显性经济学模型能够辨识耕地撂荒的主要驱动力。跟农产品产量相关的变量（如坡度、海拔高度、土壤沙砾含量、土层厚度、>10℃积温）与耕地撂荒呈显著的相关关系。耕地撂荒现象更有可能出现在城市化和工业化水平较高的地区，而且由城市化和工业化导致的务农机会成本上升是耕地撂荒的重要因素。因为较高的耕作交通成本，远离村庄和城镇的耕地更容易被撂荒。那些家庭纯收入不高，耕地较多的农户更有可能撂荒耕地。本章建立的空间显性经济学模型可以较好地辨识耕地撂荒的驱动力，为区域土地生态演化过程的管控提供启示。

8.4.2 讨论

本章表明耕地撂荒与农产品产量相关的变量呈明显的相关关系，这与已有的相关研究结论一致。坡度与耕地撂荒的正相关关系表明具有复杂地形的耕地更有可能被撂荒，这主要是因为坡度越陡，农地的产量越低，同时也会增加耕作成本。土壤沙砾含量较高和土层厚度较薄的耕地撂荒的概率较高，同样表明耕地撂荒更有可能出现在质量较差的农地上。

本章结果也表明气象因素会引起耕地撂荒的发生。具有较低>10℃积温的耕地撂荒的概率较高，因为较低的>10℃积温会限制作物生长。大部分撂荒的耕地主要为旱地，灌溉设施差，水源的供应主要依赖降雨。

与农业劳动力工资相关的变量在两个回归模型中都对耕地撂荒产生影响。耕地撂荒更有可能出现在农村劳动力缺乏的地区，这主要是因为农村劳动力缺乏，影响劳动力的供需平衡，从而使这些地区农村劳动力的工资水平偏高。

城市化率和第二产业产值占地区生产总值的比重与耕地撂荒呈显著的正相关关系，这表明耕地撂荒更有可能出现在城市化水平和工业化水平较高的地区，这主要是因为人口城市化和工业化会增加农民的机会成本。近年来，由于城市化和工业化的快速发展，劳动力出现短缺现象，进而加速了耕地撂荒过程。人均地区生产总值也与耕地撂荒呈正相关关系，这意味着经济越发达的地区，耕地撂荒的概率越高。高的务农机会成本，较大的人口迁移，快速的经济发展，极大地提高了耕地撂荒的概率。

关于耕作的交通费用，在第Ⅱ阶段中，距城镇中心和村庄的距离变量与耕地撂荒呈正相关关系，表明耕地撂荒更有可能出现在交通费用较高的地区。但从两个模型的回归结果来看，与交通费用相关的变量对耕地撂荒产生重要的影响。耕地撂荒与可达性的关系也与相关的研究相似。

模型中的一些结构性变量如农民人均纯收入、农民平均农地面积也与耕地撂荒呈显著的相关关系。低收入的农民进行撂荒行为的概率越高，而且农民平均农地面积与耕地撂荒呈正相关关系（第 II 阶段），这表明那些拥有较多耕地和低收入的农民更有可能进行耕地撂荒。当研究挪威北部的耕地撂荒问题时，Stokstad（2010）的研究结果也发现低收入的农民更容易撂荒耕地。而且农地的大小也是决定农户进行撂荒决策的重要因素，可能是由于农户更愿意将多余的劳动力从事非农产业，以提高他们的生活水平。这主要是因为中国的改革开放使得大部分农村劳动力迁移到城市，从而增加了务农机会成本。

对比两个阶段的回归模型，我们发现耕地撂荒的驱动力和相关关系基本类似，但也存在一些差异。如在第 I 阶段，重要的自变量是坡度、城市化率和土壤沙砾含量，而在第 II 阶段重要的自变量是距村庄的距离和土层厚度。

上述结论支持了本章的假设，即撂荒更有可能发生在耕作成本较高和产量较低的农地上。尽管两个阶段耕地撂荒的主要驱动力存在差异，但是两个空间显性经济学模型揭示了耕地撂荒的机制，也就是说，耕地撂荒现象可以由农地地租理论来解释。

尽管通过本章的经济学模型发现了耕地撂荒的一些主要驱动力，但土地利用变化的机制不能仅仅从经济学的视角来反映。现实中，其他因素也会影响耕地撂荒的发生，如地方政府的农地政策（退耕还林政策、农业补贴政策、耕地保护政策）。例如，在平原区，农地不易撂荒，而是通过农地流转实现集约化生产与管理来增加农业的生产收益。因此，政策因素是今后耕地撂荒的空间显性经济学模型需要考虑的问题。

基于"经济人"的视角，本章探讨了耕地撂荒的动力机制。然而这种解释倾向于寻求问题的简单化，现实可能没这么简单。一方面，农业生产有时不考虑经济利润，可能是由于非市场目标，如主要目的是满足家庭的物质需求；另一方面，缺乏世代继承也是致使发达国家高生产力耕地被撂荒的普遍因素。后者可以部分解释为劳动力机会成本，此外，声望、公众的认可以及是否以务农为傲等无形因素也发挥了重要的作用。

由于数据的可获取性和定量化问题，一些潜在变量没有被考虑到本章的空间显性经济学模型中去解释耕地撂荒问题，但导致耕地撂荒的正向和负向作用依旧可以用地租模型来解释。在将来的研究工作中，我们将弥补模型的缺陷，充分考虑一些经济学因素（收入、技术水平）、政治因素（土地价格、产权制度）和地区性因素（市场结构等）。

欧盟提出了多项政策措施来阻止耕地撂荒现象的发生。对于中国的耕地撂荒问题，我们需要考虑中国的实际情况，提出相应的政策建议。具体的措施包括：①在中国，政府耕地占补平衡政策使得一些劣质土地被开发成耕地。但本章研究结果表明，劣质土地即使被开发成农地也会面临被撂荒的威胁，而且劣质土地开发成农地会带来土壤侵蚀和生物多样性损失等生态环境问题。因此，我们需要重新评估区域尺度上的耕地占补平衡政策。在耕地撂荒的作用下，过多地强调中国的农地总量问题不太符合经济发展规律，而且农业的技术进步为一些农地退出农业用途提供了可能。因此，对于劣质耕地应该考虑退出农业用途，转变成生态或其他用途。②由于耕地撂荒的发生，中国的退耕还林还草政策对农户的补偿需要重新评估。③中国的农业政策，包括增加收入、降低农业负担，有可能减轻或延缓耕地撂荒的过程，但是不能消除它。这要求中央和地方政策更多地关注土地利用变化的驱动机制。

参 考 文 献

陈金亮，宋华，徐渝. 2010. 不对称信息下具有需求预测更新的供应链合同协调研究[J]. 中国管理科学，18（1）：83-89.

陈硕. 2014. 基于联合契约的云计算服务供应链的协调策略研究[D]. 北京：北京邮电大学.

定光平，刘成武，黄利民. 2009. 惠农政策下丘陵山区农地边际化的理论分析与实证：以湖北省通城县为例[J]. 地理研究，28（1）：109-117.

杜子平，张世英. 2002. SV 模型的聚合及其边际化研究[J]. 系统工程理论方法应用，（2）：173-176.

冯晓静. 2014. 考虑有限理性的供应链价格策略协调分析[D]. 上海：上海交通大学.

郭金喜，杨雪萍. 2009. 从边际企业到动态企业：我国沿海传统产业集群升级的另一种解释[J]. 发展研究，（10）：19-25.

郝海广，李秀彬，张惠远，等. 2015. 劳动力务农机会成本对农地边际化的驱动作用[J]. 干旱区资源与环境，29（3）：50-56.

花晓波，阎建忠，周春江，等. 2013. 丘陵山区农户生计策略对农地边际化的解释：以重庆市酉阳县为例（英文）[J]. 北京大学学报（自然科学版），49（6）：1047-1055.

黄利民. 2009. 农地边际化及其效应研究[D]. 武汉：华中农业大学.

黄利民，刘成武. 2010. 农地边际化及其与农村劳动力迁移的关系研究：以湖北省通城县为例[J]. 安徽农业科学，38（14）：7608-7610.

黄利民，张安录，刘成武. 2008. 农地边际化进程理论和实证研究[J]. 生态经济，（8）：28-32.

黄利民，张安录，刘成武. 2009a. 农地边际化对丘陵山区经济与环境的影响：以湖北省通城县为例[J]. 经济地理，29（11）：1898-1902.

黄利民，张安录，刘成武. 2009b. 农地边际化对丘陵山区农地经营的影响：以湖北省通城县为例[J]. 农村经济，（9）：39-42.

黄松，杨超，刘慧. 2013. 指数需求下考虑绝对公平关切的供应链定价模型[J]. 计算机集成制造系统，19（4）：823-831.

靳环宇，祁建峰. 2005. 边际化：民国时期在华基督教会的生存态势[J]. 湖南第一师范学报，（3）：19-21.

李焕. 2012. 基于城乡生产要素流动视角的农地边际化及对策研究[D]. 杭州：浙江工商大学.

李秀彬. 1996. 全球环境变化研究的核心领域：土地利用/土地覆被变化的国际研究动向[J]. 地理学报，（6）：

553-558.

李秀彬. 2002. 土地利用变化的解释[J]. 地理科学进展,(3): 195-203.

李秀彬. 2008. 农地利用变化假说与相关的环境效应命题[J]. 地球科学进展,(11): 1124-1129.

李秀彬, 赵宇鸾. 2011. 森林转型、农地边际化与生态恢复[J]. 中国人口·资源与环境, 21(10): 91-95.

李雪丽. 2013. 农地边际化及其对农户营粮行为影响的研究: 以河南为例[D]. 郑州: 河南财经政法大学.

刘成武. 2009. "农地边际化"不容忽视[J]. 今日中国论坛,(10): 94-96.

刘成武, 李秀彬. 2005. 农地边际化的表现特征及其诊断标准[J]. 地理科学进展,(2): 106-113.

刘成武, 李秀彬. 2006. 对中国农地边际化现象的诊断: 以三大粮食作物生产的平均状况为例[J]. 地理研究,
(5): 895-904.

刘国家, 吴冲. 2010. 基于报童模型的两级供应链回购契约协调研究[J]. 中国管理科学, 18(4): 73-78.

柳丽娜, 李宜江. 2004. 试论转型期中国教育现代化的边际化与价值定位[J]. 江苏大学学报(高教研究版),(4):
13-17.

马超. 2012. 基于 MAS 的农户土地利用行为与农地边际化互馈机理研究[D]. 武汉: 华中师范大学.

闵弟杉. 2013. 农地边际化的后拉因素分析[J]. 长江大学学报(自科版), 10(5): 83-87.

彭大雷, 黄利民, 刘成武, 等. 2010. 农业劳动力规模和结构变化及其对粮食生产的影响: 基于随州市银山坡村农
户调查[J]. 安徽农业科学, 38(33): 19192-19196.

邵景安, 张仕超, 李秀彬. 2014. 山区耕地边际化特征及其动因与政策含义[J]. 地理学报, 69(2): 227-242.

邵景安, 张仕超, 李秀彬. 2015. 山区耕地边际化特征及其动因与政策含义(英文)[J]. Journal of Geographical
Sciences, 25(6): 701-722.

宋小青, 欧阳竹. 2012. 耕地多功能内涵及其对耕地保护的启示[J]. 地理科学进展, 31(7): 859-868.

王爱民, 陈树荣, 马学广. 2007. 国外边际地区及边际化过程研究述评[J]. 地球科学进展,(2): 159-166.

邢斐, 宋毅. 2015. FDI 纵向一体化、技术转移与东道国产业发展[J]. 财经研究, 41(5): 123-133.

杨勇. 2012. 相加型需求之下基于数量折扣的 VMI 协调机制研究[D]. 天津: 天津大学.

张健. 2005. 试论高职教育"边际化"现象与对策[J]. 滁州职业技术学院学报,(4): 5-7.

张连莲. 2012. 农地边际化背景下农户行为响应及其对粮食安全影响的实证分析: 以咸宁市为例[D]. 武汉: 华中师
范大学.

张雯. 2014. 兰州市农地边际化现象诊断研究[D]. 兰州: 甘肃农业大学.

张雯, 刘学录. 2014. 农地边际化现象的宏观诊断的研究: 以兰州市为例[J]. 中国农学通报, 30(23): 155-160.

Arnaez J, Lasanta T, Errea M P, et al. 2011. Land abandonment, landscape evolution, and soil erosion in a Spanish
Mediterranean mountain region: the case of Camero Viejo[J]. Land Degradation & Development, 22(6): 537-550.

Bakker M M, Govers G, Kosmas C, et al. 2005. Soil erosion as a driver of land-use change[J]. Agriculture, Ecosystems &
Environment, 105(3): 467-481.

Cocca G, Sturaro E, Gallo L, et al. 2012. Is the abandonment of traditional livestock farming systems the main driver of
mountain landscape change in Alpine areas[J]. Land Use Policy, 29(4): 878-886.

Gellrich M, Zimmermann N E. 2007. Investigating the regional-scale pattern of agricultural land abandonment in the
Swiss mountains: a spatial statistical modeling approach[J]. Landscape and Urban Planning, 79(1): 65-76.

Gisbert J M, Ibanez S, Perez M A. 2005. Terrace abandonment in the Ceta Valley, Alicante Province, Spain[J]. Advances
in Geoecology, 36: 329-337.

Giupponi C, Vladimirova I. 2006. Ag-PIE: a GIS-based screening model for assessing agricultural pressures and impacts
on water quality on a European scale[J]. Science of the Total Environment, 359(1/2/3): 57-75.

Hatna E, Bakker M M. 2011. Abandonment and expansion of arable land in Europe[J]. Ecosystems, 14: 720-731.

Izquierdo A, Grau H R. 2009.Agriculture adjustment, land-use transition and protected areas in Northwestern Argentina[J]. Journal of Environmental Management, 90 (2): 858-865.

Lambin E F, Meyfroidt P. 2010. Land use transitions: socio-ecological feedback versus socio- economic change[J]. Land Use Policy, 27 (2): 108-118.

Lambin E F, Turner B L, Geist H, et al. 2001. The causes of land-use and land-cover change: moving beyond the myths[J]. Global Environmental Change, 11 (4): 261-269.

MacDonald D, Crabtree J R, Wiesinger G, et al. 2000. Agricultural abandonment in mountain areas of Europe: environmental consequences and policy response[J]. Journal of Environmental Management, 59 (1): 47-69.

Maddala G S. 1987. Recent developments in the econometrics of panel data analysis[J]. Transportation Research Part A: General, 21 (4/5): 303-326.

Mottet A, Ladet S, Coqué N, et al. 2006. Agricultural land-use change and its drivers in mountain landscapes: a case study in the Pyrenees[J]. Agriculture, Ecosystems & Environment, 114 (2/3/4): 296-310.

Nagendra H, Southworth J, Tucker C. 2003. Accessibility as a determinant of landscape transformation in western Honduras: linking pattern and process[J]. Landscape Ecology, 18: 141-158.

Stokstad E. 2010. Agriculture. Biotech crops good for farmers and environment, academy finds[J]. Science, 328 (5976): 295.

van Doorn A M, Bakker M M. 2007. The destination of arable land in a marginal agricultural landscape in south Portugal: an exploration of land use change determinants[J]. Landscape Ecology, 22: 1073-1087.

Vitousek P M, Mooney H A, Lubchenko J, et al. 1997. Human domination of Earth's ecosystems[J]. Science, 277 (5325): 494-499.

第9章 撂荒耕地治理实证研究

9.1 引　　言

　　中国以有限的耕地资源养育了全世界近20%的人口,十几亿人的粮食安全问题已不仅是经济问题,也成为国家安全中至关重要的一部分。自20世纪80年代以来,城镇建设用地的不断扩张,生态脆弱区生态建设工程对耕地的占用,使得我国耕地保护工作越发严峻。随着我国经济快速发展和城镇化的不断推进,越来越多的农村劳动力流向第二、三产业,从而造成农村大面积的耕地处于撂荒状态,并且有愈演愈烈的趋势。张学珍等(2019)通过对现有关于撂荒的诸多成果进行梳理分析发现,1992~2017年我国有165个县(市)存在耕地撂荒现象,主要集中在贵州、四川、重庆、云南、甘肃、安徽、湖南、江西等省区市。耕地撂荒已经成为保障我国粮食安全与生态环境所亟待解决的问题之一,因此,治理耕地撂荒问题也成为各级政府的工作重点。2004年,国务院出台《关于尽快恢复撂荒耕地生产的紧急通知》要求各省区市以及地方政府大力整治耕地撂荒问题;2011年,四川省出台了《关于切实解决耕地撂荒问题的通知》;2017年,泸州市出台了《关于解决农村土地撂荒问题的通知》;2018年,赣州市出台了《关于遏制耕地撂荒的指导意见》等。更重要的是,党的十九大报告提出的乡村振兴战略也表明,为了更好地实现农村可持续发展,解决耕地撂荒问题已经刻不容缓。

　　与此同时,耕地撂荒也逐渐成为学界关注的热点与重点,各领域的学者分别从经济、地理、生态、人文、法律等各个方面对撂荒耕地进行了研究和讨论。学界由最初研究撂荒可能造成的影响,转变为探究耕地撂荒的驱动因素,继而转向对撂荒的时空分布进行观测、模拟以及预测。然而,关于撂荒耕地治理方面的研究还比较少,因此对耕地撂荒利益相关者的行为进行深入分析,进而探索科学合理的治理策略具有十分重大的理论意义与实践意义。

　　综上所述,本章基于乡村振兴与农业可持续发展的背景,将农户行为作为研究的出发点,试图回答以下科学问题:现阶段我国撂荒耕地治理的方式有哪些?现有的治理方式是否存在共性?不同的撂荒耕地治理过程中涉及哪些利益相关者,他们之间的利益博弈关系是怎样的?如何针对不同类型的农户采取不同的治理策略来协调博弈过程中的利益冲突,从而有效地改善农村耕地撂荒日益严重的局面,促进我国耕地的合理利用与生态发展?

基于以上问题，本章从农户行为策略出发，从利益相关者的角度，结合经济学与管理学综合剖析了撂荒耕地治理过程中不同主体之间的利益关系、行为策略以及博弈的演化过程，从而找到撂荒耕地治理存在的关键问题，进而提出相应的治理政策建议。因此，本章可以丰富和扩展撂荒耕地治理的理论体系；对不同类型的农户在撂荒耕地治理过程存在的利益冲突差异构建了不同的演化博弈模型，对具体情况进行具体分析，揭示了撂荒耕地治理的内在机理，为政府因地制宜、因 "农" 制宜采取治理政策提供了理论依据。

与此同时，本章为治理并改善农村耕地撂荒现状提供了理论参考，有助于保护耕地，促进耕地合理化利用，从而达到保障国家粮食安全、改善农村生态环境、实现乡村振兴的目的；本章针对不同类型农户的情况进行具体分析，并针对不同的治理方式提出对应的规制策略，有助于政府科学合理地引导、激励和规范农户行为，以保证农户积极配合进行撂荒耕地的流转以及重新恢复种植。

9.2　研究区域概况与研究方法

9.2.1　研究区域概况

1. 镇原县

镇原县位于甘肃省庆阳市西南部，土地总面积为 3500 平方千米，2018 年该县农业人口有 48 万人，下辖 10 镇 9 乡，共 215 个建制村。在进行土地撂荒问题治理之前，耕地闲置率高，且土地流转市场不成熟，撂荒情况较为严重。为了提高闲置土地的利用效率，镇原县积极完善并规范土地流转市场，鼓励各乡村根据自身的具体情况因地制宜地探索相应的流转模式。临泾乡毛头村依托庆阳中盛华盛有机肥厂的肉鸡养殖基地，采取 "肉鸡养殖—有机肥料—能源沼气—设施蔬菜（有机苹果）" 于一体的循环农业试点示范；祁焦村依托盛发养殖专业合作社试点 "农村土地股份合作社" 流转模式，探索 "牛羊规模养殖—经济林栽培—新农村示范基地建设" 于一体的现代农业示范园区模式；屯字镇白马村依托甘旭果品专业合作社试点 "股份合作经营模式"；双合村依托同德种植专业合作社试点 "休闲农庄模式"。多样化的土地流转方式使得镇原县很多撂荒的土地被重新有效利用，如祁焦村的家庭农场主王双选就先后流转了 4000 多亩撂荒地，分别种植紫花苜蓿和发展综合休闲农场。截止到 2018 年底，镇原县大力发展家庭农场、专业大户以及农民专业合作社等多种形式的适度规模经营，采用出租、转包、转让、互换以及入股等多样化的流转方式累计流转土地 40.85 万亩，其中包括大量被撂荒的土地，同时建成了十多个千亩土地流转示范点。镇原县土地流转的价格在每亩 500~600 元，高于农户自己种植所能得到的收益,所以很多农户都愿意将撂荒的土地流转出去,将劳动力解放出来从事非农产业。

在进行土地撂荒问题治理之前,镇原县由于流转市场不成熟、流转方式单一且种植收益较低,农户选择撂荒并进入非农产业;同时,因为缺乏相应的政策引导和规范,农业企业以及新型经营主体还较少,其流转的土地数量也较少。为了改变这种状况,镇原县地方政府开始积极地规范和完善土地流转市场,引导和鼓励各村因地制宜地创新出适合自己的土地流转模式。镇原县按照"规范有序,有偿流转,地企共建,互惠双赢"的原则,引导农民把土地集中连片流转或入股农业龙头企业以及专业合作社。规模农户或农业企业转入土地,通过打造家庭农场、特色农业产业园以及生态农业示范园等方式极大地提高了土地的农业种植收益,同时地方政府积极完善土地流转市场并提供土地流转服务,也使得企业的交易成本降低,因此企业对于土地流转的积极性越来越高,对于土地经营权的需求也相应增加,最后使得其行为策略发生了相应的改变,农业企业开始积极地从农户手中转入土地。对于农户来说,土地流转市场得到规范和完善,并且土地流转的需求量增加使得土地流转租金提高,同时农业企业的发展也加大了对劳动力的需求,可以解决一部分当地农户的就业。土地流转租金高于自身的期望值或撂荒的机会成本时,农户的行为策略就会变成将土地经营权流转出去,且租金越高,农户流转的积极性越高。在这个案例中,最终农户与农业企业之间的博弈均衡是社会所期望的理想均衡状态,农户积极地将撂荒地流转出去,同时农业企业转入土地并大大提高土地的利用率以及收益率。实现理想均衡的关键在于,地方政府积极完善土地流转市场并提供土地流转服务,使得企业与农户协商流转土地的成本降低,同时多样化的流转模式不仅提高了农业企业的收益,而且增加了农户土地流转的租金和就业的机会,使得整个土地流转形成一个良性循环。

2. 澄迈县

海南省澄迈县位于海南岛的西北部,土地总面积为 2067.6 平方千米,截至 2018 年粮食播种面积为 50.54 万亩,农村人口有 25.63 万人。在澄迈县进行撂荒治理之前,许多村镇的耕地撂荒情况十分严重,几亩到几十亩耕地撂荒的现象随处可见。据不完全统计,整个澄迈县撂荒耕地的面积达 20 000 余亩,而大面积的耕地撂荒也严重制约了澄迈县的经济发展。2015 年,海南省全力推进撂荒地复耕工作,计划自 2017 年起,3 年之内恢复 23.9 万亩撂荒地生产。调查发现土地撂荒的主要原因有两方面:第一,撂荒地基础设施建设普遍滞后,土壤地力不足等,导致农业生产条件差;第二,传统的农业生产成本高而农产品收益低。于是,澄迈县一方面将工作重心放在了土地整治和高标准农田建设上,主要是完善田间水利设施、修建田间道路和配套建筑物等,改善耕作条件,提高地力。项目整治前,永发、瑞溪两镇的主要道路交通条件都很差，田间道路更是狭窄且坑洼不平，田洋原有排水沟年久失修，灌排设施也不完善，水稻亩产只有 500~600 斤，严重制约了农业的发展，从而导致了很多耕地撂荒。项目整治后，澄迈县在大东洋、国际洋两大田洋中共修灌渠 54 条，排水沟 74 条，田间道路 99 条，总长度达 7 万多米，同时修建了水塘和路灯等配套设施。大东洋和国际洋四通八达的混凝土排灌沟渠连接着田间地头，开创了"田成方，路成网，水通畅"的农业生产格局，这使得当地的交通更加便捷，排灌系统更加高效，并取得了显著的成效，水稻亩均增产约 300 斤，亩均收入提高约 500 元。另一方面，澄迈县也在积极地进行产业调整，鼓励农户在撂荒地种植槟榔、橡胶、百香果、香蕉、瓜菜等特色经济作物，增加农产品的经济效益，激发农民复耕的积极性。

澄迈县在对农户撂荒耕地的原因进行调查后发现，当地农户撂荒的主要原因是农业生产基础设施薄弱，田间的排水渠与灌溉渠年久失修并且不完善，田间道路质量较差且分布不合理等。以上原因导致农户的耕作成本以及运输成本大而亩产收益少，低于其从事非农产业所得的收入，于是农户的行为策略便是选择撂荒，将劳动力投入到非农产业。对地方政府而言，在海南省下达全力推进撂荒地复耕的工作任务之前，其工作重心更多在地方经济发展上，而不是加强农业基础设施建设，促进农业发展，这是由政绩考核标准决定的。此时，农户与地方政府的策略选择对整个社会来说并不能达到帕累托最优状态。因此，为了改变这种状况，实现帕累托改进，海南省对各下级地方政府下达了恢复撂荒地生产的任务，同时安排撂荒地复耕工作的补助经费，对市县开展撂荒地复耕进行补助，调动了农民撂荒地复耕的积极性。澄迈县地方政府通过土地整治和高标准农田建设等方式，对大东洋和国际洋所在的 20 000 多亩地进行了高标准的整治，完善了农业生产的基础设施，从而极大地改善了耕作的条件，不仅降低了种植的生产成本，也降低了农产品的运输成本，土地种植收入的增加也使得农户改变了原先将耕地撂荒的行为策略，并转向恢复撂荒地种植，从而使得澄迈县 5000 多亩撂荒地复耕。最终，农户与地方政府双方的博弈均衡策略演变为：地方政府选择通过完善农业生产基础设施完成上级政府下达的恢复撂荒地耕种的任务，农户选择恢复耕种。

9.2.2　研究方法

1. 演化博弈分析法

构建撂荒耕地治理过程中利益主体之间的演化博弈模型，并将模型的假设条件放宽至有限理性，同时运用动态博弈分析博弈系统的演化过程，有针对性地采取治理策略，促使博弈收敛于理想的均衡状态。

2. 模拟仿真分析法

在完成撂荒耕地治理过程演化博弈的基础上，运用 Python 3.7 软件建立模拟仿真分析模型，并给博弈中的各项参数赋值，最终得到模拟仿真分析的结果。这种方法不仅可以直观地看到相关利益主体之间的演化博弈过程，还能对演化博弈分析的结果进行检验。

9.3　研究结果与分析

9.3.1　农户与农业企业之间撂荒地流转的演化博弈分析

1. 农户与农业企业在无监督约束下的撂荒地流转博弈

1）基本假设

（1）农户和农业企业（或规模农户）都是有限理性的。

（2）农业企业以转入土地为目的，实现规模经营以追求利益最大化，所以本章对于农业企业这个博弈主体不考虑其不转入土地的情况。农业企业转入土地的方式有两种：一种是与农户协商进行土地流转（以下简称协商流转），另一种是强制流转。强制流转是指农业企业（或规模农户）与当地政府合谋，通过强制手段使农户转出土地承包经营权，从而以低廉的价格获取更多土地。

（3）对于农户而言，若选择转出土地，则在协商流转和强制流转两种方式下所得到的收益为土地流转收益，分别为 I_1 和 I_2（$I_1 > I_2$）；若农户选择撂荒，由于耕地具有其独特的生产功能与社会保障功能，也能够随时恢复种植或流转，因此撂荒的耕地也具有潜在的经济价值，这里用 I_3 来表示。另外，在强制流转的条件下，农户若要继续选择撂荒则需付出一定的成本 C。

（4）对于农业企业而言，进行流转土地需要付出一定的交易成本，且在协商流转和强制流转情况下的交易费用分别为 T_1 和 T_2（$T_1 > T_2$），若成功转入土地则需付给农民土地流转费用，反之则无须支付；农业企业成功转入和未成功转入土地的经营收益分别为 R_1 和 R_2（$R_1 > R_2$）。

（5）农户的策略集为（流转，撂荒），假定农户选择土地流转出去的概率为 x（$0 < x < 1$），那么其选择撂荒的概率为 $1-x$；农业企业的策略集为（协商流转，强制流转），假定农业企业选择协商流转的概率为 y（$0 < y < 1$），那么其选择强制流转的概率为 $1-y$。

2）演化博弈分析

根据以上假设，可以得到农户与农业企业博弈的支付矩阵，如表 9-1 所示。

表 9-1　农户与农业企业博弈的支付矩阵（一）

		农户	
		流转	撂荒
农业企业	协商流转	$(R_1 - T_1 - I_1, I_1)$	$(R_2 - T_1, I_3)$
	强制流转	$(R_1 - T_2 - I_2, I_2)$	$(R_2 - T_2, I_3 - C)$

首先，我们根据农户采取不同的策略情形来计算其得到的收益，农户采取流转土地策略得到的期望收益为

$$E_1 = yI_1 + (1-y)I_2 \tag{9-1}$$

农户采取撂荒策略所得到的期望收益为

$$E_2 = yI_3 + (1-y)(I_3 - C) \tag{9-2}$$

于是，农户的平均期望收益为

$$\bar{E} = xE_1 + (1-x)E_2 \tag{9-3}$$

进一步得到农户行为策略的复制动态方程为

$$F(x) = \frac{\mathrm{d}x}{\mathrm{d}t} = x(E_1 - \bar{E}) = x(1-x)[y(I_1 - I_2 - C) + I_2 - (I_3 - C)] \tag{9-4}$$

同理，我们根据农业企业采取不同的策略情形来计算其得到的收益，农业企业采取协商流转策略得到的期望收益为

$$U_1 = x(R_1 - T_1 - I_1) + (1-x)(R_2 - T_1) \tag{9-5}$$

农业企业采取强制流转策略得到的期望收益为

$$U_2 = x(R_1 - T_2 - I_2) + (1-x)(R_2 - T_2) \tag{9-6}$$

于是，农业企业的平均期望收益为

$$\bar{U} = yU_1 + (1-y)U_2 \tag{9-7}$$

进一步得到农业企业行为策略的复制动态方程为

$$F(y) = \frac{\mathrm{d}y}{\mathrm{d}t} = y(U_1 - \bar{U}) = y(1-y)[T_2 - T_1 + x(I_2 - I_1)] \tag{9-8}$$

然后，联立农户与农业企业的行为策略复制动态方程得

$$\begin{cases} F(x) = \dfrac{\mathrm{d}x}{\mathrm{d}t} = x(E_1 - \bar{E}) = x(1-x)[y(I_1 - I_2 - C) + I_2 - (I_3 - C)] \\ F(y) = \dfrac{\mathrm{d}y}{\mathrm{d}t} = y(U_1 - \bar{U}) = y(1-y)[T_2 - T_1 + x(I_2 - I_1)] \end{cases} \tag{9-9}$$

令 $F(x) = F(y) = 0$，可以得到两者演化博弈动力系统的均衡解（即局部均衡点）为 $(0,0)$、$(0,1)$、$(1,0)$、$(1,0)$ 以及 (a^*, b^*)，其中 $a^* = \dfrac{T_1 - T_2}{I_1 - I_2}$，$b^* = \dfrac{I_3 - C - I_2}{I_1 - I_2 - C}$。从而，可以得到博弈系统的 Jacobi（雅可比）矩阵：

$$J = \begin{bmatrix} \dfrac{\partial F(x)}{\partial x} & \dfrac{\partial F(x)}{\partial y} \\ \dfrac{\partial F(y)}{\partial x} & \dfrac{\partial F(y)}{\partial y} \end{bmatrix}$$ （9-10）

其中，

$$\begin{cases} \dfrac{\partial F(x)}{\partial x} = (1-2x)[y(I_1 - I_2 - C) + I_2 - (I_3 - C)] \\ \dfrac{\partial F(x)}{\partial y} = x(1-x)(I_1 - I_2 - C) \\ \dfrac{\partial F(y)}{\partial x} = y(1-y)(I_2 - I_1) \\ \dfrac{\partial F(y)}{\partial y} = (1-2y)[T_2 - T_1 + x(I_2 - I_1)] \end{cases}$$ （9-11）

Jacobi 矩阵局部稳定性分析可检验群体动态的局部均衡稳定状态。于是，可以计算出 Jacobi 矩阵 J 对应的行列式 det. J 和迹 tr. J 为

$$\begin{cases} \text{det.}\,J = (1-2x)(1-2y)[y(I_1 - I_2 - C) + I_2 - (I_3 - C)][T_2 - T_1 + x(I_2 - I_1)] \\ \qquad - xy(1-x)(1-y)(I_1 - I_2 - C)(I_2 - I_1) \\ \text{tr.}\,J = (1-2x)[y(I_1 - I_2 - C) + I_2 - (I_3 - C)] + (1-2y)[T_2 - T_1 + x(I_2 - I_1)] \end{cases}$$ （9-12）

将上述局部均衡点代入行列式 det. J 和迹 tr. J 联立的方程，计算各局部均衡点的符号，判断它们的稳定性。

当局部均衡点满足 det. $J>0$ 且 tr. $J<0$，该点为演化博弈的稳定均衡点。由表 9-2 可知，中心点 (a^*,b^*) 对应的 Jacobi 矩阵的迹为 0，因此该点不是稳定均衡点，所以暂时不对中心点进行讨论。在对其他局部均衡点对应的 det. J 和 tr. J 的符号进行判断之前，先对影响博弈系统的参数之间的大小进行基本的判断。根据前文的假设，可知 $I_1>I_2$，$T_1>T_2$，$R_1>R_2$。然后按照表 9-3 所示的情况进行讨论。"±"表示不确定；det. J 为"+"表示 tr. J 同向，det. J 为"−"表示 tr. J 异向；tr. J 为"+"表示大于 0，tr. J 为"−"表示小于 0。

表 9-2　农户与农业企业演化博弈系统 Jacobi 矩阵的行列式和迹的值（一）

均衡点	det. J	tr. J
$(0,0)$	$[I_2 - (I_3 - C)](T_2 - T_1)$	$I_2 - (I_3 - C) + (T_2 - T_1)$
$(0,1)$	$-(I_1 - I_3)(T_2 - T_1)$	$(I_1 - I_3) - (T_2 - T_1)$
$(1,0)$	$-[I_2 - (I_3 - C)][(I_2 - I_1) + (T_2 - T_1)]$	$-[I_2 - (I_3 - C)] + [(I_2 - I_1) + (T_2 - T_1)]$
$(1,1)$	$(I_1 - I_3)[(I_2 - I_1) + (T_2 - T_1)]$	$(I_1 - I_3)[(I_2 - I_1) + (T_2 - T_1)]$
(a^*,b^*)	$-xy(1-x)(1-y)(I_1 - I_2 - C)(I_2 - I_1)$	0

表 9-3　农户与农业企业博弈系统局部均衡稳定性分析结果（一）

均衡点	$I_2 > I_3 - C$ 且 $I_1 > I_3$			$I_2 > I_3 - C$ 且 $I_1 < I_3$			$I_2 < I_3 - C$ 且 $I_1 > I_3$			$I_2 < I_3 - C$ 且 $I_1 < I_3$		
	det.J	tr.J	稳定性	det.J	tr.J	稳定性	det.J	tr.J	稳定性	det.J	tr.J	稳定性
$(0,0)$	−	±	不稳定	−	±	不稳定	+	−	稳定	+	−	稳定
$(0,1)$	+	+	不稳定	+	+	不稳定	+	+	不稳定	−	±	不稳定
$(1,0)$	+	−	稳定	+		稳定	−	±	不稳定	+	±	不稳定
$(1,1)$	−	±	不稳定	+	+	不稳定	−	±	不稳定	+	+	不稳定
(a^*,b^*)		0	鞍点		0	鞍点		0	鞍点		0	鞍点

由表 9-3 的分析结果可知，演化博弈的稳定均衡状态其实只跟 I_2 和 $I_3 - C$ 的大小有关。当 $I_2 > I_3 - C$ 时，演化博弈最终会收敛于点(1,0)，其经济学含义为：在农业企业采取强制流转策略的情况下，若农户流转土地获得的收益大于撂荒的收益，此时演化博弈最终的均衡策略为（流转，强制流转）；当 $I_2 < I_3 - C$ 时，演化博弈最终会收敛于点(0,0)，其经济学含义为：在农业企业采取强制流转策略的情况下，若农户流转土地获得的收益小于撂荒的收益，此时演化博弈最终的均衡策略为（撂荒，强制流转）。可以发现，从农业企业的角度而言，无论 I_2 和 $I_3 - C$ 的大小关系如何，农业企业最终采取的都是强制流转的策略，这是因为农业企业通过与地方政府合谋来强制流转土地，不仅可以大大降低其流转土地的交易费用，而且以最低的流转价格得到土地的经营权，从而降低企业的成本。从农户的角度而言，只有当流转土地的收益大于撂荒的收益时才会选择将土地的经营权流转，否则农户宁愿选择将耕地撂荒。综合而言，当 $I_2 > I_3 - C$ 时，博弈演化的最终结果为（流转，强制流转），虽然该策略组合也能够促使农户将撂荒耕地的经营权转出，但是却是以牺牲农户利益而得到的结果，因此，该稳定均衡策略组合并不是最理想的。当 $I_2 < I_3 - C$ 时，博弈演化的最终结果为（撂荒，强制流转），该均衡策略显然不是社会期望的策略组合，因为农户无法获得最大化的利益，农业企业得不到土地的经营权，农村耕地撂荒的现状也得不到改善。

3）仿真分析

为验证上述演化博弈分析的结果，运用 Python 3.7 软件对演化博弈进行数值模拟，以更加直观的方式展现博弈系统的演化路径。根据以上的分析，在不同的情况下对各项参数进行不同的赋值。

当 $I_2 > I_3 - C$ 时，设定各项参数值为：$I_1 = 15$，$I_2 = 10$，$I_3 = 6$，$T_1 = 7$，$T_2 = 3$，$C = 2$，同时分别设定(x,y)的初始值为(0.3,0.7)、(0.6,0.4)，模拟仿真的结果如图 9-1 所示。结果显示，此时无论初始策略组合的概率值如何变化，演化博弈最终都会收敛于(1,0)，即（流转，强制流转）是演化博弈的稳定均衡策略，其演化路径结果与上述分析一致。

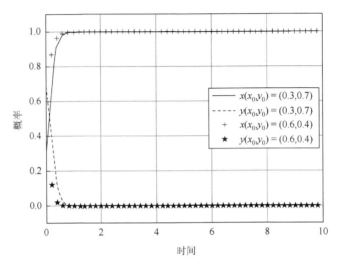

图 9-1　农户与农业企业撂荒地流转博弈的演化路径图（$I_2 > I_3 - C$）

当 $I_2 < I_3 - C$ 时，设定各项参数值为：$I_1 = 15$，$I_2 = 5$，$I_3 = 9$，$T_1 = 7$，$T_2 = 3$，$C = 2$，同时分别设定(x, y)的初始值为$(0.3,0.7)$、$(0.6,0.4)$，模拟仿真的结果如图 9-2 所示。结果显示，此时无论初始策略组合的概率值如何变化，演化博弈最终都会收敛于$(0,0)$，即（撂荒，强制流转）是演化博弈的稳定均衡策略，其演化路径结果与上述分析一致。

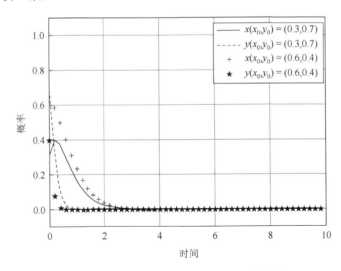

图 9-2　农户与农业企业撂荒地流转博弈的演化路径图（$I_2 < I_3 - C$）

2. 农户与农业企业在有监督约束下的撂荒地流转博弈

由上文分析可知，在无监督约束下农户与农业企业之间演化博弈的稳定均衡策略都不是理想的结果，主要是土地流转市场尚不完善，缺乏相应的监督机制，导致农业企业存在寻租的空间，因此需要引入约束机制对农业企业与地方政府的合谋行为进行限制。

1）基本假设

当引入中央政府对地方政府和农业企业进行监管后，可以在上文博弈基本假设前提下做出进一步的假设：当中央政府发现农业企业通过与地方政府合谋的方式强制流转农户土地经营权时，会对农业企业处以代价为 F 的惩罚，同时给予农户补贴 B。

2）演化博弈分析

根据以上假设，可以得到农户与农业企业博弈的支付矩阵，如表9-4所示。

表 9-4　农户与农业企业博弈的支付矩阵（二）

		农户	
		流转	撂荒
农业企业	协商流转	$(R_1-T_1-I_1,I_1)$	(R_2-T_1,I_3)
	强制流转	$(R_1-T_2-I_2-F,I_2+B)$	(R_2-T_2,I_3-C)

首先，我们根据农户采取不同的策略情形来计算其得到的收益，农户采取流转土地策略得到的期望收益为

$$E_1 = yI_1 + (1-y)(I_2+B) \tag{9-13}$$

农户采取撂荒策略所得到的期望收益为

$$E_2 = yI_3 + (1-y)(I_3-C) \tag{9-14}$$

于是，农户的平均期望收益为

$$\bar{E} = xE_1 + (1-x)E_2 \tag{9-15}$$

进一步得到农户行为策略的复制动态方程为

$$F(x) = \frac{\mathrm{d}x}{\mathrm{d}t} = x(E_1-\bar{E}) = x(1-x)[y(I_1-I_2-B-C)+I_2+B-(I_3-C)] \tag{9-16}$$

同理，我们根据农业企业采取不同的策略情形来计算其得到的收益，农业企业采取协商流转策略得到的期望收益为

$$U_1 = x(R_1-T_1-I_1) + (1-x)(R_2-T_1) \tag{9-17}$$

农业企业采取强制流转策略得到的期望收益为

$$U_2 = x(R_1 - T_2 - I_2 - F) + (1-x)(R_2 - T_2) \tag{9-18}$$

于是，农业企业的平均期望收益为

$$\bar{U} = yU_1 + (1-y)U_2 \tag{9-19}$$

进一步得到农业企业行为策略的复制动态方程为

$$F(y) = \frac{\mathrm{d}y}{\mathrm{d}t} = y(U_1 - \bar{U}) = y(1-y)[x(I_2 + F - I_1) + T_2 - T_1] \tag{9-20}$$

然后，联立农户与农业企业的行为策略复制动态方程得

$$\begin{cases} F(x) = \dfrac{\mathrm{d}x}{\mathrm{d}t} = x(E_1 - \bar{E}) = x(1-x)[y(I_1 - I_2 - B - C) + I_2 + B - (I_3 - C)] \\ F(y) = \dfrac{\mathrm{d}y}{\mathrm{d}t} = y(U_1 - \bar{U}) = y(1-y)[x(I_2 + F - I_1) + T_2 - T_1] \end{cases} \tag{9-21}$$

令 $F(x) = F(y) = 0$，可以得到两者演化博弈动力系统的均衡解（即局部均衡点）为 $(0,0)$、$(0,1)$、$(1,0)$、$(1,0)$ 以及 (a^*, b^*)，其中 $a^* = \dfrac{T_1 - T_2}{I_2 + F - I_1}$，$b^* = \dfrac{I_3 - C - I_2 - B}{I_1 - I_2 - B - C}$。

从而，可以得到博弈系统的 Jacobi 矩阵：

$$\boldsymbol{J} = \begin{bmatrix} \dfrac{\partial F(x)}{\partial x} & \dfrac{\partial F(x)}{\partial y} \\ \dfrac{\partial F(y)}{\partial x} & \dfrac{\partial F(y)}{\partial y} \end{bmatrix} \tag{9-22}$$

其中，

$$\begin{cases} \dfrac{\partial F(x)}{\partial x} = (1-2x)[y(I_1 - I_2 - B - C) + I_2 + B - (I_3 - C)] \\ \dfrac{\partial F(x)}{\partial y} = x(1-x)(I_1 - I_2 - B - C) \\ \dfrac{\partial F(y)}{\partial x} = y(1-y)(I_2 + F - I_1) \\ \dfrac{\partial F(y)}{\partial y} = (1-2y)[x(I_2 + F - I_1) + T_2 - T_1] \end{cases} \tag{9-23}$$

Jacobi 矩阵局部稳定性分析可检验群体动态的局部均衡稳定状态。于是，可以计算出 Jacobi 矩阵 $\boldsymbol{J}$ 对应的行列式 det. $\boldsymbol{J}$ 和迹 tr. $\boldsymbol{J}$ 为

$$\begin{cases} \det. \boldsymbol{J} = (1-2x)(1-2y)[y(I_1 - I_2 - B - C) + I_2 + B \\ \qquad - (I_3 - C)][x(I_2 + F - I_1)] \\ \qquad - xy(1-x)(1-y)(I_1 - I_2 - B - C)(I_2 + F - I_1) \\ \mathrm{tr}. \boldsymbol{J} = (1-2x)[y(I_1 - I_2 - B - C) + I_2 + B - (I_3 - C) \\ \qquad + (1-2y)][x(I_2 + F - I_1) + T_2 - T_1] \end{cases} \tag{9-24}$$

将上述局部均衡点代入行列式 det. J 和迹 tr. J 联立的方程，计算各局部均衡点的符号，判断它们的稳定性。

由表 9-5 可知，中心点(a^*,b^*)对应的 Jacobi 矩阵的迹为 0，因此该点不是稳定均衡点，所以暂时不对中心点进行讨论。根据前文的假设，可知 $I_1>I_2$，$T_1>T_2$，$R_1>R_2$。要判断表 9-5 中各局部均衡点的行列式和迹的正负，可以按照农户流转土地的收益 I_2+B 与撂荒收益 I_3-C 的大小分两种情况进行讨论。

表 9-5　农户与农业企业演化博弈系统 Jacobi 矩阵的行列式和迹的值（二）

均衡点	det. J	tr. J
(0,0)	$[I_2+B-(I_3-C)](T_2-T_1)$	$I_2+B-(I_3-C)+(T_2-T_1)$
(0,1)	$-(I_1-I_3)(T_2-T_1)$	$(I_1-I_3)-(T_2-T_1)$
(1,0)	$-(I_2+B-I_3+C)[I_2+F-I_1+(T_2-T_1)]$	$-(I_2+B-I_3+C)+(I_2+F-I_1+T_2-T_1)$
(1,1)	$(I_1-I_3)[(I_2+F-I_1)+(T_2-T_1)]$	$-(I_1-I_3)-[(I_2+F-I_1)+(T_2-T_1)]$
(a^*,b^*)	$-xy(1-x)(1-y)(I_1-I_2-B-C)(I_2+F-I_1)$	0

（1）当农户流转土地的收益 I_2+B 小于撂荒收益 I_3-C 时，如表 9-6 所示，可以分情景对博弈系统的稳定性进行分析。

表 9-6　农户与农业企业博弈系统局部均衡稳定性分析结果（二）

均衡点	$I_2+F+T_2>I_1+T_1$ 且 $I_1>I_3$			$I_2+F+T_2>I_1+T_1$ 且 $I_1<I_3$			$I_2+F+T_2<I_1+T_1$ 且 $I_1>I_3$			$I_2+F+T_2<I_1+T_1$ 且 $I_1<I_3$		
	det. J	tr. J	稳定性	det. J	tr. J	稳定性	det. J	tr. J	稳定性	det. J	tr. J	稳定性
(0,0)	+	−	稳定	+	−	稳定	+	−	稳定	+	−	稳定
(0,1)	+	+	不稳定	−	±	不稳定	+	+	不稳定	−	±	不稳定
(1,0)	+	+	不稳定	+	+	不稳定	±	±	不稳定	−	±	不稳定
(1,1)	+	−	稳定	−	±	不稳定	±	±	不稳定	+	+	不稳定

由表 9-6 分析的结果可知，当 $I_2+B<I_3-C$ 时，无论何种情景下，点(0,0)都是稳定均衡点，即（撂荒，强制流转）是演化博弈的最终稳定均衡策略组合，但是这一策略组合并不能实现缓解撂荒现状以及促进土地流转的社会目标；若在此情况下，同时满足 $I_2+F+T_2>I_1+T_1$ 且 $I_1>I_3$，则点(1,1)也是博弈的稳定均衡点，即（流转，协商流转）也是博弈演化的稳定均衡策略组合，该组合既能实现土地流转、缓解耕地撂荒现状，也能保证农户的利益，是社会所期望的策略组合。

图 9-3 是在满足 $I_2+F+T_2>I_1+T_1$ 且 $I_1>I_3$ 条件下，博弈的演化相位图，图中点 E 是鞍点 (a^*,b^*)。当博弈的初始策略组合落在四边形 $AEBD$ 之内时，博弈系统最终会收敛于 $D(1,1)$，即（流转，协商流转）会成为演化博弈最终的稳定均衡策略组合，且四边形 $AEBD$ 的面积越大，博弈收敛于$(1,1)$的概率越大；反之，当初始策略组合落在四边形 $AEBO$ 之内时，博弈系统最终会收敛于 $O(0,0)$，即（撂荒，强制流转）会成为演化博弈最终的稳定均衡策略组合，且四边形 $AEBO$ 的面积越大，博弈收敛于$(0,0)$的概率越大。为了促使博弈系统最终沿着路径 ED 收敛于社会所期望的稳定均衡策略组合（流转，协商流转），应该使得鞍点 E 更接近 O 点，从而增大四边形 $AEBD$ 的面积。由图 9-3 可计算得到 $S_{AEBD}=1-\dfrac{1}{2}(a^*+b^*)$，$S_{AEBD}$ 与 a^*+b^* 呈线性负相关关系。因此可以采取以下措施减小 a^*+b^*的值：加大土地流转供需方信息的透明度或者引入撂荒地流转的第三方中介机构以减小协商流转方式的交易费用，增加对农业企业强制流转农户土地经营权的惩罚 F，增加对被强制流转土地经营权农户的补偿 B。

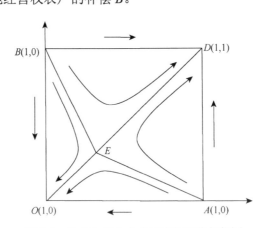

图 9-3　农户与农业企业博弈的演化相位图

（2）当农户流转土地的收益 I_2+B 大于撂荒收益 I_3-C 时，如表 9-7 所示，可以分情景对博弈系统的稳定性进行分析。

表 9-7　农户与农业企业博弈系统局部均衡稳定性分析结果（三）

均衡点	$I_2+F+T_2>I_1+T_1$ 且 $I_1>I_3$			$I_2+F+T_2>I_1+T_1$ 且 $I_1<I_3$			$I_2+F+T_2<I_1+T_1$ 且 $I_1>I_3$			$I_2+F+T_2<I_1+T_1$ 且 $I_1<I_3$		
	det. J	tr. J	稳定性	det. J	tr. J	稳定性	det. J	tr. J	稳定性	det. J	tr. J	稳定性
(0,0)	−	±	不稳定	−	±	不稳定	−	±	不稳定	−	±	不稳定
(0,1)	+	+	不稳定	−	±	不稳定	+	+	不稳定	−	±	不稳定

续表

均衡点	$I_2+F+T_2>I_1+T_1$ 且 $I_1>I_3$			$I_2+F+T_2>I_1+T_1$ 且 $I_1<I_3$			$I_2+F+T_2<I_1+T_1$ 且 $I_1>I_3$			$I_2+F+T_2<I_1+T_1$ 且 $I_1<I_3$		
	det.J	tr.J	稳定性	det.J	tr.J	稳定性	det.J	tr.J	稳定性	det.J	tr.J	稳定性
(1,0)	−	±	不稳定	−	±	不稳定	+	−	稳定	+	−	稳定
(1,1)	+	−	稳定	+	±	不稳定	−	±	不稳定	+	+	不稳定

情景一，当 $I_2+F+T_2>I_1+T_1$ 且 $I_1>I_3$ 时，其经济学含义是：农业企业采取强制流转的方式所付出的成本大于采取协商流转的成本，并且农户流转撂荒地得到的收益大于撂荒地本身潜在的价值。此时，演化博弈将收敛于(1,1)，即（流转，协商流转）是博弈演化的最终均衡策略组合，这也是社会所期望的演化结果。要促使博弈演化到这一结果，可以采取以下措施：加大对农业企业强制流转土地经营权的惩罚 F，采取适当的方式降低交易费用 T_1，适当增加农户土地流转的租金收益 I_1 等。

情景二，当 $I_2+F+T_2<I_1+T_1$ 时，无论 I_1 与 I_3 大小如何，演化博弈都会收敛于(1,0)，即（流转，强制流转）是博弈演化的最终均衡策略组合。在此情景下，虽然中央政府的约束会对利益进行再分配，使得农户得到一定的补偿，但是由于惩罚力度不是很大，农业企业为追求利益最大化还是会选择与地方政府合谋，这种情况下所实现的土地流转是不稳定的，农户有可能会不遵守土地流转契约。因此（流转，强制流转）并非最理想的博弈均衡策略，可以通过加大对农业企业强制流转行为的惩罚使得博弈的稳定均衡策略向情景一演化。

情景三，当 $I_2+F+T_2>I_1+T_1$ 且 $I_1<I_3$ 时，演化博弈没有稳定均衡解。

综上所述，当农户流转土地的收益 I_2+B 大于撂荒收益 I_3-C 时，演化博弈存在两种可能的稳定均衡策略，若满足 $I_2+F+T_2>I_1+T_1$ 且 $I_1>I_3$，则博弈收敛于社会所期望的策略组合（流转，协商流转）；若满足 $I_2+F+T_2<I_1+T_1$，则博弈收敛于（流转，强制流转），但是这一策略组合并非最理想的。

3）仿真分析

为了验证上述演化博弈的分析结果以及更直观地展现系统的演化路径，运用 Python 3.7 软件对该博弈进行了数值仿真模拟。下面根据不同的情况对各项参数赋值来模拟在有中央政府约束条件下农户与农业企业博弈的演化过程。

根据以上演化博弈分析可知，当农户流转土地的收益 I_2+B 小于撂荒收益 I_3-C 时，若同时满足 $I_2+F+T_2>I_1+T_1$ 且 $I_1>I_3$，演化博弈可能会存在两个稳定均衡策略组合，且最终的博弈系统演化的结果与中心点 E 的位置以及初始策略的概率值有关。具体而言，若中心点 E 的位置越接近右上方，则演化博弈收敛于

(0,0)的概率越大；反之，若越靠近左下方，则演化博弈收敛于(1,1)的概率越大。下面根据不同的情况对各项参数赋值进行仿真模拟。

设定各项参数值为：$I_1=17$，$I_2=9$，$I_3=15$，$T_1=4$，$T_2=2$，$F=11$，$B=2$，$C=1$，同时分别设定(x,y)的初始值为(0.3,0.7)、(0.6,0.4)，则此时中心点$E(a^*,b^*)$为$\left(\dfrac{2}{3},\dfrac{3}{5}\right)$，即此时$E$点位于演化相位图的右上方。模拟仿真的结果如图9-4所示，结果显示，此时，只要初始策略组合的概率值落在$AEBO$范围内，无论其概率值如何变化，博弈系统最终都会收敛于(0,0)，即（撂荒，强制流转）会成为演化博弈的稳定均衡策略，这一演化路径结果与上述分析一致。

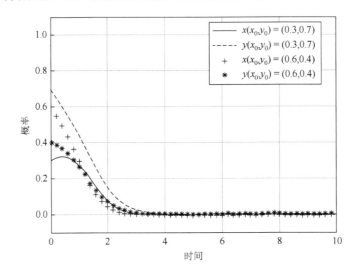

图9-4　有约束条件下农户与农业企业关于撂荒地流转博弈的演化路径图
（$I_2+B<I_3-C$且E点在右上方）

设定各项参数值为：$I_1=17$，$I_2=9$，$I_3=13$，$T_1=4$，$T_2=3$，$F=11$，$B=2$，$C=1$，同时分别设定(x,y)的初始值为(0.3,0.7)、(0.6,0.4)，则此时中心点$E(a^*,b^*)$为$\left(\dfrac{1}{3},\dfrac{1}{5}\right)$，即此时$E$点位于演化相位图的左下方。模拟仿真的结果如图9-5所示，结果显示，此时，只要初始策略组合的概率值落在$AEBD$范围内，无论其概率值如何变化，博弈系统最终都会收敛于(1,1)，即（流转，协商流转）会成为演化博弈的稳定均衡策略，这一演化路径结果与上述分析一致。

根据上述演化博弈分析可知，当农户流转的收益I_2+B大于撂荒收益I_3-C时，博弈系统会随着I_2+F+T_2与I_1+T_1大小的改变而收敛到不同的结果，因此下面根据不同的情况对各项参数赋值并进行仿真模拟。

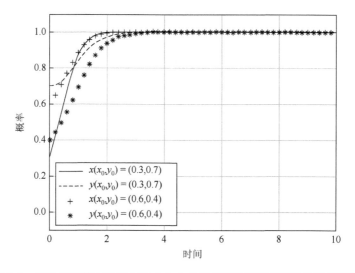

图 9-5　有约束条件下农户与农业企业关于撂荒地流转博弈的演化路径图
（$I_2 + B < I_3 - C$ 且 E 点在左下方）

当 $I_2 + F + T_2 > I_1 + T_1$ 且 $I_1 > I_3$ 时，设定各项参数值为：$I_1 = 17$，$I_2 = 12$，$I_3 = 15$，$T_1 = 4$，$T_2 = 2$，$F = 11$，$B = 4$，$C = 3$，同时分别设定 (x,y) 的初始值为 $(0.3,0.7)$、$(0.6,0.4)$。模拟仿真的结果如图 9-6 所示，结果显示，此时，无论初始策略组合的概率值如何变化，博弈系统最终都会收敛于 $(1,1)$，即（流转，协商流转）会成为演化博弈的稳定均衡策略，这一演化路径结果与上述分析一致。

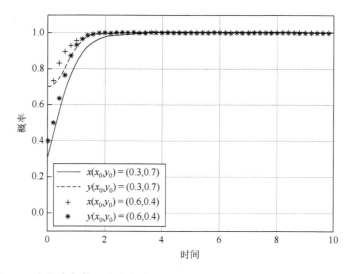

图 9-6　有约束条件下农户与农业企业关于撂荒地流转博弈的演化路径图
（$I_2 + B > I_3 - C$、$I_2 + F + T_2 > I_1 + T_1$ 且 $I_1 > I_3$）

当 $I_2 + F + T_2 < I_1 + T_1$ 时，无论 I_1 与 I_3 的大小关系如何，博弈系统都会收敛于 $(1,0)$，以 $I_1 > I_3$ 为例进行模拟仿真验证，设定各项参数值为：$I_1 = 20$，$I_2 = 12$，$I_3 = 15$，$T_1 = 4$，$T_2 = 2$，$F = 8$，$B = 4$，$C = 3$，同时分别设定 (x,y) 的初始值为 $(0.3,0.7)$、$(0.6,0.4)$。模拟仿真的结果如图 9-7 所示，结果显示，此时，无论初始策略组合的概率值如何变化，博弈系统最终都会收敛于 $(1,0)$，即（流转，强制流转）会成为演化博弈的稳定均衡策略，这一演化路径结果与上述分析一致。

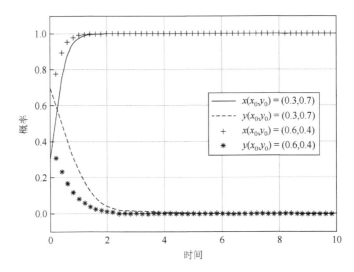

图 9-7　有约束条件下农户与农业企业关于撂荒地流转博弈的演化路径图
（$I_2 + B > I_3 - C$ 且 $I_2 + F + T_2 < I_1 + T_1$）

9.3.2　农户与地方政府之间撂荒地复耕的演化博弈分析

1. 基本假设

（1）地方政府和农户两个博弈主体均为有限理性主体。

（2）对于地方政府而言，由于上级政府明文要求地方政府要组织恢复撂荒耕地的种植工作，加强水利建设，完善交通基础设施等农业生产基础建设，并将其纳入政绩考核范围之内。现假设地方政府投入的农业基础设施建设成本为 A，完成撂荒地恢复耕种取得的政绩效益为 G，但是如果恢复耕种的任务没有完成，则地方政府会受到代价为 D 的惩罚。

（3）对农户而言，恢复撂荒地的耕种所得到的农业种植收入为 I，并且能够得到相关的农业补贴（包括良种补贴以及粮食直补等补贴）B，但是如果农户选择继续撂荒,那么不仅相关的农业补贴得不到,而且还会受到代价为 F 的惩罚,此处的惩罚指的是,《中华人民共和国土地管理法》规定:连续二年未使用的,经原批准机关批准,由县级以上人民政府无偿收回用地单位的土地使用权。撂荒解放出来的劳动力能够进入第二、三产业工作而得到非农收入 I_3。另外,需要说明的是,耕地即使被撂荒,由于其具有耕地独特的社会保障功能与经济价值,撂荒地也具有一定的潜在价值,假定其为 R。

(4)当两个主体处于同一博弈系统时,他们各自选择的策略不同会影响彼此的收益和成本,因此还要进一步对地方政府和农户的成本与收益做进一步的假定。首先,地方政府可以选择执行上级政府的政策,此时若农户选择恢复耕种,则地方政府得到的政绩为 G_1,农户此时的农业种植收入为 I_1;若农户选择继续撂荒,则政府的政绩与经济收益为 0,撂荒地的潜在收益为 R_1。其次,地方政府还可以选择违反上级政府的政策,节省农业基础设施建设投入,仅传达政策内容,若农户选择恢复耕种,则地方政府得到的政绩为 $G_2(G_1 > G_2)$,农户此时的种植收入为 $I_2(I_1 > I_2)$;若农户选择继续撂荒,则政府的政绩与经济收益为 0,农户撂荒地的潜在收益为 $R_2(R_1 > R_2)$。

(5)农户的策略集为(恢复耕种,撂荒),假设农户选择恢复耕种的概率为 $x(0 < x < 1)$,继续撂荒的概率为 $1-x$;地方政府的策略集为(执行政策,违反政策),假设地方政府选择执行上级政府政策的概率为 $y(0 < y < 1)$,选择违反的概率为 $1-y$。

2. 演化博弈分析

根据以上假设可以得到农户与地方政府演化博弈的支付矩阵,如表 9-8 所示。

表 9-8　农户与地方政府演化博弈的支付矩阵

		农户	
		恢复耕种	撂荒
地方政府	执行政策	$(G_1 - A, I_1 + B)$	$(-A - D, I_3 - F + R_1)$
	违反政策	$(G_2, I_2 + B)$	$(-D, I_3 - F + R_2)$

首先,我们根据农户采取不同的策略情形来计算其得到的收益,农户采取恢复耕种的策略得到的期望收益为

$$E_1 = y(I_1 + B) + (1 - y)(I_2 + B) \tag{9-25}$$

农户采取撂荒策略所得到的期望收益为

$$E_2 = y(I_3 - F + R_1) + (1 - y)(I_3 - F + R_2) \tag{9-26}$$

于是,农户的平均期望收益为

$$\bar{E} = xE_1 + (1-x)E_2 \tag{9-27}$$

进一步得到农户行为策略的复制动态方程为

$$F(x) = \frac{\mathrm{d}x}{\mathrm{d}t} = x(E_1 - \bar{E}) = x(1-x)[y(I_1 - I_2 - R_1 + R_2) + I_2 + B - (I_3 - F + R_2)] \tag{9-28}$$

同理，我们根据地方政府采取不同的策略情形来计算其得到的收益，地方政府采取执行政策的策略得到的期望收益为

$$U_1 = x(G_1 - A) + (1-x)(-A - D) \tag{9-29}$$

地方政府采取违反政策的策略得到的期望收益为

$$U_2 = xG_2 + (1-x)(-D) \tag{9-30}$$

于是，地方政府的平均期望收益为

$$\bar{U} = yU_1 + (1-y)U_2 \tag{9-31}$$

进一步得到地方政府行为策略的复制动态方程为

$$F(y) = \frac{\mathrm{d}y}{\mathrm{d}t} = y(U_1 - \bar{U}) = y(1-y)[x(G_1 - G_2) - A] \tag{9-32}$$

然后，联立农户与地方政府的行为策略复制动态方程得

$$\begin{cases} F(x) = \dfrac{\mathrm{d}x}{\mathrm{d}t} = x(E_1 - \bar{E}) = x(1-x)[y(I_1 - I_2 - R_1 + R_2) + I_2 + B - (I_3 - F + R_2)] \\ F(y) = \dfrac{\mathrm{d}y}{\mathrm{d}t} = y(U_1 - \bar{U}) = y(1-y)[x(G_1 - G_2) - A] \end{cases} \tag{9-33}$$

令 $F(x) = F(y) = 0$，可以得到两者演化博弈动力系统的均衡解（即局部均衡点）为 (0,0)、(0,1)、(1,0)、(1,1) 以及 (a^*, b^*)，其中 $a^* = \dfrac{A}{G_1 - G_2}$，$b^* = \dfrac{(I_3 - F + R_2) - (I_2 + B)}{I_1 - I_2 - R_1 + R_2}$。

从而，可以得到博弈系统的 Jacobi 矩阵：

$$\boldsymbol{J} = \begin{bmatrix} \dfrac{\partial F(x)}{\partial x} & \dfrac{\partial F(x)}{\partial y} \\ \dfrac{\partial F(y)}{\partial x} & \dfrac{\partial F(y)}{\partial y} \end{bmatrix} \tag{9-34}$$

其中，

$$\begin{cases} \dfrac{\partial F(x)}{\partial x} = (1-2x)[y(I_1 - I_2 - R_1 + R_2) + I_2 + B - (I_3 - F + R_2)] \\ \dfrac{\partial F(x)}{\partial y} = x(1-x)(I_1 - I_2 - R_1 + R_2) \\ \dfrac{\partial F(y)}{\partial x} = y(1-y)(G_1 - G_2) \\ \dfrac{\partial F(y)}{\partial y} = (1-2y)[x(G_1 - G_2) - A] \end{cases} \tag{9-35}$$

Jacobi 矩阵局部稳定性分析可检验群体动态的局部均衡稳定状态。于是，可以计算出 Jacobi 矩阵 $\boldsymbol{J}$ 对应的行列式 det. $\boldsymbol{J}$ 和迹 tr. $\boldsymbol{J}$ 分别为

$$\begin{cases} \det.\boldsymbol{J} = (1-2x)(1-2y)[y(I_1 - I_2 - R_1 + R_2) + I_2 + B - (I_3 - F + R_2)] \\ \qquad \times [x(G_1 - G_2) - A] - xy(1-x)(1-y)(I_1 - I_2 - R_1 + R_2)(G_1 + G_2) \\ \text{tr.}\boldsymbol{J} = (1-2x)[y(I_1 - I_2 - R_1 + R_2) + I_2 + B - (I_3 - F + R_2)] \\ \qquad + (1-2y)[x(G_1 - G_2) - A] \end{cases}$$

$$(9\text{-}36)$$

将上述局部均衡点代入行列式 det. $\boldsymbol{J}$ 和迹 tr. $\boldsymbol{J}$ 联立的方程，计算各局部均衡点的符号，判断它们的稳定性。

当局部均衡点满足 det. $\boldsymbol{J}>0$ 且 tr. $\boldsymbol{J}<0$ 时，该点为演化博弈的稳定均衡点。由表 9-9 可知，中心点 (a^*, b^*) 对应的 Jacobi 矩阵的迹为 0，因此该点不是稳定均衡点，所以暂时不对中心点进行讨论。在对其他局部均衡点对应的 det. $\boldsymbol{J}$ 和 tr. $\boldsymbol{J}$ 的符号进行判断之前，先对影响博弈系统的参数之间的大小进行基本的判断。根据前文的假设，可知 $G_1 > G_2$，$I_1 > I_2$，$R_1 > R_2$，且 $I_1 - I_2$ 为农户在政府执行和违反投资农业基础设施建设政策两种情况下获得的农业种植收入的差额，$R_1 - R_2$ 为撂荒地在政府执行和违反投资农业基础设施建设政策两种情况下的潜在收益差，由于撂荒地的潜在收益建立在农业种植收入的基础之上，可以做出推论：在农业基础设施完善前后的种植收入差额是大于撂荒地潜在收益差额的，即 $I_1 - I_2 - R_1 + R_2 > 0$。在进行了基本判断以后，需要分不同的情景对各均衡点进行讨论。

表 9-9　农户与地方政府博弈系统 Jacobi 矩阵的行列式和迹的值

均衡点	det. $\boldsymbol{J}$	tr. $\boldsymbol{J}$
$(0,0)$	$[I_2 + B - (I_3 + R_2 - F)](-A)$	$I_2 + B - (I_3 + R_2 - F) - A$
$(0,1)$	$[(I_1 - I_2 - R_1 + R_2) + I_2 + B - (I_3 + R_2 - F)]A$	$(I_1 - I_2 - R_1 + R_2) + I_2 + B - (I_3 + R_2 - F) + A$
$(1,0)$	$[I_3 + R_2 - F - (I_2 + B)](G_1 - G_2 - A)$	$I_3 + R_2 - F - (I_2 + B) + (G_1 - G_2 - A)$
$(1,1)$	$[(I_1 - I_2 - R_1 + R_2) + I_2 + B - (I_3 + R_2 - F)]$ $\times (G_1 - G_2 - A)$	$-[(I_1 - I_2 - R_1 + R_2) + I_2 + B - (I_3 + R_2 - F)]$ $-(G_1 - G_2 - A)$
(a^*, b^*)	$-xy(1-x)(1-y)(I_1 - I_2 - R_1 + R_2)(G_1 - G_2)$	0

根据表 9-10 中的局部均衡稳定性分析结果，博弈的演化过程分为以下四个情景进行讨论。

表 9-10　农户与地方政府博弈系统局部均衡稳定性分析结果

均衡点	$I_2+B>I_3+R_2-F$ 且 $G_1-G_2>A$			$I_2+B>I_3+R_2-F$ 且 $G_1-G_2<A$			$I_2+B<I_3+R_2-F$ 且 $G_1-G_2>A$			$I_2+B<I_3+R_2-F$ 且 $G_1-G_2<A$		
	det. J	tr. J	稳定性	det. J	tr. J	稳定性	det. J	tr. J	稳定性	det. J	tr. J	稳定性
(0,0)	−	±	不稳定	−	±	不稳定	+	−	稳定	+	−	稳定
(0,1)	+	+	不稳定	+	+	不稳定			待讨论			待讨论
(1,0)	−	−	不稳定	+	−	稳定	+	+	不稳定	−	±	不稳定
(1,1)	+	−	稳定	−	±	不稳定			待讨论			待讨论
(a^*,b^*)	−	0	鞍点	−	0	鞍点	−	0	鞍点	−	0	鞍点

情景一，当 $I_2+B>I_3+R_2-F$ 且 $G_1-G_2>A$ 时，其经济学含义为：在地方政府违反上级政府政策的情况下，农户恢复耕种所得到的总体收益（种植收入与农业补贴的和）大于农户继续撂荒得到的总体收益（非农收入加上撂荒地潜在收益，再扣除违反政策的罚金后的收益），且地方政府执行与违反上级政府政策得到的总收益的差额大于投资农业基础设施建设的成本。由表 9-10 可知，此时只有均衡点(1,1)是稳定的，即（恢复耕种，执行政策）为博弈的稳定均衡策略组合，该策略组合有利于缓解农村撂荒现状，实现耕地应有的价值，对保护耕地具有积极意义，同时也能为地方政府带来正面的效益，因此这一结果是符合社会整体价值导向的。

上述情景受 I_2、I_3、B、R_2、F、G_1、G_2、A 等因素的影响，其中受政策调控影响的因素有 B、F、G_1、G_2、A，为促进博弈达到上述均衡状态，可以规范并健全农产品的产销市场以提升农产品的价值 I_2，合理增加农业补贴 B，扩大解决撂荒工作在地方政府政绩考核中的比重 G_1 和 G_2，通过技术引进和创新等方式合理减少农业基础设施建设的投入 A 等措施来实现上述均衡所需的条件。

情景二，当 $I_2+B>I_3+R_2-F$ 且 $G_1-G_2<A$ 时，其经济学含义为：在地方政府违反上级政府政策的情况下，农户恢复耕种所得到的总体收益大于农户继续撂荒得到的总体收益，且地方政府执行与违反上级政府政策得到的总收益的差额小于投资农业基础设施建设的成本。由表 9-10 可知，此时只有均衡点(1,0)是稳定的，即（恢复耕种，违反政策）为博弈的稳定均衡策略组合。出现这种情况的原因一方面可能是农产品的价格提升、农业补贴增加或是纯农户年龄或自身条件等限制了非农收入，从而使得农户恢复种植的农业收入高于非农收入；另一方面可能是解决撂荒问题并没有引起地方政府的足够重视，或是完善农业基础设施建设的投入成本过高，使得地方政府没有意愿去执行上级政府的政策。虽然这种情况也能够实现撂荒耕地恢复耕种，但是这种均衡策略并不是最优的均衡策略，还存在帕累托改进的空间，如果地方政府不只是考虑自身的利益，而是从整个社会的

利益出发选择完善农业基础设施，则会降低农户的生产成本，从而进一步增加农民的收入，提升土地资源的利用效率及其原本的禀赋，还能改善当地劳动力的就业情况等，最终使得整个社会的福利水平得到提升。因此，这一稳定均衡并不是最理想的稳定均衡策略，可以通过提高解决撂荒问题在地方政府政绩考核中的比重以及加强技术引进和技术创新来合理降低农业基础设施建设的投入等方式，使得此博弈均衡向情景一中的稳定均衡转化。

情景三，当 $I_2+B<I_3+R_2-F$ 且 $G_1-G_2>A$ 时，其经济学含义为：在地方政府违反上级政府政策的情况下，农户恢复耕种所得到的总体收益小于农户继续撂荒得到的总体收益，且地方政府执行与违反上级政府政策得到的总收益的差额大于投资农业基础设施建设的成本。由表 9-10 可知，点(0,0)是稳定均衡点，即（撂荒，违反政策）为博弈的稳定均衡策略；而点(1,0)是不稳定的，不能使博弈达到稳定均衡状态。然而，在这种情景下点(0,1)和点(1,1)这两个局部稳定均衡点的 det.J 和 tr.J 的符号不能确定，还需要进一步讨论。

由表 9-11 可知，当 $I_1-R_1-(I_2-R_2)+I_2+B-(I_3-F+R_2)>0$ 时，其经济学含义是：在政府投资和不投资农业基础设施建设两种情况下农户撂荒地农业种植净收益（种植收益减撂荒地的潜在收益）的差额，大于在地方政府违反上级政府政策的情况下农户继续撂荒与恢复耕种的总收益的差额。此时，由表 9-11 可知，点(1,1)为博弈的稳定均衡点，即（恢复耕种，执行政策）为博弈的稳定均衡策略组合，该稳定均衡策略组合与情景一中的一致，是符合社会期望的博弈结果。

表 9-11　情景三局部均衡点稳定状态分析结果

均衡点	$I_2+B<I_3+R_2-F$ 且 $G_1-G_2>A$					
	$I_1-R_1-(I_2-R_2)+I_2+B-(I_3-F+R_2)>0$			$I_1-R_1-(I_2-R_2)+I_2+B-(I_3-F+R_2)<0$		
	det.J	tr.J	稳定性	det.J	tr.J	稳定性
(0,1)	+	+	不稳定	−	±	不稳定
(1,1)	+	−	稳定	−	±	不稳定

当 $I_1-R_1-(I_2-R_2)+I_2+B-(I_3-F+R_2)<0$ 时，其经济学含义是：在政府投资和不投资农业基础设施建设两种情况下农户撂荒地农业种植净收益（种植收益减撂荒地的潜在收益）的差额，小于在地方政府违反上级政府政策的情况下农户继续撂荒与恢复耕种的总收益的差额。由表 9-11 可知，此时，(0,1)、(1,1)都不是稳定均衡点。

综上可知，在情景三里面，当 $I_2+B<I_3+R_2-F$、$G_1-G_2>A$ 且 $I_1-R_1-(I_2-R_2)+I_2+B-(I_3-F+R_2)>0$ 时，演化博弈存在(0,0)、(1,1)两个稳定均衡点，

即（撂荒，违反政策）、（恢复耕种、执行政策）都是能够使得演化博弈达到稳定均衡的策略组合，但其中（撂荒，违反政策）策略组合并非社会所期望的博弈结果。下面从图 9-8 中的演化相位图分析达到上述两个博弈均衡点的过程和概率，图中 E 点代表中心点 (a^*,b^*)。

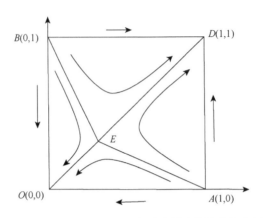

图 9-8　情景三中农户与地方政府博弈的演化相位图

当博弈的初始策略组合落在四边形 $AEBD$ 之内时，博弈系统最终会收敛于 $D(1,1)$，即（恢复耕种，执行政策）会成为演化博弈最终的稳定均衡策略组合，且四边形 $AEBD$ 的面积越大，博弈收敛于(1,1)的概率越大；反之，当初始策略组合落在四边形 $AEBO$ 之内时，博弈系统最终会收敛于 $O(0,0)$，即（撂荒，违反政策）会成为演化博弈最终的稳定均衡策略组合，且四边形 $AEBO$ 的面积越大，博弈收敛于(0,0)的概率越大。为了促使博弈系统最终沿着路径 ED 收敛于社会所期望的稳定均衡策略组合（恢复耕种，执行政策），应该使得鞍点 E 更接近 O 点，从而增大四边形 $AEBD$ 的面积。由图 9-8 可计算得到 $S_{AEBD} = 1 - \frac{1}{2}(a^* + b^*)$，$S_{AEBD}$ 与 $a^* + b^*$ 呈线性负相关关系，因此可以采取以下措施减小 $a^* + b^*$ 的值：扩大恢复撂荒耕地的工作任务在地方政府政绩考核中的比重，通过引进先进技术和管理方式合理节约农业生产基础设施建设的投入，适当增加农业补贴，有针对性地完善撂荒地所需要的基础建设，以降低耕种成本来增加农业种植收入。

情景四，当 $I_2 + B < I_3 + R_2 - F$ 且 $G_1 - G_2 < A$ 时，其经济学含义为：在地方政府违反上级政府政策的情况下，农户恢复耕种所得到的总体收益小于农户继续撂荒得到的总体收益，且地方政府执行与违反上级政府政策得到的总收益的差额小于投资农业基础设施建设的成本。由表 9-10 可知，点(0,0)依然是稳定均衡点，即（撂荒，违反政策）为博弈的稳定均衡策略组合，点(1,0)是不稳定的，不能使

博弈达到稳定均衡状态。然而，在这种情景下点(0,1)和点(1,1)这两个局部稳定均衡点的 det. J 和 tr. J 的符号不能确定，还需要进一步讨论。

由表 9-12 可知，当 $I_1 - R_1 - (I_2 - R_2) + I_2 + B - (I_3 - F + R_2) > 0$ 时，其经济学含义是：在政府投资和不投资农业基础设施建设两种情况下农户摇荒地农业种植净收益（种植收益减摇荒地的潜在收益）的差额，大于在地方政府违反上级政府政策的情况下农户继续摇荒与恢复耕种的总收益的差额。(0,1)、(1,1)都不是稳定均衡点。当 $I_1 - R_1 - (I_2 - R_2) + I_2 + B - (I_3 - F + R_2) < 0$ 时，其经济学含义是：在政府投资和不投资农业基础设施建设两种情况下农户摇荒地农业种植净收益（种植收益减摇荒地的潜在收益）的差额，小于在地方政府违反上级政府政策的情况下农户继续摇荒与恢复耕种的总收益的差额。(0,1)、(1,1)也都不是稳定均衡点。

表 9-12　情景四局部均衡点稳定状态分析结果

均衡点	$I_2 + B < I_3 + R_2 - F$ 且 $G_1 - G_2 < A$					
	$I_1 - R_1 - (I_2 - R_2) + I_2 + B - (I_3 - F + R_2) > 0$			$I_1 - R_1 - (I_2 - R_2) + I_2 + B - (I_3 - F + R_2) < 0$		
	det. J	tr. J	稳定性	det. J	tr. J	稳定性
(0,1)	+	+	不稳定	−	±	不稳定
(1,1)	−	±	不稳定	+	+	不稳定

综上所述，在情景四里面，当 $I_2 + B < I_3 + R_2 - F$ 且 $G_1 - G_2 < A$ 时，演化博弈只存在(0,0)一个稳定均衡点，即（摇荒，违反政策）是演化博弈最终的稳定均衡策略组合，但这一策略组合并非社会所期望的博弈结果。

3. 仿真分析

为验证上述演化博弈分析的结果，运用 Python 3.7 软件对演化博弈进行数值模拟，以更加直观的方式展现博弈系统的演化路径。根据以上的分析，农户在与地方政府的博弈过程中可能出现四种不一样的情景，对各情景下的参数进行赋值，验证其博弈系统的演化结果。

（1）在情景一中，$I_2 + B > I_3 + R_2 - F$ 且 $G_1 - G_2 > A$，即农户恢复耕种所得到的总体收益大于继续摇荒得到的总体收益，且地方政府在两种策略下的总收益的差额大于投资农业基础设施建设的成本。设定各项参数值为：$I_1 = 9$，$I_2 = 7$，$I_3 = 10$，$G_1 = 15$，$G_2 = 10$，$R_1 = 5$，$R_2 = 4$，$F = 5$，$B = 3$，$A = 3$，同时分别设定(x,y)的初始值为(0.3,0.7)、(0.6,0.4)，对(x,y)设定不同的初始值是为了检验初始值是否对结果有影响。模拟仿真的结果如图 9-9 所示，结果显示，此时，无论初始策略组合的概率值如何变化，博弈系统最终都会收敛于(1,1)，即（恢复耕种，执行政策）会成为演化博弈的稳定均衡策略，这一演化路径结果与上述分析一致。

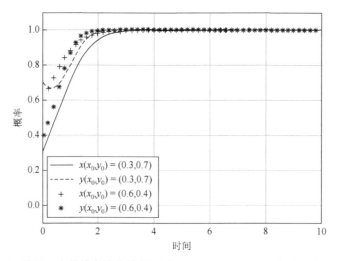

图 9-9　情景一中的博弈演化路径图（$I_2 + B > I_3 + R_2 - F$ 且 $G_1 - G_2 > A$）

（2）在情景二中，$I_2 + B > I_3 + R_2 - F$ 且 $G_1 - G_2 < A$，即农户恢复耕种所得到的总体收益大于继续撂荒得到的总体收益，且地方政府在两种策略下的总收益的差额小于投资农业基础设施建设的成本。设定各项参数值为：$I_1 = 9$，$I_2 = 7$，$I_3 = 10$，$G_1 = 15$，$G_2 = 10$，$R_1 = 5$，$R_2 = 4$，$F = 5$，$B = 3$，$A = 8$，同时分别设定(x,y)的初始值为(0.3,0.7)、(0.6,0.4)，对(x,y)设定不同的初始值是为了检验初始值是否对结果有影响。模拟仿真的结果如图 9-10 所示，结果显示，此时，无论初始策略组合的概率值如何变化，博弈系统最终都会收敛于(1,0)，即（恢复耕种，违反政策）会成为演化博弈的稳定均衡策略，这一演化路径结果与上述分析一致。

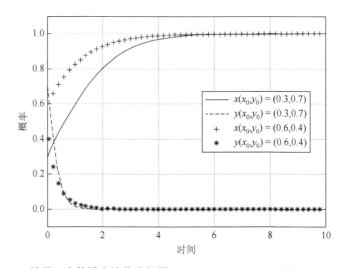

图 9-10　情景二中的博弈演化路径图（$I_2 + B > I_3 + R_2 - F$ 且 $G_1 - G_2 < A$）

（3）在情景三中，当 $I_2+B<I_3+R_2-F$ 、$G_1-G_2>A$ 且 $I_1-R_1-(I_2-R_2)+I_2+B-(I_3-F+R_2)>0$ 时，即在地方政府完善农业基础设施之前，农户继续撂荒的收入大于恢复农业种植的收入，但是在完善了农业基础设施以后，农户恢复农业种植的收入就会反过来超过继续撂荒的收入，同时地方政府在两种策略下的总收益的差额大于投资农业基础设施建设的成本。在这样的情景下，演化博弈可能会存在两个稳定均衡策略组合，且最终的博弈系统演化的结果与中心点 E 的位置以及初始策略的概率值有关。具体而言，若中心点 E 的位置越接近右上方，则演化博弈收敛于(0,0)的概率越大；反之，若越靠近左下方，则演化博弈收敛于(1,1)的概率越大。下面根据不同的情况对各项参数赋值进行仿真模拟。

设定各项参数值为：$I_1=12$，$I_2=7$，$I_3=10$，$G_1=15$，$G_2=10$，$R_1=6$，$R_2=5$，$F=2$，$B=3$，$A=4$，同时分别设定 (x,y) 的初始值为(0.3,0.7)、(0.6,0.4)，则此时中心点 $E(a^*,b^*)$ 为 $\left(\dfrac{4}{5},\dfrac{3}{4}\right)$，即此时 E 点位于演化相位图的右上方。模拟仿真的结果如图 9-11 所示，结果显示，此时，只要初始策略组合的概率值落在 $AEBO$ 范围内，无论其概率值大小如何，博弈系统最终都会收敛于(0,0)，即（撂荒，违反政策）会成为演化博弈的稳定均衡策略，这一演化路径结果与上述分析一致。

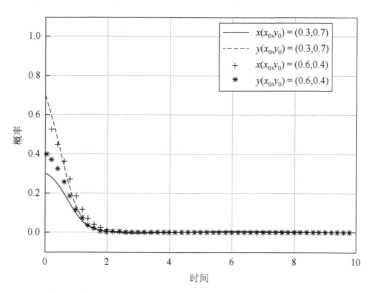

图 9-11　情景三中的博弈演化路径图（$I_2+B<I_3+R_2-F$ 、$G_1-G_2>A$ 且 $I_1-R_1-(I_2-R_2)+I_2+B-(I_3-F+R_2)>0$，$E$ 点位于右上方）

设定各项参数值为：$I_1 = 12$，$I_2 = 7$，$I_3 = 10$，$G_1 = 15$，$G_2 = 10$，$R_1 = 6$，$R_2 = 5$，$F = 4$，$B = 3$，$A = 2$，同时分别设定(x, y)的初始值为(0.3,0.7)、(0.6,0.4)，则此时中心点 $E(a^*, b^*)$ 为 $\left(\dfrac{2}{5}, \dfrac{1}{4}\right)$，即此时 E 点位于演化相位图的左下方。模拟仿真的结果如图 9-12 所示，结果显示，此时，只要初始策略组合的概率值落在 $AEBD$ 范围内，无论其概率值如何变化，博弈系统最终都会收敛于(1,1)，即（恢复耕种，执行政策）会成为演化博弈的稳定均衡策略，这一演化路径结果与上述分析一致。

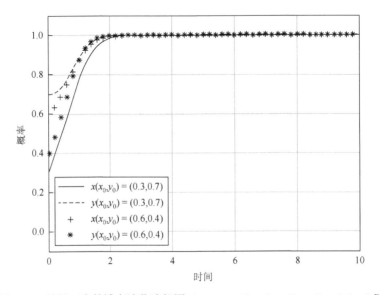

图 9-12　情景三中的博弈演化路径图（$I_2 + B < I_3 + R_2 - F$，$G_1 - G_2 > A$ 且 $I_1 - R_1 - (I_2 - R_2) + I_2 + B - (I_3 - F + R_2) > 0$，$E$ 点位于左下方）

（4）在情景四中，$I_2 + B < I_3 + R_2 - F$ 且 $G_1 - G_2 < A$，即在地方政府违反上级政府政策的情况下，农户恢复耕种所得到的总体收益小于农户继续撂荒得到的总体收益，且地方政府执行与违反上级政府政策得到的总收益的差额小于投资农业基础设施建设的成本。设定各项参数值为：$I_1 = 9$，$I_2 = 7$，$I_3 = 10$，$G_1 = 15$，$G_2 = 10$，$R_1 = 5$，$R_2 = 4$，$F = 1$，$B = 3$，$A = 6$，同时分别设定(x, y)的初始值为(0.3,0.7)、(0.6,0.4)，对(x, y)设定不同的初始值是为了检验初始值是否对结果有影响。模拟仿真的结果如图 9-13 所示，结果显示，此时，无论初始策略组合的概率值如何变化，博弈系统最终都会收敛于(0,0)，即（撂荒，违反政策）会成为演化博弈的稳定均衡策略，这一演化路径结果与上述分析一致。

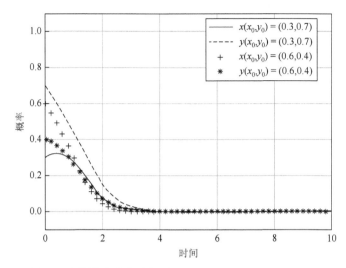

图 9-13　情景四中的博弈演化路径图（$I_2 + B < I_3 + R_2 - F$ 且 $G_1 - G_2 < A$）

9.4　结论与讨论

9.4.1　结论

对我国各省区市出台的关于撂荒耕地治理的政策进行梳理后发现，现阶段政府针对不同类型的农户主要采取两种不同的治理方式：第一，对于不愿继续从事农业耕种以及无力耕种的农户，治理方式主要是完善土地流转市场，鼓励和引导农户将撂荒地流转给规模经营户或农业企业；第二，针对有意愿且主要从事农业种植，但是由于农业生产条件差而撂荒耕地的农户，治理方式为完善农业基础设施建设，改善农业生产条件，促使农户对撂荒地进行复耕。对不同的治理方式分别构建演化博弈模型分析得到的结果如下。

（1）在第一种治理方式中，若没有中央政府监督，农业企业会选择与地方政府合谋，采取强制流转的方式。对于农户而言，只能被动地视流转收益大小而决定是否流转，在这个博弈过程中，农户属于弱势群体，最后的博弈均衡都是以牺牲农户的利益为代价得到的。因此，需要中央政府对地方政府的寻租与合谋行为进行监督。

（2）在第一种治理方式中，若存在中央政府监督，只有当农户流转撂荒地的收益大于撂荒地的潜在收益，且农业企业采取强制流转的成本大于采取协商流转的成本时，博弈才会出现理想的稳定均衡，但也可能出现其他的均衡解。若要博弈系统收敛于理想均衡，可以采取以下措施：加大土地流转供需方信息的透明度或者引入撂荒地流转的第三方中介机构以减少协商流转方式的交易费用，增加对农业企业强制流转农户土地经营权的惩罚，增加对被强制流转土地经营权农户的补偿等。

（3）在第二种治理方式中，只有当农户恢复耕种的总收益大于继续撂荒的总收益，且地方政府积极推进撂荒地复耕工作得到的政绩大于其付出的成本时，才会出现理想的稳定均衡，但也可能出现其他的状态。若要博弈系统收敛于理想均衡，可以采取以下措施：扩大恢复撂荒耕地的工作任务在地方政府政绩考核中的比重，有针对性地完善撂荒地所需要的农业生产条件来促进特色农业产业的发展以增加农户的种植收益，通过引进先进技术和管理方式合理节约农业生产基础设施建设的投入，适当增加农业补贴等。

9.4.2 讨论

耕地撂荒不仅会浪费土地资源，威胁我国粮食安全，而且会对生态环境造成一定程度的破坏。因此撂荒耕地治理对于提高土地资源配置效率、美丽乡村建设以及乡村振兴都具有积极的影响。本章基于不同的撂荒地治理过程中不同主体的利益冲突、行为决策以及利益博弈的焦点分别对两种不同的治理过程构建了相应的演化博弈模型并进行分析，然后运用模拟仿真软件对演化博弈的均衡结果进行了验证，进而为撂荒耕地治理博弈趋于社会所期望的理想均衡提出了相应的政策建议。还有以下问题可以做进一步的深入研究。

（1）在农村土地流转中，基层政府也扮演着重要的角色，许多村集体为了地方经济发展会大力招商引资，而土地就是村镇的核心竞争要素之一。因此，村集体会将农户撂荒的耕地进行集中托管，然后租给引进的企业，或是作为中介与农户协商，将土地集中流转给引进的企业。在这些农地流转的过程中，村集体也有自身的利益诉求，而这些利益诉求可能会与农户和农业企业有冲突，需要三方进行博弈才能达成均衡，因此农户、企业、村集体三方之间的演化博弈将是未来深入研究的方向之一。

（2）适当的规模化经营与新型经营主体的培育和发展将是解决我国耕地撂荒问题的重要途径，但目前我国农村的规模化经营与新型经营主体的培育还处于起步阶段，为了促进其进一步健康有序的发展，政府也出台了一系列的政策（如技术培训、补贴以及惠农贷款等）。那么地方政府与规模经营主体（农业企业）之间的利益博弈关系又是怎样的，如何促使双方达到理想的均衡状态，这都值得深入研究。

参 考 文 献

曹志宏，郝晋珉，梁流涛. 2008. 农户耕地撂荒行为经济分析与策略研究[J]. 农业技术经济，（3）：43-46.

陈爱雪. 2016. 基于博弈视角的农村集体建设用地流转研究[J]. 山西大学学报（哲学社会科学版），39（6）：73-78.

陈瑜琦，李秀彬. 2009. 1980 年以来中国耕地利用集约度的结构特征[J]. 地理学报，64（4）：469-478.

付凤春，周宝同，梁开新. 2012. 集体建设用地使用权流转中的博弈分析：基于利益主体的问卷调查[J]. 中国农学通报，28（8）：166-172.

侯玉梅，朱俊娟. 2015. 非对称信息下政府对企业节能减排激励机制研究[J]. 生态经济，31（1）：97-102.

胡霞. 2007. 关于日本山区半山区农业直接补贴政策的考察与分析[J]. 中国农村经济，（6）：71-80.

姜保国，刘珊，雷贵，等. 2013. 关于我国土地撂荒现状的思考：基于对武陵山片区土地撂荒的调查分析[J]. 今日中国论坛，（17）：52-54.

雷锟，阎建忠，何威风. 2016. 基于农户尺度的山区耕地撂荒影响因素分析[J]. 西南大学学报（自然科学版），38（7）：149-157.

雷利国，江长胜，郝庆菊. 2015. 缙云山土地利用方式对土壤轻组及颗粒态有机碳氮的影响[J]. 环境科学，36（7）：2669-2677.

李鉴霖，江长胜，郝庆菊. 2015. 缙云山不同土地利用方式土壤有机碳组分特征[J]. 生态学报，35（11）：3733-3742.

李俊高，李萍. 2016. 我国农地撂荒及其分类治理：基于马克思地租理论的拓展分析[J]. 财经科学，（12）：47-54.

李升发，李秀彬. 2016. 耕地撂荒研究进展与展望[J]. 地理学报，71（3）：370-389.

李栓. 2012. 集体土地流转市场主体博弈关系分析[J]. 中国人口·资源与环境，22（S1）：209-212.

李文刚，罗剑朝，朱兆婷. 2005. 退耕还林政策效率与农户激励的博弈均衡分析[J]. 西北农林科技大学学报（社会科学版），（1）：15-18.

李先静，刘守江，郝小红. 2015. 广安市方坪乡撂荒地的成因及对策研究[J]. 农村经济与科技，26（11）：19-21，172.

李彧挥，孙娟. 2006. 从政府与农户的动态博弈分析退耕还林工程的可持续性[J]. 中国人口·资源与环境，（6）：62-65.

李赞红，阎建忠，花晓波，等. 2014. 不同类型农户撂荒及其影响因素研究：以重庆市 12 个典型村为例[J]. 地理研究，33（4）：721-734.

李增全，江长胜，郝庆菊. 2015. 缙云山不同土地利用方式对土壤团聚体微生物量碳氮的影响[J]. 环境科学，36（11）：4241-4251.

林彤，宋戈. 2018. 基于规模经营的农地流转策略演化博弈分析：以黑龙江省克山县为例[J]. 干旱区资源与环境，32（7）：15-22.

刘纪远，匡文慧，张增祥，等. 2014. 20 世纪 80 年代末以来中国土地利用变化的基本特征与空间格局[J]. 地理学报，69（1）：3-14.

刘灵辉，刘燕. 2018. 家庭农场土地适度规模集中实现过程中的博弈研究[J]. 中国人口·资源与环境，28（9）：150-157.

刘润秋，宋艳艳. 2006. 农地抛荒的深层次原因探析[J]. 农村经济，（1）：31-34.

聂英，聂鑫宇. 2018. 农村土地流转增值收益分配的博弈分析[J]. 农业技术经济，（3）：122-132.

邵景安，张仕超，李秀彬. 2014. 山区耕地边际化特征及其动因与政策含义[J]. 地理学报，69（2）：227-242.

谭术魁，彭艳丽. 2003. 对湖北省部分县市耕地撂荒现状及规避措施的调查[J]. 国土经济，（3）：37-39.

王俊洋，张云华，伍振军. 2011. 城市周边农地承包经营权流转参与主体行为研究：基于成都市的案例研究[J]. 农业经济问题，32（4）：36-41.

王为民，李相敏. 2008. 农村社会保障缺失下的土地撂荒问题研究[J]. 山东社会科学，（4）：24-26.

王伟. 2017. 基于演化博弈和仿真分析的土地重金属污染规制策略研究[D]. 南昌：江西财经大学.

王颜齐，郭翔宇. 2010. "反租倒包" 农地流转中农户博弈行为特征分析[J]. 农业经济问题，31（5）：34-44，110.

毋晓蕾，梁流涛，陈常优. 2014. 耕地保护主体行为分析及补偿激励机制构建[J]. 河南大学学报（社会科学版），54（6）：32-39.

吴应瑛. 2012. 秀山县耕地撂荒原因及解决途径[J]. 南方农业，6（8）：54-57.

夏刚，姚志芳，何水，等.2011. 基于豫北西万村土地流转的博弈分析[J]. 中国农学通报，27（6）：420-422.

谢花林，金声甜. 2018. 基于利益博弈视角下的重金属污染区耕地休耕问题研究[J]. 生态经济，34（7）：190-195.

阎建忠，卓仁贵，谢德体，等. 2010. 不同生计类型农户的土地利用：三峡库区典型村的实证研究[J]. 地理学报，
　　　65（11）：1401-1410.

张长青，陈东旭，李晓亮. 2016. 中央政府与地方政府在耕地保护中的演化博弈[J]. 商业研究，（11）：151-157.

张蔚文，刘飞，王新艳. 2011. 基于博弈论的非点源污染控制模型探讨[J]. 中国人口·资源与环境，21（8）：142-146.

张学珍，赵彩杉，董金玮，等. 2019. 1992-2017 年基于荟萃分析的中国耕地撂荒时空特征[J]. 地理学报，74（3）：
　　　411-420.

张英，李秀彬，宋伟，等. 2014. 重庆市武隆县农地流转下农业劳动力对耕地撂荒的不同尺度影响[J]. 地理科学进
　　　展，33（4）：552-560.

Alix-Garcia J，Kuemmerl T，Radeloff V C. 2012. Prices，land tenure institutions，and geography：a matching analysis
　　　of farmland abandonment in post-socialist Eastern Europe[J]. Land Economics，88（3）：425-443.

Bakker M M，Govers G，Kosmas C，et al. 2005. Soil erosion as a driver of land-use change[J]. Agriculture，Ecosystems
　　　& Environment，105（3）：467-481.

Batlle-Bayer L，Batjes N H，Bindraban P S. 2010. Changes in organic carbon stocks upon land use conversion in the
　　　Brazilian Cerrado：a review[J]. Agriculture，Ecosystems & Environment，137（1/2）：47-58.

Bier V M，Lin S W. 2013. Should the model for risk-informed regulation be game theory rather than decision theory?[J].
　　　Risk Analysis，33（2）：281-291.

Busch G. 2006. Future European agricultural landscapes-what can we learn from existing quantitative land use scenario
　　　studies?[J]. Agriculture，Ecosystems & Environment，114（1）：121-140.

Cremene C，Groza G，Rakosy L，et al. 2005. Alterations of steppe-like grasslands in Eastern Europe：a threat to regional
　　　biodiversity hotspots[J]. Conservation Biology，19（5）：1606-1618.

Dong J W，Liu J Y，Yan H M，et al. 2011. Spatio-temporal pattern and rationality of land reclamation and cropland
　　　abandonment in mid-eastern Inner Mongolia of China in 1990-2005[J]. Environmental Monitoring and Assessment，
　　　179：137-153.

Fischer J，Hartel T，Kuemmerle T. 2012. Conservation policy in traditional farming landscapes[J].Conservation Letters，
　　　5（3）：167-175.

Gellrich M，Zimmermann N E. 2007. Investigating the regional-scale pattern of agricultural land abandonment in the
　　　Swiss mountains：a spatial statistical modelling approach[J]. Landscape and Urban Planning，79（1）：65-76.

Izquierdo A E，Grau H R. 2009. Agriculture adjustment，land-use transition and protected areas in Northwestern
　　　Argentina[J]. Journal of Environmental Management，90（2）：858-865.

Khanal N R，Watanabe T. 2006. Abandonment of agricultural land and its consequences：a case study in the Sikles area，
　　　Gandaki Basin，Nepal Himalaya[J]. Mountain Research and Development，26（1）：32-40.

Kosmas C，Kairis O，Karavitis C，et al. 2015. An exploratory analysis of land abandonment drivers in areas prone to
　　　desertification[J]. CATENA，128：252-261.

Lambin E F，Geist H J，Lepers E. 2003. Dynamics of land-use and land-cover change in tropical regions[J]. Annual
　　　Review of Environment and Resources，28：205-241.

Laue J E，Arima E Y. 2016. Spatially explicit models of land abandonment in the Amazon[J]. Journal of Land Use
　　　Science，11（1）：48-75.

Li S F，Li X B. 2017. Global understanding of farmland abandonment: a review and prospects[J]. Journal of Geographical

Sciences, 27（9）：1123-1150.

Mottet A, Ladet S, Coqué N, et al. 2006. Agricultural land-use change and its drivers in mountain landscapes: a case study in the Pyrenees[J]. Agriculture, Ecosystems & Environment, 114（2/3/4）: 296-310.

Perrier-Cornet P. 2010. The LFAs policies in France and the European Union[Z]. PRIMAFF Symposium.

Prishchepov A V, Müller D, Dubinin M, et al. 2013. Determinants of the spatial distribution of abandoned agricultural lands in the European part of Russia[J]. Spatial Economics, 3（35）: 30-62.

Rey Benayas J M, Martins A, Nicolau J M, et al. 2007. Abandonment of agricultural land: an overview of drivers and consequences[J]. Cab Reviews: Perspectives in Agriculture Veterinary Science, Nutrition and Natural Resources, 2（57）: 14.

Rudel T K, Bates D, Machinguiashi R. 2002. A tropical forest transition?Agriculture change, out-migration, and secondary forests in the Ecuadorian Amazon[J]. Annals of the Association of American Geographers,92（1）:87-102.

Rudel T K, Coomes O T, Moran E, et al. 2005. Forest transitions: towards a global understanding of land use change[J]. Global Environmental Change, 15（1）: 23-31.

Shao J A, Zhang S C, Li X B. 2015. Farmland marginalization in the mountainous areas: characteristics, influencing factors and policy implications[J]. Journal of Geographical Sciences, 25（6）: 701-722.

Sikor T, Müller D, Stahl J. 2009. Land fragmentation and cropland abandonment in albania: implications for the roles of state and community in post-socialist land consolidation[J]. World Development, 37（8）: 1411-1423.

Stoate C, Boatman N D, Borralho R J, et al. 2001. Ecological impacts of arable intensification in Europe[J]. Journal of Environmental Management, 63（4）: 337-365.

Tasser E, Tappeiner U. 2002. Impact of land use change on mountain vegetation[J]. Applied Vegetation Science, 5（2）: 173-184.

Wertebach T M, Hölzel N, Kämpf I, et al. 2017. Soil carbon sequestration due to post-Soviet cropland abandonment: estimates from a large-scale soil organic carbon field inventory[J]. Global Change Biology, 23（9）: 3729-3741.

Xie H L, Jin S T. 2019. Evolutionary game analysis of fallow farmland behaviors of different types of farmers and local governments[J]. Land Use Policy, 88: 104-122.

Xie H L, Wang W, Zhang X M. 2018. Evolutionary game and simulation of management strategies of fallow cultivated land: a case study in Hunan Province, China[J]. Land Use Policy, 71: 86-97.

Xie H L, Wu Q. 2019. Analysis of fallow farming decision-making behavior of farmers based on hawk-dove game theory: the case of Guizhou Province[J]. Sustainability, 11（14）: 3821.

Yan J Z, Yang Z Y, Li Z H, et al. 2016. Drivers of cropland abandonment in mountainous areas: a household decision model on farming scale in southwest China[J]. Land Use Policy, 57: 459-469.

Yu Z L, Liu L, Zhang H, et al. 2017. Exploring the factors driving seasonal farmland abandonment: a case study at the regional level in Hunan Province, central China[J]. Sustainability, 9（2）: 1-18.

Zhang Z, Li Q, Liu G B, et al. 2017. Soil resistance to concentrated flow and sediment yields following cropland abandonment on the Loess Plateau, China[J]. Journal of Soils and Sediments, 17（6）: 1662-1671.